PapyRossa
Hochschulschriften 30

Dorothee Wolf/Kai Eicker-Wolf/Sabine Reiner (Hg.)

Auf der Suche nach dem Kompaß

Politische Ökonomie als Bahnsteigkarte
fürs 21. Jahrhundert

PapyRossa Verlag

© 1999 by PapyRossa Verlags GmbH & Co. KG, Köln
Alle Rechte vorbehalten

Umschlag: Ruth Spätling
Satz: Ralf Blendowske mit LaTex
Druck: GR Print+Mail, Brühl

Die Deutsche Bibliothek – CIP-Einheitsaufnahme

Auf der Suche nach dem Kompaß : Politische Ökonomie als Bahnsteigkarte fürs 21. Jahrhundert / Dorothee Wolf ... (Hg.).
- Köln : PapyRossa-Verl., 1999
   (PapyRossa-Hochschulschriften ; 30)
   ISBN 3-89438-190-6

Inhalt

Einleitung   9

Kurzer Lehrgang – Zur ökonomischen Theorie   14

Eine Analyse des Artikels von L. von Bortkiewicz:
Zur Berichtigung der grundlegenden theoretischen Konstruktion
von Marx im dritten Band des „Kapital"
Georg Stamatis   15

Zur Ausbeutungstheorie John Roemers
Georg Sotirchos   43

Zur Vermarktung des Rechts: Anmerkungen zum Coase-Theorem
Fritz Helmedag   53

Aus dem Antiquariat der Politischen Ökonomie:
Zur Rezeption von Gossen und Walras in der Lehrbuchökonomie
Wolfgang Hecker   73

Neue Regeln – Methodische Überlegungen für die Politische Ökonomie   84

Hilferdings Methode als eine neue Perspektive zur Überwindung
der methodischen Probleme des Ökonomismus?
Kyung-Mi Kim   85

Von Hayek lernen, heißt steuern lernen. Von der Evolutionstheorie
Hayeks zu einer Theorie Politischer Steuerung
Torsten Niechoj und Dorothee Wolf   97

Vetternwirtschaft heißt jetzt Netzwerk.
Zur Politischen Ökonomie von Seilschaften
Jens Weiß   121

Allerlei Pyrrhus-Siege – Politikwechsel und Akteure im real existierenden Kapitalismus — 138

„Demokratie". Zur Vieldeutigkeit eines Allerweltsbegriffs
Reinhard Kühnl — 139

Die Verräter sind über uns. Einige Gedankenfragmente zum Thema „Intellektuelle und Politik" heute
Frank Deppe — 155

Realpolitik: auf krummen und verschlungenen Wegen in die zweite Moderne? Anmerkungen zur Aktualität einer undogmatischen Linken
Ingrid Kurz-Scherf — 177

Arbeiterklasse und ... – Betrachtungen der Arbeitsgesellschaft — 205

Was wird auf dem Arbeitsmarkt verkauft?
Thomas Kuczynski — 207

Übergangsmuster verschiedener Frühverrentungsformen: vom abrupten Ausstieg zum gleitenden Übergang in den Ruhestand?
Diana Auth — 225

Kapital ohne Raum – Globalisierung und internationale Finanzmärkte — 244

Völlig losgelöst? Wechselkurs, Währungskrisen und die Möglichkeiten nationaler Wirtschaftspolitik
Kai Eicker-Wolf — 245

Wer A sagt, sagt nicht unbedingt auch B: zur Politischen Ökonomie des George Soros
Sabine Reiner und Jürgen Scheele — 265

Rien ne va plus, oder: Von der wundersamen Entstehung des Mehrwerts im Kasino des Kapitalismus
Peter Römer — 287

Gefährliche Gegenden – **Spezifische Ausprägung der kapitalistischen Weltordnung in bestimmten Regionen** 296

Neoliberalismus in Lateinamerika. Ökonomische
und gesellschaftliche Auswirkungen.
Dieter Boris 297

Some Reflections on the Persistence of United States Hegemony
Malcolm Sylvers 319

Acht Thesen zur politischen Ökonomie des Krieges –
eine kritische Betrachtung anläßlich des Balkan-Krieges
Winfried Wolf 339

Entwicklung des Kapitalismus in Rußland
Gert Meyer 367

Autorinnen und Autoren 397

Einleitung

In Kürze wird ein neues Jahrhundert und mithin das nächste Jahrtausend anbrechen, eigentlich ein durch den Beginn unserer Zeitrechnung völlig willkürlich festgelegtes Datum, das aber allerseits mit schwerwiegender symbolischer Bedeutung belastet wird. Exemplarisch sei hier nur der Nachdruck der Koalitionsvereinbarungen zwischen der SPD und Bündnis 90/Die Grünen in den *Blättern für deutsche und internationale Politik* (12/1998) genannt, der mit Aufbruch und Erneuerung – Deutschlands Weg ins 21. Jahrhundert" überschrieben ist. Vielfach ist die Rede vom Brückenbau oder von der Schwelle ins nächste Jahrtausend, und in der Politik wird eine allgemeine Aufbruchstimmung beschworen, die auch mit der Regierungsübernahme bzw. -beteiligung der Sozialdemokratie in fast ganz Europa verbunden ist. Die Richtung, in die der Aufbruch stattfinden soll, scheint klar zu sein, nämlich eine modernisierte Variante der bisherigen Politik, die den Innovations- und Flexibilisierungsanforderungen der international verflochtenen Wirtschaft Rechnung trägt. Der Kapitalismus – dieser Eindruck drängt sich auf – soll und wird in die nächste Runde gehen, was auf wissenschaftlichem Gebiet von einer Verfestigung des neoliberalen Paradigmas vor allem in der Ökonomik begleitet wird.

Auch im Untertitel dieses Buches taucht das 21. Jahrhundert auf. Damit könnte auf den ersten Blick eine vergleichbare euphorische Aufbruchstimmung aus einer anderen, emanzipatorischen Sicht verbunden werden, eine Hoffnung, das anbrechende neue Zeitalter werde revolutionäre Umbrüche in Richtung auf eine andere Gesellschaftsordnung mit sich bringen. Wenn dies auch mit Blick auf ein ganzes Jahrtausend nicht gerade unwahrscheinlich ist, wollen wir aber nicht in eine solche Euphorie verfallen. Angesichts des allgemeinen Zusammenbruchs linker Gegenversuche sind vielmehr Vorsicht und genaues Überlegen angemahnt, was der Hinweis auf die *Bahnsteigkarte* auf etwas eigenwillige Weise andeutet: Ein Ausspruch, der allgemein Lenin in den Mund gelegt wird, bringt die Eigenart der deutschen Revolutionäre sinngemäß folgendermaßen auf den Punkt: „Wenn die Deutschen einen Bahnhof besetzen wollten, würden sie sich zuerst am Schalter eine Bahnsteigkarte kaufen." Dieser Satz hebt vorrangig auf die den Deutschen zugeschriebene Obrigkeitshörigkeit ab, die sich zunächst ihres legalen Aufenthalts auf dem Bahnsteig versichern wollen. Mit etwas Phantasie läßt sich aber auch eine andere Interpretation vornehmen: Vielleicht ist es ja einen Versuch wert, diese Scheu, massiv ins politische Geschehen einzugreifen, heute angesichts der Abwesenheit revolutionärer Umwälzungen positiv zu wenden. Das hieße dann, inmitten der derzeitigen Ungewißheit, wohin eigentlich ein Zug fahren soll, der ein Gegenprojekt zur neoliberalen Aufbruchstimmung darstellt, kann es zumindest nicht schaden, vorher ein wenig innezuhalten und sich darauf zu besinnen – nicht, ob alles seine formale Richtigkeit hat, aber: warum und auf welcher Grundlage heute politisch agiert wird und auch in Zukunft agiert werden könnte. Mit einer gewissen Selbstironie wäre dann festzuhalten, daß die Auseinandersetzung mit Politischer Ökonomie, die dieses Buch leistet, zwar nicht unmittelbar gesellschaftsverändernd eingreift, aber dennoch einen politischen Bezug hat.

In Verbindung mit dem „Zeitschwellenaspekt" bildet der Begriff der Politischen Ökonomie das gemeinsame Thema dieses Sammelbandes. Im Gespräch mit Personen aus dem Umfeld der HerausgeberInnen äußerte der Ökonom Amit Bhaduri im August 1995 die Frage, warum es in Deutschland eigentlich keine Politischen Ökonom(-inn)en gebe, was etwa in Indien eine völlige Normalität sei. Diese Frage kann einerseits als Vorwurf an die deutschsprachigen ökonomischen Wissenschaften aufgefaßt werden, sich zu wenig mit den gesellschaftlichen und politischen Bezügen ihres Gegenstandsbereichs zu befassen: Machtkonstellationen werden in die Analyse nicht einbezogen, das mikroökonomische Verhaltenskonzept geht von gesellschaftlich nicht geprägten Akteuren aus, soziale Auswirkungen des ökonomischen Agierens bleiben unbehandelt, politische Forderungen laufen auf Laissez-faire hinaus, nicht zuletzt mit der fatalistischen Begründung, die Folgen von Eingriffen in das komplexe System Wirtschaft könnten nicht abgeschätzt werden. Darüber hinaus impliziert Bhaduris Frage jedoch andererseits eine gewisse Irritiertheit über die Zurückhaltung von Politologinnen und Politologen gegenüber im engeren Sinne ökonomischen Gegenständen, obwohl diese doch Grundlagen dessen bil-

Einleitung 11

den, was die Gesellschaftswissenschaften erforschen. Schließlich finden politische und soziale Prozesse nicht im luftleeren Raum statt, sondern werden durch die Entwicklung von Löhnen, Preisen und Arbeitsbedarf ebenso geprägt wie durch Leistungsanforderungen und Weltmarktabhängigkeiten.

Am Marburger Institut für Politikwissenschaft wurden seit dem Wintersemester 1987/88 immer wieder Lehrveranstaltungen von einem Hochschullehrer angeboten, der sich ein neues Forschungsgebiet erschlossen hat, indem er sich für diese ökonomischen Grundlagen seiner Disziplin zu interessieren begann. Am Anfang stand – vom Seminarleiter im Nachhinein offengelegt – die Frage, ob es ein notwendiges Zusammenbruchsgesetz für die kapitalistische Ökonomie gibt. Als Antwort ergab sich recht bald: Nein. An die Erkenntnis, daß der Kapitalismus funktioniert, wenn auch nicht krisenfrei, schloß sich unter der Fragestellung, wie er denn funktioniert, die Lektüre von Keynes und Robinson an, die einerseits mit dem politischen Anliegen gelesen werden können, den Kapitalismus durch Steuerungskonzepte zu verbessern, die zum anderen aber (bürgerliche) Kritik der Politischen Ökonomie betreiben. Zur Aneignung notwendiger Grundlagen für ökonomische Debatten diente dabei auch die Lektüre der Neoklassiker Jevons und Marshall. Ein weiteres großes Thema war der Komplex Wert-Preis-Transformation, dessen Behandlung aus dem produktiven Irrtum hervorging, der Realsozialismus sei am Mangel einer konsistenten Preistheorie gescheitert. Die Beschäftigung hiermit führte u. a. zur Rezeption Sraffas und dessen immanenter Kritik der Neoklassik; Helmedags Kritik an Sraffa, die die Arbeitswertlehre im neuen Licht erscheinen ließ; durch Heinrichs monetäre Werttheorie fanden sich auch Querverbindungen zur monetärkeynesianischen Schule um Hajo Riese. Neben dieser umfangreichen Theorierezeption spielte auch die Beschäftigung mit Wirtschaftsgeschichte und Konjunkturverlauf der BRD eine tragende Rolle.

Aus diesen Universitätsseminaren und aus weiteren (seit 1993 bestehenden) Diskussionszusammenhängen in ihrem Umfeld gründete sich 1997 die Forschungsgruppe Politische Ökonomie, auf deren Initiative dieses Buch zurückgeht. Es soll daher dem Menschen gewidmet sein, der durch seine politisch-ökonomischen Lehrangebote die Auseinandersetzung mit dem Thema angestoßen hat, aus der schließlich unser Diskussionszusammenhang hervorging, nämlich Georg Fülberth. In diesen Tagen ereilt ihn ein runder Geburtstag; dennoch trägt dieser Band bewußt nicht die Bezeichnung „Festschrift". Dieser Begriff enthält in seinem gewöhnlichen Gebrauch nämlich Implikationen, die im Zusammenhang mit ihm offenbar fehl am Platze sind: Festschriften werden üblicherweise dann herausgegeben, wenn der Bejubelte selbst nichts mehr tut und statt dessen seine Gefolgschaft in Aktion tritt. Ein Blick auf Fülberths Publikationen zeigt jedoch, daß die letzten zehn Jahre ausgesprochen produktiv waren. Außerdem gibt es keine Gefolgschaft, sondern nur unabhängig denkende Menschen, die von ihm als gleichwertig angesehen werden, sowie eine Reihe von Kolleginnen und Kollegen, die seine Arbeiten interessiert verfolgen.

Die Beiträge in diesem Band sind trotz des übergeordneten Themas heterogen und spiegeln so die Vielfältigkeit der Themen wider, auf die sich Georg Fülberths Forschungsinteressen richten. Das vorliegende Buch gliedert sich in sechs Teile, die sich einerseits mit theoretisch-methodischen Fragen der Politischen Ökonomie befassen, zum anderen aber auch konkrete empirische Aspekte der gegenwärtigen Umbruchsprozesse in den kapitalistischen Staaten analysieren. In dem Kapitel „*Kurzer Lehrgang*"* findet einerseits eine Auseinandersetzung mit Bortkiewicz' Kritik an Marx' Berechnung der Profitrate und mit dem Ausbeutungsbegriff in der Theorierichtung des Analytischen Marxismus statt. Außerdem werden mit dem Coase-Theorem sowie mit Gossen und Walras Argumentationsmuster der Neoklassik dargestellt, hinterfragt und auf ihre Brauchbarkeit für die Erfassung politisch-ökonomischer Phänomene untersucht. Hieran schließt sich, betitelt mit „*Neue Regeln*", die Auseinandersetzung mit der Methodik einer wissenschaftlichen Disziplin an, die sich im Spannungsfeld von Ökonomik und Politikwissenschaft bewegt. Dabei werden Lehren aus Hilferdings und aus Hayeks Theorie gezogen sowie Märkte, Hierarchien und Netzwerke als Steuerungskonzepte analysiert. Unter der Überschrift „*Allerlei Pyrrhus-Siege*" schließen sich drei Beiträge über restaurative Kräfte im (deutschen) Kapitalismus an: Zunächst werden die Interpretationen des Demokratiebegriffs sowie das Verhältnis von Intellektuellen und Politik problematisiert, anschließend wird angesichts der gegenwärtigen Tendenzen die Aktualität einer undogmatischen Linken bekräftigt. Mit der Lohnarbeitszentrierung kapitalistischer Gesellschaften setzt sich das Kapitel „*Arbeiterklasse und deutsche Nation*" auseinander, in dem sowohl die Eigenarten der Ware Arbeitskraft als auch Aspekte ihrer sozialstaatlichen Regulierungsformen problematisiert werden. Hieran schließt sich der Teil „*Kapital ohne Raum*" an, in dem Umstrukturierungen der Finanzmärkte im globalen Kapitalismus theoretisch erfaßt, aber auf diesem Weg auch in Frage gestellt und kritisiert werden. Den Abschluß des Buches bildet der Teil „*Gefährliche Gegenden*". Hier werden

---

* Die Kapitelüberschriften stammen nicht von den Autor(-inn)en selbst, sondern wurden von den Herausgeberinnen und dem Herausgeber ausgewählt und orientieren sich an unschwer zu identifizierenden Vorlagen.

Einleitung 13

aktuelle Macht- und Abhängigkeitsverhältnisse in solchen Regionen der Welt analysiert, wo kapitalistische Verhältnisse entweder schon länger vorherrschen und sich zu Dominanz- und Dependenzstrukturen verfestigt haben, so in Brasilien und den USA, oder sich gerade erst etabliert haben, wie es in Jugoslawien und Rußland der Fall ist.

An dieser Stelle bleibt uns noch ein herzlicher Dank an die Autorinnen und Autoren, die das Gelingen dieses Buches (in zweifacher Hinsicht) durch ihre Beiträge ermöglicht haben, sowie an Ralf Blendowske, der den Satz besorgte.

Marburg, im Juli 1999

Kai Eicker-Wolf, Sabine Reiner, Dorothee Wolf

Kurzer Lehrgang –
Zur ökonomischen Theorie

Eine Analyse des Artikels von L. von Bortkiewicz: *Zur Berichtigung der grundlegenden theoretischen Konstruktion von Marx im dritten Band des „Kapital"*

Georg Stamatis

Wir wollen in dieser Arbeit die von L. von Bortkiewicz gegebene Lösung des Marxschen Problems der Umwandlung der Werte in Produktionspreise analysieren und insbesondere die Schlußfolgerungen, welche von Bortkiewicz aus seiner Lösung des Problems zieht, auf ihre Richtigkeit und Allgemeingültigkeit überprüfen. Es wird sich dabei zeigen, daß – mit Ausnahme der Schlußfolgerung, Marx habe das Problem falsch gestellt und folglich auch falsch gelöst, weil er dabei die Kostpreise der Waren zu Werten und nicht zu Produktionspreisen angesetzt hat – alle gegen Marx gerichteten Schlußfolgerungen falsch sind.

Das Modell, im Rahmen dessen von Bortkiewicz seine Lösung des Transformationsproblems gibt, stellt ein Produktionssystem mit folgenden Charakteristika dar:

1.) Es ist ein lineares Produktionssystem mit drei Sektoren, den Sektoren I, II und III. Sektor I produziert ein – das einzige – Produktionsmittel (Ware 1), Sektor II produziert die einzige Lohnware (Ware 2), und Sektor III produziert die einzige Luxusware, d.h. das einzige Konsummittel für die Kapitalisten (Ware 3). Die beiden ersten Waren gehen in die Produktion aller drei Waren des Produktionssystems ein – die erste direkt, die zweite indirekt, indem sie in die Reproduktion der Arbeitskraft eingeht. Die dritte Ware, die Luxusware, geht nicht in die Produktion irgendeiner Ware des Produktionssystems ein. Daher werden die zwei ersten Waren, das Produktionsmittel und die Lohnware, als reproduktive Waren bezeichnet, während die dritte Ware, die Luxusware, eine nicht-reproduktive Ware ist.[1]

---

[1] Reproduktiv nennen wir eine Ware, wenn sie unter der Voraussetzung, daß der Reallohnsatz gegeben und daher die Arbeitskraft als produzierte Ware dargestellt wird, direkt oder indirekt in die Produktion aller Waren eingeht. Nicht-reproduktiv nennen wir eine Ware, wenn sie unter der obigen Voraussetzung nur in die Produktion einiger oder gar keiner Waren eingeht. Wenn der Reallohnsatz nicht gegeben und daher die Arbeitskraft nicht als produzierte Ware, sondern als

Indes hätte die dritte Ware in ihre eigene Produktion oder in die einer anderen nicht-reproduktiven Ware eingehen können, ohne daß sie dadurch aufhörte, eine nicht-reproduktive Ware zu sein. Ginge sie dagegen in die Produktion des Produktionsmittels oder der Lohnware, d.h. in die Produktion einer reproduktiven Ware ein, so hörte sie dadurch auf, eine nicht-reproduktive Ware zu sein. Jede Ware, die in die Produktion einer reproduktiven Ware eingeht, die per definitionem in die Produktion aller Waren eingeht, wird eben dadurch zu einer reproduktiven Ware.

Der Umstand, daß hier die nicht-reproduktive Ware auch in ihre eigene Produktion nicht eingeht, hat, wie wir im folgenden sehen werden, wichtige Konsequenzen für die Allgemeingültigkeit der Schlüsse, die L. von Bortkiewicz aus seiner Lösung des Transformationsproblems zieht.

2.) Das konstante Kapital jedes Sektors wird während der Produktionsperiode restlos verbraucht. Infolgedessen berücksichtigt das Modell die Existenz von fixem konstanten Kapital nicht. Das konstante Kapital jedes Sektors ist nur zirkulierendes konstantes Kapital. Auch dieser Umstand bleibt nicht ohne Folgen für die Allgemeingültigkeit der von L. von Bortkiewicz gezogenen Schlüsse.

3.) Sektor I des Produktionssystems stellt nur ein einziges Produktionsmittel her (s. o.). Infolgedessen verwenden alle drei Sektoren dieses eine Produktionsmittel. Die von allen drei Sektoren verwendeten Produktionsmittel sind also in physischer Hinsicht homogene Größen. Indes schreibt von Bortkiewicz hierzu:

> Dabei wird angenommen, daß bei der Produktion aller drei Gruppen von Produktionsmitteln, nämlich derjenigen, die in (Sektor – G.S.) I, derjenigen, die in (Sektor – G.S.) II und derjenigen, die in (Sektor – G.S.) III Verwendung finden, die organische Zusammensetzung des Kapitals die gleiche ist. (Bortkiewicz 1907: 320)

Damit erweckt er den Eindruck, es gebe in seinem Modell drei Produktionsmittel herstellende Sektoren, in denen jedoch die organische Zusammensetzung des Kapitals gleich ist. Letzteres ist für von Bortkiewicz gleichbedeutend damit, daß diese drei Produktionsmittel in produktionstechnischer Hinsicht identisch sind. Berücksichtigt man, daß in Bortkiewicz' Modell, aber auch

---

primärer Input aufgefaßt wird, heißt nach Sraffa eine Ware, die direkt oder indirekt in die Produktion aller Waren eingeht, Basisware. Eine Ware, die nicht in die Produktion aller Waren eingeht, wird Nichtbasisware genannt. Basiswaren sind immer reproduktive Waren, während reproduktive Waren Basis– oder Nichtbasiswaren sein können. Nicht-reproduktive Waren sind immer Nichtbasiswaren, während Nichtbasiswaren reproduktive oder nicht-reproduktive Ware sein können.

in Warenproduktionsmodellen schlechthin die Unterschiede zwischen den Waren nicht den Gebrauchswert, d.h. die physische Beschaffenheit der Waren, sondern ausschließlich die bei deren Produktion angewandten Produktionsverfahren betreffen, so bedeutet dies, daß diese drei produktionstechnisch identischen Produktionsmittel in jeder nur möglichen Hinsicht identisch sind, die im Rahmen des Modells berücksichtigt werden kann. So enthält denn auch das Produktionssystem, welches von L. von Bortkiewicz bei der mathematischen Formulierung des Transformationsproblems unterstellt wird, nur einen einzigen Produktionsmittel herstellenden Sektor, nämlich Sektor I, der nur Ware 1 als Produktionsmittel für alle drei Sektoren produziert. Es existiert also hier nur ein einziges, homogenes Produktionsmittel.

Also kann von Bortkiewicz in dem zitierten Passus eigentlich nur meinen, daß es in seinem Modell, in dem nur ein einziges homogenes Produktionsmittel produziert und verwendet wird, so sei, als ob dort drei unterschiedliche Produktionsmittel produziert und verwendet würden, die jedoch im Rahmen des Modells in jeder Hinsicht identisch sind, da die organische Zusammensetzung des Kapitals bei der Produktion eines jeden von ihnen gleich hoch ist.

4.) Das Produktionssystem reproduziert sich „einfach" („einfache Reproduktion"). Diese Annahme von L. von Bortkiewicz stellt eine spezielle Gleichgewichtsbedingung dar, die für die Lösung des Transformationsproblems nicht notwendig ist. (Statt der einfachen hätte man ebensogut erweiterte Reproduktion oder gar negatives Wachstum des Produktionssystems annehmen oder die Frage nach der Art der Reproduktion des Produktionssystems sogar offen lassen können.) Unter dieser Annahme gestaltet sich die Lösung des Transformationsproblems, so wie von Bortkiewicz es formuliert, leichter, ohne daß dadurch die Gültigkeit der Resultate im allgemeinen eingeschränkt wird. (Eine nicht besonders wichtige Ausnahme werden wir weiter unten erwähnen.)

5.) Eine Eigenart des Modells von L. von Bortkiewicz, die Verständnisschwierigkeiten bereiten könnte, ist folgende: Das Modell ist ein Input-Output-Modell. Solche Modelle sind bekannt als Modelle von Produktionssystemen, in die bestimmte Mengen verwendeter Produktionsmittel sowie Arbeitskraft eingehen und die bestimmte Warenmengen hervorbringen. Die Inputs der Produktionssysteme dieser Modelle bestehen also aus verbrauchten Produktionsmitteln und Arbeitskraft, und ihr Output besteht aus Waren. Wenn dabei der Reallohnsatz bekannt ist, kann man die Mengen an Arbeitskraft durch die entsprechenden Reallöhne substituieren. In diesem Fall bestehen die Inputs aus verbrauchten Produktionsmitteln und Lohnwaren.

In von Bortkiewiczs Modell jedoch gehen als Inputs Werte ein und kommt als Output genau die gleiche Menge an Werten heraus. (Vgl. das aus den Gleichungen (1), (2) und (3) bestehende Gleichungssystem bei von Bortkiewicz.) In jedem Sektor i =I, II, III gehen als Inputs der Wert c_i der verbrauchten Produktionsmittel, der Wert v_i der verwendeten Arbeitskraft und der Wert m_i des Mehrprodukts, d.h. der Mehrwert, ein. Als Output ergibt sich ein der Summe dieser Inputs gleicher Wert des Bruttoprodukts, wie er sich als die Summe der Verkäufe dieses Sektors an die übrigen Sektoren und an sich selbst ergibt. Der Output ist also $c_1 + c_2 + c_3$, wenn i =I, bzw. $v_1 + v_2 + v_3$, wenn i =II, oder $m_1 + m_2 + m_3$, wenn i =III.

Weil die Summe $v_i + m_i$ des Wertes v_i der verwendeten Arbeitskraft und des produzierten Mehrwerts m_i des Sektors i gleich dem Wert des Nettoprodukts dieses Sektors ist und weil der Wert des *Netto*produkts eines Sektors gleich ist der von diesem Sektor verausgabten Menge Arbeitskraft, d.h. der Menge *lebendiger* Arbeit, welche dieser Sektor zur Produktion des entsprechenden Bruttoprodukts angewandt hat, ist die Summe $v_i + m_i$ gleich der von Sektor i verausgabten Menge Arbeitskraft bzw. der angewandten Menge lebendiger Arbeit.

Aufgrund dieser Feststellung können wir das Modell von L. von Bortkiewicz wie folgt auffassen: In dem Produktionssystem von L. von Bortkiewicz bestehen die Inputs des Sektors i aus dem Wert c_i der verbrauchten Produktionsmittel und der Menge $v_i + m_i$ der verausgabten Arbeitskraft und der Output aus dem Wert des Bruttoprodukts, wie wir ihn oben beschrieben haben.

Wie kommt man aber zu einem solchen Input-Output-Modell? Wie kam von Bortkiewicz zu diesem Modell, woher nahm er die Größen seines Modells? Denn diese sind wohl, mit Ausnahme derjenigen, die die Arbeitskraft betreffen, nicht gegeben. Durch das Produktionsverfahren eines jeden Sektors unmittelbar gegeben sind die *Menge* der verbrauchten Produktionsmittel, die *Menge* der angewandten Arbeitskraft und die *Menge* des produzierten Bruttoprodukts dieses Sektors. Sehen wir nun, wie man aus diesen Daten des Produktionsverfahrens die Größen des Modells von L. von Bortkiewicz erhalten kann.

Es wird angenommen, daß von den Waren 1, 2 und 3 brutto die Mengen X_1, X_2 und X_3 produziert werden und daß zur Produktion der Menge X_1 der Ware 1 die Menge X_{11} dieser selben Ware 1 sowie die Menge $v_1 + m_1$ Arbeitskraft, zur Produktion der Menge der Ware 2 die Menge X_{12} der Ware 1 sowie die Menge $v_2 + m_2$ Arbeitskraft und schließlich zur Produktion der Menge X_3 der Ware 3 die Menge X_{13} der Ware 1 sowie die Menge $v_3 + m_3$ Arbeitskraft

Analyse von Bortkiewiczs „Berichtigung"

erforderlich sind. Weil der Wert einer Warenmenge gleich der Wertsumme der bei ihrer Produktion verbrauchten Produktionsmittel (= tote Arbeit) und der Menge der hierauf verausgabten Arbeitskraft (= lebendige Arbeit) ist, gilt nach den obigen Annahmen:

$$
\begin{aligned}
X_{11}w_1 + (v_1 + m_1) &= X_1 w_1 \\
X_{12}w_1 + (v_2 + m_2) &= X_2 w_2 \\
X_{13}w_1 + (v_3 + m_3) &= X_3 w_3
\end{aligned} \quad , \tag{1}
$$

wobei w_1, w_2 und w_3 dem Wert einer Mengeneinheit (ME) der Ware 1, dem Wert einer ME der Ware 2 und dem Wert einer ME der Ware 3 entsprechen.

Die Werte der Waren w_1, w_2 und w_3 werden durch das obige Gleichungssystem eindeutig bestimmt und können daher als bekannte Größen betrachtet werden. w_1, w_2 und w_3 sind positive Größen, wenn $X_{11} < X_1$, d.h. wenn – was selbstverständlich ist – zur Produktion einer ME der Ware 1 weniger als eine ME der Ware 1 verbraucht wird. Die Bedingung $X_{11} < X_1$ besagt hier, daß das gegebene Produktionssystem produktiv ist, was wir im folgenden annehmen. Infolgedessen sind die Größen w_1, w_2 und w_3 positiv.
Setzen wir

$$ c_i = X_{1i}w_1 \qquad i = 1,2,3 \quad , \tag{2} $$

so erhalten wir aus dem obigen Gleichungssystem (1)

$$
\begin{aligned}
c_1 + (v_1 + m_1) &= X_1 w_1 \\
c_2 + (v_2 + m_2) &= X_2 w_2 \\
c_3 + (v_3 + m_3) &= X_3 w_3
\end{aligned} \quad . \tag{3}
$$

Wir nehmen mit L. von Bortkiewicz an, daß das Produktionssystem sich einfach reproduziert. Folglich ist

1. der Wert des Bruttoprodukts des Sektors I gleich der Summe der Werte der in jedem der Sektoren verbrauchten Produktionsmittel, d.h.

$$ X_1 w_1 = c_1 + c_2 + c_3 \quad , \tag{4} $$

2. der Wert des Bruttoprodukts des Sektors II gleich der Summe der Werte der in jedem der Sektoren angewandten Arbeitskraft, d.h.

$$ X_2 w_2 = v_1 + v_2 + v_3 \quad , \tag{5} $$

und

3. der Wert des Bruttoprodukts des Sektors III gleich der Summe der Mehrwerte aller Sektoren, d.h.

$$X_3 w_3 = m_1 + m_2 + m_3 \quad . \tag{6}$$

Unter Berücksichtigung dieser drei Gleichungen erhalten wir aus unserem obigen Gleichungssystem (3) das aus den Gleichungen (7), (8) und (9) bestehende Gleichungssystem von L. von Bortkiewicz:

$$c_1 + (v_1 + m_1) = c_1 + c_2 + c_3 \tag{7}$$
$$c_2 + (v_2 + m_2) = v_1 + v_2 + v_3 \tag{8}$$
$$c_3 + (v_3 + m_3) = m_1 + m_2 + m_3 \quad . \tag{9}$$

Aus diesem Gleichungssystem ist ersichtlich, daß von Bortkiewicz nicht nur die Mengen Arbeitskraft $(v_1 + m_1)$, $(v_2 + m_2)$ und $(v_3 + m_3)$ der drei Sektoren, sondern auch die Werte v_1, v_2 und v_3 dieser Arbeitskraftmengen als bekannt voraussetzt. Somit setzt er aber indirekt auch den Wert einer ME Arbeitskraft in jedem der drei Sektoren als bekannt voraus. Denn der Wert einer ME Arbeitskraft im Sektor I, im Sektor II und im Sektor III ist entsprechend gleich

$$\frac{v_i}{v_i + m_i} = \frac{1}{1 + \frac{m_i}{v_i}} \quad i = 1, 2, 3 \quad . \tag{10}$$

Da nun aber von Bortkiewicz mit Marx voraussetzt, daß die Mehrwertrate r in allen Sektoren gleich hoch ist, d.h.

$$r = \frac{m_1}{v_1} = \frac{m_2}{v_2} = \frac{m_2}{v_2} \quad , \tag{11}$$

ist auch der Wert einer ME Arbeitskraft in allen Sektoren gleich hoch:

$$\frac{1}{1 + \frac{m_i}{v_i}} = \frac{1}{1 + r} \quad i = 1, 2, 3 \quad . \tag{12}$$

In dem Modell von L. von Bortkiewicz ist also der Wert einer ME Arbeitskraft (= der zu Werten berechnete Nominallohnsatz) gegeben und in allen Sektoren gleich.

Dies hat zur Folge, daß in seinem Modell implizit auch der Reallohnsatz gegeben und in allen Sektoren der gleiche ist. Die Höhe des Reallohnsatzes ergibt sich hier wie folgt: Aufgrund der einfachen Reproduktion (sowie der stillschweigenden Annahme, daß die Arbeiter nichts sparen) kaufen die Arbeiter

Analyse von Bortkiewiczs „Berichtigung" 21

mit dem Wert $v_1 + v_2 + v_3$ ihrer Arbeitskraft $v_1 + m_1 + v_2 + m_2 + v_3 + m_3$ die ganze Bruttoproduktion an Lohnware, d.h. die Menge X_2 der Ware 2. Folglich kaufen sie mit dem Wert $1/(1 + r)$ einer ME Arbeitskraft die Menge $X_2/(v_1 + m_1 + v_2 + m_2 + v_3 + m_3)$ der Ware 2. Diese letzte Menge der Ware 2 stellt offensichtlich den gegebenen Reallohnsatz dar.

Bevor wir zur Analyse der Ergebnisse von L. von Bortkiewicz übergehen, möchten wir eine Reformulierung des Problems und seiner Lösung durch L. von Bortkiewicz zum Zweck ihres besseren Verständnisses geben.

Wir setzen

$$v_i + m_i = X_{0i} \qquad i = 1,2,3 \quad. \tag{13}$$

Da nun zur Produktion der Menge X_i der Ware i X_{0i} ME Arbeitskraft erforderlich sind, werden zur Produktion einer ME der Ware i X_{0i}/X_i ME Arbeitskraft gebraucht. Zur Produktion der Menge X_i der Ware i sind zudem auch X_{1i} ME der Ware 1 notwendig. Folglich braucht man zur Produktion einer ME der Ware i auch X_{1i}/X_i ME der Ware 1.

Wenn wir

$$a_{0i} = \frac{X_{0i}}{X_i} \quad \text{und} \quad a_{1i} = \frac{X_{1i}}{X_i} \tag{14}$$

setzen, dann sind für die Produktion einer ME der Ware i a_{1i} der Ware 1 und a_{0i} Arbeitskraft ($i = 1, 2, 3$) erforderlich.

Wenn wir schreiben

$$a_{20} = \frac{X_2}{v_1 + m_1 + v_2 + m_2 + v_3 + m_3}, \tag{15}$$

dann können wir an die Stelle der Arbeitskraftmengen, die jeweils zur Produktion einer ME der drei Waren notwendig sind, die zu deren Reproduktion erforderlichen Mengen der Lohnware setzen.

Unter Berücksichtigung der Tatsache, daß zur Reproduktion einer ME Arbeitskraft der Reallohnsatz, also die Menge a_{20} der Lohnware, erforderlich ist, ergibt sich, daß zur Produktion einer ME der Ware i a_{1i} ME der Ware 1 und $a_{0i}a_{02}$ ME der Ware 2 ($i = 1, 2, 3$) erforderlich sind. Wenn wir schreiben

$$a_{20}a_{0i} = a_{2i} \qquad i = 1,2,3 \quad, \tag{16}$$

dann gibt die Matrix:

$$A = \begin{bmatrix} a_{11} & a_{12} & a_{13} \\ a_{21} & a_{22} & a_{23} \\ 0 & 0 & 0 \end{bmatrix} \tag{17}$$

in der ersten, zweiten und dritten Spalte die Inputs an Produktionsmitteln (Ware 1) und Lohnwaren (Ware 2) an, welche jeweils zur Produktion einer ME von Ware 1, Ware 2 und Ware 3 erforderlich sind. Matrix A ist die um die Reallöhne ergänzte Matrix der Produktionskoeffizienten.

Sehen wir uns nun die von L. von Bortkiewicz gegebene Lösung des Transformationsproblems an. Indem man

$$\frac{p_1}{w_1} = x, \quad \frac{p_2}{w_2} = y \quad \text{und} \quad \frac{p_3}{w_3} = z \tag{18}$$

setzt – wobei p_i (mit $i = 1, 2, 3$) der Produktionspreis der Ware i – und die Definition des Produktionspreises einer Ware sowie die Gleichungen (7), (8) und (9) berücksichtigt, erhält man, wie L. von Bortkiewicz, das Gleichungssystem

$$(1 + \rho)(c_1 x + v_1 y) = (c_1 + c_2 + c_3)x \tag{19}$$
$$(1 + \rho)(c_2 x + v_2 y) = (v_1 + v_2 + v_3)y \tag{20}$$
$$(1 + \rho)(c_3 x + v_3 y) = (m_1 + m_2 + m_3)z \quad , \tag{21}$$

wobei ρ die allgemeine Profitrate ist.

Jede dieser drei Gleichungen besagt, daß der Produktionspreis einer bestimmten Warenmenge gleich ist der Summe des zu Produktionspreisen berechneten Kostpreises (zu Produktionspreisen berechneten Kosten an verbrauchten Produktionsmitteln und Löhnen) und des mathematischen Produkts des zur Produktion angewandten Kapitals (dem zu Produktionspreisen berechneten Kostpreis) mit der allgemeinen Profitrate.

L. von Bortkiewicz erhält die notwendigen zu Produktionspreisen berechneten Größen aus den entsprechenden zu Werten berechneten Größen, indem er jede der letzten mit dem Verhältnis des Produktionspreises zum Wert multipliziert. So erhält er z. B. aus dem Wert c_1 der verbrauchten Produktionsmittel des Sektors I den Produktionspreis der verbrauchten Produktionsmittel des Sektors I, indem er diesen Wert mit dem Verhältnis x ($= p_1/w_1$) des Produktionspreises zum Wert des Produktionsmittels multipliziert. Wie wir wissen, ist $c_1 = X_{11}w_1$. Wenn man nun $X_{11}w_1$ mit x ($= p_1/w_1$) multipliziert, so erhält man $X_{11}w_1 x = X_{11}w_1(p_1/w_1) = X_{11}p_1$, d.h. den Produktionspreis der verbrauchten Produktionsmittel des Sektors I. In der gleichen Weise erhält L. von Bortkiewicz aus dem Wert ($m_1 + m_2 + m_3$) des Bruttoprodukts des Sektors III den Produktionspreis des Bruttoprodukts des Sektors III: er multipliziert diesen Wert mit dem Verhältnis z ($= p_3/w_3$) des Produktionspreises zum Wert der Ware 3. Wir wissen, daß $m_1 + m_2 + m_3 = X_3 w_3$ ist. Wenn man nun $X_3 w_3$

mit $z (= p_3/w_3)$ multipliziert, erhält man $X_3 w_3 z = X_3 w_3 (p_3/w_3) = X_3 p_3$, d.h. den Produktionspreis des Bruttoprodukts X_3 des Sektors III.

Das aus den Gleichungen (19), (20) und (21) bestehende Gleichungssystem von L. von Bortkiewicz kann also wie folgt geschrieben werden:

$$(1+\rho)(X_{11}p_1 + a_{21}X_1 p_2) = X_1 p_1 \qquad (22)$$
$$(1+\rho)(X_{12}p_1 + a_{22}X_2 p_2) = X_2 p_2 \qquad (23)$$
$$(1+\rho)(X_{13}p_1 + a_{23}X_3 p_2) = X_3 p_3 \quad , \qquad (24)$$

oder

$$(1+\rho)(a_{11}p_1 + a_{21}p_2) = p_1 \qquad (25)$$
$$(1+\rho)(a_{12}p_1 + a_{22}p_2) = p_2 \qquad (26)$$
$$(1+\rho)(a_{13}p_1 + a_{23}p_2) = p_3 \quad , \qquad (27)$$

oder

$$p_1 \frac{1}{1+\rho} - (a_{11}p_1 + a_{21}p_2) - 0\, p_3 = 0 \qquad (28)$$
$$p_2 \frac{1}{1+\rho} - (a_{12}p_1 + a_{22}p_2) - 0\, p_3 = 0 \qquad (29)$$
$$p_3 \frac{1}{1+\rho} - (a_{13}p_1 + a_{23}p_2) - 0\, p_3 = 0 \quad , \qquad (30)$$

oder schließlich

$$p \left[I \frac{1}{1+\rho} - A \right] = 0 \quad , \qquad (31)$$

wobei p der Vektor der Produktionspreise ist.

L. von Bortkiewicz führt noch die Gleichung

$$z = \frac{p_3}{w_3} = 1 \quad , \qquad (32)$$

d.h.

$$p_3 = w_3 \qquad (33)$$

ein, die wir *Normierungsgleichung* nennen. Durch sie wird der Produktionspreis einer willkürlich gewählten Ware (oder eines willkürlich gewählten

Warenkorbs) einer positiven konstanten Menge einer ebenfalls willkürlich gewählten homogenen extensiven Sache gleichgesetzt, die jedoch nur mit der obigen Ware (oder Warenkorb) und mit keiner anderen vom Produktionssystem produzierten Ware (und keinem anderen Warenkorb) identisch sein darf. Diese homogene extensive Sache nennen wir, da sie im Modell als Geld fungiert, fiktives Geld, und jene Ware oder jenen Warenkorb nennen wir Normware (vgl. Stamatis 1983: 118 ff.). Wie wir noch sehen werden, wird die Normierungsgleichung eingeführt, um aus den schon berechneten *relativen* Warenpreisen *absolute* Warenpreise zu machen. Die Höhe der letzteren hängt natürlich von der gewählten Normware und von der Höhe des konstant gesetzten Produktionspreises der Normware ab und hat keine ökonomische Bedeutung.

Die Bortkiewiczsche Normierungsgleichung ist nicht immer gleichbedeutend mit der Gleichsetzung des Gesamtprofits, also des Produktionspreises des Mehrprodukts, mit dem Gesamtmehrwert, d.h. mit dem Wert des Mehrprodukts, wie von Bortkiewicz meint. Nur hier, wo einfache Reproduktion angenommen worden ist und folglich das Mehrprodukt ausschließlich aus Luxuswaren besteht, ist sie gleichbedeutend mit der Gleichung

$$X_3 p_3 = X_3 w_3 \qquad . \tag{34}$$

Im übrigen ist das, was von Bortkiewicz über die Wahl des Preismaß stabes schreibt, fast ohne jeden Sinn. Er schreibt:

> „Wollte man die Preiseinheit so wählen, daß der Gesamtpreis mit dem Gesamtwert zusammenfällt, so hätte man
>
> $$Cx + Vy + Mz = C + V + M \tag{35}$$
>
> zu setzen, wo
>
> $$C = c_1 + c_2 + c_3 \tag{36}$$
> $$V = v_1 + v_2 + v_3 \tag{37}$$
> $$M = m_1 + m_2 + m_3 \tag{38}$$
>
> Soll aber die Preiseinheit mit der Werteinheit identisch sein, so ist zu berücksichtigen, in welcher von den drei Produktionsabteilungen das als Wert- und Preiseinheit dienende Gut erzeugt wird. Ist dieses Gut Gold, so würde die Produktionsabteilung III in Betracht kommen, und an Stelle von (35) erhielte man $z = 1$" (Bortkiewicz 1907: 321).

Sehen wir nun, was das bedeuten kann. Zunächst müssen wir klären, was hier die Werteinheit ist. Da die Substanz der Werte die Arbeitszeit ist, ist die Werteinheit die (Arbeits-) Zeiteinheit (hier: die Zeitstunde). Die zweite Frage ist, wie man die Preiseinheit so wählt, daß sie mit der Werteinheit, der Zeitstunde, zusammenfällt: offensichtlich, indem der Preis irgendeiner Ware oder irgendeines Warenkorbs dem Wert dieser Ware oder dieses Warenkorbs gleichgesetzt wird. So impliziert sowohl die Einführung der Gleichung (35) als auch die der Gleichung (32) – und nicht, wie L. von Bortkiewicz meint, nur die der letzteren Gleichung –, daß sich die Preise an dem gleichen Maßstab messen wie die Werte. L. von Bortkiewicz scheint zu glauben, daß dies nur dann der Fall ist, wenn der Wert der Luxusware dem Wert dieser Ware gleichgesetzt wird, denn – so meint er – nur die Luxusware kann als Geld fungieren, da, wenn eine bestimmte Ware als Geld fungiert, sie nur noch das Gold sein kann, welches wiederum nur vom Luxuswarensektor hergestellt werden kann.

Hier gibt es aber eine Reihe von Mißverständnissen seitens L. von Bortkiewicz. Zunächst kann sich in den Modellen zur Bestimmung der Produktionspreise die Frage, was Geld ist oder was in diesen Modellen als Geld fungiert, nicht stellen, denn hier geht es um die Bestimmung von Produktionspreisen. Diese aber sind relative Preise, also Preisverhältnisse, d.h. es gibt in diesen Modellen kein Geld. Das Geld wird durch die Normierungsgleichung willkürlich eingeführt. Ebenso könnte jede beliebige homogene extensive Sache als Geld eingeführt werden, die jedoch, mit Ausnahme der Normware, keine der vom gegebenen Produktionssystem produzierten Waren sein darf. Die Normierungsgleichungen (35) und (32) führen als Geld die Wertsubstanz, die Arbeitszeit ein. Irrtümlich meint von Bortkiewicz, daß durch die Normierungsgleichung (32) als Maßeinheit für Werte und für Produktionspreise, also als Geldeinheit, die ME der vom Sektor III produzierten Ware eingeführt wird. Diese Ware fungiert hier nicht als Geld, sondern vielmehr als Normware, deren Preis durch die Normierungsgleichung einer positiven konstanten Menge einer bestimmten homogenen extensiven Sache gleichgesetzt worden ist. Diese letzte Sache und nicht die Normware fungiert hier als Geld. Und nur in dem Fall, wenn durch die Normierungsgleichung der Produktionspreis der Normware einer reinen (positiven) Zahl gleichgesetzt worden ist und eine dimensionslose Zahl wird, fungiert die Normware auch als Geld. Je nachdem, ob diese Zahl gleich, größer oder kleiner als 1 ist, fungiert die Mengeneinheit der Normware, ein Bruchteil oder ein Vielfaches von ihr als Maßeinheit des Geldes und somit auch der Produktionspreise. Folglich gilt von Bortkiewiczs Behauptung, daß infolge von (32) die Mengeneinheit der Ware 3 als Maßeinheit der Produktionspreise fungiert, nur dann, wenn p_3 in (32) willkürlich eine reine, dimensionslose Zahl ist. Und selbst dann fungiert, wegen $p_3 = w_3$, nicht die Mengeneinheit der Ware 3, sondern der w_3-ste Teil der Mengeneinheit der Ware 3 als Maßeinheit des Geldes und der Produktionspreise. Infolge von $p_3 = w_3$ ist dann in diesem Fall auch w_3 willkürlich als dimensionslose Größe gesetzt worden. Aus diesem Grund fungiert in diesem Fall der w_3-ste Teil der Mengeneinheit der Ware 3 auch als Maßeinheit des Wertes w_3 der Ware 3 und daher aller anderen Warenwerte auch. Ohne diese willkürliche Setzung von p_3 und daher auch von w_3 als dimensionslose Größe hat aber p_3 infolge von (32) dieselbe Dimension wie w_3, d.h. die Dimension Arbeitszeiteinheiten pro ME der Ware 3, und ist daher die Maßeinheit des Preises p_3 und somit aller anderen Preise die der Werte, d.h. die Arbeitszeiteinheit. Nach (32) ist also die gemeinsame Maßeinheit der Preise und der Werte nicht, wie von Bortkiewicz behauptet, die Mengeneinheit der Normware (Ware 3), sondern die Arbeitszeiteinheit.

Schließlich kann sowohl die Wahl der Normware als auch die Art und die Menge der homogenen extensiven Sache, welche durch die Normierungsgleichung dem Produktionspreis der Normware gleichgesetzt wird, weder ökonomisch noch anders begründet werden, wie von Bortkiewicz dies hier zu begründen versucht, sondern bleibt immer willkürlich.

Kehren wir nun zum Bortkiewiczschen Gleichungssystem zur Bestimmung der Produktionspreise und der allgemeinen Profitrate zurück. Dieses Gleichungssystem besteht aus den Gleichungen (19), (20) und (21) und der Normierungsgleichung (32). L. von Bortkiewicz löst es und erhält zwei Lösungen für ρ, x und y und folglich zwei Lösungen für ρ, p_1 und p_2 (p_3 ist wegen (32) bekannt und gleich w_3), von denen nur die eine positive Werte für diese drei Unbekannten liefert.

Warum das obige Gleichungssystem zwei Lösungen hat, warum nur eine von ihnen positiv ist und somit eine ökonomische Bedeutung hat, geht aus den Ausführungen von L. von Bortkiewicz nicht hervor. Dies wird aber klar, wenn man, statt das Bortkiewiczsche, das diesem letzten äquivalente, aus (31) und (32) bestehende Gleichungssystem löst.

Das Gleichungssystem (31) ist ein homogenes Gleichungssystem dreier Gleichungen mit vier Unbekannten (ρ, p_1, p_2 und p_3). Wenn es eine Lösung außer der trivialen $p = 0$ hat, bestimmt es die allgemeine Profitrate ρ und die relativen, nicht die absoluten Produktionspreise, d.h. die Verhältnisse der Produktionspreise der drei Waren. Das Gleichungssystem (31) läßt sich zerlegen in

$$\bar{p}\left[I\frac{1}{1+\rho} - A_{11}\right] = 0 \qquad (39)$$

und
$$p_3 \frac{1}{1+\rho} - (a_{12}p_1 + a_{23}p_2) = 0 \quad, \tag{40}$$

wobei
$$\bar{p} = (p_1, p_2) \tag{41}$$

und
$$A_{11} = \begin{bmatrix} a_{11} & a_{12} \\ a_{21} & a_{22} \end{bmatrix} \quad. \tag{42}$$

Da die Matrix A_{11} eine 2x2-Matrix ist, hat das Gleichungssystem (39) eine Lösung außer der trivialen $\bar{p} = 0$, wenn

$$\text{rank}\left[I\frac{1}{1+\rho} - A_{11}\right] = 2 - 1 = 1 \tag{43}$$

und folglich

$$\det\left[I\frac{1}{1+\rho} - A_{11}\right] = 0 \quad. \tag{44}$$

Man kann zeigen, daß

$$\text{rank}\left[I\frac{1}{1+\rho} - A_{11}\right] = 1 \tag{45}$$

Folglich gilt (44), und (39) hat eine Lösung außer der trivialen.

Wie aus (44) unmittelbar ersichtlich, ist

$$\frac{1}{1+\rho} = \lambda^{A_{11}} \quad, \tag{46}$$

wobei $\lambda^{A_{11}}$ die Eigenwerte von A_{11} darstellt.

Weil die Produktionstechnik, welche von A ($A \geq 0$) beschrieben wird, voraussetzungsgemäß produktiv ist (was bei Einschluß der Reallöhne in die Inputs bedeutet, daß die von A beschriebene Technik fähig ist, jedes exogen gegebene positive oder nicht negative Mehrprodukt zu produzieren) und weil außerdem $A \geq 0$ ist, gilt:

$$0 < \lambda_m^A < 1 \quad, \tag{47}$$

wobei λ_m^A der maximale Eigenwert von A ist. Die durch A charakterisierte Produktionstechnik ist nur dann produktiv, wenn die durch A_{11} charakterisierte Produktionstechnik produktiv ist.

Da die durch A charakterisierte Technik voraussetzungsgemäß produktiv ist, ist auch die durch A_{11} charakterisierte Technik notwendig produktiv. Da nun die durch A_{11} charakterisierte Technik produktiv ist und zudem $A_{11} > 0$ ist, gilt

$$0 < \lambda_m^{A_{11}} < 1 \quad , \tag{48}$$

wobei $\lambda_m^{A_{11}}$ der maximale Eigenwert von A_{11} ist. Wir setzen als selbstverständlich voraus, daß

$$\operatorname{rank} A_{11} = 2 \quad , \tag{49}$$

d.h. daß die zwei Zeilen bzw. Spalten von A_{11} nicht linear abhängig sind, was bedeutet, daß die Waren 1 und 2 in produktionstechnischer Hinsicht nicht identisch sind.

Infolge von (49) hat (44) zwei Lösungen, liefert also zwei Werte für $1/(1+\rho)$. Diese Werte sind wegen (46) mit den zwei Eigenwerten von A_{11} identisch. Wenn wir jeden dieser zwei Werte für $1/(1+\rho)$ nacheinander in (39) substituieren, erhalten wir entsprechend zwei Lösungen für $\bar{p}$ und folglich für das Verhältnis der Produktionspreise der Waren 1 und 2:

$$\frac{1}{1+\rho} = \lambda_m^{A_{11}} \quad . \tag{50}$$

Nach dem bekannten Theorem von Frobenius entspricht nur einem dieser beiden Werte für $1/(1+\rho)$ ein positiver Produktionspreisvektor $\bar{p}$. Jedem weiteren möglichen Wert für $1/(1+\rho)$, der positiv oder negativ sein kann, entspricht kein positiver Produktionspreisvektor $\bar{p}$. Dem Wert aus (50) entspricht nicht nur ein positives $\bar{p}$, sondern, wie aus (48) und (50) resultiert, auch ein positiver Wert für ρ.

Die durch (50) charakterisierte Lösung von (39) ist also die ökonomisch sinnvolle Lösung, weil sie positive Werte sowohl für die allgemeine Profitrate ρ als auch für das Verhältnis der Produktionspreise der Waren 1 und 2 liefert.

Wenn man die Werte dieser ökonomisch sinnvollen Lösung für ρ und $\bar{p}$ sowie für den durch (32) gegebenen Wert von p_3 in (40) einsetzt, erhält man die absoluten Produktionspreise der Waren 1 und 2. (Der absolute Produktionspreis der Ware 3 ist durch (32) gegeben und gleich w_3.)

Aus der obigen Analyse ergibt sich, daß das Bortkiewiczsche Gleichungssystem zwei Lösungen hat, weil das entsprechende Produktionssystem aus drei Sektoren besteht, von denen einer ein nicht-reproduktiver Sektor ist, dessen Produkt in die Produktion *keiner* Ware eingeht. Wenn das Produktionssystem aus n Sektoren bestünde, von denen m, $1 \leq m < n$, nicht-reproduktive Sektoren wären, dann hätte das entsprechende Gleichungssystem $(n-m)$ Lösungen, von denen ebenfalls nur eine positiv wäre.

Sehen wir uns nun die Schlüsse an, die L. von Bortkiewicz aus seiner Lösung zieht: L. von Bortkiewicz hat sicherlich Recht, wenn er bemerkt, daß die Marxsche Lösung des Transformationsproblems aus dem Grund falsch ist, weil Marx die Kostpreise zu Werten ansetzt, statt – wie es im übrigen Marx selbst als richtig betont – von Produktionspreisen auszugehen. Indes begreift von Bortkiewicz nicht, daß die von Marx durchgeführten Berechnungen der Mehrwertrate, der organischen Zusammensetzung des Kapitals und der Profitrate zu Werten statt zu Produktionspreisen nicht - wie er meint – ein zusätzlicher Fehler, sondern notwendige Folgen dieses einzigen Fehlers von Marx sind. Denn wenn man erstens die Kostpreise und ihre Bestandteile, das variable und das verbrauchte konstante Kapital, zu Werten ansetzt und zweitens den Gesamtprofit dem Gesamtmehrwert gleichsetzt, dann gleicht offenbar jede der obigen drei Größen, wenn sie zu Produktionspreisen berechnet wird, notwendig derselben Größe, zu Werten berechnet. So bräuchte Marx z. B. bei der Aufstellung und Lösung des Transformationsproblems die Profitrate nicht – wie er es wirklich tut – als eine (bekannte) zu Werten berechnete Profitrate zu verstehen, sondern hätte sie – so wie von Bortkiewicz es tut – als eine unbekannte Größe auffassen können, die zusammen mit den Produktionspreisen zu ermitteln wäre. Sie wäre dann implizit als eine zu – den falschen Marxschen – Produktionspreisen berechnete Profitrate definiert. Nur: Sie wäre auch dann der zu Werten berechneten Profitrate gleich, weil (a) in den Produktionspreisen, zu denen sie berechnet wird, die Kostpreise und somit das variable und das zirkulierende (hier auch das fixe) konstante Kapital zu Werten angesetzt worden sind und dabei (b) die Gleichheit von Gesamtprofit und Gesamtmehrwert als Normierung der Preise postuliert worden ist.

L. von Bortkiewicz begreift nicht, daß das Ansetzen der Profitrate zu Werten kein zusätzlicher Fehler, sondern eine Implikation des Ansetzens der Kostpreise zu Werten ist.

Eine richtige Schlußfolgerung von L. von Bortkiewicz lautet, daß weder die Gleichung „Summe aller Produktionspreise = Summe aller Werte" noch die Gleichung „Gesamtprofit = Gesamtmehrwert" notwendig gelten muß. (Die letzte Gleichung gilt im Bortkiewiczschen Modell infolge der Normierungsgleichung (32) und des Umstandes, daß einfache Reproduktion vorausgesetzt worden ist.) Indes kann man die Produktionspreise durch die Gleichung „Summe aller Produktionspreise = Summe aller Werte" normieren, wobei dann die Gleichung „Gesamtprofit = Gesamtmehrwert" nicht notwendig gilt, oder, umgekehrt, die Normierungsgleichung „Gesamtprofit = Gesamtmehrwert" ansetzen, wobei dann die Gleichung „Summe aller Produktionspreise = Summe aller Werte" nicht notwendig gilt.

Keine dieser zwei Gleichungen gilt notwendig allgemein, um so weniger beide zugleich. Wenn man eine der beiden als Normierungsgleichung einführt und zugleich verlangt, daß auch die andere gelten muß, dann ist das Gleichungssystem, wenn es sonst richtig formuliert ist, in der Regel überbestimmt und hat keine Lösung.

Ein weiteres Ergebnis von L. von Bortkiewicz ist, daß die allgemeine Profitrate allein von der organischen Zusammensetzung des Kapitals in den reproduktiven und nicht auch in den nicht-reproduktiven Sektoren abhängt. Wie wir noch sehen werden, ist dies im Rahmen des Bortkiewiczschen Modells richtig, besitzt jedoch keine allgemeine Gültigkeit. Dieses Ergebnis dient von Bortkiewicz als Basis für seine Kritik an Marx' Auffassung, wonach die Profitrate von der Mehrwertrate und der organischen Zusammensetzung des Kapitals in *allen* Sektoren in der Weise abhängt, daß sie – jeweils ceteris paribus – mit zunehmender Mehrwertrate steigt und mit zunehmender organischer Zusammensetzung des Kapitals in allen Sektoren der Ökonomie sinkt. Diese Ansicht von Marx ist absolut richtig. Marx meint allerdings mit Profitrate die *zu Werten berechnete* Profitrate, mit Mehrwertrate die *zu Werten berechnete* Mehrwertrate, d.h. das *zu Werten* berechnete Verhältnis dessen, was die Kapitalisten, zu dem, was die Arbeiter vom Nettoprodukt erhalten, und mit organischer Zusammensetzung des Kapitals die *zu Werten berechnete* organische Zusammensetzung des Kapitals, d.h. das *zu Werten berechnete* Verhältnis des konstanten zum variablen Kapital. L. von Bortkiewicz verkennt dies und unterstellt Marx, er meine entsprechend die *zu Produktionspreisen berechnete* Profitrate, die *zu Werten berechnete* Mehrwertrate und die *zu Werten berechnete* organische Zusammensetzung des Kapitals. Diese Unterstellung von L. von Bortkiewicz kommt in dessen Gleichungen (27) und (29), welche er auf Marx zurückführt, klar zum Ausdruck. Es handelt sich dabei um die Gleichungen

$$\rho = (1 - q_0)r \qquad \text{(Bort. 27)}$$

Analyse von Bortkiewiczs „Berichtigung"

und

$$\rho = r\frac{\gamma_1(1-q_1) + \gamma_2(1-q_2) + \gamma_3(1-q_3)}{\gamma_1 + \gamma_2 + \gamma_3} \qquad \text{(Bort. 29)}$$

mit

$$q_i = \frac{c_i}{c_i + v_i}, \quad i = 1, 2, 3$$

$$q_0 = \gamma_1 q_1 + \gamma_2 q_2 + \gamma_3 q_3$$

und

$$\gamma_1 + \gamma_2 + \gamma_3 = 1 \quad,$$

wobei q_0 das zu Werten berechnete Verhältnis des konstanten zum konstanten und variablen Kapital aller Sektoren, q_i das ebenfalls zu Werten berechnete Verhältnis des konstanten zum konstanten und variablen Kapital im Sektor i und γ_i der Anteil des zu Werten berechneten Kapital des i–ten an dem zu Werten berechneten Kapital aller Sektoren.

Auf der linken Seite beider Gleichungen befindet sich die *zu Produktionspreisen berechnete* Profitrate und auf deren rechter Seite die *zu Werten berechnete Profitrate* als Funktion der *zu Werten berechneten* Mehrwertrate und der *zu Werten berechneten* organischen Zusammensetzung des Kapitals. Weder gelten diese Gleichungen allgemein noch wurden sie je von Marx selbst als allgemein geltend aufgestellt oder angesehen. Wie L. von Bortkiewicz selbst bemerkt, gelten sie nur dann, wenn die Produktionspreise den Werten gleich (oder richtiger: proportional) sind, denn dann ist es wohl bedeutungslos, ob das, was auf der rechten Seite dieser Gleichungen steht, zu Werten oder zu Produktionspreisen angesetzt wird. Indes zieht von Bortkiewicz mit Hilfe arithmetischer Beispiele aus diesen unmöglichen Gleichungen – natürlich – falsche Schlüsse, die er Marx ankreidet, obwohl er erstens als Mathematiker weiß, daß sich aus Falschem alles Mögliche ergeben kann, und zweitens berücksichtigen müßte, daß die Gleichungen (27) und (29) nicht von Marx stammen.

Alle Schlüsse, die von Bortkiewicz hierbei bezüglich der Ansichten von Marx zieht, sind falsch. Denn nirgends behauptet Marx, daß die *zu Produktionspreisen berechnete* Profitrate ρ der *zu Werten berechneten* Profitrate $(1 - q_0)r$ – wobei q_0 das Verhältnis des *zu Werten berechneten* konstanten Kapitals zu dem *zu Werten berechneten* konstanten und variablen Kapital und r die *zu Werten berechnete* Mehrwertrate ist – gleich sei, wie die Gleichung (27) besagt, welche von Bortkiewicz Marx aufhalst.

Der einzige vernünftige Zweck, dem die Aufstellung der unmöglichen Gleichungen (27) und (29) dienen könnte, kann darin bestehen zu demonstrieren, daß die rechte Seite einer jeden von ihnen, welche die – Marxsche – zu Werten berechnete Profitrate darstellt, ihrer linken Seite, welche die – Bortkiewiczsche – zu Produktionspreisen berechnete Profitrate darstellt, unmöglich gleich sein kann, wenn die Produktionspreise von den Werten abweichen. Unter der wohl gegebenen Voraussetzung, daß die Bortkiewiczsche wohl auch die richtige Profitrate ist, würde dies bedeuten, daß Marx' zu Werten berechnete nicht die richtige Profitrate ist. L. von Bortkiewicz zeigt dies jedoch nicht in der eben geschilderten korrekten Weise, sondern versucht es auf folgendem, wie wir zeigen werden, sehr fraglichen Weg: Er geht zu Recht von der Korrektheit seiner Profitrate aus und behauptet dann anhand der unmöglichen Gleichungen (27) und (29) und mit Hilfe arithmetischer Beispiele, daß bestimmte Aussagen von Marx, die sich auf die zu Werten berechnete Profitrate beziehen, nicht richtig sind, weil sie, wenn man sie auf die zu Produktionspreisen berechnete bezieht, falsch werden. Daraus folgert er dann, daß auch die Marxsche Profitrate nicht die richtige ist. Seine Feststellung, daß die Aussagen, die sich auf die Marxsche Profirate beziehen, falsch werden, wenn man sie auf die Bortkiewiczsche bezieht, ist wohl richtig. Dadurch werden aber nicht, wie von Bortkiewicz folgert, auch die ursprünglichen Marxschen Aussagen falsch, sondern sie bleiben, was sie immer waren: richtige Aussagen. Daher kann man auch nicht, wie von Bortkiewicz es tut, aus deren angeblichem Falschwerden folgern, die Marxsche Profitrate sei nicht die richtige.

Zwar ist es wahr, daß Marx' Profitrate nicht die richtige ist, dies aber ergibt sich aus folgenden Überlegungen: Daraus, daß die in Rede stehenden ursprünglichen, auf die zu Werten berechnete Profitrate bezogenen Aussagen falsch werden, wenn sie auf die zu Produktionspreisen berechnete Profitrate bezogen werden, folgt unter der Voraussetzung, daß sie richtig sind, zunächst die Verschiedenheit der Marxschen Profitrate von der Bortkiewiczschen. Daraus und aus der Tatsache, daß die Bortkiewiczsche die einzig richtige Profitrate ist, folgt dann, daß die Marxsche nicht die richtige Profitrate ist. Wie man also sieht, setzt der Schluß, daß die Marxsche nicht die richtige Profitrate ist, ihre Verschiedenheit von der Bortkiewiczschen voraus. Dieser letzte Schluß setzt aber die Richtigkeit der in Rede stehenden ursprünglichen Marxschen Aussagen voraus, denn wären sie nicht richtig, könnte er wohl nicht gezogen werden. So setzt also auch der Schluß, die Marxsche Profitrate sei nicht die richtige, die Richtigkeit der ursprünglichen Marxschen Aussagen voraus und beweist keineswegs, daß sie, wie von Bortkiewicz bewiesen zu haben meint, falsch sind.

Die Feststellung, daß die Bortkiewiczsche und nicht die Marxsche Profitrate die einzig richtige ist, kann man unmittelbar treffen, wenn man weiß, worin der Unterschied zwischen diesen beiden besteht, nämlich daß die Bortkiewiczsche zu Produktionspreisen und die Marxsche zu Werten berechnet wird. L. von Bortkiewicz kann diese Feststellung deshalb nicht unmittelbar treffen, da er nicht begreift, daß die Korrektheit seiner Profitrate darin besteht, daß sie implizit zu Produktionspreisen berechnet ist – so befremdlich das auch anmuten mag. Er hält die Korrektheit seiner Profitrate in der Richtigkeit seiner Lösung des Transformationsproblems begründet, ohne jedoch zu begreifen, daß dies gleichbedeutend damit ist, daß seine Profitrate implizit zu Produktionspreisen berechnet ist. Verstünde er dies letztere, bräuchte er wohl nicht den oben geschilderten Irrweg zu beschreiben, um klarzustellen, daß seine und nicht die Marxsche die richtige Profitrate ist.

Im übrigen bleibt die Ansicht von Marx, wonach die Profitrate – jeweils ceteris paribus – mit zunehmender Mehrwertrate zunimmt und mit zunehmender organischer Zusammensetzung des Kapitals abnimmt, stets richtig, einerlei, ob man diese drei Größen zu Werten oder zu Produktionspreisen ansetzt – vorausgesetzt natürlich, daß man sie jedes Mal *alle drei* entweder zu Werten oder zu Produktionspreisen und nicht etwa, wie von Bortkiewicz es tut, die Profitrate zu *Produktionspreisen* und die Mehrwertrate und die organische Zusammensetzung des Kapitals *zu Werten* ansetzt.

L. von Bortkiewicz behauptet, die zu Produktionspreisen berechnete Profitrate ändere sich nicht, wenn sich die zu Produktionspreisen berechnete organische Zusammensetzung des Kapitals in den nicht-reproduktiven Sektoren und somit in allen Sektoren insgesamt ändert. Dies ist zwar richtig (obgleich nicht generell, sondern nur im Rahmen des Bortkiewiczschen Modells!). L. von Bortkiewicz verkennt aber hierbei die Tatsache, daß im Rahmen seines Modells dieser Anstieg der zu Produktionspreisen berechneten organischen Zusammensetzung des Kapitals eine solche gleichzeitige Zunahme der zu Produktionspreisen berechneten Mehrwertrate impliziert, die die senkende Wirkung des Anstiegs der organischen Zusammensetzung auf die Profitrate genau kompensiert, so daß letztere im Resultat unverändert bleibt (vgl. dazu Stamatis 1979: 90 ff.). Dies ist sehr wohl mit der oben zitierten Ansicht von Marx vereinbar. Denn Marx behauptet wohl nicht, daß die Profitrate fällt, wenn die organische Zusammensetzung des Kapitals und zugleich die Mehrwertrate steigen, sondern daß die Profitrate fällt, wenn – ceteris paribus – die organische Zusammensetzung steigt, d.h. wenn – bei konstanter Mehrwertrate – die organische Zusammensetzung steigt. So schließt er überhaupt nicht aus, daß die Profitrate konstant bleiben kann, wenn sowohl die Mehrwertrate als auch die organische Zusammensetzung des Kapitals steigen.

Kehren wir aber zu von Bortkiewiczs Ergebnis zurück, wonach die zu Produktionspreisen berechnete allgemeine Profitrate nur von der zu Produktionspreisen berechneten organischen Zusammensetzung des Kapitals *in den reproduktiven Sektoren* abhängt. Dies folgt in der Tat aus der von L. von Bortkiewicz gegebenen Lösung des Transformationsproblems. Wie wir jedoch im folgenden sehen werden, gilt dieses Ergebnis nicht allgemein, sondern nur im Rahmen seines Modells. Schon Dmitriev (vgl. Dmitriev 1974: 59 ff.) sowie kurz nach von Bortkiewicz auch Charasoff (vgl. Charasoff 1910: 103 ff.) und ein halbes Jahrhundert später schließlich auch Sraffa (vgl. Sraffa 1960, §6) (dieser allerdings mit Bezug auf die Basis- und Nichtbasissektoren) haben gezeigt: Die Produktionspreise der reproduktiven Waren bzw. der Basiswaren und die allgemeine Profitrate sind von den Produktionsbedingungen der nicht-reproduktiven Waren bzw. der Nichtbasiswaren unabhängig und hängen nur von den Produktionsbedingungen der reproduktiven Waren bzw. der Basiswaren ab, während die Produktionspreise der nicht-reproduktiven Waren bzw. der Nichtbasiswaren sowohl von den eigenen Produktionsbedingungen als auch von denen der reproduktiven Waren bzw. Basiswaren abhängen.

Indes gilt das nicht allgemein, sondern nur für den Fall, daß die nicht-reproduktiven Waren bzw. die Nichtbasiswaren entweder gar nicht in die Produktion von nicht-reproduktiven Waren bzw. Nichtbasiswaren eingehen oder in solchen Proportionen in sie eingehen, daß die Profitrate dort geringer ist als die der reproduktiven Sektoren bzw. die maximale Profitrate der Basissektoren. Ist dies aber nicht der Fall, so hängen die Produktionspreise der reproduktiven Waren bzw. der Basiswaren und die allgemeine Profitrate auch von den Produktionsbedingungen der nicht-reproduktiven Sektoren bzw. Nichtbasissektoren ab.[2] Das gegenlautende Ergebnis von Dmitriev, L. von Bortkiewicz, Charasoff und Sraffa ist dadurch bedingt, daß in deren Produktionssystemen die nicht-reproduktiven Waren bzw. die Nichtbasiswaren nicht in ihre eigene Produktion eingehen.

Die Auffassung von L. von Bortkiewicz, daß die zu Produktionspreisen berechnete Profitrate von der zu Produktionspreisen berechneten organischen Zusammensetzung des Kapitals in den nicht-reproduktiven Sektoren unabhängig ist, war für Sweezy der Anlaß, das Marxsche Gesetz vom tendenziellen Fall der

---

[2] Vgl. Vassilakis 1983: 441-447. Der Beweis von Vassilakis berücksichtigt die Unterscheidung zwischen Basis- und Nichtbasissektoren. Einen Beweis, der die Unterscheidung zwischen reproduktiven und nicht-reproduktiven Sektoren berücksichtigt, geben wir hier weiter unten.

allgemeinen Profitrate für logisch inkonsistent zu erklären (vgl. Sweezy 1970: 119 ff.). Denn, so Sweezy, wenn die organische Zusammensetzung des Kapitals in den nicht-reproduktiven Sektoren und somit in allen Sektoren steigt, ohne daß, wie von Bortkiewicz gezeigt hat, dadurch die allgemeine Profitrate fällt, dann ist das Marxsche Gesetz, wonach hier die allgemeine Profitrate infolge der gestiegenen organischen Zusammensetzung des Kapitals aller Sektoren hätte fallen müssen, wohl falsch. Diese Schlußfolgerung von Sweezy ist unrichtig. Und sie bleibt es, selbst wenn wir den Umstand außer acht lassen, daß das Marxsche Gesetz sich auf die *zu Werten berechnete* Profitrate bezieht, während von Bortkiewicz die *zu Produktionspreisen* berechnete allgemeine Profitrate meint, und zudem annehmen, sowohl daß das Marxsche Gesetz sich auf die *zu Produktionspreisen berechnete* allgemeine Profitrate bezieht als auch daß die Behauptung von L. von Bortkiewicz richtig ist. Denn nach dem Marxschen Gesetz müßte im gegebenen Fall diese *zu Produktionspreisen berechnete* allgemeine Profitrate nicht fallen, sondern – was sie auch in der Tat tut – konstant bleiben, weil dann, wie wir oben schon klarstellten, mit der Zunahme der organischen Zusammensetzung des Kapitals in den nicht-reproduktiven und dadurch in allen Sektoren der zweite ausschlaggebende Faktor, nämlich die Mehrwertrate aller Sektoren (jeweils zu Produktionspreisen berechnet), nicht konstant bleibt, wie Sweezy mit von Bortkiewicz meint. Vielmehr steigt sie infolge einer Zunahme der Mehrwertrate der nicht-reproduktiven Sektoren, welche durch die Zunahme der organischen Zusammensetzung des Kapitals der nicht-reproduktiven Sektoren[3] bedingt wurde –, und zwar steigt sie um genau so viel, wie es erforderlich ist, damit die allgemeine Profitrate unverändert bleibt.

Schließlich ist die Behauptung von Dmitriev, L. von Bortkiewicz, Charasoff und Sraffa, wonach die allgemeine Profitrate nur von den Produktionsbedingungen der reproduktiven Sektoren bzw. der Basissektoren abhängt, aus folgendem Grund sinnlos, selbst wenn sie allgemeingültig wäre: In allen Modellen, die lineare Produktionssysteme beschreiben – und solche sind die in

---

[3] Die Mehrwertrate der nicht-reproduktiven Sektoren steigt infolge der Zunahme der organischen Zusammensetzung des Kapitals in denselben Sektoren notwendig in dem Maße, wie es erforderlich ist, damit die Profitrate dieser Sektoren unverändert bleibt (wobei hier alle Größen zu Produktionspreisen berechnet werden). Stiege sie nicht im erwähnten Maß, dann würde die Profitrate der nicht-reproduktiven Sektoren – bei Konstanz der Profitrate der reproduktiven Sektoren – wohl fallen mit der Folge, daß dann nicht nur keine *allgemeine* Profitrate existierte, sondern auch die *durchschnittliche* Profitrate aller Sektoren fiele. Dies wäre aber unmöglich, denn die allgemeine Profitrate existiert nicht nur, sondern sie bleibt auch unverändert. Daher muß die Mehrwertrate im erwähnten Maß gestiegen sein.

Rede stehenden Modelle – existiert kein Begriff einer allgemeinen Profitrate. Das, was in diesen Modellen allgemeine Profitrate aller Sektoren genannt wird, ist in Wirklichkeit die allgemeine Profitrate des Normwaresubsystems (d.h. des Produktionssystems, das durch Anwendung der Produktionstechnik des gegebenen Produktionssystems die jeweilige Normware als sein Nettoprodukt produziert), welche durch die Postulierung der Existenz einer gemeinsamen Profitrate für alle Sektoren – im nachhinein und nicht begreifbar, sondern nur rein rechnerisch – zu einer allgemeinen Profitrate aller Sektoren erhoben wird (vgl. Stamatis 1979: 286 ff. und Stamatis 1988). In diesen Modellen, in welchen keine nicht-reproduktive Ware bzw. Nichtbasisware in die Produktion von nichtreproduktiven Waren bzw. Nichtbasiswaren eingeht, gleicht die Profitrate des Normwaresubsystems bei jeder nur möglichen Normierung der Preise stets der Profitrate der reproduktiven bzw. Basissektoren, so daß in diesen Modellen die allgemeine Profitrate des gegebenen Produktionssystems implizit als die allgemeine Profitrate der reproduktiven bzw. Basissektoren definiert ist. So ist hier die Aussage, diese Profitrate hänge nur von den Produktionsbedingungen der reproduktiven bzw. der Basissektoren ab, eine Tautologie, vergleichbar mit der Aussage, daß diese Profitrate von den Sternkonstellationen unabhängig sei. Es handelt sich also bei ihr um ein Hegelsches „negatives unendliches Urteil".

Der Sinn dieser Aussage bleibt selbst dann unverändert, wenn man sie so formuliert, daß sie allgemeingültig wird. In diesem Fall besagt sie folgendes: Die allgemeine Profitrate des gegebenen Produktionssystems hängt *nur* von den Produktionsbedingungen des jeweiligen Normwaresubsystems ab. Auch in dieser Formulierung bleibt sie tautologisch, denn diese allgemeine Profitrate des gegebenen Produktionssystems ist definiert als allgemeine Profitrate des jeweiligen Normwaresubsystems.

Ein weiterer Schluß, der aus der Bortkiewiczschen Lösung des Transformationsproblems gezogen werden kann (welchen von Bortkiewicz für den Sonderfall der Gleichheit des Verhältnisses des Produktionspreises zum Wert des Mehrprodukts und des Verhältnisses des Produktionspreises zum Wert des Gesamtprodukts auch selbst zieht), ist, daß das Verhältnis des Produktionspreises zum Wert einer Ware das Verhältnis des Produktionspreises zum Wert einer anderen Ware übersteigt, wenn die organische Zusammensetzung des Kapitals bei der ersten Ware höher ist als jene bei der zweiten Ware. Dies ist richtig, aber nicht allgemein gültig. Es gilt nur, wenn, wie im Bortkiewiczschen Modell, ausschließlich zirkulierendes konstantes Kapital und nur ein einziges, homogenes Produktionsmittel existieren.[4]

---

[4] Zu dem Fall, daß auch fixes Kapital existiert, vgl. Stamatis 1983: 25-117 und für den Fall, daß

Analyse von Bortkiewiczs „Berichtigung"

Ein letzter Schluß, der aus der Bortkiewiczschen Lösung gezogen werden kann (den er aber selbst nicht zieht), ist folgender: Wenn der Reallohnsatz steigt (fällt) und folglich die allgemeine Profitrate fällt (steigt), steigen (fallen) die Produktionspreise der Waren mit einer kleineren (größeren) organischen Zusammensetzung des Kapitals als jener der Normware (hier: der Ware 3) und fallen (steigen) die Produktionspreise der Waren mit einer höheren (niedrigeren) organischen Zusammensetzung als die der Normware, während die Produktionspreise aller Waren unverändert bleiben, deren organische Kapitalzusammensetzung der Normware gleicht. Auch dieses Ergebnis ist richtig, doch nicht allgemein gültig, sondern gilt lediglich unter der Annahme eines einzigen homogenen Produktionsmittels und nur zirkulierenden konstantes Kapitals.[5]

Zum Schluß möchten wir die Ansicht von L. von Bortkiewicz, die allgemeine Profitrate hänge nicht von der organischen Zusammensetzung des Kapitals und somit von den Produktionsbedingungen der nicht-reproduktiven Sektoren ab, konkreter prüfen. Daß diese Behauptung falsch ist, wird in dem Fall deutlich, im dem Sektor II kein konstantes Kapital verwendet – ein Fall, den von Bortkiewicz selbst konstruiert hat, um damit deutlicher zu zeigen, daß die Marxsche Transformation der Werte in Produktionspreise falsch ist.

In diesem Fall, in dem $c_2 = 0$ und folglich $X_{12}w_1 = a_{12}w_1 = X_{12}w_1 = X_{12} = a_{12} = 0$ ist, nimmt die Matrix A folgende Form an:

$$A = \begin{bmatrix} a_{11} & 0 & a_{13} \\ a_{21} & a_{22} & a_{23} \\ 0 & 0 & 0 \end{bmatrix} . \qquad (51)$$

Vertauschen wir die erste mit der zweiten Zeile sowie die erste mit der zweiten Spalte dieser Matrix, so erhalten wir:

$$\bar{A} = \begin{bmatrix} a_{22} & a_{21} & a_{23} \\ 0 & a_{11} & a_{13} \\ 0 & 0 & 0 \end{bmatrix} . \qquad (52)$$

Aus dieser neuen Form der Matrix ist unmittelbar ersichtlich, daß nunmehr nur Ware 2 eine reproduktive ist und daß die Waren 1 und 3 nicht-reproduktiv sind. Das Produktionssystem spaltet sich in zwei Subsysteme: in das reproduktive, welches nur die Ware 2 produziert, und in das nicht-reproduktive, welches die Waren 1 und 3 produziert.

---

mehrere Produktionsmittel, aber kein fixes Kapital existieren, Stamatis 1988: 71-90.
[5]Siehe vorige Fußnote.

Indes haben wir hier einen neuen Sachverhalt: Während die nichtreproduktive Ware 3 in die Produktion gar keiner Ware eingeht, geht die nichtreproduktive Ware 1 in ihre eigene Produktion (sowie in die Produktion von Ware 3) ein. L. von Bortkiewicz übersieht diese Besonderheit des Produktionssystems. Ihre Folgen werden wir zeigen, indem wir die Produktionspreise und die Profitrate ermitteln.

Wir erhalten folgendes Gleichungssystem zur Bestimmung der Produktionspreise und der Profitrate:

$$p' = \left[I \frac{1}{1+\rho} - \bar{A}\right] = 0 \quad, \tag{53}$$

wobei

$$p' = (p_2, p_1, p_3) \quad . \tag{54}$$

Das obige System läßt sich zerlegen in

$$p_2 = (1+\rho)a_{22}p_2 \tag{55}$$

bzw.

$$1 - (1+\rho)a_{22} = 0 \tag{56}$$

und

$$\hat{p} = (1+\rho)\hat{p} \begin{bmatrix} a_{11} & a_{13} \\ 0 & 0 \end{bmatrix} + (1+\rho)p_2(a_{21}, a_{23}), \tag{57}$$

wobei

$$\hat{p} = (p_1, p_3) \quad . \tag{58}$$

Wenn wir die Produktionspreise mit

$$p_2 = b, \quad b > 0, \text{ konstant} \tag{59}$$

normieren, so erhalten wir[6] aus (56):

$$\rho = \frac{1 - a_{22}}{a_{22}} \quad . \tag{60}$$

---

[6]Bei von Bortkiewicz ist in diesem Fall

$$1 + \rho = \frac{v_1 + v_2 + v_3}{v_2}$$

Weil selbstverständlich $a_{22} < 1$ ist, ist $\rho > 0$. Wenn

$$p_2 = 0 \quad , \tag{61}$$

dann ergibt sich aus (57) für $\hat{p} > 0$:

$$\rho = \frac{1 - a_{11}}{a_{11}} \quad , \tag{62}$$

wobei a_{11} der maximale Eigenwert der Matrix B, der Produktionskoeffizienten des nicht-reproduktiven Subsystems, ist:

$$B = \begin{bmatrix} a_{11} & a_{13} \\ 0 & 0 \end{bmatrix} \tag{63}$$

Wegen $a_{11} < 1$ ist $\rho \; [= (1 - a_{11})/a_{11}]$ positiv. Dieser Wert von ρ ist der maximale Wert der Profitrate des nicht-reproduktiven Subsystems oder einfacher: die maximale Profitrate des nicht-reproduktiven Subsystems, denn, wenn nicht, wie vorausgesetzt, $p_2 = 0$, sondern $p_2 > 0$ ist, dann ist die Profitrate dieses Subsystems kleiner als $(1 - a_{11})/a_{11}$. Wenn nun

$$\frac{1 - a_{11}}{a_{11}} > \frac{1 - a_{22}}{a_{22}} \quad , \tag{64}$$

wobei $(1 - a_{22})/a_{22}$ die Profitrate des reproduktiven Subsystems ist, und folglich

$$a_{11} < a_{22} \tag{65}$$

und folglich

$$\rho = \frac{v_1 + v_3}{v_2}.$$

Diese Gleichung ist identisch mit unserer Gleichung (60). Denn es ist

$$\rho = \frac{1 - a_{22}}{a_{22}} = \frac{X_2 w_2 - X_2 a_{22} w_2}{X_2 a_{22} w_2}.$$

Und weil erstens $X_2 a_{22} w_2 = v_2$ und zweitens, infolge der unterstellten einfachen Reproduktion, $X_2 w_2 = v_1 + v_2 + v_3$, ist auch

$$\rho = \frac{1 - a_{22}}{a_{22}} = \frac{(v_1 + v_2 + v_3) - v_2}{v_2} = \frac{v_1 + v_3}{v_2} \quad .$$

ist, mit a_{22} als maximaler (und hier: der einzige) Eigenwert der Matrix der Produktionskoeffizienten des reproduktiven Subsystems, dann resultiert aus (57) im Fall, in dem die Normierung (59) gilt,

$$\hat{p} > 0 \quad . \tag{66}$$

Die Produktionspreise der nicht-reproduktiven Waren sind, ebenso wie der der reproduktiven, positiv.

Wir sahen, daß, wenn (59) und (64) bzw. (65) gelten, eine positive allgemeine Profitrate für positive Produktionspreise *aller* Waren existiert.

Wenn aber

$$\frac{1 - a_{11}}{a_{11}} < \frac{1 - a_{22}}{a_{22}} \quad , \tag{67}$$

d.h. wenn die maximale Profitrate der nicht-reproduktiven Sektoren kleiner ist als die Profitrate der reproduktiven Sektoren, und folglich

$$a_{11} > a_{22} \quad , \tag{68}$$

dann resultiert aus (57), wenn die Normierung (59) gilt

$$\hat{p} < 0 \quad . \tag{69}$$

In diesem Fall gibt es zwar eine positive allgemeine Profitrate, welche durch (60) angegeben wird, die Preise der nicht-reproduktiven Waren sind aber negativ. Mit anderen Worten: Für positive oder nicht-negative Preise existiert keine allgemeine Profitrate.

Wenn man aber unter der Voraussetzung (67) bzw. (68) die Preise nicht mit der Gleichung (59) normiert, also nicht durch Gleichsetzen des Preises der reproduktiven Ware (oder im Fall der Existenz mehrerer reproduktiver Waren: des Preises irgendeiner reproduktiven Ware oder irgendeines aus reproduktiven Waren bestehenden Warenkorbs) mit einer positiven Konstanten, sondern mit der Gleichung

$$p'c = b, \qquad c \geq 0 \tag{70}$$

mit c als einem semipositiven Spaltenvektor, der einen Korb von Waren mit mindestens einer nicht-reproduktiven Ware darstellt, in deren Produktion nicht-reproduktive Waren eingehen, dann existiert für $p_2 = 0$ eine durch (62) gegebene allgemeine Profitrate, für die infolge von (70) gilt:

$$\hat{p} > 0 \tag{71}$$

und somit

$$p' \geq 0. \qquad (72)$$

Wenn wir also im Fall, in dem (67) bzw. (68) gilt, die Preise gemäß (70) normieren, dann existiert bei *semipositiven Preisen*, d.h. konkreter: bei positiven Preisen der nicht-reproduktiven und bei Nullpreisen der reproduktiven Waren eine – nämlich die von (62) angegebene – positive allgemeine Profitrate. Wie aber aus (62) unmittelbar ersichtlich ist, hängt diese allgemeine Profitrate von den Produktionsbedingungen und somit auch von der organischen Kapitalzusammensetzung des nicht-reproduktiven Subsystems ab. So wurde gezeigt, daß die hier diskutierte Ansicht von Dmitriev, L. von Bortkiewicz, Charasoff und Sraffa falsch ist.

In Wirklichkeit ist natürlich die Profitrate, die wir ermittelten, sowohl unter Gültigkeit von (59) und (64) als auch von (67) und (68) nicht die allgemeine Profitrate des Produktionssystems, sondern die des jeweiligen Normwaresubsystems: Im ersten Fall ist sie die allgemeine Profitrate jenes Subsystems, das als Nettoprodukt 1 ME der Ware 2 produziert, und im zweiten Fall die des Subsystems, welches als Nettoprodukt den Warenkorb c herstellt. Aus diesem Grund hängt sie denn auch nur von den Produktionsbedingungen und somit von der organischen Kapitalzusammensetzung dieses Normwaresubsystems ab: im ersten Fall von den Produktionsbedingungen des reproduktiven, im zweiten Fall von denen des nicht-reproduktiven Subsystems.

Im übrigen hängen im ersten Fall die Produktionspreise der reproduktiven Waren nur von den Produktionsbedingungen des reproduktiven Subsystems und jene der nicht-reproduktiven Waren sowohl von den Produktionsbedingungen des reproduktiven als auch des nicht-reproduktiven Subsystems ab, während – sozusagen spiegelbildlich – im zweiten Fall die Produktionspreise der *nicht-reproduktiven* Waren *nur von den Produktionsbedingungen des nicht-reproduktiven Subsystems* und die Produktionspreise der *reproduktiven* Waren *sowohl von den Produktionsbedingungen des reproduktiven Subsystems als auch von den Produktionsbedingungen des nicht-reproduktiven Subsystems* abhängen.

Literatur

Bortkiewicz, L. von: Zur Berichtigung der grundlegenden theoretischen Konstruktion von Marx im dritten Band des „Kapital", in: Jahrbücher für Nationalökonomie und Statistik, 3. Folge, Bd. 34 (=89), Jena 1907, S. 319-335

Charasoff, G.: Das System des Marxismus. Darstellung und Kritik, Berlin 1910

Dmitriev, V. K.: Essays on Value, Competition and Utility, Cambridge 1974

Sraffa, P.: Production of Commodities by Means of Commodities, Cambridge 1960

Stamatis, G.: Sraffa und sein Verhältnis zu Ricardo und Marx, Göttingen 1983

Stamatis, G.: Über das Normwaresubsystem und die w-r-Relation. Ein Beitrag zur Theorie linea rer Produktionssysteme. Athen 1988

Stamatis, G.: Über die Abhängigkeit der allgemeinen Profitrate von den Produktionsbedingungen im nicht-reproduktiven Sektor, in: derselbe (Hg.): Beiträge zur Kritik der neoricardianischen und neoklassischen Theorie, Göttingen 1979

Sweezy, P.: Theorie der kapitalistischen Entwicklung, Frankfurt a. M. 1970

Vassilakis, S.: Non-basics, the Standard Commodity and the Uniformity of the Profit Rate, Anhang zu: Stamatis, G.: Sraffa und sein Verhältnis zu Ricardo und Marx, Göttingen 1983, S. 441-447

Zur Ausbeutungstheorie John Roemers

Georg Sotirchos

Einleitung

In mehreren Veröffentlichungen hat der analytische Marxist John Roemer eine Ausbeutungstheorie präsentiert, die er der marxistischen gegenüberstellt (Roemer 1982: 111-157). Nach Roemers Ausbeutungstheorie kann Ausbeutung in jeder warenproduzierenden Gesellschaft existieren – und zwar unabhängig davon, ob in ihr ein Arbeitsmarkt, d.h. ein Lohnarbeits- und Kapitalverhältnis, existiert oder nicht. Roemer sieht den Grund der Ausbeutung nicht in der Existenz des Lohnarbeits- und Kapitalverhältnisses, sondern in einer Art „ungleichen" Tausches.

Wir werden in dieser Arbeit anhand einer von Roemer selbst beschriebenen warenproduzierenden Ökonomie, in der es keinen Arbeitsmarkt gibt und in der nach Roemer Ausbeutungsverhältnisse vorliegen könnten, beweisen, daß in dieser Ökonomie – eben wegen des Fehlens eines Arbeitsmarktes und somit eines Lohnarbeits- und Kapitalverhältnisses – keine Ausbeutungsverhältnisse bestehen. Wir verstehen diesen Beweis als einen Beleg dessen, daß in warenproduzierenden Gesellschaften, in denen kein Arbeitsmarkt existiert, auch keine Ausbeutung vorliegen kann, es sei denn eine durch außerökonomische Zwänge vermittelte. Daraus würde dann folgen, daß ohne Rekurs auf den Arbeitsmarkt die Ausbeutung, wenn sie eine ökonomisch vermittelte ist, gar nicht begründet werden kann.

Das Modell: Ausbeutung ohne Arbeitsmarkt

Gegeben sei eine Subsistenzökonomie, in der kein Arbeits- und kein Kapitalmarkt vorliegen. Sie ist wie folgt definiert: Es gibt N Privatproduzenten. Jeder Privatproduzent v, $v = 1, 2, ..., N$, verfügt über einen Anfangsbestand an Waren (endowment) $w^v = (w_1^v, w_2^v, ... w_n^v)^T \geq 0$, wobei n die Anzahl der Waren ausdrückt, sowie über eine Mengeneinheit eigener Arbeit. Diesen Anfangsbestand an Waren und diese Arbeitsmenge kann er zur Produktion von Waren verwenden. Jeder Produzent verwendet bei seiner Produktion nur seine eigene und keine fremde Arbeit und nur seine eigenen und keine geliehenen fremden Anfangsbestände. Infolgedessen existieren kein Arbeits- und kein Kapitalmarkt. Jeder Produzent hat die gleichen Subsistenzbedürfnisse, die er durch einen gegebenen Warenkorb $b = (b_1, b_2, ..., b_n)^T \geq 0$, befriedigt.

Das Ziel jedes Produzenten bei der Produktion von Waren besteht darin, die Arbeitsmenge, die dabei verausgabt wird, zu minimieren. Dies geschieht jedoch unter folgenden Bedingungen:

1. Es wird eine Warenmenge produziert, die er bei gegebenen Preisen gegen wenigstens einen gegebenen Warenkorb $b = (b_1, b_2, ..., b_n)(\geq 0)$ austauscht, der für die Reproduktion seiner eigenen Arbeitskraft von einer Mengeneinheit notwendig ist, und

2. Bei seiner Produktion werden nicht mehr Waren und nicht mehr Arbeit verwendet als die, über die er selbst verfügt.

Es existiert für die gesamte Ökonomie nur eine lineare Einzelproduktionstechnik $[A, L]$ (Stamatis 1988: 1–2); dabei ist $A \geq 0$ die $n \times n$ Matrix der Inputs an Waren und $L > 0$ der $1 \times n$ Vektor der Arbeitsinputs[1] in dem Fall, daß jeder der insgesamt n Produktionsprozesse, genau eine Mengeneinheit der einzelnen Ware herstellt, die er produziert.

Die gegebene Technik $[A, L]$ ist produktiv (vgl. 1988: 2). Um die Sache zu vereinfachen, unterstellen wir, daß die Matrix A unzerlegbar ist.

Jeder Produzent kann jeden der n Produktionsprozesse der gegebenen Produktionstechnik $[A, L]$ anwenden. Da kein Arbeits- und kein Kapitalmarkt existieren, bestehen die einzigen Restriktionen bei der Auswahl und Anwendung von Produktionsprozessen seitens eines jeden Produzenten nur in den Anfangsbeständen an Waren und in der Arbeit, über die er verfügt. Das geordnete $(3 + N)$-Tupel $\{A, L, b, w^1, ..., w^N\}$ stellt eine Subsistenzökonomie wie die oben beschriebene dar. Wir setzen voraus, daß

$$w = \sum_{v=1}^{N} w^v > 0 \quad , \tag{1}$$

---

[1] Wir setzen voraus, daß die Arbeit aller Produzenten von der gleichen Art ist, d.h. daß sie homogen ist.

d.h., es liegt für die Ökonomie insgesamt ein positiver Anfangsbestand an jeder der n Waren vor. Diese Bedingung sichert die Reproduktionsfähigkeit der Ökonomie. Jeder Produzent betrachtet die Preise $p = (p_1, p_2, ..., p_n) > 0$, als gegeben.

Nach den obigen Voraussetzungen wählt jeder Produzent v einen Produktionsintensitätenvektor $x_v = (x^1, x^2, ..., x^N) \geq 0$, der sich als Lösung des folgenden Problems (P) ergibt:

Minimalisiere Lx^v unter den Bedingungen:

$$p(I - A)x^v \geq pb \qquad (2)$$
$$pAx^v \leq pw^v \qquad (3)$$
$$Lx^v \leq 1 \qquad (4)$$
$$x_v \geq 0 \qquad (5)$$

Da die Produktionstechnik $[A, L]$ eine Einzelproduktionstechnik ist, stellt der Vektor der Prozeßintensitäten x^v des Produzenten v zugleich den Vektor des Bruttoprodukts dieses Produzenten dar.

Das Problem (P), dem jeder Produzent gegenübersteht, ist ein Problem linearer Programmierung. Die Bedeutung der Bedingungen (2) – (5) ist offensichtlich.

Gleichgewichtspreise $\bar{p}$ sind diejenigen Preise, welche die Räumung aller Warenmärkte (hier: des Marktes für Produktionsmittel und des Marktes für Komsummittel) bewirken und zugleich die Mininmierung des Arbeitsaufwands jedes Produzenten zulassen. Die Lösung des Problems (P) von jedem der N Produzenten nennt Roemer reproduktiv (reproducible). Er meint damit, daß die Ökonomie, die mit dieser Lösung beschrieben wird, reproduktionsfähig ist. Diese Lösung hat folgende Charakteristika:

1. Jeder Produzent hat eine individuell optimale Lösung $\bar{x}^v$ des Problems (P).

2. Realisierbarkeit

$$A\bar{x} \leq w \quad ,$$

dabei ist $\bar{x} = \sum_{v=1}^{N} \bar{x}^v$.

3. Reproduzierbarkeit

$$(I - A)\bar{x} \geq Nb \quad ,$$

Die Gleichungen unter 1. und 2. drücken aus, daß beide Märkte, sowohl der für Produktionsmittel als auch der für Konsummittel, geräumt werden.

Es wird vorausgesetzt, daß von den möglichen reproduktiven Lösungen des Problems (P) die optimale realisiert wird. Folglich nimmt die unter 3. genannte Beziehung folgende Form an:

$$(I - A)\bar{x} = Nb \quad .$$

Diese Beziehung besagt, daß das Nettoprodukt der Ökonomie aus genau N Warenkörben b besteht. (Sie bedeutet aber nicht zugleich, daß deswegen das Nettoprodukt jedes Produzenten aus genau einem Warenkorb b besteht).

Da nun die individuellen Lösungen der einzelnen Produzenten optimal sind, nimmt die Beziehung (2) folgende Form an:

$$\bar{p}(I - A)\bar{x}^v = \bar{p}b \quad \forall v \quad .$$

Diese Beziehung besagt, daß jeder Produzent v für den Preis $\bar{p}(I - A)\bar{x}^v$ seines Nettoprodukts $(I - A)\bar{x}^v$ genau einen Warenkorb b kaufen kann. Voraussetzungsgemäß kauft er dann auch genau einen Warenkorb b.

Ein weiteres Charakteristikum der Lösung ist, daß die Produzenten insgesamt $\Lambda(Nb)$ Arbeitszeiteinheiten arbeiten, wobei $\Lambda = L(I - A)^{-1}(> 0)$ der $1 \times n$ Vektor der Arbeitswerte der Waren ist. Die insgesamt verausgabte Arbeit ist also gleich dem Arbeitswert von N Subsistenzwarenkörben b, d.h. dem Arbeitswert des Nettoprodukts Nb der gesamten Ökonomie. Daß die insgesamt verausgabte Arbeitsmenge gleich $N(\Lambda b)$ ist, bedeutet selbstverständlich nicht, daß jeder Produzent genau Λb Arbeitszeiteinheiten verausgabt. Es ist vielmehr möglich, daß einzelne Produzenten mehr als Λb oder weniger als Λb Arbeitszeiteinheiten aufwenden.

Bezüglich diese Punktes führt Roemer folgende Definition ein:
Eine reproduktive Lösung $(\bar{p}, \bar{x}^1, ..., \bar{x}^v)$ heißt *egalitär* (egalitarian), wenn $L\bar{x}^v$ Λb für jedes v, $v = 1, 2, ..., N$. Sonst, d.h. wenn $\exists v : L\bar{x}^v \neq \Lambda b$, heißt sie nichtegalitär (inegalitarian).

Bei der egalitären reproduktiven Lösung arbeiten alle Produzenten gleich viel, und zwar Λb Arbeitszeiteinheiten. Bei einer nichtegalitären Lösung dagegen verausgaben einige Produzenten mehr und andere weniger als Λb Arbeitszeiteinheiten, d.h. als die Zeit, die notwendig ist für die Produktion des Warenkorbs b, den sie erhalten.

Nun meint Roemer, daß der Grund der Ausbeutung in der Existenz nichtegalitärer reproduktiver Lösungen liegt und daß selbst in einer Subsistenzökonomie ohne Arbeitsmarkt wie der oben beschriebenen im Fall der Existenz einer nichtegalitären reproduktiven Lösung Ausbeutung stattfindet, da – obwohl jeder Produzent den gleichen Subsistenzwarenkorb b erhält – nicht jeder Produzent gleich viel arbeitet. Bei der egalitären Lösung dagegen findet Roemer zufolge keine Ausbeutung statt, da alle Produzenten nicht nur den gleichen Warenkorb b erhalten, sondern auch gleich viel arbeiten (vgl. Roemer 1982: 36-38). Er schreibt konkreter:

> Consider an egaliterian solution in an economy with two producers. At the solution Mr. i works more than Λb and Mrs. j works less than socially necessary labour time because i is working more; somehow i is working "for" j and i's surplus labour time is transferred to j through the market. [...] thus, j is able to work less than socially necessary labour time (when i is present) because i is there; she is somehow expropriating labour from i. Thus, this exploitation can exist even though there is no surplus and no institution for labour exchange (Roemer 1986: 86).

Und an anderer Stelle bemerkt er, daß „[e]xploitation is mediated entirely through the exchange of produced commodities. This is one model of what has been discussed in the marxians literature as unequal exchange" (Roemer 1982: 39).

Roemer entwickelt also eine allgemeine Ausbeutungstheorie, derzufolge die Ausbeutung durch den Warentausch nicht bloß vermittelt, sondern sogar konstituiert wird. Er sieht ihre Ursache im sogenannten „ungleichen" Tausch. Zudem meint er, daß diese Ausbeutungstheorie für jede warenproduzierende Gesellschaft gültig ist (Roemer 1986, S. 105-109).

Man kann wohl zeigen, daß der Grund dessen, was Roemer für Ausbeutung hält, nicht in irgendeinem „ungleichen" Tausch liegt, sondern darin, daß die einzelnen Produzenten mit unterschiedlich hohen Anfangsbeständen ausgestattet sind. Dies würde dann auch deutlich machen, daß das, was Roemer „Ausbeutung" nennt, mit Ausbeutung gar nicht zu tun hat.

Doch wollen wir uns hier nicht länger mit dieser Frage befassen. Wir wollen einfach nur zeigen, daß, selbst wenn man den Ausbeutungsbegriff Roemers akzeptiert, unter rational handelnden Wirtschaftssubjekten nichtegalitäre Lösungen und folglich Ausbeutung im Sinne von Roemer unmöglich sind. Dies wollen wir im Rahmen der oben beschriebenen Subsistenzökonomie tun. Zur Vereinfachung der Sache nehmen wir an, daß $N = 2$ und $n = 2$, d.h. daß lediglich zwei Produzenten und zwei Waren existieren.

Der Fall der nicht–eindeutigen Zuordnung

Wir beginnen mit der Darstellung eines Falls, in dem eine Zuordung der Produzenten zu den Ausbeutern oder zu den Ausgebeuteten oder zu den Nichtausbeutern und Nichtausgebeuteten nicht eindeutig ist und sich mit den Gleichgewichtspreisen ändert (vgl. Roemer 1982: 44-45). Die Subsistenzökonomie wird durch das 5-Tupel $\{A, L, b, w^1, w^2\}$ beschrieben, wobei

$$A = \begin{pmatrix} 0.5 & 0.25 \\ 0.25 & 0.5 \end{pmatrix}$$

$$L = (\ 6,\ \ 1\ )$$

$$b = \begin{pmatrix} 22.75 \\ 30.625 \end{pmatrix}$$

$$w^1 = \begin{pmatrix} 56 \\ 112 \end{pmatrix}$$

$$w^2 = \begin{pmatrix} 101.5 \\ 50.75 \end{pmatrix}$$

Die Gleichgewichtspreise $p = (p_1, p_2)$, erfüllen die Bedingung $p(I - A) > 0$. Folglich gilt

$$\frac{1}{2} < \frac{p_1}{p_2} < 2\ \ .$$

Man kann zeigen, daß für die konkreten Gleichgewichtspreise $p = (3, 2)$ gilt, daß $L\bar{x}_1 > \Lambda b > L\bar{x}_2$ ist und daß der Produzent 2 den Produzenten 1 daher ausbeutet. Für die Gleichgewichtspreise $p = (5, 4)$ gilt dagegen, daß $L\bar{x}_1 < \Lambda b < L\bar{x}_2$ und folglich daß der Produzent 1 den Produzenten 2 ausbeutet. Schließlich gilt für die Gleichgewichtspreise $p = (35, 26)$, daß $L\bar{x}_1 = \Lambda b = L\bar{x}_2$ und daß somit kein Produzent den anderen ausbeutet.

Hier hängt also die Zuordnung der Produzenten von den Gleichgewichtspreisen ab und ändert sich mit ihnen.

Roemer versucht die Bedeutung dieses Falls für seine Ausbeutungstheorie zu degradieren, indem er ihn „a curiosus" nennt (Roemer 1982: 44).

Eine spieltheoretische Behandlung

Und dennoch ist im vorliegenden Fall eine eindeutige Zuordnung der zwei Produzenten sehr wohl möglich. Sie führt zum Ergebnis, daß eine nichtegalitäre Lösung unmöglich ist: Entweder brechen die beiden Produzenten den gegenseitigen Warenaustausch ab, oder sie kommen zu einer egalitären Lösung. In beiden Fällen existiert keine Ausbeutung. Die Frage ist nunmehr, „was wird, unter gegebenen äußeren Umständen, der absolut egoistische „homo economicus" [in unserem Fall jeder der zwei Produzenten – G.S.] tun." (von Neumann 1928: 295).

Eine Antwort darauf kann uns die spieltheoretische Behandlung des Falls geben. Wir vermuten, daß eine solche Behandlung nicht unvereinbar ist mit der Methode der Behandlung des ökonomischen Geschehens als Resultat der Wahlhandlungen rational handelnder Wirtschaftssubjekte, die Roemer selbst (vgl. Roemer 1986: 191) den marxistischen Ökonomen empfiehlt.

Im oben beschriebenen Fall besteht die Frage darin, wie jeder der zwei Produzenten handeln wird, da er weiß, daß er bei einem Preisvektor Ausbeuter, bei einem anderen Preisvekor Ausgebeuteter und bei einem dritten Preisvektor weder Ausbeuter noch Ausgebeuteter ist (egalitäre Lösung). Jeder Produzent hat die Wahl zwischen der Ausbeuterstrategie und der Gleichheitsstrategie (egalitäre Lösung). Jede dieser zwei Strategien eines Produzenten ist gleichbedeutend mit seinem Bestreben, bestimmte Preisvektoren durchzusetzen.

Die sogenannte Auszahlungsmatrix hat hier folgende Form:

		Spieler B	
		Gleichheitsstrategie	Ausbeuterstrategie
Spieler A	Gleichheitsstrategie	(b, b)	(d, a)
	Ausbeuterstrategie	(a, d)	(c, c)

wobei $a > b > c > d$ (Luce/Raiffa 1957: 95). Das durch die obige Auszahlungsmatrix beschriebene Spiel ist eine Variante des bekannten Spiels des Gefangendilemmas.

Wir setzen zuerst voraus, daß das Spiel nicht wiederholt wird. Unter der Voraussetzung, daß das Spiel nicht wiederholt wird, werden beide Produzenten die Ausbeuterstrategie wählen, d.h. die Auszahlung (c, c) realisieren. Dieser Punkt ist der einzige Nash-Gleichgewichtspunkt. Da beide Produzenten die Ausbeuterstrategie wählen, kommen sie zu keiner Übereinstimmung über einen Vektor von Preisen, zu welchen sie dann ihre Waren hätten tauschen können, und stellen dann fest, daß sie nicht tauschen können; sie tauschen nicht. In diesem Fall hören sie jedoch nicht auf zu produzieren, denn sie produzieren nicht für den Tausch, sondern zur Befriedigung ihrer eigenen Bedürfnisse. Wir können vermuten, daß der „Ertrag", der jedem von ihnen in diesem Fall zufällt, kleiner ist als derjenige, den er im Fall der egalitären Lösung erhielte, und größer als derjenige, den er hätte, wenn er Ausgebeuteter wäre. Im Fall der Nichtwiederholung des Spiels haben wir also weder Ausbeutung (nichtegalitäre Lösung) noch Abwesenheit von Ausbeutung (egalitäre Lösung), sondern ein Auseinanderbrechen des ökonomischgesellschaftlichen Zusammenhangs: Es findet kein Warentausch zwischen den beiden unabhängigen Privatproduzenten mehr statt, und daher gibt es auch keine gesellschaftliche Arbeitsteilung mehr.

Wir setzen nunmehr voraus, daß das Spiel ad infinitum wiederholt wird. Wie bekannt, sind in diesem Spiel zwei Lösungen möglich: Die durch den Punkt (c, c) beschriebene nicht kooperative Lösung und die durch den Punkt (b, b) beschriebene kooperative Lösung. In der zweiten maximiert jeder Spieler

> his or her discounted sum of payoffs, discounting with a discount factor a, $0 < a < 1$. (That is if $\{u_1, u_2...\}$ is the infinite stream of payoffs obtained by one of the two players, where u_n is the players' playoff in round n of play, then this player seeks to maximize $\sum_{n=1}^{\infty} a^{n-1} u_n$)
> (Kreps 1992: 97).

Die Strategie, die jeder Spieler bei dieser zweiten Lösung wählen wird, können wir in sprachlicher Anlehnung an Kreps wie folgt beschreiben:

> Do not exploit the other, as long as neither has exploited the other previously. If either exploits the other, then exploit the other in every subsequent round. (Kreps 1992: 98)

Wir sehen also, daß auch im Fall, in dem das Spiel ad infinitum wiederholt wird, seine Lösung entweder im Nichttausch oder in der egalitären Lösung, d.h. in einer Situation der Abwesenheit von Ausbeutung, besteht.

Kreps gibt auch andere kooperative Lösungen an. Ihre Anwendung im hier diskutierten Fall würde aber gleichbedeutend sein mit der Voraussetzung, daß beide Produzenten ein für allemal vereinbaren, periodisch die Position des Ausbeuters und des Ausgebeuteten auszuwechseln. Die Einführung einer solchen Voraussetzung würde aber den Ausbeutungsbegriff Roemers ad absurdum führen.

Wenn man schließlich voraussetzt, daß das Spiel nicht ad infinitum, sondern nur einige Male wiederholt wird, dann kommt man zu der gleichen Lösung wie unter der Voraussetzung, nach welcher das Spiel nicht wiederholt wird, d.h. zu der bereits beschriebenen Lösung des Nichttausches und somit des Fehlens von Ausbeutung. Die Spieler kommen zu dieser einzigen Lösung durch die Logik der rückwärtsgerichteten Induktion (backward induction).

Schlußfolgerungen

Die obige Analyse des Falls, in dem nach Roemer die „klassenmäßige" Zuordnung der Produzenten zu der „Klasse" der Ausbeuter und zu jener der Ausgebeuteten von den Gleichgewichtspreisen abhängt und sich mit ihnen ändert, hat gezeigt, daß in diesem Fall keine solche Zuordnung möglich ist, weil dann entweder kein Tausch stattfindet oder, wenn getauscht wird, es auch nach Roemer keine Ausbeuter und keine Ausgebeuteten gibt (egalitäre Lösung). Daraus folgt, daß wenigstens im hier behandelten Fall die Ausbeutung nicht durch irgendeinen „ungleichen" Tausch begründet werden kann.

Literatur

Kreps, David (1992): Game Theory and Economic Modelling, Oxford.

Luce, R. D. and Raiffa, H. (1957): Games and Decisions, New York.

von Neumann, John (1928): Zur Theorie der Gesellschaftsspiele, in Mathematische Annalen, Bd.100, Berlin, S. 295-320.

Roemer, John (1982): A General Theory of Exploitation and Class, Harvard.

Roemer, John (1986): Analytical Marxism, Cambridge.

Roemer, John (1988): Free to Lose, Harvard.

Stamatis, Georg (1988): Über das Normwaresubsystem und die w–r–Relation. Ein Beitrag zur Theorie linearer Produktionssysteme, Athen.

Woods, John (1990): The Production of Commodities: An Introduction to Sraffa, London.

Zur Vermarktung des Rechts: Anmerkungen zum Coase-Theorem

Fritz Helmedag

Allen früheren Unkenrufen zum Trotz marschiert der Kapitalismus weltweit nach vorn. Georg Fülberth legte in einer Analyse dar, woran die voreiligen Untergangsprognosen kranken (vgl. Fülberth 1992). Wie der Feudalismus (vgl. ebd.: 124 ff.) hat der Kapitalismus verschiedene Phasen durchlaufen, die teilweise einen tiefgreifenden Wandel bewirkten, ohne jedoch die Gesellschaftsformation „aufzuheben". Politik und Ökonomie sind interdependente Systeme, die auf Anpassungsbedarf der Zeitläufte reagieren.

Um so mehr erstaunt es, wie wenig man davon in der gängigen wirtschaftswissenschaftlichen Literatur erfährt. In großen Teilen wird statt dessen der Eindruck einer universellen Gültigkeit der Marktgesetze erweckt: Seit jeher und allerorts determinieren angeblich Angebot und Nachfrage das Wirtschaftsgeschehen. Aber Ökonomie entfaltet sich in Wirklichkeit niemals im institutionellen Vakuum. Wer diese Tatsache ausblendet, produziert Ideologie. Das zu enthüllen zählt zu den vornehmsten Aufgaben kritischer Wissenschaft.

Forscher mit einem breiteren Blickwinkel hat die wechselseitige Verflechtung von Politik und Wirtschaft hingegen immer interessiert. Daher bietet es sich für einen Ökonomen an, das sog. Coase-Theorem zu beleuchten, denn es macht eine Aussage zur Bedeutung der rechtlichen Rahmensetzung – und damit von Politik – für die Effizienz von Märkten. Zudem hat dieses Theoriestück eine beachtliche Bedeutung zur argumentativen Unterfütterung der marktradikalen Deregulierungswelle seit Ende der 70er Jahre erlangt (vgl. Fülberth 1993: 149). Wir werden die Botschaft im kommenden unter die Lupe nehmen und prüfen, was Coase sagte, wie es ausgelegt wurde und wozu es schließlich gebraucht werden kann. Dabei wird sich ein genaueres Quellenstudium als hilfreich erweisen.

Lehre und Wirkung

Ronald Harry Coase erhielt 1991 den „Preis der Zentralbank Schwedens für die ökonomische Wissenschaft zum Andenken an Alfred Nobel"– vulgo: Nobelpreis – für ein Œuvre, das zwar nicht besonders umfangreich, aber in seinem Einfluß höchst beachtlich ist. Seinen Ruhm verdankt er insbesondere zwei Aufsätzen: „The Nature of the Firm" aus dem Jahr 1937 und dem 1960 veröffentlichten Artikel „The Problem of Social Cost". Trotz der recht weit auseinanderliegenden Veröffentlichungsdaten dieser beiden Arbeiten wurden sie in etwa gleichzeitig populär: Ungefähr zu Beginn des letzten Drittels dieses Jahrhunderts gewann die Neue Institutionenökonomik Gestalt, deren Forschungsprogramm sowie auch ihre grundlegenden begrifflichen Konzepte durchaus als Fortschreibung der Arbeiten von Coase angesehen werden können.[1]

In der erstgenannten Publikation ging Coase der Frage nach, warum es überhaupt Unternehmen gibt. Die Antwort fand er in der Existenz von Marktbenutzungskosten: Transaktionskostenersparnisse begründeten die Unternehmung als eine dauerhafte ökonomische Institution.

Ohne hier in eine Würdigung des Erklärungsmusters näher eintreten zu wollen (vgl. dazu Helmedag 1994: 322 ff.), scheint die These akzeptierbar, daß das Echo des Beitrags aus dem Jahr 1960 jenes des früheren noch übertrifft. Denn in der späteren Studie lieferte Coase nicht nur eine Deutung einer bestimmten empirischen Tatsache, sondern er machte nun Aussagen über die Sinnhaftigkeit und Effizienz alternativer Regelungen. Bekanntlich stellen neben den Transaktionskosten Handlungs- oder Verfügungsrechte ein weiteres zentrales Konzept im Rahmen der Neuen Institutionenökonomik dar. Und genau um die Auswirkung solcher unterschiedlicher „Property rights" ging es im zweiten bahnbrechenden Aufsatz von Coase. Er thematisiert dort das Problem externer Kosten, konkret: Welche Allokationswirkungen folgen aus alternativ anzuwendenden rechtlichen Bestimmungen, wenn eine (wirtschaftliche) Handlung des Akteurs A das Individuum B schädigt?

Nach der traditionellen, maßgeblich von Pigou (1952) geprägten Analyse stehen drei Alternativen offen, negativen externen Effekten zu begegnen: Schadenersatz, Besteuerung und Verbot. Das erklärte Ziel der Untersuchung von Coase bestand darin aufzuzeigen, daß diesen Politikempfehlungen Skepsis entgegengebracht werden sollte: „It is my contention", schreibt er zu Beginn

---

[1] Vgl. als Übersicht Richter (1990). Siehe zur kritischen Einordnung des Forschungsprogramms Reuter (1994).

seiner Ausführungen, „that the suggested courses of action are inappropriate, in that they lead to results which are not necessarily, or even usually, desirable." (Coase 1960: 2). Wie Coase hervorhebt, sei – im Gegensatz zur weitverbreiteten Vorstellung – ein Schaden nicht ausschließlich wohlfahrtsmindernd, d.h. aus Sicht des Betroffenen zu beurteilen. Zwar entlasten Interventionen den Geschädigten, sie belasten aber gleichzeitig den Schädiger:

> We are dealing with a problem of a reciprocal nature. To avoid the harm to B would inflict harm on A. The real question that has to be decided is: should A be allowed to harm B or should B be allowed to harm A? The problem is to avoid the more serious harm. (ebd.)

Daraus resultiere jedoch keineswegs, daß quasi automatisch obrigkeitlicher Handlungsbedarf entstünde. Die wechselseitige Beziehung zwischen Schädiger und Geschädigtem genüge schon, die optimale Schadenshöhe zu bestimmen. Verhandlungen zwischen beiden führten nämlich zu einer Internalisierung externer Kosten.

Daneben treten laut Coase grundsätzliche Bedenken hinsichtlich der Effizienz staatlicher Eingriffe. Weil sich die Regierung als eine Art „super-firm" betrachten ließe, neige sie, wie zu große Unternehmen prinzipiell, zur kostenintensiven Leistungserstellung. Außerdem vermag die Obrigkeit den Markt außer Kraft zu setzen, was den Privaten versagt sei. Die Schlußfolgerung liegt nahe: „It is my belief that economists, and policy-makers generally, have tended to over-estimate the advantages which come from governmental regulation." (ebd.: 18) Freilich komme eine staatliche Gestaltung gelegentlich durchaus in Betracht. Werde die Zahl der Geschädigten sehr groß, könne eine Verhandlungslösung entweder unmöglich oder zu teuer sein. Jedoch – und das ist die Hauptthese von Coase – deuten externe Effekte keineswegs stets auf Marktversagen hin: „... there is no reason to suppose that government regulation is called for simply because the problem is not well handled by the market or the firm." (ebd.) In der Folge bürgerte sich zunehmend die Auffassung ein, politische Eingriffe seien immer dann unnötig, wenn die optimale Allokation der Ressourcen im Zuge von Verhandlungen zwischen den Betroffenen erreichbar ist (vgl. Turvey 1963: 309); überhaupt gleiche der intervenierende Staat einem Arzt, der es riskiere, einem gesunden Patienten eine Medizin zu verabreichen (vgl. Worcester 1972: 58).

Indes sollte nicht übersehen werden, daß bei Coase Aussagen in dieser grundsätzlichen Form fehlen und von ihm schon gar nicht zu einem Theorem verdichtet worden sind. Seine Erkenntnisse finden sich statt dessen stets im

Kontext der Analyse konkreter Beispiele, meist Fälle nachbarrechtlicher Immissionen, und es ist zunächst offen, ob sie generelle Geltung beanspruchen (dürfen). Die Erhebung der Coaseschen Einsichten in den „Theorem-Status" geht wohl auf Stigler zurück. In der dritten Auflage seiner „Preistheorie" aus dem Jahre 1966 heißt es:

> The Coase theorem thus asserts that under perfect competition private and social costs will be equal [. . .] The proposition that the composition of output will not be affected by the manner in which the law assigns liability for damage seems astonishing. But it should not be. Laws often prove to be unimportant [...]. (Stigler 1966: 113)

Doch Stiglers „Beweis" dieser Aussage fällt sehr mager aus; er stützt sich lediglich auf die Variation eines schon im Urtext besprochenen Beispiels. Vielmehr belegt allein schon der sich anschließende heftige und anhaltende Streit um „das" Coase-Theorem[2], daß die Verallgemeinerung der speziellen Resultate von Coase keineswegs auf der Hand liegt.

Trotz dieser teilweise erbittert geführten und immer noch andauernden Auseinandersetzungen (vgl. etwa Usher 1998) hat sich das Coase-Theorem inzwischen als lehrbuchreife Doktrin etabliert, deren inhaltlicher Kern bei allen Unterschieden im einzelnen aus zwei Lehrsätzen besteht. Die „Effizienzthese" besagt, bei eindeutiger Zuordnung von Eigentumsrechten und ohne Berücksichtigung von Transaktionskosten gewährleisten Verhandlungen nicht nur die Internalisierung externer Effekte, sondern auch die optimale Allokation der Ressourcen. Diese ist des weiteren gemäß der „Invarianzthese" von der konkreten inhaltlichen Rechtsgestaltung unabhängig. Demnach seien die ökonomischen Gesetze sozusagen stärker als die juristischen, der Markt korrigiere gleich wie gesetztes Recht, um die beste Lösung zu generieren. Eine solche Botschaft war natürlich Wasser auf die Mühlen der um die 70er Jahre einsetzenden „konservativen Wende". Coase wurde zum Kronzeugen gegen die bis dahin *nolens volens* anerkannte Notwendigkeit staatlicher Eingriffe im Fall negativer externer Effekte. Der Redeweise vom Marktversagen stellte sich jetzt auf diesem Terrain die Parole „Mehr Markt, weniger Staat" entgegen: Wo (noch) kein Markt existiere, könne auch keiner versagen!

Allerdings gilt für den modernen Klassiker Coase, daß eine beachtliche Differenz klafft zwischen dem, was er tatsächlich geschrieben hat und dem, was ihm zugeschrieben wird. Die kommende Analyse wird dies ans Licht bringen.[3]

---

[2] Eine Übersicht der älteren Diskussion bietet Endres (1977).
[3] Vgl. mit gleichem Tenor Henseler/Matzner (1994, insbesondere: 257 ff.).

Die Ausgangssituation: Der maximale Schaden

Zu Beginn seines Beitrags präsentiert Coase ein berühmt gewordenes Gedankenexperiment, mit dem er den „Mechanismus" seiner Überlegungen verdeutlicht. Es handelt sich dabei um zwei Nachbarn, einen Viehzüchter und einen Getreidebauern, die jeweils in vollständiger Konkurrenz anbieten, d.h. die Marktpreise für Rinder und Getreide werden als gegeben vorausgesetzt. Das umherstreunende Vieh zerstört mehr oder weniger Korn, der Getreidebauer ist also Opfer eines vom Rinderhalter ausgehenden negativen externen Effekts. Dieses Beispiel soll auch hier zur Veranschaulichung der Überlegungen herangezogen werden. Um die Auswirkung alternativer Rechtsregeln transparenter zu machen, formulieren wir jedoch explizit Kosten*funktionen*[4] – im Gegensatz zu Coase, der lediglich den jeweiligen Getreideverlust für vier unterschiedliche Herdengrößen angibt. Während die Kosten des Viehzüchters (K_V) allein von der Zahl der Rinder (q_V) abhängen, bestimmen sich die des Getreidebauern (K_G) nicht nur durch seine eigene Produktionsmenge (q_G), sondern auch durch die Herdengröße seines Nachbarn. Annahmegemäß verursacht jedes zusätzliche Rind beim Bauern einen konstanten (Grenz-)Schaden (c) in Höhe von 2 Geldeinheiten; die weiteren Koeffizienten seien als $a = 0.2$ und $b = 0.05$ ermittelt. Von fixen Kosten wird der Einfachheit halber abgesehen:

$$K_V = aq_V^2 \qquad (1)$$

$$K_G = bq_G^2 + cq_V \qquad (2)$$

Als Ausgangs- und Referenzsituation betrachten wir eine Situation isolierter Produktion, die als „Basislösung" bezeichnet sei. Wenn der Viehzüchter der Existenz seines Nachbarn – aus welchen Gründen auch immer – keine Beachtung schenkt, lautet seine Gewinnfunktion (G_V):

$$G_V = p_V q_V - aq_V^2 \qquad (3)$$

Um die gewinnmaximale Menge (q_V) zu berechnen, setzen wir den Grenzgewinn gleich Null:[5]

$$G_V' = p_V - 2aq_V = 0 \qquad (4)$$

---

[4] Vgl. Schumann (1984: 376 ff.), der von denselben Kostenfunktionen ausgeht, ohne die Koeffizienten zu spezifizieren. Ein konkretes Zahlenbeispiel rechnet Monissen (1976: 396 ff.). Siehe ferner Wiese/Casajus (1995).

[5] Die hinreichende Bedingung ist hier und im folgenden erfüllt.

woraus für einen gegebenen Rinderpreis $p_V = 6$

$$\bar{q}_V = \frac{p_V}{2a} = \frac{6}{0.4} = 15 \qquad (5)$$

folgt. Die Herdengröße (5) eingesetzt in (3) liefert den maximalen Gewinn des ohne Rücksicht auf den Nebenmann wirtschaftenden Viehzüchters, seinen „Basisgewinn":

$$G_V(\bar{q}_V) = 6 \cdot 15 - 0.2 \cdot 225 = 90 - 45 = 45 \qquad (6)$$

Der Gewinn des Getreidebauern (G_G) beträgt:

$$G_G = p_G q_G - b q_G^2 - c q_V \qquad (7)$$

Die Ableitung nach q_G bringt:

$$G'_G = p_G - 2 b q_G \qquad (8)$$

In dieser Modellierung[6] hängt der Grenzgewinn des Bauern (G'_G) nicht von der Schadenshöhe $S_G = c q_V$ ab. Bei einem fixierten Getreidepreis von $p_G = 3$ ergibt sich seine gewinnmaximale Produktionsmenge ($q_G^\star$) daher stets zu:

$$q_G^* = \frac{p_G}{2b} = \frac{3}{0.1} = 30 \qquad (9)$$

Unter den gemachten Voraussetzungen zeichnen sich unterschiedliche Allokationen lediglich durch verschieden große Rinderherden aus. Für den Basisgewinn des Getreidebauern $G_G(q_G^\star)$, also dessen Höchstgewinn, der sich ohne Schadenseinwirkung ergäbe, erhält man:

$$\begin{aligned} G_G(q_G^*) &= p_G q_G^* - b(q_G^*)^2 \\ &= 3 \cdot 30 - 0.05 \cdot 900 \\ &= 90 - 45 = 45 \end{aligned} \qquad (10)$$

Dieser Basisgewinn wird durch den vom Produktionsniveau des Viehzüchters abhängigen Schaden geschmälert. Wenn der Viehzüchter unter den oben beschriebenen Verhältnissen 15 Tiere hielte, läge die Situation maximalen Schadens $S_G = 15 \cdot 2 = 30$ vor. Verschiedene Szenarien werden inskünftig anhand

---

[6]Streng genommen muß ein Mindestanbau von Weizen unterstellt werden, weil nur zerstört werden kann, was vorhanden ist.

Anmerkungen zum Coase-Theorem

der jeweiligen Gewinne verglichen. Coase folgend ist eine Allokation um so besser einzustufen, je höher der Gesamtgewinn ist.[7] In der Basislösung beliefe er sich auf:

$$GG_B = G_V(\bar{q}_V) + G_G(q_G^*, \bar{q}_V)$$
$$= 45 + 15 = 60 \qquad (11)$$

Aber diese Basislösung stellt kein gesamtwirtschaftliches Optimum dar, denn die beiden Akteure leben nicht in sozialer Vereinsamung: A schädigt B. Betrachten wir die denkbaren Konsequenzen im einzelnen.

Schadenersatz und Abschlachtprämie

Die weit verbreitete und von Coase angegriffene Meinung schlägt im vorliegenden Fall vor, den Viehzüchter zum Ersatz des entstandenen Schadens zu verpflichten. Ganz im Sinne von Coase, der seine Thesen anfangs unter der Bedingung fehlender Transaktionskosten formuliert, setzen wir voraus, der „wahre" Schaden sei unstrittig und kostenfrei ermittelbar. Ferner komme der Bau eines Zauns zu teuer. Somit tritt der Schaden in der Gewinn- und Verlustrechnung des Getreidebauern nicht mehr auf und geht statt dessen in die des Viehzüchters ein. Bei Schadenersatzverpflichtung lautet daher dessen Gewinnfunktion (G_{VS}):

$$G_{VS} = p_V q_V - a q_V^2 - c q_V \qquad (12)$$

Zur Bestimmung der gewinnmaximalen Menge setzen wir den Grenzgewinn (G'_{VS}) gleich Null:

$$G'_{VS} = p_V - 2a q_V - c = 0 \qquad (13)$$

Daraus ergibt sich der gewinnmaximale Viehbestand (q_V^*) zu:

$$q_V^* = \frac{p_V - c}{2a}$$
$$= \frac{6 - 2}{0.4} = 10 \qquad (14)$$

---

[7]Die Sinnhaftigkeit dieses Kriteriums wird hier nicht weiter thematisiert. Auch das sog. Pareto-Optimum muß keineswegs ein aus wohlfahrtstheoretischer Sicht anzustrebender Endzustand sein.

Die Herde hat sich mithin gegenüber der Situation der isolierten Produktion verringert: Der Viehzüchter wird durch die Schadenersatzverpflichtung gezwungen, die tatsächlichen volkswirtschaftlichen Kosten der Rinderzucht in seiner Wirtschaftsrechnung zu berücksichtigen: Die Allokation ist jetzt gesamtwirtschaftlich optimal. Dies bestätigt die Berechnung des Gesamtgewinns. Setzen wir $q_V^* = 10$ in die Gewinnfunktion des Viehzüchters (12) ein, ergibt sich:

$$G_{VS}^* = 6 \cdot 10 - 0.2 \cdot 100 = 20 \qquad (15)$$

Der Gesamtgewinn bei Schadenersatz (GG_S) summiert sich auf:

$$\begin{aligned} GG_S &= G_{VS}^* + G_G(q_G^*) \\ &= 20 + 45 = 65 \end{aligned} \qquad (16)$$

Zwar hat sich der Gewinn des Viehzüchters um 25 Geldeinheiten auf $G_{VS}^* = 20$ verringert, doch dieser Rückgang wird durch den Gewinnzuwachs beim Getreidebauern überkompensiert: Der kann nämlich nun seinen Basisgewinn in Höhe von 45 verbuchen. Ergo ergibt sich bei optimaler Allokation der Ressourcen ein maximaler Gesamtgewinn in Höhe von 65 Geldeinheiten. Dieses Ergebnis würde sich im übrigen auch bei einer Fusion beider Unternehmen einstellen.

Der Sachverhalt läßt sich graphisch veranschaulichen. In der folgenden Abbildung ist neben der Grenzgewinnfunktion des Viehzüchters (G_V') die Grenzschadensfunktion des Getreidebauern (S_G') verzeichnet. Bei isolierter Produktion wäre die Herde zu groß: Die privaten Kosten der Viehzucht sind geringer als die sozialen, der Grenzgewinn des Viehzüchters wird erst bei $\bar{q}_V$ gleich Null. Da jedoch rechts von q_V^* der Grenzgewinn geringer als der Grenzschaden ist, muß der Gesamtgewinn der Basislösung niedriger sein als bei optimaler Allokation der Ressourcen, d.h. einer Herdengröße von q_V^*.

Allerdings bestand das Ziel von Coase nicht darin, die Optimalität einer Schadenhaftung aufzuzeigen. Im Gegenteil, er betonte, daß sich die optimale Allokation ohne Verpflichtung des Schädigers zum Schadenersatz durchsetze: „The size of the herd will be the same whether the cattle-raiser is liable for damage caused to the crop or not." (Coase 1960: 7) Denn nun wird – laut Coase – der Getreidebauer *freiwillig* an den Viehzüchter herantreten, um diesen durch eine Zahlung zu bewegen, die Herde zu verkleinern. Aus der Abbildung ist zu entnehmen, daß sich ein solches Geschäft für beide Teile lohnen kann. Beträgt nämlich der Viehbestand $\bar{q}_V$ statt q_V^*, so überkompensiert

Anmerkungen zum Coase-Theorem 61

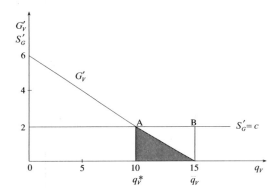

Abbildung: Grenzgewinn und Grenzschaden der Viehzucht

der Schaden dieser überhöhten Produktion (Rechteck $\bar{q}_V\ q_V^*\ BA$) den daraus folgenden Zusatzgewinn (Dreieck $\bar{q}_V\ q_V^*\ A$). Mithin ist es möglich, daß der Getreidebauer den Viehzüchter zu bewegen vermag, die gesamtwirtschaftlich wünschenswerte Herdengröße zu halten.

Aus diesem und ähnlichen Beispielen wurde abgeleitet, Coase behaupte, die optimale Allokation der Ressourcen sei unabhängig von der Rechtsgestaltung. Durch Verhandlungen werde stets das optimale Niveau des externen Effekts ermittelt. Lediglich die Distribution, d.h. die Gewinnverteilung verändere sich durch die Abstandszahlungen.[8] Dieser Schluß ist aber – wie schon eingangs angedeutet – unzulässig und nicht im Sinne von Coase. Er benutzte dieses Beispiel vielmehr, um zu zeigen, daß die Allokation ohne Schadenhaftung *nicht schlechter* sein muß als bei Bestehen einer Pflicht zum Ersatz des Schadens.

Tatsächlich beläßt es Coase bei der Feststellung, es lohne sich ab einem bestimmten Niveau des externen Effekts für den Betroffenen, Geld locker zu machen, damit der Schaden nicht noch größer ausfällt.

---

[8] An dieser Stelle setzt der Streit um die langfristige Gültigkeit des Coase-Theorems an. Während seine Anhänger, gestützt auf die neoklassische Null-Profit-Annahme, für die lange Frist keine bleibende Auswirkung auf das Produktionsniveau der einzelnen Unternehmung annehmen, postulieren ihre Gegner einen Zusammenhang zwischen Distribution und Allokation. Sie sehen das Wachstum der einzelnen Branchen und damit die Anzahl der Unternehmen im wesentlichen durch die jeweiligen Profitmöglichkeiten bestimmt.

Doch die bloße Möglichkeit des Geschädigten zu zahlen, weil sein Grenzschaden über dem Grenzgewinn beim Schädiger liegt, besagt noch nicht, *wieviel* er bezahlt und *ob* er überhaupt zahlt. Aber eins nach dem anderen.

Der Verhandlungsprozeß

Im Gegensatz zu dem in manchen Texten erweckten Eindruck kommt es aus Sicht des Getreidebauern gar nicht in Frage, dem Viehzüchter für jedes Rind, um das die Herde verringert wird, eine Abschlachtprämie in Höhe des jeweils verursachten Schadens c anzubieten. Denn dann hätte er keinen Vorteil von dem Geschäft. Ebensowenig wird sich der Rinderhalter lediglich mit einem Mindergewinnausgleich begnügen. Um die Lösung des Problems voranzutreiben, ist es zweckmäßig, zunächst die für den Getreidebauern beste Situation zu ermitteln, die er aus eigener Kraft erreichen kann. Die Gewinnfunktion des Rinderhalters sei ihm bekannt. Bietet der Getreidebauer dem Viehzüchter eine Ausgleichszahlung z pro nicht gehaltenem Rind, so lautet dessen Gewinnfunktion (G_{VZ}):

$$G_{VZ} = p_V q_V - a q_V^2 + z(\bar{q}_V - q_V) \tag{17}$$

Nullsetzen des Grenzgewinns bringt:

$$G'_{VZ} = p_V - 2a q_V - z = 0 \tag{18}$$

Daraus ergibt sich die gewinnmaximale Herdengröße in Abhängigkeit von der Abstandszahlung:

$$q_{VZ} = \frac{p_V - z}{2a} \tag{19}$$

Die Gewinnfunktion des Getreidebauern (G_{GZ}) lautet nun:

$$G_{GZ} = p_G q_G^* - b(q_G^*)^2 - c q_{VZ} - z(\bar{q}_V - q_V) \tag{20}$$

Einsetzen von Formel (5), (10) und (19) liefert:

$$G_{GZ} = G_G(q_G^*) - \frac{1}{2a}\left[c(p_V - z) + z^2\right] \tag{21}$$

Die optimale Abschlachtprämie (z^*) ergibt sich nach Nullsetzen der partiellen Ableitung von (21) nach z:

$$\frac{\partial G_{GZ}}{\partial z} = -\frac{1}{2a}(-c + 2z) = 0 \tag{22}$$

Anmerkungen zum Coase-Theorem 63

Daraus folgt sofort:

$$z^* = \frac{c}{2} \quad (23)$$

Setzen wir (23) in (19) ein, erhalten wir die Herdengröße:[9]

$$q_V(z^*) = \frac{5}{0.4} = 12.5 \quad (24)$$

Die Gewinne betragen dann:

$$G_V(z^*) = 46.25 > G_V(\bar{q}_V) \quad (25)$$

$$G_G(z^*) = 17.50 > G_G(q_G^*, \bar{q}_V) \quad (26)$$

$$GG(z^*) = 63.25 > GG_B < GG_S \quad (27)$$

Der Gesamtgewinn in Höhe von 63.75 ist somit kleiner als der maximale Gesamtgewinn. Immerhin hat sich für beide Parteien das Geschäft gelohnt, ihre Gewinne sind jetzt höher als in der Basislösung. Allerdings führt die soeben analysierte Verhaltensweise nicht zur optimalen Allokation: Die Viehherde ist zwar geschrumpft, aber gleichwohl noch zu groß. Bliebe es bei dieser Lösung, wäre aus gesamtwirtschaftlicher Sicht die Schadenhaftung vorzuziehen.

Indes besteht ein Anreiz und ein Spielraum weiterzuverhandeln. Dabei steht ein Ergebnis schon fest: Die gesamtgewinnmaximale Herdengröße beläuft sich auf q_V^*. Doch die konkrete Höhe der Kompensationszahlung pro nicht gehaltenem Rind ist noch offen. Freilich kommt nur ein z in Betracht, das beiden Parteien eine weitere Gewinnerhöhung bringt. Als Untergrenze für z resultiert aus Sicht des Viehzüchters die Bedingung:

$$p_V q_V^* - a(q_V^*)^2 + z(\bar{q}_V - q_V^*) > G_V(z^*) \quad (28)$$

Die Obergrenze wird hingegen vom Getreidebauern bestimmt:

$$G_G(q_G^*) - cq_V^* - z(\bar{q}_V - q_V^*) > G_G(z^*) \quad (29)$$

---

[9]Natürlich ist die Einheit Rind nicht stetig teilbar, doch mag man sich unter dem auftretenden „halben Rind" hilfsweise ein Kalb vorstellen.

Einsetzen der Zahlenwerte liefert:

$$1.25 < z < 1.50 \tag{30}$$

Sofern sich die Akteure auf ein z in dem durch (30) abgesteckten Intervall einigen, verbessern sich beide gegenüber der Situation, in der die optimale Abschlachtprämie gezahlt wird. Voraussetzung hierfür ist, daß die Viehherde auf q_V^* verringert wird. Damit siegte letztlich auch ohne Schadenhaftung die optimale Allokation. Offenbar hat Coase angenommen, ein solches Ergebnis werde erzielt; eine Auffassung, die Widerspruch verdient.

Sieht man einmal vom Informationsproblem ab[10], so erscheinen zunächst Bedenken gegen die *Stabilität* der Lösung angebracht. Denn es besteht für den Viehzüchter *stets* die Versuchung, die zum vereinbarten Ausgleichssatz z gewinnmaximale Herde zu halten – und die ist immer größer als q_V^*: Dort übertrifft der Grenzgewinn die Kompensationszahlung. Hält sich der Viehzüchter nicht an die Abmachungen, wird der Getreidebauer früher oder später seine Zahlung auf z^* reduzieren, was vielleicht den Ausgangspunkt einer neuen Verhandlungsrunde bildet. Mithin könnten sich in diesem Rahmen zyklische Schwankungen der Herdengröße ergeben oder sogar dauerhaft ein aus gesamtwirtschaftlicher Sicht zu hoher Viehbestand. Wie auch immer: Unter den gegebenen Verhältnissen ist die von Coase behauptete allokationsoptimale Lösung zwar nicht ausgeschlossen, aber keineswegs garantiert. Hierfür müssen letzten Endes bindende Verträge geschlossen werden, was einen Staat mit Sanktionsgewalt nahelegt. Damit rückt ein weiterer Aspekt ins Blickfeld.

Duldungspflicht und Untersagungsrecht

Selbst bei Außerachtlassung der soeben angesprochenen Informations- und Stabilitätsprobleme sollte man von der Verhandlungslösung weniger angetan sein als das Coase und seine Parteigänger sind. Jedenfalls kann schon während der unter Umständen langwierigen Verhandlungen zwischen Viehzüchter und Getreidebauer – man denke nur an die regelmäßig auftretenden Rituale der Tarifauseinandersetzungen – keine Rede von einer optimalen Allokation der Ressourcen sein. Darüber hinaus ist der Kompromißfindungsprozeß selbst ohne Ressourcenverbrauch kaum vorstellbar. Und es ist schließlich offen, ob sich

---

[10] Spieltheoretische Analysen des bilateralen Monopols deuten darauf hin, daß im Falle privater, strategisch genutzter Informationen externe Effekte nicht internalisiert werden (vgl. Weimann 1990: 31 ff. Siehe zudem Althammer 1995).

die Parteien überhaupt einigen. In der Literatur finden sich sogar Auffassungen, welche die Effizienz von Verhandlungen prinzipiell in Frage stellen: „[...] *bargaining has an inherent tendency to eliminate the potential gain which is the object of the bargaining.*" (Johansen 1979: 520)

Daneben tritt ein weiterer Gesichtspunkt, der bei Coase und seiner Gemeinde unterbelichtet wirkt. Ihre Überlegungen konzentrieren sich auf die Frage „Schadenersatz – ja oder nein?". Allerdings vermag eine Entbindung von der Schadenersatzpflicht *de facto* in ein *Recht auf Schädigung* auszuufern. In diesem Fall erweitert sich das Spektrum möglicher Verhaltensweisen weit über das hinaus, was den Anhängern der Coaseschen Theorie lieb sein kann. So liegt es in einer solchen Laissez-faire-Situation nahe, daß der Viehzüchter von seinem Recht auf Schädigung, das ja einer Pflicht zur Duldung seitens des Getreidebauern entspricht, intensiveren Gebrauch macht als uns Coase glauben machen möchte. Im Gegensatz zu vielen seiner Schüler erwähnte er nämlich die Alternative, in einer bilateralen Monopolsituation mit einem hohen potentiellen Schaden zu *drohen*, d.h. den „Partner" zu erpressen. Doch selbst dann gewänne die optimale Allokation die Oberhand:

> It might be thought that it would pay the cattle-raiser to increase his herd above the size that he would wish to maintain once a bargain had been made, in order to induce the farmer to make a larger total payment. And this may be true [...] But such manoeuvres are preliminaries to an agreement and do not affect the long-run equilibrium position [...]. (Coase 1960: 7 f.)

Allerdings sollte der Ausbeutungsfall nicht so einfach zur Seite geschoben werden: „Gleichgewicht" im Fall einer Duldungspflicht eines Schadens bedeutet in letzter Konsequenz, daß nach Mafia-Manier Schutzgelder zu entrichten sind. Die Gewinnabführung des Getreidebauern an den Viehzüchter wäre die Folge. Denn nur dann wird es der Viehzüchter unterlassen, beispielsweise seine Tiere absichtlich auf das Gelände seines Nachbarn zu treiben, womit der Schaden anwüchse. Zur Glaubhaftmachung dieser Drohung liegt es nahe, gelegentlich eine „Kostenprobe" zu geben, d.h. den Getreidebauern von der Schadenskraft des Viehs zu überzeugen. Ohne Ressourcenverbrauch dürfte auch dies nicht abgehen. Spätestens jetzt wird deutlich, daß Coase einen Prozeß beschrieben hat, der auf zu engen Vorstellungen über die möglichen Abläufe beruht. Denn der Getreidebauer besitzt eine für ihn weit bessere Alternative, als seinem Schädiger Schutzgeld zu zahlen, damit dieser von seinem Recht, Schaden auszuüben, keinen Gebrauch macht.

In Wahrheit wird der Geschädigte *Gegendruck* entfalten; die Laissez-faire-Regel eröffnet ihm desgleichen Handlungsmöglichkeiten. Diese Verhaltensweise bietet sich an, sobald Drohungen aussprechbar sind, deren Verwirklichung weniger Kosten als Schaden verursacht. Statt sehenden Auges der Zerstörung seines blühenden Weizens durch fremdes Vieh beizuwohnen, wird der Getreidebauer daher unter Hinweis auf seine Vorliebe für Steaks den Viehzüchter darauf aufmerksam machen, daß dessen Tiere auf des Nachbarn Land mit einer erheblich verringerten Lebenserwartung zu rechnen hätten – es erübrigt sich, weitere Einzelheiten auszumalen: Da nichts leichter zu produzieren ist als negative externe Effekte, stünde einer Schadenskonkurrenz nichts mehr im Wege.

Im spiegelbildlichen Fall zur Duldungspflicht greift die Analyse des Nobelpreisträgers ebenfalls zu kurz. Besitzt der Geschädigte das Recht zur Untersagung der negativen externen Effekte, so werde – gemäß Coase – der Schädiger dem Geschädigten dieses Recht abkaufen; wieder komme es zur optimalen Allokation der Ressourcen. Coase nennt als Exempel dieser Situation einen Arzt, der durch die von einer nahegelegenen Konditorei ausgehenden Geräusche gestört wurde. Darauf strengte der Arzt ein Verfahren mit dem Ziel an, dem Konditor zu verbieten, die lärmenden Maschinen zu benutzen. Zwar gewann der Arzt den Prozeß, doch Coase meint, selbst bei anderem Ausgang hätte sich das gleiche ökonomische Ergebnis ergeben, denn:

> The basic conditions are exactly the same in this case as they were in the example of the cattle which destroyed crops. With costless market transactions, the decision of the courts concerning liability for damage would be without effect on the allocation of resources. (ebd.: 10)

Freilich argumentiert Coase auch diesmal nicht präzise genug: Das Recht, die Unterlassung eines negativen Effekts zu verlangen, ist weitaus stärker als die Schadenhaftung, von der Coase spricht. Während der Schaden im großen und ganzen objektiv feststellbar ist, notfalls durch Einholung eines Gutachtens, ermöglicht ein Untersagungsrecht, die Schädigung nur zu genehmigen, wenn die Abstandssumme höher als der Schaden ist. Gegenüber der Duldungspflicht hat sich das Machtgefälle nun umgekehrt: Das Untersagungsrecht erlaubt dem Geschädigten, den Schädiger unter Druck zu setzen. Zudem bewertet der Untersagungsberechtigte die Abwesenheit einer Schädigung subjektiv meist höher als den tatsächlich zu beklagenden Schaden.[11] Wünscht der Betroffene die Abstellung des externen Effekts oder liegt seine Abstandsforderung

---

[11] Diese These wird durch empirische Versuche gestützt (vgl. Kahneman/Knetsch/Thaler 1990).

entsprechend hoch, ruft ein Untersagungsrecht allokative Wirkungen hervor, sofern eine andere Abhilfe – wie der Bau eines Zauns – ausgeschlossen ist. Die schädigende Unternehmung muß ihre Pforten schließen. Verhandlungen bewirken wiederum keine optimale Allokation der Ressourcen.

Markt statt Politik?

Aus formaler Sicht könnte den gerade vorgetragenen kritischen Bemerkungen zur Effizienzthese entgegengehalten werden, daß sie nicht griffen, weil diese Aussage unter der Annahme fehlender Transaktionskosten formuliert sei. Da Verhandlungskosten ebenfalls in diese Kategorie fielen, verzehre der Einigungsprozeß in einer bilateralen Monopolsituation keine Ressourcen. Notwendigerweise wäre das Resultat optimal. Tatsächlich laufen die gängigen Argumente der Coase-Anhänger auf solche Schutzbehauptungen hinaus (vgl. Daly/Giertz 1975 und Demsetz 1978).

Dabei wird regelmäßig übersehen, daß die Konsequenz einer solchen Annahme letzten Endes darin bestünde, jeden ökonomischen Tausch auszuschließen – auch der Walrassche Auktionator lebte in Wirklichkeit nicht von der Luft allein. Es ist eine unrealistische Abstraktion, davon auszugehen, der Preismechanismus arbeite völlig umsonst. Gerade Coase sah in der Existenz von Marktbenutzungskosten den Hauptgrund, warum es Unternehmen gebe. Im übrigen weisen hier die Interpretationen wenig Quellentreue auf. Coase setzte nur zu Beginn seiner Arbeit die Transaktionskosten der Einfachheit halber auf Null. Ja, er hob expressis verbis hervor, daß dies eine „very unrealistic assumption" (Coase 1960: 15) sei. Da die Analyse von Coase zweifellos als Richtschnur rechts- und wirtschaftspolitischen Handelns dienen sollte, d.h. mit praktischem Anliegen verfaßt war, wirkt es darüber hinaus wenig hilfreich, diesen Ansatz unter Hinweis auf die angeblich vorausgesetzten Transaktionskosten in der Höhe Null gegen Kritik immunisieren zu wollen.[12]

Indes kommt man der Bedeutung der Transaktionskosten in der Analyse von Coase näher, sobald man sich sein bereits erwähntes Motiv vor Augen hält: Ihn interessierte weniger die strikte Allokationsneutralität alternativer Rechtsregeln, vielmehr sei der Verzicht auf eine Schadenhaftung gesamtwirtschaftlich *manchmal* besser als die Einführung einer solchen Verpflichtung. Darum plädiert Coase nachdrücklich für eine Einzelfallbetrachtung. Bemerkenswer-

---

[12]Coase selbst war wenig glücklich über die Konzentration der Diskussion auf die „dream world" des Theorems (vgl. Coase 1988: 10 ff. und 157 ff.).

terweise wurde sein entsprechendes – und dem Coase-Theorem widersprechendes – Exempel in der Literatur nicht gebührend berücksichtigt.

In dem Beispiel, das auch schon Pigou herangezogen hatte, geht es um Felder, die durch Funkenflug einer Dampflokomotive in Brand geraten. Coase vergleicht die sich ergebenden Auswirkungen, wenn die Eisenbahngesellschaft für den Schaden verantwortlich ist oder nicht. Er nimmt an, daß bei fehlendem Schadenersatz besonders gefährdetes Land nicht kultiviert wird. Liegt dagegen eine Schadenersatzpflicht vor, ist es den Landwirten gleich, ob sie das Korn von der Eisenbahngesellschaft bezahlt bekommen oder auf dem Markt verkaufen können. Die Folgen liegen auf der Hand:

> A change from a regime in which the railway is not liable for damage to one in which it is liable is likely therefore to lead to an increase in the amount of cultivation on lands adjoining the railway. It will also, of course, lead to an increase in the amount of crop destruction due to railway-caused fires. (Coase 1988: 32 f.)

Coase konstruiert ein Zahlenbeispiel, aus dem sich ergibt, daß es aus gesamtwirtschaftlicher Sicht besser sei, die Eisenbahngesellschaft nicht zum Schadenersatz zu verpflichten: „With these figures it is clear that it is better that the railway should not be liable for the damage it causes, thus enabling it to operate profitably." (ebd.: 33) So gewappnet kann er vor der Einführung von Maßnahmen warnen, wie sie die Pigou-Richtung zur Behandlung externer Effekte vorschlägt. Denn die Schadenersatzpflicht bringe gelegentlich Nachteile:

> The belief that it is desirable that the business which causes harmful effects should be forced to compensate those who suffer damage [...] is undoubtley the result of not comparing the total product obtainable with alternative social arrangements. (ebd.: 40)

In diesem Licht gewinnen auch positive Transaktionskosten einen gänzlich anderen Stellenwert: Sie machen die Coaseschen Überlegungen nicht irrelevant, sie verleihen ihnen besonderes Gewicht! Ginge man nämlich der traditionellen Wohlfahrtsökonomik auf den Leim und machte den Schädiger haftbar, so könne dieser zwar – insoweit der bei ihm anfallende Grenzgewinn über dem Grenzschaden beim Geschädigten liegt – prinzipiell den Schaden decken, doch zu hohe Transaktionskosten verhindern womöglich den Handel. Dann kommt eine gesamtwirtschaftlich sinnvolle Aktivität zum Erliegen, das Volkseinkommen sinkt:

Anmerkungen zum Coase-Theorem 69

> Once the costs of carrying out market transactions are taken into account it is clear that such a rearrangement of rights will only be undertaken when the increase in the value of production consequent upon the rearrangement is greater than the costs which would be involved in bringing it about [...] In these conditions the initial delimitation of legal rights does have an effect on the efficiency with which the economic system operates. One arrangement of rights may bring about a greater value of production than any other. (ebd.: 15 f.)

Also *hat* die Rechtsgestaltung nach Coase einen Einfluß auf die Allokation, wobei keine bestimmte Regelung seines Erachtens a priori die überlegene ist. Je nachdem erscheint die ein oder andere Festlegung geboten: Das Coase-Theorem verschüttet das Anliegen und die Botschaft von Coase.

Allerdings kann man dem Autor den Vorwurf nicht ersparen, daß er die Auswirkungen eines Verzichts auf eine Schadenersatzpflicht in zu rosiges Licht getaucht hat. Er unterschätzt die daraus erwachsende Gefahr eines Rechts auf Schädigung – mit Konsequenzen, die aus allokativer Sicht als nicht hinnehmbar einzustufen sind, von den distributiven Wirkungen ganz zu schweigen.

Die tiefere Ursache für diese Fehleinschätzung von Coase mag in der Unterstellung einer prinzipiellen Nutzungskonkurrenz bzw. einer Reziprozitätsbeziehung liegen, wo realiter eine einseitige Einwirkung vorliegt. Dem Rinderzüchter ist es eigentlich gleich, ob sein Vieh auf eigenem oder fremdem Land weidet. Negative externe Effekte sind oft bloß Begleiterscheinungen von Aktivitäten, welche die Wohlfahrt anderer reduzieren, ohne die des Verursachers für sich gesehen zu erhöhen. Ebenso verhält es sich in anderen Situationen, die in der Literatur immer wieder kommentiert werden. Freilich oft unzutreffend: Ein Rasenmäher mit Verbrennungsmotor wird nicht wegen des Lärms betrieben, sondern um Gras zu kürzen. Bei den Schallwellen handelt es sich dann um (unbeabsichtigte) Beeinträchtigungen, die unter Umständen schützenswerte Interessen der Betroffenen verletzen. Der Übergang zu einer Maschine mit Akku und Elektroantrieb erfolgt in der Regel erst, nachdem eine solche Alternative wirtschaftlich attraktiv geworden ist. Akustische Gesichtspunkte bei dieser Technikwahl sind meist von nachgeordneter Bedeutung. Dementsprechend liegt gar keine Nutzungskonkurrenz um das Gut „Ruhe" vor. Normalerweise ist die Wohlfahrt des Grünflächenpflegers von der des mithörenden Nachbarn unabhängig, diesbezüglich mangelt es an einer Rivalität im Konsum.

Wie Coase herausgearbeitet und zu Bewußtsein gebracht hat, kann das Ziel immissionsrechtlicher Regeln nicht von vornherein darin bestehen, externe Effekte völlig auszuschalten: Der Nutzen, der mit einem Schaden andernorts einhergeht, darf nicht unter den Tisch fallen. Es gilt, ein gesamtwirtschaftlich optimales Schadensniveau zu bestimmen. Bis zu einer gewissen Höhe sollte es erlaubt sein, externe Effekte zu erzeugen, wenngleich die Vorteilsabwägung im Einzelfall selbstverständlich ein schwieriges Unterfangen ist. Die Studie von Coase erlangt daher als eine theoretische Begründung für das Konzept von *Grenzwerten* Bedeutung. Um deren Einhaltung zu gewährleisten, steht eine Reihe von Instrumenten zur Verfügung, die von Pigou genannten gehören dazu. Aber damit kehrt sich die Analyse schließlich gegen die attentistische Absicht ihres Protagonisten: Ohne Politik ist mit dem Markt allein kein Staat zu machen – eine Erkenntnis mit positiven externen Effekten, die es verdient, öffentlich angeboten zu werden.

Literatur

Althammer, W. (1995): Verhandlungen und das Coase Theorem, in: Jahrbücher für Nationalökonomie und Statistik, Bd. 214, S. 641-662.

Coase, R. (1937): The Nature of the Firm, in: Economica, Bd. 4, S. 386-405.

Coase, R. (1960): The Problem of Social Cost, in: The Journal of Law and Economics, Bd. 3, S. 1-44.

Coase, R. (1988): The Firm, the Market, and the Law, Chicago/London.

Daly, G., Giertz, J. F. (1975): Externalities, Extortion, and Efficiency, in: The American Economic Review, Bd. 65, S. 997-1001.

Demsetz, H. (1978): On Extortion: A Reply, in: The American Economic Review, Bd. 68, S. 417-418.

Endres, A. (1977): Die Coase-Kontroverse, in: Zeitschrift für die gesamte Staatswissenschaft, Bd. 133, S. 637-651.

Fülberth, G. (1992): Sieben Anstrengungen, den vorläufigen Endsieg des Kapitalismus zu begreifen, 2. Aufl., Hamburg.

Fülberth, G. (1993): Eröffnungsbilanz des gesamtdeutschen Kapitalismus, Vom Spätsozialismus zur nationalen Restauration, Hamburg.

Helmedag, F. (1994): Warenproduktion mittels Arbeit, Zur Rehabilitation des Wertgesetzes, 2. Aufl., Marburg.

Henseler, P., Matzner, E. (1994): Relevanz und Irrelevanz am Beispiel des „Coase-Theorems", Anlässe für Interventionen und Regulierungen (frei) nach Coase, in: Was ist relevante Ökonomie heute? Festschrift für Kurt W. Rothschild, hrsg. v. Matzner, E., Nowotny, E., Marburg, S. 251-264.

Johansen, L. (1979): The Bargaining Society and the Inefficiency of Bargaining, in: Kyklos, Bd. 32, S. 497-522.

Kahnemann, D., Knetsch, J. L., Thaler, R. H. (1990): Experimental Tests of the Endowment Effect and the Coase Theorem, in: Journal of Political Economy, Bd. 98, S. 1325-1354.

Monissen, H. G. (1976): Haftungsregeln und Allokation: Einige einfache analytische Zusammenhänge, in: Jahrbuch für Sozialwissenschaft, S. 391-412.

Pigou, A. C. (1952): The Economics of Welfare (1. Auflage 1920), 4. Aufl., London.

Reuter, N. (1994): Institutionalismus, Neo-Institutionalismus, Neue Institutionelle Ökonomie und andere „Institutionalismen", in: Zeitschrift für Wirtschafts- und Sozialwissenschaften, 114. Jg., S. 5-23.

Richter, R. (1990): Sichtweise und Fragestellung der Neuen Institutionenökonomik, in: Zeitschrift für Wirtschafts- und Sozialwissenschaften, 110. Jg., S. 571-591.

Schumann, J. (1984): Grundzüge der mikroökonomischen Theorie, 4. Aufl., Berlin u. a.

Stigler, G. J. (1966): The Theory of Price, 3. Aufl., New York / London.

Turvey, R. (1963): On Divergencies Between Social Cost and Private Cost, in: Economica, Bd. 30, S. 309-313.

Usher, D. (1998): The Coase theorem is tautological, incoherent or wrong, in: Economic Letters, Bd. 61, S. 3-11.

Weimann, J. (1990): Umweltökonomik, Berlin u. a.

Wiese, H., Casajus, A. (1995): Pigou, Coase und das Externalitätenproblem, in: das wirtschaftsstudium (wisu), 24. Jg., S. 717-723.

Worcester, D. A. (1972): A Note on „The Postwar Literature on Externalities", in: The Journal of Economic Literature, Bd. 10, S. 57-59.

Aus dem Antiquariat der Politischen Ökonomie: Zur Rezeption von Gossen und Walras in der Lehrbuchökonomie

Wolfgang Hecker

Über Fortschritt und Rückschritt

In Analogie zu den Naturwissenschaften nimmt die moderne Volkswirtschaftslehre für sich in Anspruch, „exakte" Wissenschaft zu sein, nicht nur was ihre Methoden, sondern auch was die Theoriebildung selbst anbelangt. Mathematisierung der Wirtschaftswissenschaften ist die eine Seite dieses Prozesses, Enthistorisierung die andere. Gleichwohl bleibt die Frage nicht nur nach der Entwicklung der Disziplin, sondern auch ihres Gegenstandes, der Wirtschaft in der Gesellschaft. Was aber gilt als Fortschritt in dieser Wissenschaft? Elmar Helmstädter meint:

> Die Geschichte einer Wissenschaft kann man mit dem ökonomischen Prozeß der Kapitalakkumulation vergleichen. Es findet eine fortwährende Wissensakkumulation statt, laufend werden neue Erkenntnisse dem vorhandenen Wissensbestand hinzugefügt. Die neuen Erkenntnisse können das schon vorhandene Wissen ergänzen und erweitern, aber auch zuweilen wertlos machen. Sicher geglaubtes Wissen kann in Vergessenheit geraten oder uninteressant werden. Der Bestand an Humankapital, über den ein wissenschaftliches Fach verfügt, weist nicht nur laufend Zugänge, sondern eben auch Abgänge auf. (Helmstädter 1988: 2)

Neben kumulativem und substitutivem Wissensfortschritt in der Nationalökonomie gibt es nach Helmstädter den zirkulären Fortschritt, der insofern ein unechter Fortschritt ist, als er Neues durch Altes ersetzt. Kumulativen Fortschritt habe es beim Aufbau des heute üblichen Begriffsapparates gegeben, insgesamt sei er jedoch für die Geschichte der Nationalökonomie „vergleichsweise untypisch" (ebd.: 7). Substitutiver Fortschritt dagegen sei geradezu konstitutiv für die Nationalökonomie – wie etwa die Ersetzung qualitativ beschreibender durch quantitative Methoden oder der Paradigmenwechsel von der Partial-

zur Totalanalyse zeige. Das „eigentliche Drama" der Wirtschaftswissenschaften spiele sich aber beim zirkulären Fortschritt ab. Ihn gebe es überhaupt nur deshalb, weil die Nationalökonomie nicht ohne Werturteile auskomme. Da der Vorrat an Werturteilen aber begrenzt und „seit Jahrhunderten unverändert" sei, gebe es keine „Ent- oder Umwertung dieser Werte, sondern allenfalls Akzentverlagerungen" (ebd.: 10). Sofern mit der Wiederkehr alter Standpunkte neue Gesichtspunkte verbunden sind, handle es sich um Weiterentwicklungen. Immerhin ist es nach Helmstädter „prinzipiell möglich, die Geschichte des Fachs als Erkenntnisquelle zu begreifen" (ebd.: 12).

Augenfällig läßt sich zu diesem von Helmstädter realistisch beschriebenen Prozeß kritisch anmerken, daß er die Entscheidungsträger nicht benennt. Unklar bleibt, wer entscheidet, was zum Fortbestand der Disziplin gehört und was nicht. Sind es die Scientific Community, akademische Schulen, Zitierkartelle oder sind es gar die Lektorate von Lehrbuchverlagen und Lexika, die entscheiden, was zur „Mainstream-Ökonomie" gehört und was nicht? Und was passiert mit den „Abgängen"? Ist die „historische Abteilung" nur Abstellkammer im Glaspalast der „Economics" – oder ist sie nicht nur „im Prinzip" Fundus moderner Politischer Ökonomie?

Bezüglich der ersten Frage kommt Bernd Ziegler nach einer Skizze unterschiedlicher Positionen zur rationalen Rekonstruktion von Wissenschaftsgeschichte („Kuhn versus Lakatos" oder „Paradigmata versus Forschungsprogramme") zum Schluß, daß die Ökonomie eine „multiparadigmatische Wissenschaft" ist (Ziegler 1998: 56). Er verweist auf den Wissenschaftstheoretiker Serres, der sowohl die Vorstellung einer gradlinigen Abfolge stetigen Wissenserwerbes als auch die einer Sequenz plötzlicher Revolutionen verwirft und Wissenschaftsgeschichte mit einem weitverzweigten Fluß vergleicht. In seiner eigenen Geschichte des ökonomischen Denkens konzentriert sich Ziegler im Sinne einer Modellierungslogik auf die „Probleme oder Rätsel, welche die jeweils herrschende Theorie – das Paradigma – beschäftigt haben" (ebd.: 59).

Zur Bedeutung der Ökonomiegeschichte hat Otmar Issing eindrucksvoll das historische Defizit im Fach Volkswirtschaftslehre beschrieben. Er weist im Vorwort zur ersten Auflage seiner „Geschichte der Nationalökonomie" darauf hin, daß bis in die 50er Jahre hinein „Dogmengeschichte" zum Kanon der Ausbildung in den Wirtschaftswissenschaften gehörte. Issing stellt allerdings fest, daß dieser Zugang in den letzten drei Jahrzehnten zunehmend vernachlässigt worden ist (vgl. Issing 1988: V).

Typisches Beispiel für den ahistorischen Umgang mit der Theoriegeschichte der Ökonomie ist die Entstehung und Entwicklung der „Grenznutzenlehre", insbesondere in ihrer Ausprägung als „mathematische" Richtung. Vertreter dieser Richtung sind H. H. Gossen und L. Walras – in Abgrenzung zu Jevons' „utilitaristischer" und zu Mengers „psychologischer" Variante (vgl. Pribram 1992: 531-545).

Am Beispiel beider Theoretiker läßt sich zeigen, wie verkürzte Rezeption substitutiven Rückschritt bewirkt.

Gossens Genuß-System

Heinrich Hermann Gossen (1810-1858) gilt im deutschsprachigen Raum als der zwar zu Lebzeiten verkannte, aber doch eigentliche Begründer der Grenznutzentheorie (Gossen 1854), die dann später von Carl Menger (1871), W. St. Jevons (1871/1874) und Léon Walras (1874) jeweils unabhängig voneinander ausformuliert und weiterentwickelt worden ist und unter diesem Begriff in die „Geschichte der ökonomischen Lehrmeinungen" (Ostjargon) bzw. in die „Dogmengeschichte" (Westjargon) eingegangen ist. Gossen wird als Ersterfinder jener Theorie gesehen und anerkannt, die als subjektive Werttheorie bis heute zum Fundament ökonomischen Denkens gehört – und neuerdings sogar Basis menschlichen Handelns schlechthin sein soll (rational choice).

Nun hat zwar Gossen unstrittig jene der lexikalischen Einfachheit halber mit Eins (Gesetz der Bedürfnissättigung) und Zwei (Gesetz vom Ausgleich der Grenznutzen) titulierten Gesetze als erster formuliert. Die von Gossen angewandte mathematische Form der Beweisführung war damals neu, gehört heute zum Standard ökonomischer Methoden und gilt als Indiz für den „exakten", streng rationalen Charakter der Disziplin. Aber ganz so rational, wie heute getan wird, ging es bei Gossen nun doch nicht zu.

Gossen war von seiner wissenschaftlichen Leistung und seinem Genie restlos überzeugt:

> Was einem Kopernikus zur Erklärung des Zusammenseins der Welten im Raum zu leisten gelang, das glaube ich für die Erklärung des Zusammenseins der Menschen auf der Erdoberfläche zu leisten. Ich glaube, daß es mir gelungen ist, die Kraft, und in großen Umrissen das Gesetz ihrer Wirksamkeit zu entdecken, welche das Zusammensein der Menschen möglich macht, und die Fortbildung des Menschengeschlechts unaufhaltsam bewirkt (Gossen 1854: I).

Er meinte allerdings nicht nur, die Gravitationsgesetze der Ökonomie entdeckt zu haben – er wollte mehr als Mathematik und Nutzenkalküle: Er wollte zeigen, wie der Mensch seinen Lebenszweck optimal erfüllen kann. Ausgang seiner theoretischen Überlegungen und Beobachtungen ist der Genuß. „Der Mensch wünscht sein Leben zu genießen und setzt seinen Lebenszweck darin, seinen Lebensgenuß auf die möglichste Höhe zu steigern" (ebd.: 1) – und das dauerhaft und nicht nur individuell, sondern zum „Heil der Gesamtheit" (ebd.: 4). Zunächst untersucht Gossen die Wirkungen der Kraft zu genießen und kommt bei der „Betrachtung, wie das Genießen vor sich geht" (ebd.) auf die berühmten, bereits erwähnten Gesetze (vgl. ebd.: 4f.). Merkwürdig ist nur, daß Gossen in diesem Zusammenhang nicht von Gesetzen, sondern von Merkmalen spricht, gemeinsamen Merkmalen über die Art des Genießens. Die eigentlichen Gesetze kommen erst später: Nach drei Lehrsätzen (vgl. ebd.: 11 f. und 21), der Beschreibung von drei Klassen von Gegenständen der „Außenwelt", die zur Genußbereitung „behülflich" sind und deren „Werth", der durch die Größe des „Lebensgenusses" bestimmt wird (ebd.: 24 f. und 26), kommt Gossen zu der „Nothwendigkeit der Beschaffung der verschiedenen Genüsse durch Arbeit" (ebd.: 45). Erst nach Ableitung dieser Art von Arbeitswertlehre kommt er zum „Hauptgrundsatz der Genußlehre":

> Um ein Größtes an Lebensgenuß zu erhalten, hat der Mensch seine Zeit und Kräfte auf die Bereitung der verschiedenen Genüsse der Art zu verteilen, daß der Werth des letzten bei jedem Genuß geschaffenen Atoms der Größe der Beschwerde gleich kommt, die es ihm verursachen würde, wenn er dieses Atom in dem letzten Moment der Kraftentwicklung schaffte (ebd.).

Dieser Kerngedanke wird oft wiederholt (vgl. z.B. ebd.: 80f.) und schließlich historisch reflektiert – bezogen auf Ackerbau, Handel und Verkehrsverhältnisse, industrielle Produktion und naturwissenschaftliche Entdeckungen. In diesem Zusammenhang geht Gossen auch auf die „zeitweise Brotlosigkeit" von Arbeitern ein, die sich aus der „Nothwendigkeit einer Verminderung der Arbeiter" in bestimmten Productionszweigen ergibt. Es sei ein Irrtum, ein „Wahn", anzunehmen, daß es „jemals an lohnender Arbeit fehlen könne, daß darum die Sorge, dergleichen Arbeit zu beschaffen, mit zu den Pflichten der Regierung gehöre" (ebd.: 150). Nicht Arbeitsbeschaffung sei das Problem, sondern die Beseitigung von Hindernissen, die sich den Arbeitern entgegenstellen, „den unter den veränderten Verhältnissen ungünstig gewordenen Productionszweig gegen einen günstigeren zu vertauschen" (ebd.: 151). Gossen wendet sich allgemein gegen Behinderungen des freien Verkehrs durch das „Mercantilsystem" (Schutzzölle, Zunftwesen, Monopole, Privilegien, Conzessionen, Prüfungen) – und fordert insbesondere von der Regierung, „dahin zu wirken, den Übergang von einer Production zur anderen möglichst zu erleichtern" (ebd.: 158).

Zu den Hindernissen, die sich den Einzelnen in den Weg stellen und die sie daran hindern, die „Erde zu einem Paradiese umzugestalten" (ebd.: 191), zählt Gossen die unzureichende Bildung, das unzureichend geordnete Geldwesen (insbesondere Papiergeld) und den mangelnden Schutz der Freizügigkeit der Person sowie des Privateigentums. „Nach Beseitigung aller dieser künstlich durch die Gesetzgebung geschaffenen Hindernisse dürfte dann kein weiteres mehr vorhanden sein, daß der Einzelne nicht auch die Früchte seiner Arbeit vollaus genösse" (ebd.: 238). Zum mangelnden Schutz der Freizügigkeit der Person zählt Gossen die Beschränkung der Niederlassungsfreiheit wegen fehlender Darlehensmöglichkeiten und mangels Boden. Der Staat soll daher eine allgemeine „Darlehenskasse" einrichten, aus der Kredite gewährt werden, so daß es „jedem rechtlichen und sittlichen Menschen bei ausreichender Fertigkeit in einem Produktionszweig nicht mehr besonders schwer fallen wird, sich die zu seiner Production erforderliche Betriebssumme zu verschaffen" (ebd.: 249). Als letztes bleibe dann

> nur mehr noch ein einziges Hindernis übrig, welches sich dem Menschen noch in den Weg stellt, den Naturgesetzen gemäß zu handeln, welches er nicht durch seine Tätigkeit zu überwinden vermag. Es besteht darin, daß der Mensch sich nicht nach Gutdünken die günstigste Stelle auf der ganzen Erdoberfläche zum Betreiben seiner Production aussuchen kann (ebd.: 250).

Dem „Übelstand" der Einführung des Privateigentums an Grund und Boden könne abgeholfen werden, „wenn das Eigenthum alles Grund und Bodens der Gesamtheit gehörte, und von ihr jeder Fleck demjenigen zur Produktion überlassen würde, der die höchste Rente davon zu zahlen sich geneigt fühlt" (ebd.).

Gossen wendet sich allerdings gegen Enteignungen. Zwang sei auch gar nicht nötig, denn der Staat könne wie jeder private Eigentümer durch Kauf bei freiwilliger Veräußerung Besitzer des Bodens werden. Denn die „Gesetze des Genießens", die „überall wirken müssen, wirken nämlich dahin, den Staat, wenn er mit Privaten in Concurrenz beim Ankauf von Grundeigenthum treten will, günstiger zu stellen" (ebd.: 258). Gossen führt u.a. an, daß der Staat im Vergleich zu den Privaten wegen niedrigerer Zinsen (von 4%) einen höheren Kaufpreis für die Rente zahlen kann („500 Thlr."); der Private müßte 5% zahlen und vermag „nur 400 Thlr." zu geben (ebd.).

Auf diese Weise soll und kann der Staat allen Boden aufkaufen. Gossen rechnet vor, daß der Staat durch die eingenommene Pacht bei Bildung eines Fonds nicht nur die Ankaufsumme tilgen (vgl. ebd.: 260f.), sondern langfristig sogar Mehreinnahmen erzielen kann. Diese ermöglichen es ihm, „selbst die jetzt Sitte gewordene Verschwendung der Geldmittel der Gesamtheit daraus zu bestreiten" (ebd.: 273).

Im Unterschied zu Forderungen der „Communisten und Socialisten", die das Privateigentum „vernichten" wollen, werde es auf diese Weise erhalten und somit auch die Quelle des Wohlstandes aller. Für Gossen ist die Sicherung des Eigentums eine der „Grundbedingungen des Wohlstandes und der Cultur der Menschen" (ebd.: 257). Würden alle vorgeschlagenen Maßnahmen verwirklicht, „so fehlt dann der Erde durchaus Nichts mehr zu einem vollendeten Paradiese" (ebd.: 276).

Gossen wollte den Weg zum Paradies auf Erden zeigen; das ist die Botschaft. Sein Anliegen war es nicht, neue Formen der theoretischen Begründung – mathematische Methoden – in die ökonomische Analyse einzuführen. Von seinem umständlich formulierten und von vielen Wiederholungen geprägten Werk sind allerdings nur diejenigen Elemente in die Lehrbuchökonomie übernommen worden, die ins heutige marktwirtschaftliche Konzept passen: das Sättigungs- und das Nutzenverteilungsgesetz. Das eigentliche Anliegen – sein zum Paradies auf Erden führendes System „kopernikanischer" Genuß-Gesetze – mit allen gesellschaftspolitischen Dimensionen – bleibt weitgehend unbeachtet, gehört zum „Abgang".

Das war nicht immer so. Vor allem nicht in Frankreich.

Walras total analysiert

Léon Walras (1834-1910) etwa – selbst einer der Begründer der „Grenznutzenschule"– adaptiert Gossens Ideen. 1879 hatte er Gossens Buch gelesen (also lange vor der ersten Neuauflage in Deutschland 1888), publiziert aber erst 1885 einen Artikel über Gossen, in welchem er ihn als „einen der bemerkenswertesten Ökonomen, der je existierte" und als einen „großen verkannten Menschen" (Walras 1885: 314) beschreibt. Bereits zuvor werden Gossens mehrseitige Tabellen über die Berechnung der staatlichen Renteneinnahmen von ihm mathematisch überprüft und in Kurven dargestellt; er rechnet Gossens Modell nach, bestätigt es und beweist, daß die Staatsschuld durch den Ankauf des Bodens zwar zunächst steigen, die Amortisation aber ab einem bestimmten Zeitpunkt beschleunigt zunehmen wird, bis am Ende der Überschuß aus diesen Einnahmen so hoch sein wird, daß der Staat auf Steuern überhaupt verzichten kann: „Soziale Interessen und die soziale Gerechtigkeit wären voll befriedigt, das soziale Ideal wäre verwirklicht" (Walras 1880: 305).

Allerdings glaubte Walras nicht, daß der Übergang zum Staatseigentum an Boden ohne eine gewaltsame Revolution möglich ist – diese sei vielmehr zu erwarten, ähnlich wie beim Übergang vom Feudalismus in die moderne Gesellschaft. Ein weiterer Unterschied zu Gossen besteht darin, daß Walras das Eigentumsrecht nicht aus der Natur des Menschen ableitet, sondern aus der Notwendigkeiten der Produktion und des Sparens (vgl. ebd.) Insgesamt charakterisiert er die Idee Gossens als „combination grandiose" (ebd.: 237).

Die inhaltliche Verwandschaft Walras' mit Gossen läßt sich nicht leugnen – allerdings auch nicht die Ähnlichkeit in der Rezeption des Walrasschen Werkes durch die Lehrbuchökonomie. In bundesrepublikanischen Hörsälen sind die Walrassche Totalanalyse der Marktpreisbildung oder die preistheoretische Figur des Auktionators gängig. Er gilt hierzulande als herausragender Vertreter der „reinen Ökonomie", als extrem mathematischer Ökonom, zusammen mit Pareto die „Lausanner Schule" bildend.

Ein Blick auf das Gesamtwerk zeigt, daß Walras keineswegs auf das Hauptwerk „Élements d'économie pure ... " reduziert werden darf. Der oft in dieser verkürzten Form zitierte Titel heißt nämlich vollständig „... et de la richesse sociale" (Walras 1874). Zur Walrasianischen Theorie gehören die politisch bedeutsamen „Études d'économie sociale. Théorie de la répartition de la richesse sociale" (in: Walras 1990b), die vielen Vorlesungen zur économie politique et sociale (u.a. „Théorie générale de la société"; „Libéralisme et socialisme"), mehrere Essays („Théorie mathémathique du prix des terres et de leur rachat par l'État") und eine Vielzahl von Artikeln zu den „Associations populaires coopératives" (in Walras 1990a) oder auch die zahlreichen Artikel aus der „Révue socialiste" („Théorie de la proprieté", „Le problème fiscal"). Allein schon die Erwähnung der politischen Eigenbezeichnung Walras' als „liberaler Sozialist" oder sein Engagement für die Kooperativbewegung passen nicht ins akademisch vermittelte Bild des „mathematischen Ökonomen".

Walras verstand sich in der Tat als „liberaler Sozialist", der allerdings Sozialismus als wissenschaftlichen Sozialismus, als Synthese aus (exakter) Wissenschaft und Sozialpolitik verstand.

Im Verständnis von Politischer Ökonomie, die er als „Économie politique et sociale" faßt, unterscheidet Walras zwischen:

- der reinen politischen Ökonomie (économie politique pure) als Untersuchung der Naturgesetze des Tauschwertes und des Tauschens (Theorie des gesellschaftliche Reichtums)

- der angewandten politischen Ökonomie (économie politique appliquée) als der Untersuchung der günstigsten Entwicklungsbedingungen für die Landwirtschaft, die Industrie, den Handel und den Kredit (Theorie der Produktion des gesellschaftlichen Reichtums)

- der Sozialökonomie (économie sociale) als der Untersuchung der besten Entwicklungsbedingungen für das Eigentum und die Steuern (Theorie der Verteilung des Reichtums) (vgl. Walras 1867a: 31).

Das Liberale an diesem wissenschaftlichen Sozialisten besteht darin, daß Walras Eigentum und republikanische Demokratie als unabdingbar nicht nur für effektives Wirtschaften ansah, sondern als konstitutiv für eine befreite und gerechte Gesellschaft. Gemeineigentum am Boden schließt diese Verteidigung des Eigentumsprinzips ausdrücklich mit ein. Walras grenzt sich deutlich vom marxistischen Kollektivismus und Staatssozialismus ab:

> Pour empêcher les exactions du capitaliste-entrepreneur, le marxisme met toutes les entreprises aux mains de l'État. Ainsi son organisation de la production est subordonnée à son organisation de la répartition. Quoque, pour ma part, je laisse ces deux catégories indépendantes l'une de l'autre, je n'objecterai rien sur ce point, parceque j'éstime, moi aussi, que, s'il y avait antinomie entre l'interêt et la justice, celle-ci devrait passer la première (Walras 1990a: 196).

Aus der Kritik am Proudhonschen Eigentumsbegriff (La propriété c'est le vol) hat Walras nicht nur eine konträre Position gewonnen, er formuliert auch das Konzept der Produktivgenossenschaften neu. Nicht das Proudhonsche Modell des Mutualismus z.B. auf der Basis des wechselseitigen kostenlosen Kredits der Tauschbanken führe zum Erfolg der Kooperativen, sondern allein die ansonsten banküblike Zinsberechnung bei Kreditgewährung. Nur so und durch dezentralen Wettbewerb sei effizientes kooperatives Wirtschaften möglich. Walras propagierte Kooperativen als pragmatische Alternative zur herrschenden Ökonomie, weil sie nicht nur effektiver, sondern auch sozial gerechter sind (vgl. Walras 1867b: 178). Im Unterschied zu Proudhon, Saint-Simon, Fourier oder Louis Blanc, die ihre ökonomischen Alternativmodelle als Element der gesellschaftlichen Revolution verstanden, setzte Walras auf eine Synthese von Wissenschaft und Politik, konkretisiert in der Kooperativbewegung. Kooperative Zusammenschlüsse verstand er als ein einfaches und effektives Mittel der Ersparnis und nicht als ein Prinzip der Arbeit und der sozialen Revolution (vgl. Walras 1879).

Walras wird jedenfalls in Deutschland bis heute überwiegend als „mathematischer Ökonom" rezipiert. Lediglich Franz Oppenheimer griff in den 20er Jahren die Gossen-Walrasianische Tradition mit der Forderung nach Aufhebung der „Bodensperre" wieder auf (vgl. Oppenheimer 1922).

Traditionen und Bruch

Es geht nun nicht darum, die Sinnhaftigkeit oder Praktikabilität der Gossenschen Utopie oder der Walrasschen Entwürfe zu prüfen und zu bewerten oder gar den „kleinbürgerlich-reaktionären" Charakter Gossens zu entlarven (vgl. Behrens 1949). Mir ging es vielmehr darum zu zeigen, daß die Rezeption beider Ökonomen in der herrschenden Volkswirtschaftslehre der Bundesrepublik überwiegend einseitig war und ist (so etwa Felderer 1989). Es kann schließlich nicht nur Studierenden der Volkswirtschaftslehre nicht schaden, über den Tellerrand mathematisch „bewiesener" ökonomischer Modelle hinauszuschauen und die gesellschaftspolitische Zielsetzung zumindest zu erkennen – als Politische Ökonomie.

Dazu gehört auch, daß die methodisch verhängnisvolle Position Euckens, wonach es Aufgabe der Wirtschaftswissenschaft sei, „echte Idealtypen", „gedankliche Modelle", „ideelle Formen" aus der konkreten Wirklichkeit zu gewinnen, mit deren Hilfe „alle konkreten Wirtschaftsordnungen zu allen Zeiten und überall [...] vom Denken erfaßt werden können" (Eucken 1943: 149 f.), historisch relativiert und der Geschichte der Politischen Ökonomie wieder ein angemessener Platz im Haupteingang der Lehrgebäude zugewiesen wird.

Literatur

Behrens, Fritz (1949): Hermann Heinrich Gossen oder die Geburt der 'wissenschaftlichen Apologetik' des Kapitalismus. Leipzig: Bibliographisches Institut. (Leipziger Schriften zur Gesellschaftswissenschaft, Heft 1).

Eucken, Walter (1943): Grundlagen der Nationalökonomie. 3. Auflage. Jena: Fischer.

Felderer, Bernhard (1989): Léon Walras. In: Klassiker des ökonomischen Denkens. Bd. 2. Hrsg. J. Starbatty. München: Beck, S. 59-75.

Gide, Charles/Charles Rist (1921): Geschichte der volkswirtschaftlichen Lehrmeinungen. Hrsg. Franz Oppenheimer. Jena: Fischer. (Französische Erstauflage 1909).

Gossen, Heinrich Hermann (1854): Entwicklung der Gesetze des menschlichen Verkehrs und der daraus fließenden Regeln für menschliches Handeln. Braunschweig: Veweg und Sohn. (Reprint Amsterdam: Liberac 1967).

Helmstädter, Ernst (1988): Die Geschichte der Nationalökonomie als Geschichte ihres Fortschritts. In: Issing (Hrsg.) (1988), S. 1-13.

Issing, Otmar (Hrsg.) (1988): Geschichte der Nationalökonomie. 2. Aufl. München: Vahlen.

Oppenheimer, Franz (1922): Grossgrundeigentum und soziale Frage. Versuch einer neuen Grundlegung der Gesellschaftswissenschaft. 2. Aufl. Jena: Fischer.

Pribram, Karl (1992): Geschichte des ökonomischen Denkens. 2 Bde. Frankfurt a.M.: Suhrkamp

Walras, Auguste et Léon (1990a): Œvres économiques complètes. Bd. VI. Paris: Economia.

Walras, Auguste et Léon (1990b): Œvres économiques complètes. Bd. IX (Léon Walras: Études d'économie sociale. Théorie de la répartition de la richesse sociale.) Paris: Economia.

Walras, Léon (1867a): Théorie générale de la société. In: Auguste et Léon Walras: Œvres économiques complètes, Bd. IX, S. 26-176.

Walras, Léon (1867b): Enoncé des principes relatifs aux associations popuaires coopératives. In: Auguste et Léon Walras: Œvres économiques complètes, Bd. VI, S. 177-183.

Walras, Léon (1874): Élements d'économie pure et de la richesse sociale. In: Auguste et Léon Walras: Œvres économiques complètes, Bd. VIII. Paris: Economia 1988.

Walras, Léon (1879): Brief von Walras an Jules Ferry vom 3.7.1879. In: Auguste et Léon Walras: Œvres économiques complètes, Bd. VI, S. XVII.

Walras, Léon (1880): Théorie mathémathique du prix des terres et leur rachat par l'État. In: Auguste et Léon Walras: Œvres économiques complètes. Bd. IX., S. 229-309.

Walras, Léon (1885): Un économiste inconnu: Hermann-Henri Gossen. In: Auguste et Léon Walras: Œvres économiques complètes. Bd. IX., S. 311-330.

Ziegler, Bernd (1998): Geschichte des ökonomischen Denkens. Paradigmenwechsel in der Volkswirtschaftslehre. München, Wien: Oldenbourg.

Neue Regeln –
Methodische Überlegungen
für die Politische Ökonomie

Hilferdings Methode als eine neue Perspektive zur Überwindung der methodischen Probleme des Ökonomismus?

Kyung-Mi Kim

Einleitung

Rudolf Hilferding ist wohlbekannt als der Theoretiker des Finanzkapitals und des organisierten Kapitalismus. Sein opus magnum von 1910, *Das Finanzkapital*, ist neben Rosa Luxemburgs *Die Akkumulation des Kapitals* (1913) eines der beiden ökonomischen Werke aus der Arbeiterbewegung der Zweiten Internationale, in denen Ansätze aus Marx' Kapital wirkungsvoll weiterentwickelt werden. Seine politische Lehre, insbesondere seine Theorie über den organisierten Kapitalismus, beeinflußte das politische Denken und Handeln der deutschen Sozialdemokratie seiner Zeit maßgeblich (vgl. Gottschalch 1962).

Hilferdings Prominenz beschränkte sich aber lange Zeit offensichtlich auf die an der marxistischen Arbeiterbewegung Interessierten. Die Literatur über Hilferding enthüllt ihn als keineswegs wohlerforschten Autor. Auch seine Methode entging nicht solchem Schicksal. Unter den wenigen Abhandlungen[1] über diese verdient vor allem der Aufsatz von Glyn Daly besondere Aufmerksamkeit. Hilferding biete nach ihm eine neue Perspektive für die Überwindung der methodischen Probleme des Ökonomismus an. Diese Ansicht steht in scharfem Gegensatz zur Behauptung von Reinhard Schimkowsky, wonach Hilferding den Unterschied zwischen allgemeiner Theorie und konkret-historischer Analyse nicht begreife, und daß das Buch *Finanzkapital* aus diesem Grund „ein Konglomerat aus Bruchstücken konkret-historischer Analyse" sei (vgl. Schimkowsky 1974b: 178 und 210).

Das Ziel des vorliegenden Aufsatzes liegt darin, die Auffassung Dalys von der methodischen Innovation Hilferdings zu überprüfen und deren Bedeutung für Hilferdings Analyse des Kapitalismus zu klären.

---

[1]Zum Beispiel Schimkowsky 1974b; Daly 1991 und Kim 1999, Kapitel II.2.: Die Methode Hilferdings.

Die sogenannte methodische Innovation Hilferdings

Laut Daly führt Hilferding implizit eine neue Logik des Strukturalismus in die Analyse der entwickelten kapitalistischen Gesellschaft ein:

> With the concepts of finance capital and organized capitalism, I will argue that Hilferding introduces a new logic to the conceptualization of economic identity which, if we develop it to its fullest potential, enables us to pose the question of the economic in an entirely new way. More specially, Hilferding implicitly introduces a logic of structuralism to the study of advanced capitalist societies which directly anticipates such notions as the 'relative autonomy of the state' and the 'epistemological break' carried through by such writers as Althusser and Poulantzas more than half a century later. The crucial point here is that while, on the one hand, the logic introduced by Hilferding may be seen to represent the highest moment in the theoretical development of economism, on the other, it provides the very conditions for its dissolution. That is to say, it is precisely within the crucible of Hilferding's own theoretical innovations that a new perspective reveals itself allowing us to transcend the impasse of all types of economism, including structuralist economism. (Daly 1991: 80)

Hilferding identifiziert, so Daly, zunächst eine Komplexität kapitalistischer Erscheinungen. Er stelle daraus eine Einheit her, in der diese Erscheinungen voneinander unabhängig konstituiert würden, und strukturiere dann die ökonomische Ebene. Er formuliere damit erneut die Erscheinungen in der Einheit, so daß die Organisation der kapitalistischen Einheit aufhöre, eine Ansammlung von unabhängigen Erscheinungen zu sein: Die Einheit werde strukturell und relativ. In der relativ-strukturellen Form auf der ökonomischen Ebene sieht Daly im Finanzkapital eine „Vereinheitlichung des Kapitals" (Vgl. hierzu Hilferding 1968: 406):

> Finance capital [...] becomes the name, or metaphor, for this relational structure in constituting capitalist identity and, thereby, establishes the discursive conditions for conceiving all economic phenomena in a capitalist market as a collective agency which exercise power in a unified and unilinear way. (Daly 1991: 84)

Kurz gesagt: Das Finanzkapital bilde die strukturierte Einheit des Ökonomischen.

Der Hilferdingsche organisierte Kapitalismus sei andererseits „a unified totality with rational limits that may be derived from a transcendent principle of historical development – historical materialism" (ebd.: 85). Beim Versuch, das

Finanzkapital mit dem organisierten Kapitalismus in Verbindung zu bringen, findet Daly eine Grenze des Hilferdingschen Strukturalismus.

> The relational totality of finance capital ceases, finally, to be relational, with the effect that its identity can be ultimately determined by an 'objective' exterior: that is to say, something which is not articulated within the relational framework but exists outside it as an 'immutable datum'. That exterior, of course, comprises the capitalist laws of accumulation and constitutes the a priori (conceptual) essence of the totality which predetermines the identity of finance capital/organized capitalism as a point on a line from a given equation. And the nature of that equation is clearly idealist. (ebd.)

Daly kommt zu dem Schluß, daß uns Hilferding einen methodischen Ansatzpunkt einer neuen Perspektive gebe, welche ermögliche, „an articulatory logic in a way which transcends the 'nomenclature' of the base-superstructure model and the classical idealism of economism" zu entwickeln (ebd.).

Das Hauptargument in Dalys Aufsatz beruht darauf, daß die Ökonomie zur Sphäre des politischen Kampfes gehöre und daß das Ökonomische gar keine determinierende Rolle, auch nicht in letzter Instanz, in der gesellschaftlichen Totalität spiele (vgl. ebd.: 100). Die Ablehnung des Primats der Ökonomie und auch der Produktion sieht Daly ansatzweise in der Hilferdingschen Methode zur Bestimmung des organisierten Kapitalismus. Da Dalys Äußerungen recht knapp bleiben und er darüber hinaus kaum konkrete Belege aus Hilferdings Werken erbringt, ist eine ausführlichere Überprüfung der Methode Hilferdings erforderlich.

Die strukturalistischen Ansätze in Hilferdings Methode

Die strukturalistische Methode, die verschiedenen Sphären der Gesellschaft zueinander in Beziehung zu setzen und daraus die Einheit eines gegliederten Ganzen zu konstruieren, wird bei Hilferding vor allem in seinem postumen Manuskript *Das historische Problem* (Hilferding 1940b) ersichtlich.

Er geht dabei von folgender Voraussetzung aus: „Der Grundbegriff der Marxschen Geschichtsauffassung ist das Produktionsverhältnis." (ebd.: 305) Die natürlichen Gegenstände werden „erst Produktivkräfte in einem Produktionsverhältnis, das die Menschen eingehen in den von ihnen vorgefundenen, ihnen gegebenen natürlichen Bedingungen, die sie selbst durch ihr gesellschaftliches Verhalten ständig verändern." (ebd.: 306) Hilferding behauptet damit die dominierende Rolle des Produktionsverhältnisses gegenüber den Produktivkräften und lehnt den Technizismus ab.

Er konstruiert dann aufgrund des Produktionsverhältnisses die Struktur der Beziehungen zwischen der ökonomischen, juristischen, politischen und ideologischen Sphäre. Das Produktionsverhältnis ist als solches „stets zugleich ein Eigentumsverhältnis, 'was nur ein juristischer Ausdruck dafür ist', also ein Rechtsverhältnis." (ebd.) Das heißt: „[J]eder ökonomischen Struktur ist ein bestimmtes Eigentums-, also Rechtsverhältnis immanent." (ebd.) Das Rechtsverhältnis beruht nach der Ansicht Hilferdings auf dem Produktionsverhältnis, aber gleichzeitig existiere ohne Recht auch kein Produktionsverhältnis (vgl. ebd.).

Zugleich sei ein Rechtsverhältnis auch immer ein Machtverhältnis, folglich ein politisches Verhältnis, da Recht die Macht erfordere, es durchzusetzen. „Diese Macht [...] ist zugleich mit dem Produktionsverhältnis gegeben, eines seiner notwendigen Bestandteile. Sie ist die das Produktionsverhältnis mit Bewußtsein regierende Gewalt, Staatsmacht, deren Ausdehnung und Ausübung selbst in der Natur des jeweiligen Produktionsverhältnisses wurzelt." (ebd.: 306f.) Hilferding stellt hier fest, daß das Politische, der juristisch-politische Überbau, aus „the institutionalized power of the state" (Poulantzas 1968: 42) besteht.

Mit jedem Produktionsverhältnis sind zugleich soziale Gruppen, die sich durch ihre Stellung im Produktionsprozeß charakterisieren, gegeben. „Die unmittelbaren konkreten Interessen, die im Produktionsverhältnis entstanden sind, bestimmen das Verhalten der Gruppen zueinander. [...] In der Vertretung dieser Interessen entwickeln die Gruppen die diesen Interessen entsprechenden Rechtsanschauungen, die Moral- und religiösen Vorstellungen, die Ideenwelt ihrer Gesellschaft" (Hilferding 1940b: 311), also ihre eigenen Ideologien.

Um die Struktur der gesellschaftlichen Totalität mit der gesellschaftlichen Praxis in Verbindung zu bringen, unterscheidet Hilferding zwischen den gesellschaftlichen Vorgängen in der staatlichen und der staatsfreien Sphäre. Der Staat wird als „die mit Exekutivgewalt ausgestattete bewußte Organisation der Gesellschaft" definiert (ebd.: 307). Es handelt sich dabei um „die Frage einmal nach den autonomen Gesetzen der staatsfreien Sphäre, sodann nach der Struktur und den Eigeninteressen der Staatsmacht und schließlich nach der gegenseitigen Abhängigkeit, dem gegenseitigen Verhältnis dieser beiden Sphären, der bewußt geregelten staatlichen und der staatsfreien, autonomen gesellschaftlichen Sphäre." (ebd.)

Hilferdings Methode zur Überwindung des Ökonomismus?

Bezüglich der ersten Frage wird zunächst die ökonomische und dann die ideologische Sphäre untersucht.

Hilferding unterscheidet im *Finanzkapital* aufgrund der äußeren Regelung zwei menschliche Produktionsgemeinschaften: die bewußt geregelte Gesellschaft und die warenproduzierende Gesellschaft. Die äußere Regelung wird in zwei Ebenen geteilt: 1. die Ebene der Organisationsform der gesellschaftlichen Arbeit und 2. die Ebene der Beziehungen zwischen den einzelnen Mitgliedern in dieser Arbeitsorganisationsform. Er verbindet beide durch die Regulierungsform in der Zirkulationssphäre, die entsprechend den qualitativen Bestimmungen der beiden Ebenen die gesellschaftliche Produktion und Verteilung regelt. In der warenproduzierenden Gesellschaft wird z. B. die gesellschaftliche Arbeit in der Weise organisiert, daß die Menschen mit eigenen privaten Produktionsmitteln selbständig und voneinander unabhängig arbeiten. Entsprechend dieser Organisationsform der gesellschaftlichen Arbeit beziehen sich die Menschen im Warenaustausch durch die Beziehungen der von ihnen produzierten Sachen aufeinander (vgl. Hilferding 1968: 24f.): In dieser auf Privateigentum und Arbeitsteilung basierenden Gesellschaft reguliert der Austausch die gesellschaftliche Produktion und damit die Verteilung der gesellschaftlichen Gesamtarbeit nach den qualitativ und quantitativ verschiedenen gesellschaftlichen Bedürfnissen in bestimmten Proportionen.

Hilferding hält die äußere Regelung bzw. die Struktur der gesellschaftlichen Produktion für eine schon gegebene Voraussetzung der Ökonomie (vgl. Hilferding 1974: 142). Im Zentrum seiner ökonomischen Analyse steht daher die Funktion der Regulierungsformen, die für die proportionale Verteilung der gesellschaftlichen Arbeit und Produkte sorgen. Dieses analytische Verfahren führt dazu, daß die Zirkulation als von den Produktionsverhältnissen getrennt und unabhängig erscheint (vgl. Kim 1999: Kap. II.2.). Hilferding stellt fest, daß die Art der Organisation der gesellschaftlichen Arbeit den qualitativen Charakter einer Gesellschaft bestimmt (vgl. Hilferding 1974: 142). Er behauptet dennoch nicht den einseitigen Primat der Produktion vor der Zirkulation. Ein wichtiger Unterschied von Hilferding zu Marx liegt darin, daß Hilferding in der Gesellschaftsanalyse die Eigenständigkeit des Zirkulationsprozesses und die relative Autonomie der Zirkulationssphäre von der Produktionssphäre aufzeigt.

Gilt dies auch für Hilferdings Artikulation der Kapitalfraktionen (Industrie-, kommerzielles und Bankkapital) im Finanzkapital? Hilferding definiert das Finanzkapital als „Kapital in der Verfügung der Banken und in der Verwendung der Industriellen" (Hilferding 1968: 309). Das Finanzkapital ist bei ihm ohne Zweifel auf einer höheren kategorialen Ebene angesiedelt als die aus Marx' *Kapital* bekannten Formen des produktiven, kommerziellen oder Geldkapitals. Diese drei Kapitalfraktionen werden als relativ autonom aufgefaßt und bilden in der Form Finanzkapitals die „höchste und abstrakteste Erscheinungsform" (Hilferding 1968: 17) des Kapitals. Hilferding scheint die Kapitalformen hierarchisch zu gliedern, indem er dem Bankkapital eine Vorherrschaft innerhalb des Finanzkapitals verleiht. Dies läßt eine Auslegung des Finanzkapitals als eine 'Struktur mit Dominante' zu. Hilferding weist aber keiner Kapitalfraktion die determinierende Rolle zu. Hinsichtlich des strukturalistischen Begriffspaares 'Determinante – Dominante' wird das Finanzkapital als eine in industrielles, kommerzielles und Bankkapital gegliederte Kombination bestimmt, innerhalb derer das Bankkapital zwar dominant, aber nicht determinant ist. Das determinierende Moment kommt dem produktiven Kapital im Kreislauf des industriellen Kapitals zu.[2] Hilferding weiß genau, daß nur das produktive und damit das industrielle Kapital die Fähigkeit hat, Wert und Mehrwert als die notwendige Existenzbedingung des Kapitals zu schaffen. Er schließt aber daraus nicht den Primat der Produktion vor der Zirkulation. Warum?

Bei Hilferding wird dieses determinierende Moment des produktiven Kapitals in der kapitalistischen Produktion zu einem Attribut des Finanzkapitals, indem „die Trennung des Bankkapitals und des produktiven Kapitals im Finanzkapital aufgehoben wird." (Hilferding 1968: 322f.) Genau dadurch wird die strukturalistische Unterscheidung zwischen Determinante und Dominante bei Hilferding in der Struktur mit Dominante aufgehoben. Diese Struktur zeigt sich bei ihm als eine Organisation mit strenger Hierarchie. Im Finanzkapital erlischt der besondere Charakter des Kapitals (vgl. Hilferding 1968: 323), und das Finanzkapital als die Vereinheitlichung des Kapitals bildet bei Hilferding die strukturierte Einheit des Ökonomischen.

Im weiteren geht es um die ideologische Sphäre. „Die Voraussetzung für das Produktionsverhältnis ist der denkende, wollende und handelnde Mensch, der wirkliche Mensch mit seinen Bedürfnissen und Interessen." (Hilferding 1940b: 306) In der ideologischen Sphäre handelt es sich damit darum, den denkenden und wollenden zum entsprechend seiner Stellung im Produktionsprozeß handelnden Menschen umzuformen; darum, das partikulare Interessen-

---

[2] „Das industrielle Kapital ist die einzige Daseinsweise des Kapitals, worin nicht nur Aneignung von Mehrwert, resp. Mehrprodukt, sondern zugleich dessen Schöpfung Funktion des Kapitals ist. Es bedingt daher den kapitalistischen Charakter der Produktion, sein Dasein schließt das des Klassengegensatzes von Kapitalisten und Lohnarbeitern ein." (Marx 1986: 61)

bewußtsein zum allgemeinen Klassenbewußtsein zu erheben. Diese Transformation erfordert das Ideengebäude, das dem unmittelbaren materiellen Interesse der Klasse dienen soll. Dies ist die Aufgabe von Intellektuellen. Sie bauen ein umfassendes und vollständiges System der gesellschaftlichen Ordnung auf, in dem das Interessenbewußtsein aufgeht: „Das neue Ideensystem ist das Werk von Intellektuellen, und seine Ausarbeitung mag den eigentlichen politischen Kämpfen kürzere oder längere Zeit vorausgehen." (ebd.: 325) Hilferding nimmt zwar an, daß die Ideologie den materiellen Forderungen der Klassen entspricht. Aber er behauptet gleichzeitig die Autonomie der ideologischen Sphäre:

> [...], so muß man sich dabei im klaren sein, daß die unmittelbaren Antriebe des Handelns Bewußtseinsvorgänge sind und daß ebenso wichtig wie die Darstellung der objektiv zu konstatierenden materiellen Änderung deren Umsetzung in Bewußtseinsvorgänge, in die dann wirksam werdenden Ideen ist. Sonst verabsolutiert man gewisse von dem Beobachter aufgefundene objektive Produktions- und ihnen entsprechende Interessenänderungen und gelangt zu willkürlichen Erklärungen, zu einer Art ökonomischem Mystizismus, wonach die ökonomischen Bedingungen sozusagen selbsttätig, hinter dem Bewußtsein der wirklichen Menschen, Geschichte machen. (ebd.: 316; vgl. auch Hilferding 1934)

Wenden wir uns jetzt der Frage Hilferdings nach der Struktur und den Eigeninteressen der Staatsmacht zu. Der Staat ist bei Hilferding die höchste bewußte Organisation in der Gesellschaft (vgl. Hilferding 1968: 36)[3] und „seinem Wesen nach Machtorganisation" (Hilferding 1940b: 307). Der Staatsbegriff, den Hilferding im Aufsatz *Das historische Problem* aufgreift, hat zum Ausgangspunkt den strukturalistischen Begriff von der relativen Autonomie des Staates. Hilferding vertritt die Meinung, daß sich der Staat zu einer eigenen Machtorganisation mit eigenen Organen entwickelt und daß er als solche Machtorganisation eine gewisse Selbständigkeit gegenüber der Gesellschaft oder deren Teilen erhält (vgl. ebd.). Der Staat habe damit „seine eigenen Interessen: Behauptung und Vermehrung seiner Macht nach innen und nach außen, Förderung jener Entwicklungstendenzen der autonomen Sphäre, die seinen eigenen Interessen gemäß sind, Hemmung der anderen." (ebd.) Hilferding hebt gleichzeitig hervor, daß die Staatsmacht durch die staatsfreie gesellschaftliche Sphäre relati-

---

[3] „Anarchie – denn es ist kein Bewußtsein da, das von vornherein die Produktion seinem Zwecke gemäß gestaltet" (Hilferding 1968: 35f.). Die Gegenüberstellung von Bewußtheit und Unbewußtheit bildet die methodische Grundlage der Gesellschaftsanalyse Hilferdings (vgl. Kim 1999: 36f.; Hussain 1976: AH.16).

viert wird. Er stellt schließlich fest: „Die Staatsmacht ist in wechselndem Maß und mit wechselnder Intensität ein selbständiger Faktor des historischen Geschehens." (ebd.: 308)

Gibt es einen Bruch zwischen der Einschätzung im *Finanzkapital* und der späteren Auffassung vom Charakter des Staates durch Hilferding, wie Schimkowsky behauptet? Nach Schimkowsky besitzt Hilferding im *Finanzkapital* noch „eine richtige Einschätzung des Charakters des kapitalistischen Staates. Sie ändert sich erst nach dem vollständigen Bruch mit der Marxschen Theorie – vor allem aufgrund einer illusionären Staatsauffassung." (Schimkowsky 1974a: 279)

Der Staat als solcher erscheint m.E. bei Hilferding immer als die höchste bewußte Organisation in der Gesellschaft, also als eine zumeist neutrale politische Organisation. Das bedeutet, daß Hilferding den Staat stets als ein Feld des politischen Klassenkampfes und damit als Instrument für die Klassenherrschaft auffaßt. Der Charakter des Staates wird in jedem gesellschaftlichen Zustand dadurch bestimmt, wer bzw. welche Klasse die Macht des Staates ergreift. Man kann damit vom bürgerlichen oder totalitären oder sozialistischen Staat sprechen. Hilferding zweifelt in der Tat an Engels' Vorstellung, den Begriff des Staates auf die organisierte politische Macht in den Klassengesellschaften einzuschränken (vgl. Hilferding 1940b: 307, Fußnote 1). Im Sozialismus wird nicht der Staat als die höchste bewußte Organisation, sondern der bürgerliche oder der totalitäre Staat abgeschafft. Der Staat im *Finanzkapital* ist eben der kapitalistische Staat, nicht der Staat im allgemeinen. Es gibt meiner Einschätzung nach keinen wesentlichen Bruch in der Hilferdingschen Auffassung des Charakters des Staates.

Wie konstruiert Hilferding schließlich die gegenseitige Abhängigkeit, das gegenseitige Verhältnis der bewußt geregelten staatlichen und der staatsfreien, autonomen gesellschaftlichen Sphäre? Das Verhältnis dieser beiden Sphären läßt sich in den Kämpfen um die Staatsmacht zusammenfassen. Bei den Kämpfen, die sich in der staatsfreien Sphäre vollziehen, geht es in letzter Instanz um das Eigentumsverhältnis an den wichtigen Produktionsmitteln (vgl. Hilferding 1920). Dies drückt sich in den Kämpfen zwischen den sozialen Gruppen aus, die die verschiedenen, unmittelbaren ökonomischen Interessen vertreten. Diese Kämpfe in der ökonomischen Sphäre „müssen sich erst politisch durchsetzen; denn erst nach Umsetzung ökonomischer Macht in Staatsmacht wird Wirtschaftsmacht wirksam." (Hilferding 1924b: 187) Die Kämpfe der sozialen Gruppen und Klassen werden damit zu den von Parteien geführten Kämpfen um den Anteil an der Staatsmacht.

Hilferdings Methode zur Überwindung des Ökonomismus? 93

Und aus der ideologischen Sphäre ergibt sich die Notwendigkeit, das partikuläre Interesse der Klassen als das Allgemeininteresse der ganzen Gesellschaft darzustellen. Diese Transformation gibt

> die Kraft zum Kampf um die grundlegende Änderung des Produktionsverhältnisses, des sozialen und politischen Gesellschaftszustandes, zur Eroberung der politischen Macht und zur Herrschaftsausübung. Es ist aber eine Frage der konkreten geschichtlichen Umstände, ob diese Entwicklung zum allgemeinen Klassenbewußtsein erreicht wird. (Hilferding 1940b: 324)

Der Staat greift je nach Lage seiner Machtinteressen in die Kämpfe um die Staatsmacht in der staatsfreien Sphäre als wichtiger selbständiger Faktor ein. Hilferding scheint sich dabei vorzustellen, daß die staatlichen Interessen von sozialen Interessen unabhängig existieren. Dies ist als der Versuch zu interpretieren, die Interessen des Staates nicht mit den Interessen einer gesellschaftlichen Gruppe bzw. Klasse einfach gleichzusetzen.[4] Die Stellung des Staates wird dennoch bei Hilferding letztlich durch das Resultat des Kampfes der Klassenkräfte bestimmt. Dies weist darauf hin, daß er an der Neutralität des Staates gegenüber den anderen gesellschaftlichen Sphären festhält. Die Hauptfunktion des Hilferdingschen Staates liegt tatsächlich darin, den in der Gesellschaft gebildeten Übereinkünften und Konstellationen allgemeine Gültigkeit bzw. Legitimität zu verleihen.

Schluß

Es wurde gezeigt, daß Hilferding in seinen späteren Aufsätzen versucht, die Marxsche Gesellschaftstheorie vor dem Technizismus und dem ökonomischen Mystizimus zu retten und die Autonomie der verschiedenen Sphären in der Gesellschaft hervorzuheben. Das Politische stellt sich dabei dar als „the structure of a social formation, not only as a specific level, but also as a crucial level in which the contradictions of a formation are reflected and condensed", wie Nicos Poulantzas (1968: 40) behauptet.

Hilferding bestimmt die Gesellschaftsformen durch die Verschiebung der Dominanz zwischen den Sphären. Die faschistische Gesellschaft charakterisiert sich z. B. durch die Verschiebung der Dominanz von der staatsfreien zur

---

[4] Er behauptet, „daß jede Staatsorganisation auch ihre eigenen Interessen, Erhaltung und Förderung ihrer Macht besitzt, Interessen, die nicht identisch sind und nicht immer zusammenfallen müssen mit denen der herrschenden Klasse." (Hilferding 1940b: 319)

staatlichen Sphäre, während die Fundamente der kapitalistischen Wirtschaft bestehen bleiben (vgl. Hilferding 1934: 281).

Die Verschiebung der Dominanz vollzieht sich aber nicht durch die Überdeterminierung der Widersprüche innerhalb jeder Sphäre oder innerhalb der gesamten Gesellschaft. Die Bewegung des Finanzkapitals wird z. B. nicht durch die Überdeterminierung der Widersprüche zwischen seinen Elementen, also den Kapitalfraktionen, bestimmt, sondern einseitig durch die Bewegung des Bankkapitals, das die Dominante im Finanzkapital bildet. Hilferding stellt auch dar, daß im organisierten Kapitalismus das Ökonomische, besonders das Kapital, seine eigenen Gesetze widerspruchsfrei gegenüber den anderen Sphären entfaltet. Diese Erkenntnismethode erlaubt es Hilferding, das Generalkartell und auch die Überwindung des Kapitalismus ohne die Aufhebung des Lohnverhältnisses für möglich zu halten (vgl. Fülberth 1991: 20).

Bei Hilferding vollzieht sich aber nicht die Überwindung des Ökonomismus im Dalyschen Sinne:

> The economic, therefore, must be located as a phenomenon interior to the process of articulating differences: [...] And, if the economy no longer possesses a status independently of, or outside, that which it is supposed to effect, then inwhat sense can we say that the economic is determining, even in the last instance? The answer, clearly, is that we cannot. (Daly 1991: 100)

Hilferding hält in seinem gesamten Gedankengebäude fest, daß das Ökonomische der bestimmende Faktor der Gesellschaft sei, obwohl er den anderen Sphären in großem Maß eigene Gesetze und relative Autonomie zugesteht.

Literatur

Althusser, Louis/Etienne Balibar (1972): Das Kapital lesen. Hamburg.

Althusser, Louis (1968): Für Marx. Frankfurt am Main.

Daly, Glyn (1991): The discursive construction of economic space: logics of organization and disorganization. In: Economy and Society. Vol. 20, No. 1, February 1991, S. 79-102.

Fülberth, Georg (1991): Sieben Anstrengungen, den vorläufigen Endsieg des Kapitalismus zu begreifen. Hamburg.

Gottschalch, Wilfried (1962): Strukturveränderungen der Gesellschaft und politisches Handeln in der Lehre von Rudolf Hilferding, Berlin.

Hilferding, Rudolf (1920): Die politischen und ökonomischen Machtverhältnisse und die Sozialisierung. In: Stephan, Cora (Hg.) (1982), S. 109-132.

Hilferding, Rudolf (1924a): Probleme der Zeit. In: Stephan, Cora (Hg.) (1982), S. 167-181.

Hilferding, Rudolf (1924b): Realistischer Pazifismus. In: Stephan, Cora (Hg.) (1982), S. 182-198.

Hilferding, Rudolf (1927): Die Aufgaben der Sozialdemokratie in der Republik. In: Stephan, Cora (Hg.) (1982), S. 214-236.

Hilferding, Rudolf (1931): Gesellschaftsmacht oder Privatmacht über die Wirtschaft. In: Stephan, Cora (Hg.) (1982), S. 237-267.

Hilferding, Rudolf (1934): Revolutionärer Sozialismus. In: Stephan, Cora (Hg.) (1982), S. 277-287.

Hilferding, Rudolf (1940a): Staatskapitalismus oder totalitäre Staatswirtschaft? In: Stephan, Cora (Hg.) (1982), S. 288-296.

Hilferding, Rudolf (1940b): Das historische Problem. In: Stephan, Cora (Hg.) (1982), S. 297-328.

Hilferding, Rudolf (1968): Das Finanzkapital. Eine Studie über die jüngste Entwicklung des Kapitalismus. Frankfurt am Main (erstmals erschienen 1910).

Hilferding, Rudolf (1974): Böhm-Bawerks Marx-Kritik. In: Meiner, Horst & Manfred Turban (Hrsg.): Etappen bürgerlicher Marx-Kritik I. Gießen/Lollar, S. 133-184.

Hussain, Athar (1976): Hilferding's finance capital. In: Bulletin of the Conference of Socialist Economists. Vol. V, No. 13, March 1976, S. AH.1-AH.18.

Kim, Kyung-Mi (1999): Hilferding und Marx. Geld- und Kredittheorie in Rudolf Hilferdings „Das Finanzkapital" und im Marxschen „Kapital". Köln.

Marx, Karl (1986): Das Kapital. Bd. II. MEW 24, Berlin.

Poulantzas, Nicos (1968): Political Power and Social Classes. London.

Poulantzas, Nicos (1975): Klassen im Kapitalismus - heute. Westberlin.

Schimkowsky, Reinhard (1974a): Exkurs über Hilferding: Vom Generalkartell zur Konzeption des organisierten Kapitalismus. In: Ebbighausen, Rolf (Hg.): Monopol und Staat. Frankfurt am Main, S. 279-293.

Schimkowsky, Reinhard (1974b): Zur Marx-Rezeption bei Hilferding. Die Bestimmungen von Konkurrenz und Monopol im „Finanzkapital". In: Ebbighausen, Rolf (Hrsg.): Monopol und Staat. Frankfurt am Main, S. 173-211.

Stephan, Cora (Hg.) (1982): Zwischen den Stühlen oder über die Unvereinbarkeit von Theorie und Praxis. Schriften Rudolf Hilferdings 1904 bis 1940. Berlin/Bonn.

Von Hayek lernen, heißt steuern lernen. Von der Evolutionstheorie Hayeks zu einer Theorie Politischer Steuerung

Torsten Niechoj und Dorothee Wolf[1]

> Es ist töricht, sich zu weigern, aus den Gedanken eines Nationalökonomen zu lernen, dessen Ideologie uns nicht paßt. Es ist gleichermaßen unklug, sich auf Theorien desjenigen zu verlassen, dessen Ideologie wir billigen.
>
> Robinson 1962: 23

Wenige moderne Ökonominnen und Ökonomen haben bislang ihre Wissenschaft als Gesellschaftstheorie betrieben, Friedrich August von Hayek war einer von ihnen. Zumeist wird der Untersuchungsgegenstand, die Märkte, schlichtweg als gegeben und unhinterfragbar angenommen. Hayek jedoch sieht die Eingebundenheit von Märkten in ihren gesellschaftlichen Kontext, er weiß, daß Märkte das Ergebnis menschlichen Handelns sind. In seinen Arbeiten befaßt er sich unter anderem mit der Frage, wie aus den individuellen Handlungen einzelner Menschen eine Ordnung, oder anders ausgedrückt: ein Gesellschaftsverbund entstehen kann. Dabei zeigt er Mechanismen auf, die – klassisch formuliert – zu einer „guten" Gesellschaft führen, unterlegt also eine normative Vorstellung davon, was eine gute Gesellschaft ist. Somit kann schwerlich bestritten werden, daß es sich bei Hayek um einen Politischen Ökonomen handelt.

Wo Gutes ist, naht der Einfall des Bösen – für Hayek manifestiert sich das Böse in Interessengruppen, die Einfluß auf die Regierungspolitik nehmen mit dem Ziel, die Gesellschaft nach ihrer Vorstellung zu gestalten. Sozialistische Ideen und Globalsteuerungskonzepte gehören hier hin. Dabei zerstören die Interessengruppen aus Hayeks Sicht die harmonische Ordnung und sichern sich in der „Schacherdemokratie" (Hayek 1981b: 30 und 138) Privilegien, die zu Lasten anderer gehen und zudem die Weiterentwicklung des ganzen Systems

---

[1] Eine Langfassung dieses Artikels erscheint in diesen Tagen in der Schriftenreihe der Forschungsgruppe Politische Ökonomie unter dem Titel: „Der Mensch als Anpasser. Genese und Evolution von Ordnungen bei Hayek". Der Bezug ist über die Forschungsgruppe möglich (siehe Seite 399)

behindern. Hinzu kommt Hayeks Überzeugung, es sei grundsätzlich problematisch, wenn kollektive Akteure ein System intentional und bewußt gestalten. Dabei werde nämlich nicht berücksichtigt, daß solch eine Steuerung aufgrund von Informationsproblemen nicht möglich ist und diese Versuche nur Schaden anrichten.

Hayeks Sicht stößt in links orientierten Kreisen zumeist auf schroffe Ablehnung.[2] Dies verwundert nicht, verfolgt er doch eine gänzlich andere politische Stoßrichtung: die eines radikalen, in weiten Bereichen konservativen Liberalismus. Die soeben skizzierten Vorstellungen genießen derzeit denn auch in den (neoliberalen) Wirtschaftswissenschaften weite Verbreitung und dienen als Leitfaden für die Deregulierungs- und Standortpolitik. Sie werden jedoch selten explizit gemacht und – wie bei Hayek – in eine umfassende Theorie eingepaßt. Um das Konzept klar erkennbar und damit auch kritisierbar zu machen, ist dies allerdings nötig. Wenig weiterbringend erscheint uns hingegen die Vorgehensweise, ein Konzept deshalb von Grund auf zu verwerfen, weil daraus Schlußfolgerungen gezogen werden können, die politisch nicht gefallen. Es muß vielmehr darum gehen, schlüssig argumentierte Gedanken innerhalb einer solchen Theorie ernstzunehmen und zu überprüfen, ob sich die gewöhnlich damit verbundenen politischen Konsequenzen auch konsistent und zwingend daraus ableiten. Wo dies nicht der Fall ist, müssen vielleicht Schlußfolgerungen gezogen werden, die sich gegen die neoliberale Politik richten.

Im folgenden sollen zunächst Hayeks Theorie der Genese und Evolution von Ordnungen rekapituliert und die Gefahren, denen sich eine Gesellschaft nach Hayek ausgesetzt sieht, herausgearbeitet werden. Anschließend wird gezeigt, daß moderne Steuerungskonzeptionen durchaus in Auseinandersetzung mit und im Anschluß an Hayek zu konzipieren sind. Ein (in Grenzen) positiver Bezug auf Hayek ist also möglich und erscheint sogar notwendig, um das ausdifferenzierte, dezentral organisierte System des modernen Kapitalismus zu analysieren.

---

[2] Stephanie Blankenburg beispielsweise bezeichnet Hayeks Vorschläge zur Gestaltung des Gemeinwesens schlicht als „Ende der europäischen Aufklärung" (Schui et al. 1997: 66).

Konstitution von Ordnungen

Spontane Ordnung und geplante Ordnung

Kernelement der Hayekschen Evolutionstheorie ist der Begriff der Ordnung, der Regelmäßigkeiten in Interaktionsprozessen bezeichnet. Dabei erfüllen Ordnungen die Funktion, Unsicherheit für ihre Mitglieder zu reduzieren, indem sie eine gewisse Erwartungssicherheit bezüglich der Handlungen der anderen herstellen. Der Ordnungsbegriff umfaßt nicht nur von Menschen intentional hergestellte, sondern auch „spontane" Verhältnisse (vgl. Hayek 1963: 32 f.).

Unter einer *spontanen Ordnung* versteht Hayek eine Handlungskoordination, die sich ohne Planung, also „selbst-erzeugend oder endogen" (Hayek 1980: 59) entwickelt hat. Aus den vereinzelten, nicht aufeinander abgestimmten Handlungen der Individuen haben sich Regelmäßigkeiten herausgebildet, die es den Einzelnen ermöglichen, unterschiedlichste individuelle Ziele zu verfolgen (vgl. Hayek 1967a: 164–166). Aus einer externen Beobachtungsperspektive lassen sich diese Regelmäßigkeiten durch Regeln, etwa der Moral, allgemeiner Meinung, Tradition und des Rechts, beschreiben, denen die Handelnden folgen, derer sie sich aber nicht immer bewußt sein müssen (vgl. Hayek 1967a: 176, Hayek 1967b: 144 f. und 147 f. sowie Hayek 1980: 66, 109 und 113). Sie sind abstrakt und universell anwendbar, da sie sich nicht auf bestimmte Menschen in einer konkreten Situation beziehen und ihnen Handlungsanweisungen geben. Zudem sind sie meistens negativ, also untersagend formuliert (vgl. Hayek 1963: 33 f. und Hayek 1981a: 58–62).

Anders verhält es sich im Fall *konstruierter Ordnungen*: Sie werden nach einem Zweck geschaffen, ihre Konstruktion wird in Anweisungen verbal fixiert und bekannt gemacht. Die Konstrukteurin einer Ordnung erteilt den Untergebenen Befehle zur Ausführung bestimmter Handlungen, welche konkret, weil nicht auf eine bestimmte Situation bezogen sind (vgl. Hayek 1980: 73). Konstruierte Ordnungen lehnt Hayek ab; sie funktionieren seiner Meinung nach nur in kleinen Einheiten, also in Organisationen[3] oder kleinen Populationen. Stellte eine konstruierte Ordnung daher in der Frühgeschichte noch eine adäquate Lösung dar, so ist sie heute angesichts der „Großen Gesellschaft" (Hayek 1981a: 18) überholt.

Hayek sieht entscheidende Vorteile einer spontanen gegenüber einer konstruierten Ordnung.

---

[3]Eine spontane Ordnung kann konstruierte Ordnungen kleineren Ausmaßes (Organisationen) enthalten (vgl. Hayek 1980: 69 f. und Hayek 1963: 40 f.).

1. Die Informationen, die zur Entwicklung zweckorientierter Maßnahmen herangezogen werden können, sind notwendig auf den Umfang begrenzt, den ein planender Mensch bzw. ein Gremium erfassen kann. Je größer die Gruppe ist, auf die sich die Ordnung bezieht, desto höher muß also die Informationsverarbeitungs- und -aquirierungskapazität jenes Organs sein, das die Ordnung entwirft (vgl. Hayek 1980: 60). Ab einem gewissen Komplexitätsgrad ist diese konstruierte Ordnung eindeutig unterlegen gegenüber einer spontanen Ordnung, in welcher von vielen Individuen gleichzeitig verstreute Informationen erhoben und für Entscheidungen herangezogen werden (vgl. Hayek 1980: 74).

2. Neben diesem Komplexitätsargument kann Hayek (1981a) noch ein weiteres angeben (vgl. 15–18). Spontane Ordnungen sind im Gegensatz zu konstruierten nicht darauf angewiesen, eine Einigung aller über das gemeinsame Ziel bzw. über eine Rangfolge mehrerer gemeinsamer Ziele herzustellen (vgl. Hayek 1968: 8 f. und 12). Sie bestehen nur aus einer Übereinkunft bezüglich zulässiger Mittel und Wege und erlauben den Individuen das eigenständige Definieren ihrer Ziele. Wenn die Menschen erkennen, daß sie innerhalb und aufgrund der spontanen Ordnung ihre jeweiligen Ziele verfolgen können, wird ihnen deren Erhaltung zum gemeinsamen Ziel, oder, wie Hayek (1980) es ausdrückt, zum „höchsten Wert" (145). Anderes als die individuelle Verfolgung von Zielen ist auch gar nicht möglich, da eine konsistente Zusammenfassung von Interessen nicht zu bewerkstelligen ist.[4] Wie Arrow (1963) ausführt, ist ein Zustand maximaler Zufriedenheit aller Beteiligten vielfach nicht erreichbar (vgl. 1–8 und 46–60): In der Entscheidung zwischen verschiedenen Lösungsmöglichkeiten eines Interessenkonflikts kann die Verteilung der Präferenzen bei mehr als zwei Alternativen derart entgegengerichtet sein, daß mit jeder Option irgendeine Person schlechter gestellt würde als gewünscht. Diese Schwierigkeiten der Vermittlung oder Integration von Interessen berücksichtigt Hayek und wendet sich gegen Versuche, ein substantiell bestimmtes „Gemeinwohl" zu ermitteln, welches über die Erhaltung der Ordnung hinausgeht.

Mit seiner Vorliebe für spontane Ordnungen erweist sich Hayek als genuiner Soziologe, denn sie ist letztlich nichts anderes als die Einsicht in die Funktionalität allgemeiner Regeln – oder in soziologischer Terminologie: von

---

[4]Ein Mehrheitsbeschluß umgeht das Problem der Aggregation nur, löst es aber nicht, weil so die Interessen der Überstimmten übergangen und nicht integriert werden.

Normen, welche Entscheidungssicherheit geben. Sie stellen Regelmäßigkeiten in einer unsicheren Umwelt her und mindern so die Angst vor dem Unbekannten, was Hayek (1967b) durchaus zu Recht positiv hervorhebt (vgl. 158 f.). Sie sind aber noch mehr, nämlich unbewußte Informationsträger: Untersagende Regeln enthalten implizit ein Wissen über die negativen Auswirkungen von Handlungen (vgl. ebd.: 160). Indem sich die Individuen an Regeln orientieren, handeln sie nicht wie der homo oeconomicus der Neoklassik, der jederzeit fähig und willens ist, alle möglichen Handlungsvarianten durchzukalkulieren, wobei institutionelle Voraussetzungen negiert oder als gegeben gesetzt werden. Vielmehr hat Hayek einen prozeduralen Rationalitätsbegriff eingeführt (vgl. Hayek 1963: 45), der die einseitige neoklassische Vorstellung überwindet.

Evolution und Selektion von Ordnungen

Nach der begrifflichen Bestimmung von Ordnungen drängt sich nun in der Logik des Hayekschen Evolutionskonzepts die Frage auf, wie sich Ordnungen verändern und in der Anpassung an die Umwelt andere, schlechtere Ordnungen verdrängen. Diejenige Ordnung, die sich im Zeitablauf durchsetzt, hat sich am effizientesten der Umwelt angepaßt und bedient die Bedürfnisse der sich anordnenden Elemente, bei Gesellschaftsordnungen: der Individuen, bestmöglich (vgl. Hayek 1967a: 179–184). Es findet also eine evolutionäre Auslese statt („Selektion"), die sich auf die Ordnung als Ganzes bezieht, nicht etwa auf die einzelnen Elemente oder einzelne Regeln einer Ordnung (vgl. Hayek 1967b: 145–149).[5] Hayek arbeitet zwischen sozialen und unbelebten Ordnungen keine systematische Differenz heraus. Zur Illustration spontaner Ordnungen bemüht er mitunter auch biologische bzw. physikalische Beispiele wie etwa ein Kristallgitter oder Eisenfeilspäne in einem Magnetfeld (vgl. Hayek 1980: 62 f.). Eine Ordnung erhält sich, indem Regeln weitergegeben werden („Transmission"), sie verändert sich, indem Regeln neu aufkommen („Mutation") (vgl. Hayek 1967b: 145). Eine neue Regel wird dann in eine bestehende Ordnung integriert, wenn sie zu den bisherigen Regeln und zu den Umweltanforderungen paßt (vgl. Hayek 1967b: 153 f.). Die Theorieelemente Transmission, Selektion und Mutation von Regeln sind universell anwendbar, allein die Trägereinheiten der Selektion variieren; hier sind es Individuen oder Gruppen von Individuen, dort Moleküle oder Tiere (vgl. Hayek 1963: 37 f.).

---

[5]Insbesondere heißt dies, daß es innerhalb einer in Gänze überlegenen Ordnung durchaus eine Reihe von dysfunktionalen oder wenig funktionalen Regeln geben kann, die aber durch die Leistungsfähigkeit der anderen Regeln überkompensiert werden.

An dieser Stelle wird die Problematik seiner Vorstellung menschlichen Handelns deutlich: Regeln werden qua kultureller Tradierung oder gleicher Sicht auf die Welt (vgl. Hayek 1963: 39) mit einem gewissen Automatismus befolgt; die Menschen dienen nur als Träger und werden insofern als determiniert angesehen.[6] Hayek erweist sich damit als schlechter Soziologe, da seine Individuen immer die Regeln befolgen. Normabweichungen gibt es nicht bzw. sie erscheinen als unproblematisch, weil eine Sanktion bei Nichteinhalten quasi automatisch erfolgt (vgl. Hayek 1967b: 157).[7] So entsteht der Eindruck, die Ordnung führe ein Eigenleben und optimiere sich, während die Funktion der Individuen festgelegt ist und sie diese wie ein Rädchen in einer Maschine ausführen – ein typisch strukturfunktionalistischer Ansatz. Ebenso wie Hayek die Entwicklung eines Handlungsbegriffs versäumt, bleibt auch der Prozeß der Regelbildung und -veränderung im Dunkeln, da Menschen nur als Regelanpasser dargestellt werden (vgl. Hayek 1963: 37–39). Später wendet er sein vorgeblich deskriptives Menschenbild sogar normativ: Die Menschen *sollen* sich nur als Regelanpasser verhalten und intentionale Handlungen (die sich auf die Gestaltung des politischen Lebens beziehen) unterlassen, da diese die Ordnung zerstören.

Neben diesen Schwierigkeiten gelingt es Hayek auch nicht nachzuweisen, daß, wie behauptet, die sich in der Evolution durchsetzenden Ordnungen die besten sind. Selbst wenn er die Überlebens- oder Reproduktionsfähigkeit als Kriterium benennt, verliert dieses spätestens in moderneren Gesellschaften seine Berechtigung, weil schieres Überleben (einer Population) normalerweise gesichert ist; seine Selektionsvorstellung umfaßt aber auch die Selektion nach besserem und schlechterem Überleben, was er jedoch nicht näher als über die Größe des Wachstums der Nachkommen bestimmen kann (vgl. Hayek 1982: 86 und 96 sowie Hayek 1983: 106 und 108). Letztlich kommt Hayek über eine Tautologie nicht hinaus:

---

[6]Hayek spricht meistens von Verhalten, selten von Handeln, und wo er dies tut, scheint sein Handlungsbegriff inhaltlich Verhalten zu meinen. Zwar argumentiert er auf der Grundlage, daß Individuen (bei der Entscheidung, was sie produzieren oder konsumieren) eigene Ziele verfolgen. Dieses „Handlungskonzept" ist allerdings stark verkürzt, da Ressourcen, Informationen und die Art der Alternativen nicht problematisiert werden. Es gibt offenbar die mechanistische Vorstellung wieder, daß die Individuen automatisch die in ihrer Situation optimale Handlungsmöglichkeit kennen und ausführen. Außerdem findet das Handeln keinen Eingang in seine weitere Theorie: Relevant sind lediglich unbewußte Prozesse, die fast schon amenschlichen Charakter tragen.

[7]Wie wenig Bedeutung Hayek dieser Frage zumißt, kann aus folgender Textstelle abgeleitet werden: „Es ist die tatsächliche Befolgung der Regeln, die die Bedingung für die Bildung einer Ordnung der Handelnden ist; ob ihre Befolgung erzwungen werden muß oder wie sie erzwungen werden muß, ist von sekundärem Interesse." (Hayek 1980: 135)

> Die Tatsache, daß sie [d. h. die Elemente der Ordnung, also Moleküle, Tiere oder Menschen, d. Verf.] sich auf eine bestimmte Art und Weise verhalten, können wir nur durch den Umstand erklären, daß diese Art sich zu verhalten am ehesten geeignet ist, das Ganze zu erhalten – von dessen Existenz wiederum die der Individuen abhängt. (Hayek 1967b: 155)

Wenn von vornherein davon auszugehen ist, daß alles Existierende das Bestmögliche ist, dann muß auch nicht wissenschaftlich eruiert werden, nach welchem Maßstab Ordnungen selektiert bzw. verworfen werden. Und so fällt nicht auf, daß Hayek einen solchen Maßstab nicht kennt, ja schlimmer: daß auch theorieimmanent keiner angegeben werden könnte, da er auf der Regelebene verbleibt und es außer der Evolution keine Instanz gibt, die gute von schlechten Regelsets unterscheiden kann. Wenn er also konsequent wäre, dürfte er gar keine politischen Empfehlungen darüber abgeben, was gut ist, sondern müßte auf die evolutionäre Selektion vertrauen.

Feinheiten der Kategorisierung

Nicht weniger problematisch ist Hayeks Vernachlässigung der Differenz zwischen Genese (spontan oder konstruiert) und Merkmalen (abstrakt oder konkret) einer Ordnung. Wenn er die Definition abstrakter Regeln an manchen Stellen auch von ihrer Genese trennt[8], läßt sich bei ihm beides an vielen anderen Stellen nicht sauber unterscheiden, so daß der Eindruck entsteht, Hayek differenziere Ordnungen vorrangig durch ihre Entstehung (vgl. Hayek 1967a: 162 f., Hayek 1963: 34 f. und Hayek 1980: 58–63). Wenn er dies tut, geraten die Kategorien aber durcheinander, denn schließlich sind auch Ordnungen denkbar, die aus abstrakten Regeln bestehen, aber dennoch konstruiert sind. Ein Beispiel hierfür ist die gesamtgesellschaftliche Quotierung der Arbeitsplatzvergabe nach einer Maßgabe wie etwa: „Es ist unzulässig, mehr als ... % Männer bzw. Weiße einzustellen." Trotz des universellen Charakters hätte bei der Erschaffung dieser Regel ein Zweck vorgelegen, nach dem sie konstruiert worden ist, nämlich der Abbau von Diskriminierung.

An manchen Stellen räumt Hayek nun ein, daß auch abstrakte Regeln durchaus intentional konstruiert sein können, und empfiehlt, daß sie dies in

---

[8] „Der spontane Charakter der sich ergebenden Ordnung muß daher von dem spontanen Ursprung der Regeln unterschieden werden, auf denen sie beruht, und es ist möglich, daß eine Ordnung, die immer noch als spontan beschrieben werden müßte, auf Regeln beruht, die zur Gänze das Ergebnis eines bewußten Entwurfes sind." (Hayek 1980: 69)

einigen Fällen auch sein sollten (vgl. Hayek 1963: 40). Es gibt also politische Fragen, in denen er sich mit dem Argument der Abstraktheit für eine Maßnahme ausspricht, während er sich mitunter mit dem Argument der Konstruiertheit gegen gewisse Regeln wendet. Hier überwiegt seine politische Grundüberzeugung das wissenschaftliche Anliegen. Besonders deutlich ist dies zu erkennen an seiner Vorliebe für das Privateigentum und die bürgerliche Familie (vgl. Hayek 1982: 97 f. und Hayek 1983: 107 f.).

Nur ein Grund ist denkbar, weswegen Hayek zumeist Spontaneität und Abstraktheit verknüpft, wenngleich er selbst dies nicht explizit ausführt. Dieser Grund besteht darin, daß spontaner Regelentstehung eine implizite Zustimmung zugrunde liegt, was für konstruierte abstrakte Ordnungen nicht unbedingt vorausgesetzt werden kann und deren Etablierung erschwert. Allerdings sollte man die Zustimmung im Fall spontaner Ordnungen auch nicht überbewerten, weil in solchen Fällen ja keine bessere Alternative erreichbar schien, die Zustimmung also nur nolens volens gegeben wurde.

Zusammengefaßt erfordert eine konsistente Anwendung des begrifflichen Instrumentariums u. E., den genetischen Aspekt zu vernachlässigen und die Definition einer spontanen Ordnung auf das Vorkommen abstrakter Regeln zu beschränken.

Eine andere Frage ist allerdings, ob die Dichotomisierung von spontan und konstruiert überhaupt sinnvoll ist.[9] Ein Blick auf real existierende Ökonomien zeigt, daß nicht etwa nur die beiden Extreme spontane Ordnung (was im ökonomischen Zusammenhang mit Markt gleichgesetzt werden kann) und konstruierte Ordnung (die einer Zentralverwaltungswirtschaft entspricht) vorherrschen, sondern daß Zwischenlösungen allgegenwärtig sind. Hayek (1963) selbst versucht diese Schwierigkeiten durch ein richtiges Mischungsverhältnis spontaner und konstruierter Anteile mit einer Dominanz der spontanen Kräfte zu lösen (vgl. 43 f.).

---

[9] Auch Hayeks Unterscheidung zwischen allgemeinen Regeln und konkreten Anweisungen bleibt unqualifiziert. Wo er Beispiele angibt, sorgen diese tendenziell für Verwirrung, etwa wenn er die Straßenverkehrsordnung nicht als allgemeine Regel bezeichnet wissen will. Die Begründung lautet an dieser Stelle, sie gelte nur für die Benutzung bestimmter Einrichtungen und nicht universell (vgl. Hayek 1981b: 75). Dabei treffen hier Hayeks Merkmale abstrakter Regeln zu: Sie haben überwiegend negativen Charakter und schreiben keine konkrete Handlung vor. So ermöglichen sie das Verfolgen individueller Ziele für „eine unbekannte und unbestimmte Anzahl von Personen und Fällen" (Hayek 1980: 73).

Der Prototyp der spontanen Ordnung: die Katallaxie

Eine spezifische spontane Ordnung und der einzige konkrete Anwendungsfall, auf den seine Überlegungen zugeschnitten sind, ist die *Katallaxie*, Hayeks Begriff für das, was herkömmlich als Markt bezeichnet wird. Zu den abstrakten Regeln, die eine Katallaxie kennzeichnen, gehören Wettbewerbsgarantien und das Privateigentum. Die verstreuten Informationen, die von der Katallaxie nutzbar gemacht werden, beziehen sich auf Bedarf, Überfluß und Knappheit bestimmter Güter; der Informationsträger dieser spontanen Ordnung ist der Preis (vgl. Hayek 1968: 7 und 13).

Indem am Markt Teilnehmende ihre Produktionskosten reduzieren oder als Konsumentinnen verschiedene Angebote miteinander vergleichen (vgl. Hayek 1976b: 126–129), erzeugen sie für alle anderen Marktteilnehmerinnen und -teilnehmer die Notwendigkeit, es ihnen gleich zu tun, wollen sie eine Entwertung der eigenen Leistung nicht einfach hinnehmen. Die Individuen bemühen sich daher, mittels Preissignalen zu entdecken, was knapp ist und was nicht, und entsprechend richten sie ihr Angebot oder ihre Nachfrage aus. Auf der Basis der erhobenen Informationen stellen sie die dem Ausgangszustand entsprechend kostengünstigste Allokation aller Güter und Ressourcen her (vgl. Hayek 1968: 10 und Hayek 1976b: 132–134) und benutzen so ihr „besonderes Tatsachenwissen im Dienste der Bedürfnisse [ihrer] Mitbürger" (Hayek 1981a: 24). Analog zu Adam Smith[10] formuliert Hayek hier die klassische Figur der *invisible hand*, einer Ordnung, welche die Interessen der Beteiligten unbewußt koordiniert und die Einzelentscheidungen zu einem nicht vorausgeplanten, jedoch für alle bestmöglichen Ergebnis zusammenführt. Allerdings sollte diese Koordination nicht dahingehend mißverstanden werden, als würden auf diesem Wege Interessen versöhnt oder ausgeglichen, wie es Hayek mit positivem Bezug auf Bernard Mandelville und Adam Smith vertritt (vgl. Hayek 1966: 137). Vielmehr bildet die Ordnung einen Rahmen, in dem Interessen aufeinandertreffen und zwischen ihnen *entschieden* wird (vgl. Kley 1993: 49–56).

In Abgrenzung zur neoklassischen Sicht des Marktes im gleichgewichtigen Polypolmodell vollzieht Hayek eine Dynamisierung der Marktbetrachtung[11], beschreibt er die Individuen doch als Informationen Suchende und hebt die sich selbst verstärkende Anreizwirkung des Marktes hervor. Innerhalb der spontanen Ordnung handeln die Individuen als Regelanpasser; im speziellen Fall des

---

[10]Den Bezug zu Smith stellt Hayek selbst her (vgl. Hayek 1980: 83 f.; 1967b: 156; 1967c: 100–102 und Hayek 1966: 135–137 und 141 f.).

[11]Vgl. hierzu Hayeks (1976b) Auseinandersetzung mit der Neoklassik.

Wettbewerbs heißt das, sie unterliegen dem Konkurrenzprinzip, verarbeiten die Informationssignale der Preise und betreiben Arbitrage, nutzen also Preisunterschiede eines Gutes an unterschiedlichen Orten, um einen Gewinn zu machen. Die Wettbewerb initiierenden Regeln der Ordnung generieren also einen Ausgleichsprozeß der Preise.

So dynamisch Hayeks Wettbewerbstheorie auf den ersten Blick erscheint, so statisch ist sie doch letztendlich: Alles Handeln ist Handeln nach vorgegebenen Regeln, und selbst innerhalb des Systems sind die Hayekschen Menschen nicht wirklich innovativ und schaffen etwas Neues über den Preisausgleich hinaus. Zwar findet eine Anpassung der Regeln an äußere Bedingungen statt, aber ohne daß diese Veränderung von jemand herbeigeführt worden wäre.

Hayeks spontane Ordnung ist nicht nur eine effiziente und dynamische Koordination der menschlichen Bedürfnisse, sie produziert auch – als Ordnung – keinerlei Ungerechtigkeiten, da niemand für ihre Ergebnisse verantwortlich ist. Gerechtigkeit, so Hayek (1981a), ist allein als adverbiale Bestimmung von Handlungen aufzufassen (vgl. 53). Die Verteilung des Wohlstands ist aber keine Handlung, sondern Resultat vieler Handlungen und liegt daher auf einer völlig anderen Ebene als die Dichotomie „gerecht – ungerecht". Dies läßt sich anhand seiner Auffassung der Katallaxie als Spiel (vgl. Hayek 1981a: 158–164) erläutern: Hat in einem Gesellschaftsspiel eine Spielerin das Pech, häufig unpassende Zahlen zu würfeln, oder übersieht sie günstige Gelegenheiten, so ist der Umstand, daß sie aus diesem Spiel als Verliererin hervorgeht, nicht als ungerecht zu bezeichnen. Das Hinwegsetzen über die Spielregeln kann hingegen sehr wohl ein ungerechtes Verhalten genannt werden. Hiervon ausgehend empfiehlt Hayek, Gerechtigkeit nur negativ zu definieren[12] und Verhaltensweisen, die andere unmittelbar schädigen, durch abstrakte Regeln als ungerecht zu untersagen. Dementsprechend wendet er sich vehement gegen Versuche, soziale Gerechtigkeit herzustellen, weil dies konstruierte Elemente in die spontane Ordnung einbringt und sie so zerstört (vgl. Hayek 1968: 12 und Hayek 1981a: 191).

Was Hayek kaum betont, sind die negativen Wirkungen einer wettbewerbsorientierten Marktordnung. Die Anreizumgebung schafft zwar einen – von Hayek positiv bewerteten – Leistungsdruck, führt aber auch zu einer endogen erzeugten Unsicherheit, welche die Handlungsfähigkeit der Marktteilnehmerinnen einschränkt. Zum einen kann dieser Leistungsdruck moralisch verurteilt werden; ein weiteres Gegenargument ist aber technischer Natur: Die drohende

---

[12] Gleiches gilt seiner Auffassung nach für Freiheit und Frieden, zwei weitere Negativa, die von der Regierung bereitgestellt werden sollen (vgl. Hayek 1981b: 180).

Entwertung der eigenen Fähigkeiten durch die Handlungen anderer kann eine lähmende Wirkung entfalten und auf diese Weise dysfunktional wirken. Dazu kommen die Verliererinnen und Verlierer des Wettbewerbs. Er sieht sehr wohl, „daß die Marktordnung eine weitgehende Erfüllung der Erwartungen nur dadurch erreichen kann, daß sie gewisse Erwartungen systematisch enttäuscht" (Hayek 1967a: 187), führt aber zur Rechtfertigung an, daß es Verliererinnen und Verlierer nur auf hohem Niveau gibt (vgl. Hayek 1968: 11–13) und daß aus der Perspektive seiner Theorie nichts dagegen spricht, eine soziale Sicherung in Form eines garantierten Mindesteinkommens einzurichten (vgl. Hayek 1981a: 122).

Die Bedrohung der Spontaneität

In Anbetracht der durch die Evolutionstheorie nahegelegten Optimierung von Ordnungen und angesichts des Effizienz und Dynamik versprechenden Beispiels der Katallaxie sollte mensch glauben, Hayek müsse eine politische Gestaltung für überflüssig halten, da es nichts zu verbessern gebe. Seine Wendung gegen distributive Gerechtigkeit zeigt hingegen anderes an. Zielpunkt der Hayekschen Kritik sind pressure groups, die ihre Sonderinteressen durchzusetzen versuchen und in diesem Streben von der Beschaffenheit des politischen Systems in den real existierenden Demokratien begünstigt werden. Analog zur ökonomischen Demokratietheorie (vgl. etwa Downs 1968: 50–59) argumentiert er, daß die Regierungsmitglieder durch den Ablauf der Wahlkämpfe gezwungen sind, den Mehrheiten Geschenke zu machen. Wahlstimmen werden so durch „Schacher" (Hayek 1981b: 30) erkauft, es kommt zur Zuweisung materieller Vorteile oder zu Privilegien für alte Stände, deren Status zu sinken droht, oder für Gruppen, deren Einkommen in Gefahr ist.[13] In moderner wirtschaftswissenschaftlicher Terminologie wird dies als *rent seeking* bezeichnet (vgl. als Überblick Tollison 1982).

Erfolgt das rent seeking über die Festlegung von Preisen, zu denen unter anderem auch Löhne gehören, hat dies zur Folge, daß die Preise nicht länger als Informationsträger fungieren können, was Fehlallokationen bewirkt und folglich das Wachstums- und Anpassungspotential mindert. Der negative Aspekt des rent seeking wird verstärkt über die kumulative Wirkung von Staatsinterventionen, die Hayek (1980) zu beobachten glaubt und darauf zurückführt, daß Eingriffe immer weitere Folgeeingriffe nötig machen (vgl. 88). Als Resultat droht eine schleichende Leistungsminderung und letztlich die Zerstörung der

---

[13] Hierzu paßt auch seine Polemik gegen die Gewerkschaften (vgl. Hayek 1968: 16–20).

Ordnung (vgl. wiederum Hayek 1968: 12 und 1981a: 191). Wie Wegner (1997) zeigen kann, ist dies jedoch keinesfalls zwingend: Reagieren die Regulierten auf die Einschränkungen der Handlungsmöglichkeiten mit der Suche nach neuen, alternativen Handlungsmöglichkeiten, welche die für sie neagtiven Auswirkungen aufheben, wird die individuelle Zielverfolgung nicht restringiert; vielmehr regen die Eingriffe innovative Lösungen an (vgl. 496–498 und 500–502).

Seine Vorstellung einer schacherfreien politischen Ordnung faßt Hayek in ein Verfassungsmodell (vgl. Hayek 1981b: 151–173). Dieses besteht aus zwei repräsentativen Körperschaften, deren eine, die *Legislative Versammlung*, erfahrene Personen als Mitglieder hat und ausschließlich für das Entwickeln abstrakter Regeln zuständig ist[14], während die *Regierungsversammlung* für die (steuerfinanzierte) Bereitstellung von Kollektivgütern sorgt, dabei aber an allgemeine Regeln gebunden ist. Die Aufgaben der Regierung sieht er analog zu Olson (1992) in der Bereitstellung von Kollektivgütern, die im gemeinsamen Interesse liegen, aufgrund der Anreizstruktur aber ab einer gewissen Gruppengröße nicht von der Gruppe selbst erstellt werden können (vgl. 15 und 49).[15]

Mit der Annahme, die Legislative Versammlung sei in der Lage, über Konflikte und Interessengegensätze hinweg ein für alle optimales Regelwerk zu erstellen, bleibt Hayek selbst dem von ihm an anderer Stelle diskreditierten Gemeinwohldenken verhaftet. Werden aber – auch in diesem Gremium notwendig vorhandene – entgegengerichtete Gesellschaftsvorstellungen berücksichtigt, so zeigt sich, daß in der Praxis kein ideologisch kohärentes Regelwerk, sondern nur Kompromisse resultieren würden; außerdem schließt das Modell weite Teile der Bevölkerung per se von politischen Gestaltungsmöglichkeiten aus.

Auffällig ist, daß Hayek in seiner Staats- und Demokratiekritik Institutionen und Organe thematisiert, die in seiner Evolutionstheorie nicht vorkommen. Zumindest müßte er eine Begründung dafür angeben, daß sein angeblich überlegenes Staatsmodell nicht schon längst Realität ist, sondern erst hergestellt (!) werden muß. Dies weist auf den normativen Charakter seiner Evolutionstheorie zurück: Sie beschreibt nicht einfach nur den Lauf der Dinge, sondern stellt ein – permanent durch die Sonderinteressen der Gruppen gefährdetes – Ideal dar, nach dem sich Gesellschaften entwickeln *sollen*.

---

[14] Dies steht nicht im Widerspruch zur Spontaneität der Ordnung, da nur latent vorhandene abstrakte Regeln artikuliert werden sollen. Selbst Einzelfallanwendungen und Korrekturen sind mit der Ordnung vereinbar, wenn die Judikative als ausführendes Organ der Legislativen Versammlung damit die abstrakten Regeln auslegt; der „Richter ist in diesem Sinne eine Institution einer spontanen Ordnung" (Hayek 1980: 133).

[15] Diese These kann mittlerweile als widerlegt angesehen werden (vgl. Willems 1996: 139 sowie Oliver/Marwell 1988).

Steuerung – mit und ohne Hayek

Hayeks Vorschläge lassen sich dahingehend zusammenfassen, daß keine bewußt auf ein konkretes Ziel hin entworfenen politischen Entscheidungen getroffen werden sollen. Aus diesem Grund wendet er sich gegen Gruppen, die solches beabsichtigen und als Gruppe im Gegensatz zu Individuen auch die entsprechende Macht haben. Doch greift weder sein Argument, intentionales Handeln zerstöre die gesellschaftliche Ordnung, noch läßt sich sein Politikmodell angesichts real existierender Interessenkonflikte erfolgreich realisieren – unabhängig davon, ob Hayeks Vorschlag als wahre Realisierung der Demokratie oder als ihr gerades Gegenteil angesehen wird. Zusätzlich läßt sich Hayeks Einwand gegen Planung – selbst wenn von der Schwierigkeit, abstrakte und konkrete Eingriffe scharf zu trennen, abgesehen wird – schon mit der oben gezeigten Konstruierbarkeit abstrakter Regeln nicht mehr aufrecht erhalten.

Gründe für intentionale Eingriffe

Angesichts der Unzulänglichkeit des Hayekschen Planungsverbots setzen wir uns nun mit der Frage auseinander, in welchen Fällen und mit welcher Begründung politische Steuerung[16] in Form intentional-konkreter sowie intentional-abstrakter Eingriffe notwendig ist.

Insbesondere vier Argumente lassen sich unseres Erachtens für konkrete Maßnahmen anführen.

1. Die zentrale Funktion der Ordnung ist für Hayek die Reduktion von Unsicherheit. Allerdings meint er hiermit lediglich das Unterbinden von Handlungen wie Diebstahl oder Betrug, bindet seinen Unsicherheitsbegriff also stark an Eigentums- und Transaktionsformen der bürgerlichen Gesellschaft. Dem kann die Existenz weiterer unsicherer Momente entgegengehalten werden, etwa die Entwertung von Produkten und Leistungen, die Möglichkeit des Arbeitsplatzverlusts oder die Bedrohung der zukünftigen Lebensbedingungen. Spezifische Maßnahmen können diese

---

[16]Wir wenden uns gegen einen Steuerungsbegriff, der den Staat als zentrales Kontroll- und Entscheidungsorgan der Gesellschaft sieht, welches das „Gemeinwohl" kennt und durch die hoheitliche Beeinflussung der Bürgerinnen und Bürger eines Staatsgebietes umsetzen kann. Stattdessen besitzen u. E. neben dem Staat alle Akteure Ressourcen, mit denen sie Institutionen und Organisationen schaffen, um die Gesellschaft oder ihre Subsysteme in ihrem Sinne zu gestalten. Gegenstandsbereich der Steuerung sind die politischen Verhältnisse einer Gesellschaft, also ihre Herrschafts- und Entscheidungsbeziehungen. Damit verwenden wir sowohl einen weiten Steuerungs- als auch einen weiten Politikbegriff.

Momente abschwächen und schaffen in hohem Maße Sicherheit, da sie Handlungen vorschreiben und nicht nur einen Handlungsrahmen vorgeben.[17]

2. Spontane Ordnungen wie die Katallaxie haben vorgeblich keine Schwierigkeiten mit divergierenden Machtverteilungen. Sofern innerhalb der Regeln einer spontanen Ordnung alle alles dürfen, wird idealtypisch niemand bevorzugt oder benachteiligt. Von Chancengleichheit kann aber dennoch nicht die Rede sein, da sich die den Akteuren zur Verfügung stehenden Ressourcen unterscheiden (worunter neben den materiellen Ressourcen auch Informationen, Beziehungen und Fähigkeiten zu fassen sind). Konkrete Maßnahmen können nun aber dazu dienen, eine ungleiche Machtverteilung zu korrigieren, indem Ressourcen benachteiligten und diskriminierten Akteuren zugeteilt oder anderen Akteuren die Handlungsmöglichkeiten beschnitten werden.

3. Konkrete Anweisungen sind immer dann von Vorteil, wenn die Zeit für eine spontane Entstehung von Regeln nicht vorhanden ist. Dies ist zumindest in Fällen staatlicher Gesundheitsvorsorge so, wenn die Ausbreitung von Krankheiten in kürzester Zeit vermieden werden muß (vgl. Kley 1992: 25). Doch stellt sich generell die Frage, ob nicht in vielen weiteren Situationen konkrete Maßnahmen als Ad-hoc-Lösungen Regeln nicht verhindern, sondern vorbereiten und die Zeit bis zur Regelbildung überbrücken.

4. Hayek stellt die Funktionalität von Unternehmen nicht in Frage, obwohl es sich bei ihnen um Organisationen und damit um eine lokale Unterbindung spontaner Ordnung handelt. Wenn aber die Bildung eines Unternehmens effizienter als eine Marktbeziehung zwischen Einzelproduzentinnen ist, dann muß zur Kenntnis genommen werden, daß eine konstruierte Organisation prinzipiell einer allein auf abstrakten Regeln fußenden Koordination überlegen sein kann. Wenn es am Markt Kosten der Transaktionsanbahnung, der Informationssuche und der Transaktionsdurchsetzung gibt, dann mindert die Bildung der Organisation Unternehmung diese Kosten, weil sie Transaktionen dem Markt entzieht und intern über Anweisungen umsetzt, und ist damit die kostengünstigere

---

[17] Allerdings wird an dieser Stelle deutlich, daß Handlungssicherheit kein Wert an sich ist; inwiefern unsicherheitsreduzierende Regeln oder Maßnahmen als handlungsförderlich oder als Zwang interpretiert werden, ist subjekt- und kontextabhängig.

und profitmaximierende Form der Produkterstellung (vgl. Coase 1937 und Williamson 1990: 101–112). Dies heißt generalisiert, daß bei positiven Transaktionskosten die Bildung von Organisationen oder konkrete Eingriffe nicht umstandslos als rent seeking interpretiert werden können, sondern vielmehr der Transaktionskostenminderung dienen.

Ebenso, wie auf konkrete Maßnahmen nicht vorbehaltlos verzichtet werden sollte, lassen sich Fälle finden, in denen intentionale Eingriffe auf der Regelebene sinnvoll sind.

1. Die meisten betrieblichen Arbeitsschutzvorschriften wären auf nichtintentionalem Weg nicht entstanden, da Unternehmen die Nachteile von Verletzungen der Beschäftigten in hohem Maße nicht tragen müssen, sondern diese auf den Beschäftigten und dem gesellschaftlichen Krankenversorgungssystem lasten, so daß unternehmensseitig ein geringes Interesse an Vorsorgemaßnahmen besteht (vgl. Fehr 1990: 390). Verstärkt wird dieser Effekt, wenn die Beschäftigten sich nicht in Gewerkschaften und Berufsgenossenschaften organisieren und damit weder die nötige Machtbasis für Veränderungen noch die Ressourcen zur Erkennung von Gefahren und zur Entwicklung von Regularien besitzen. Angesichts von Machtasymmetrien und Interessendivergenzen sind also intentional handelnde Organisationen unentbehrlich, um erwünschte abstrakte Regeln zu schaffen.

2. Ein weiterer Fall ist das Vorliegen asymmetrischer Informationen. Akerlof schildert die Situation am Markt für Gebrauchtwagen, die dadurch gekennzeichnet ist, daß die Käuferinnen bedeutend weniger Informationen über das Gut besitzen als die Verkaufsseite. Nutzen unehrliche Verkäuferinnen dies aus, so kann der Markt auf Dauer zusammenbrechen (vgl. Akerlof 1970). Auch hier ist es nötig, abstrakte Regeln zu schaffen, die auf die Unterbindung solchen Verhaltens abzielen.

3. Zudem unterliegen Gesellschaften einer Pfadabhängigkeit: Jede Ordnung hat eine Geschichte, welche die weitere Entwicklung präformiert (vgl. North 1992: 109–124). Hieraus ergibt sich, daß es zu evolutionären Sackgassen kommen kann, aus denen es innerhalb des Bestehenden keinen Ausweg gibt. Ein Beispiel ist die Schwierigkeit industrialisierter und produktionsorientierter kapitalistischer Systeme, die ihnen fremde Reproduktionslogik umweltkonformen Ressourcenverbauchs zu integrieren. Nur durch intentionale Eingriffe können jedoch neue Regeln eta-

bliert werden, die nicht in der Ordnung bereits angelegt sind und deren Nachteile ausgleichen.

Probleme intentionaler Eingriffe

Es läßt sich nun aber eine Reihe von triftigen Gründen anführen, warum so mancher intentionale Ordnungsversuch tatsächlich scheitern muß und Hayeks Bedenken also berechtigt sind.

Ordnen ist kein Zweck an sich, vielmehr ist es darauf gerichtet, die Interessen von einigen oder allen zu befriedigen. Ein konstruierendes Ordnen sieht sich damit der Schwierigkeit ausgesetzt, bestehende Defizite zu ermitteln, was die Spezifizierung der Interessenlage notwendig macht. Darüber hinaus ist – je nach Gesellschaftssystem unterschiedlich – die Legitimierung und Sammlung der nötigen Ressourcen für die Steuerungsmaßnahme notwendig. Ist dies gegeben, kommt es im zweiten Schritt darauf an, die legitimierten Interessen umzusetzen. Dem stehen einerseits widerstreitende Interessen und andererseits Unkenntnis über die zu wählenden Instrumente und deren Auswirkungen entgegen. Eine Umsetzung kann also unter gewissen Umständen scheitern, sie kann unzureichend sein oder einen zu hohen Kontrollaufwand erfordern. Auch unerwünschte Folgewirkungen konkreter Maßnahmen sind zu bedenken. Daher muß in solchen Fällen vielfach nachgebessert werden, was jedoch nicht zwangsläufig zur Zerstörung der spontanen Ordnung führen muß, wie Hayek es befürchtet; vielmehr wird normalerweise ein institutioneller Lernprozeß angestoßen, der für nachfolgende Eingriffe Steuerungswissen und auf Seiten der Regulierten alternative Handlungsmöglichkeiten zur Erfüllung (oder Umgehung) der Eingriffe generiert.

Allerdings ist zu notieren, daß die genannten Steuerungshürden in ähnlicher Weise auch auf allein regelorientierte, also abstrakte Steuerung zutreffen, was im Rahmen des Hayekschen Erklärungsmusters nicht deutlich wird. Dort kommt es nämlich immer wieder zu Regelmutationen, die quasi automatisch von den Akteuren angenommen werden, wenn sie in das bestehende Regelset passen. Möchte mensch diese Regelentstehung aus dem Nichts und die automatische Regelbefolgung nicht bzw. nicht in allen Fällen hinnehmen, wird die theoretische Behandlung politischer Steuerung nötig, denn es stellt sich die Frage, wie Regeln initiiert und wie sie implementiert werden. Damit wird aber der Einbezug der von Hayek vernachlässigten Akteure erforderlich.

Akteurstheoretische Selektion

Drei Probleme hat Hayek sich also mit seiner Evolutionstheorie eingehandelt: Erstens kann er nicht angeben, nach welchem Kriterium sich überlegene von weniger überlegenen Ordnungen theoretisch unterscheiden lassen. Zweitens kann er seinen Vorbehalt gegen intentionale Eingriffe nicht aus seiner Evolutionstheorie gewinnen. Dort wird schließlich alles Dysfunktionale wegselektiert. Damit gibt Hayek implizit zu, daß sich nicht von selbst durchsetzt, was er für überlegen hält. Drittens kommen bei Hayek Akteure nur am Rande vor und werden als reine Anpasser dargestellt. Dies, so unsere These, macht es schwer, Bewertungen der Ordnung aus Sicht der Akteure und ihre Konsequenzen für die Entwicklung der Ordnung in der Theorie zu berücksichtigen, womit sich der Kreis zum ersten Problem, dem fehlenden Überlegenheitskriterium, schließt.

Daß sich diese derart ineinander verschränkten Probleme ergeben, ist kein Zufall, sondern deshalb in der Theorie angelegt, weil Hayek von vorne herein versucht, evolutionäre Aspekte mit der individuellen Zielverfolgung zu verknüpfen, und dazu allerdings nahezu ausschließlich strukturfunktionalistisch argumentiert. Zur Lösung schlagen wir vor, Akteure als Ausgangspunkt für die Erklärung der Regel- und Ordnungsentwicklung zu wählen und handlungstheoretisch vorzugehen. Was kann nun der Einbezug von Akteuren, also der Mikroebene bezüglich der beiden ersten Probleme leisten? Er ermöglicht zunächst eine Antwort auf die Frage, nach welchem Kriterium selektiert wird, und rehabilitiert damit nebenbei die Intentionalität, nimmt also Hayeks Vorliebe für spontane Koordination die Grundlage.

Das Erklärungsmodell muß um Akteure erweitert werden, die aufgrund von Zwecken handeln und Bewertungen der ihnen offenstehenden Möglichkeiten vornehmen. Damit finden sich auf der Akteursebene auch Bewertungen der Regeln, die Anzahl, Gestalt und Kostenstruktur der akteursspezifischen Handlungsmöglichkeiten bestimmen.[18] Die Akteursebene läßt sich analytisch in eine Vielzahl von individuellen und kollektiven Akteuren aufspalten, die keinesfalls eine homogene Einschätzung vornehmen; es lassen sich aber Transfor-

---

[18] Beispielsweise werden die Möglichkeiten, zwischen denen eine Arbeitslose in der BRD wählen kann, von Institutionen wie Arbeitsmarktregulierungen, Familienleitbildern sowie staatlichen Zuwendungen geprägt. Je nach deren Beschaffenheit wird sie den Optionen Mutterschaft und/oder Berufstätigkeit verschieden hohe Kosten (Anstrengungen) beimessen. Somit fällt in Abhängigkeit von der Situation, in der sich viele Gesellschaftsmitglieder befinden, deren Bewertung der gesellschaftlichen Institutionen positiv oder negativ aus, und es kann zur Auflösung oder Weiterentwicklung von Institutionen wie etwa der bürgerlichen Kleinfamilie kommen.

mationsregeln finden, die – je nach institutioneller Ausgestaltung – die einzelnen Meinungen aggregieren und in eine Regeländerung münden können. Wir trennen hier im Anschluß an Coleman (1995) zwei Ebenen voneinander, nämlich jene des Handelns der Akteure (Mikroebene) und die der regulierenden Institutionen (Makroebene), die sowohl die Handlungsoptionen der Akteure beeinflussen (vgl. Fußnote 18) als auch aus deren Handlungen resultieren (vgl. Coleman 1995: 2–13). Auf dieser Grundlage wird es möglich, Mutationen, Transmission und Selektion von (Makro-) Regeln unter Rückgriff auf die Akteure zu erklären, die (beabsichtigt oder nicht) Makrophänomene schaffen und bewerten (vgl. ebd.: 24–29). Eine positive Bewertung muß dabei nicht mit der Überlebensfähigkeit einer Regelung einhergehen, doch bei mehreren überlebensfähigen Möglichkeiten entscheidet die Bewertung der Akteursebene über die Selektion. Die akteurstheoretische Analyse der Regelentwicklung vermag dann auch materiale Hinweise für gestaltende Akteure zu geben – egal ob für den Staat, eine Legislative Versammlung, eine Wissenschaftlerin oder für weitere gesellschaftliche Akteure.

Skizze eines Steuerungskonzepts

Hayeks Vorschlag, allein abstrakte Regeln zur Ordnung einer Gesellschaft zu verwenden, findet bislang keine Realisierung. Eine Erklärung hierfür kann in der konsequenten Fortführung des Rent-Seeking-Gedankens gesehen werden: Wenn Hayeks Beschreibung der Interessengruppen und eines auf spezifische Interessen orientierten politischen Systems annähernd richtig ist, dann kann die Umsetzung der Hayekschen Wirtschaftspolitik innerhalb dieses Systems nur von (kollektiven) Akteuren durchgesetzt werden, die das Interesse verfolgen, die Vorteile für Interessengruppen abzuschaffen. Auch Hayek unterliegt also der Paradoxie, daß, wer in einem Rent-Seeking-System das rent seeking beseitigen will, dafür die Zustimmung der rent seeker einholen muß (vgl. Niechoj/Weiß 1997: 839–842).

Bei der praktischen Umsetzung seiner Steuerungsvorstellung ergibt sich ein weiteres Problem: Die Modifikation abstrakter Regeln wirft so viele Informations- und Interessenkoordinationsprobleme auf, daß sie gegenüber konkreten Eingriffen wesentlich schwieriger durchzuführen ist. Interventionistisches Handeln ist vielfach überschaubarer und einfacher handhabbar und kann daher in manchen Fällen überlegen sein. Dies schließt aber keinesfalls das Entwickeln abstrakter Regelungen (und diese sichernder Organisationen) aus. Vielmehr könnte mensch vermuten, daß konkrete Fälle eine Basis für die Entwicklung von Regeln bilden. In einem institutionellen Lernprozeß werden dann konkrete Eingriffe zu abstrakten Regeln fortentwickelt. Dabei muß besondere Aufmerksamkeit darauf gerichtet werden, inwieweit Regeln stabilisiert werden können. Es steht nicht zu erwarten, daß dies allein spontan geschieht; in den meisten Fällen werden weitere Regeln geschaffen und Sanktionen organisiert werden müssen, welche stabilisieren (vgl. Weiß 1998: 39–55).

In Übereinstimmung mit Hayek, wenngleich aus anderer Motivation heraus, weisen wir auf die technischen Probleme sowie den bevormundenden Charakter zentraler Top-Down-Planung hin. Häufig läßt sich auch empirisch eine gewisse Schwerfälligkeit der Steuerungsadressaten ausmachen, sofern ihnen Ziele oder Handlungsanweisungen von übergeordneten Instanzen vorgegeben werden.[19] Diese „Renitenz" der gesellschaftlichen Akteure gegenüber dem Staat kann auch als Stärke moderner Gesellschaften begriffen werden, verdeutlicht sie doch, welche Steuerungskapazitäten bei nichtstaatlichen Akteuren bzw. in dezentralen Koordinationsformen liegen (vgl. Mayntz 1987: 200–204).

Sinnvoller als zentrale Planung erscheint es uns, den betroffenen Akteuren Verfügungsgewalt über Mittel zu verschaffen, um ihnen die Artikulation ihrer Interessen zu ermöglichen, und eine Anreizumgebung zu schaffen, die institutionelles Lernen möglich macht. Dies erfordert, wie bereits angedeutet, die Aufhebung der theoretisch und praktisch wenig fruchtbaren Trennung zwischen dem Staat als Steuerndem und den gesellschaftlichen Gruppen als Steuerungsadressaten. Dies begründen wir wie folgt: Der Staat verfügt nicht über die Fähigkeit, die Gesellschaft zu steuern. Weder besitzt er – und das lehrt uns Hayek – die nötigen Kenntnisse, was gesellschaftlich erwünscht ist, noch kann er seine Steuerungsvorstellungen vorbehaltlos durchsetzen – das lehrt die Debatte um den neokorporatistischen Staat der vergangenen Jahrzehnte (vgl. zum Überblick Mayntz 1996 und zur staatlichen Steuerungsfähigkeit Mayntz 1987). So deutet sich bereits an, daß der Staat nicht über der Gesellschaft steht. Als Teil der Gesellschaft ist er vielmehr das Ergebnis des intentionalen und spontanen Handelns der gesellschaftlichen Akteure, die über ihn Ordnungsfunktionen realisieren. Dies steht nicht im Widerspruch zu einer relativen Eigenständigkeit des Staates, diese ist jedoch nicht schrankenlos.

---

[19] Auch bei innerstaatlicher Koordination ist dies zu beobachten: Am Beispiel des zentral verfaßten Bildungsgesamtplans von 1973 zeigte sich, daß dessen Ziel- und Verfahrensvorgaben in Schulen halbherzig und vielfach nur zum Schein umgesetzt wurden (vgl. Rolff 1993: 105–109). Als Antwort darauf wurden Überlegungen angestellt, Ziele auf der Ebene der Einzelschulen festlegen zu lassen (vgl. Klafki 1998: 568–571), was auch in diesem Fall für die Empfehlung spricht, politische Steuerung unterhalb der Ebene zentraler Vorgaben vorzunehmen – im Rahmen abstrakter Regeln.

Mit der theoretischen Verabschiedung von einem machtvollen, regelnden Staat als gesellschaftliches Steuerungszentrum wird allerdings die Schwierigkeit offensichtlich, daß die Organisationsfähigkeit und damit Durchsetzungsfähigkeit der Interessen nicht gleich verteilt ist. Dies berücksichtigt Hayek zwar, doch schlägt er als Lösung vor, gleich alle Interessen politisch zu neutralisieren, was einerseits nicht möglich ist und andererseits vernachlässigt, daß die Ausgangsausstattungen nicht gleich verteilt sind. Dann zu argumentieren, spontane Ordnungen wie der Markt führten zu gerechten Resultaten, muß als Hohn erscheinen.

Eine bedingte Lösung stellen aus unserer Sicht interventionistische Umverteilungen dar, aber auch das, was in der Entwicklungshilfe unter dem Stichwort „Hilfe zur Selbsthilfe" firmiert: Die Nachteile ungleicher Machtverteilung müssen nicht immer ex post korrigiert werden, wenn auch die Möglichkeit besteht, die Organisationsfähigkeit schlecht organisierter Interessen zu verbessern. Dies hieße dann beispielsweise, nicht nur Arbeitslosengeld zu zahlen, sondern Ressourcen zur Organisierung von Arbeitslosen zur Verfügung zu stellen (vgl. Niechoj/Weiß 1998: 86–88). Hier kann der Staat eingreifen, um Ausgangsausstattungen zu korrigieren, aber es kann auch ein anderer Akteur sein, etwa Gewerkschaften, die – durchaus im eigenen Interesse – Arbeitsloseninitiativen unterstützen, um an diese die Durchsetzung ihres Interesses an der Schaffung von Arbeitsplätzen (und vice versa: der Minderung des Drucks drohender Entlassungen) zu delegieren.

Die Auseinandersetzung mit Hayek hat also zu wichtigen Ergebnissen für die politische Praxis geführt: Politische Steuerung heißt nicht in erster Linie Steuerung der Gesellschaft durch den Staat, sondern Steuerung der Gesellschaft durch die Gesellschaft. Daß der Staat hierbei eine herausgehobene Stellung einnimmt und gesellschaftliche Ordnungsfunktionen wahrnimmt, ist genauso richtig wie Hayeks Anmerkung, daß dies nicht als Gemeinwohlrealisierung angesehen werden kann. Daraus ergeben sich für die Politische Steuerung wichtige Konsequenzen: Zum einen können die demokratischen Verfahren nur sehr näherungsweise einen Rousseauschen volonté générale herstellen – doch muß das ja nicht der Demokratie angelastet werden, sondern es sollte gefragt werden, ob sich angesichts einer konfliktären Grundstruktur gesellschaftlicher Interessen ein auf alle bezogenes Gemeinwohl überhaupt konsistent formulieren läßt. Insofern muß und sollte sich eine (Theorie der) Politische(n) Steuerung nicht am – doch nicht erreichbaren – Gemeinwohl orientieren. Zum anderen greifen Steuerungsvorschläge in bestehende Interessenstrukturen und Diskurse ein. Selbst wenn sie nicht ideologisch gemeint waren, sind sie es damit.

Solchermaßen theoretisch und praktisch Stellung zu beziehen, kann mensch ja auch durchaus offensiv wenden und positiv werten. Die dritte Schlußfolgerung besteht in einer Bevorzugung dezentraler Organisationsformen. Hier trifft sich die emanzipatorische Forderung nach Selbstbestimmung Betroffener mit der technischen Überlegenheit dezentraler Koordinationsformen. Wenn der Staat also in Übereinstimmung mit Hayeks Empfehlungen weniger Anweisungen und Vorgaben an die Steuerungsadressaten gibt, findet dennoch Steuerung statt. Um hierbei Machtasymmetrien abzuschwächen, ist – entgegen Hayeks Meinung – gerade die Schaffung und Stärkung kollektiver Akteure nötig.

Literatur

Akerlof, George A. (1970): The Market for „Lemons": Qualitative Uncertainty and the Market Mechanism, in: The Quarterly Journal of Economics, Vol. 84, pp. 488–500

Arrow, Kenneth J. (1963): Social Choice and Individual Values; New York, London, Sidney: John Wiley & Sons

Coase, Ronald H. (1937): The Nature of the Firm, in: Williamson, Oliver E. /Winter, Sidney G. (1991), The Nature of the Firm. Origins, Evolution, and Development; New York, Oxford: Oxford University Press, pp. 18–33

Coleman, James S. (1995): Grundlagen der Sozialtheorie. Bd. 1: Handlungen und Handlungssysteme; München

Downs, Anthony (1968): Ökonomische Theorie der Demokratie; Tübingen

Fehr, Ernst (1990): Die Auswirkungen der Gewerkschaften auf die Allokationseffizienz im Lichte einiger Besonderheiten des Arbeitsmarktes, in: WSI Mitteilungen, H. 6, S. 385–392

Hayek, Friedrich A. von (1963): Arten der Ordnung; in: Hayek 1969, S. 32–46

Hayek, Friedrich A. von (1966): Dr. Bernard Mandelville; in: Hayek 1969, S. 126–143

Hayek, Friedrich A. von (1967a): Rechtsordnung und Handelnsordnung; in: Hayek 1969, S. 161–198

Hayek, Friedrich A. von (1967b): Bemerkungen über die Entwicklung von Systemen und Verhaltensregeln. Das Zusammenspiel zwischen Regeln des individuellen Verhaltens und der sozialen Handelnsordnung; in: Hayek 1969, S. 144–160

Hayek, Friedrich A. von (1967c): Die Ergebnisse menschlichen Handelns, aber nicht menschlichen Entwurfs; in: Hayek 1969, S. 97–107

Hayek, Friedrich A. von (1968): Der Wettbewerb als Entdeckungsverfahren; Kieler Vorträge, Neue Folge Nr. 56; Kiel

Hayek, Friedrich A. von (1969): Freiburger Studien. Gesammelte Aufsätze; Tübingen

Hayek, Friedrich A. von (1976a): Individualismus und wirtschaftliche Ordnung; Salzburg

Hayek, Friedrich A. von (1976b): Der Sinn des Wettbewerbs; in: Hayek 1976a, S. 122–140

Hayek, Friedrich A. von (1980): Recht, Gesetzgebung und Freiheit. Bd. 1: Regeln und Ordnung; München

Hayek, Friedrich A. von (1981a): Recht, Gesetzgebung und Freiheit. Bd. 2: Die Illusion der sozialen Gerechtigkeit; Landsberg a. L.

Hayek, Friedrich A. von (1981b): Recht, Gesetzgebung und Freiheit. Bd. 3: Die Verfassung einer Gesellschaft freier Menschen; Landsberg a. L.

Hayek, Friedrich A. von (1982): Die überschätzte Vernunft; in: Hayek 1996, S. 76–101

Hayek, Friedrich A. von (1983): Evolution und spontane Ordnung; in: Hayek 1996, S. 102–113

Hayek, Friedrich A. von (1996): Die Anmaßung von Wissen. Neue Freiburger Studien; Tübingen

Klafki, Wolfgang (1998): Schulqualität – Schulprogramm – Selbstevaluation der Kollegien. Die einzelne Schule als Basis der Schulreform; in: Erziehung und Unterricht 7/8/98, S. 568–582

Kley, Roland (1992): F. A. Hayeks Idee der spontanen sozialen Ordnung: Eine kritische Analyse; in: Kölner Zeitschrift für Soziologie und Sozialpsychologie, Jg. 44, S. 12–34

Kley, Roland (1993): F. A. Hayeks „wissenschaftliche" Verteidigung des Liberalismus: eine Kritik, in: Zeitschrift für Politik, Jg. 40, H. 1, S. 30–59

Mayntz, Renate (1987): Politische Steuerung und gesellschaftliche Steuerungsprobleme, in: Mayntz 1997, S. 186–208

Mayntz, Renate (1996): Politische Steuerung: Aufstieg, Niedergang und Transformation einer Theorie, in: Mayntz 1997, S. 263–292

Mayntz, Renate (1997): Soziale Dynamik und politische Steuerung. Theoretische und methodologische Überlegungen; Frankfurt a.M., New York

Niechoj, Torsten/Weiß, Jens (1997): Utopie und Politik der Deregulierung, in: Das Argument, Jg. 39, H. 223, S. 833–843

Niechoj, Torsten/Weiß, Jens (1998): Effizienz durch Demokratie. Eine politische Ökonomik der Regulierung; in: Eicker-Wolf, Kai/Käpernick, Ralf/Niechoj, Torsten/Reiner, Sabine/Weiß, Jens (Hg.): Die arbeitslose Gesellschaft und ihr Sozialstaat; Marburg, S. 53–93

North, Douglass C. (1992): Institutionen, institutioneller Wandel und Wirtschaftsleistung, Tübingen

Oliver, Pamela E./Marwell, Gerald (1988): The Paradox Of Group Size In Collective Action: A Theory Of The Critical Mass. Part II, in: American Sociological Review, Vol. 53, pp. 1–8

Olson, Mancur (1992): Die Logik des kollektiven Handelns. Kollektivgüter und die Theorie der Gruppen; Tübingen

Robinson, Joan (1962): Marx, Marshall und Keynes; in: dies.: Über Keynes hinaus; Wien, Frankfurt a.M., Zürich, S. 11–28

Rolff, Hans-Günther (1993): Wandel durch Selbstorganisation. Theoretische Grundlagen und praktische Hinweise für eine bessere Schule; Weinheim, München

Schui, Herbert/Ptak, Ralf/Blankenburg, Stephanie/Bachmann, Günther/Kotzur, Dirk (1997): Wollt ihr den totalen Markt? Der Neoliberalismus und die extreme Rechte; München

Tollison, Robert D. (1982): Rent Seeking: A Survey, in: Kyklos, Vol. 35, S. 575–602

Wegner, Gerhard (1997): Economic Policy from an Evolutionary Perspective: A New Approach, in: Journal of Institutional and Theoretical Economics, Vol. 153, S. 485–509

Weiß, Jens (1998): Subjektive Rationalität, Frames und Institutionen als Grundlagen moderner Rational-Choice-Theorie, Wittener Diskussionspapiere, H. 5; Witten

Willems, Ulrich (1996): Restriktionen und Chancen kollektiven Handelns; in: Druwe, Ulrich/Kunz, Volker (Hg.): Handlungs- und Entscheidungstheorie in der Politikwissenschaft. Eine Einführung in Konzepte und Forschungsstand; Opladen, S. 127–153

Williamson, Oliver E. (1990): Die ökonomischen Institutionen des Kapitalismus. Unternehmen, Märkte, Kooperationen; Tübingen

Vetternwirtschaft heißt jetzt Netzwerk. Zur Politischen Ökonomie von Seilschaften

Jens Weiß

Einleitung

Wer sich mit einer Forschungstradition beschäftigt, die gut 200 Jahre alt ist und in dieser Zeit die unterschiedlichsten theoretischen Nachfahren hervorgebracht hat, sollte angeben können, was das Spezifische seines Bezugs auf diese Tradition ausmacht und worin ein theoretisch oder empirisch interessantes Potential dieses Bezugs liegen könnte. Theorien, die sich in den Kontext einer Politischen Ökonomie stellen, verweisen hierzu mehr oder weniger explizit auf eine Verbindung zwischen Ökonomie und Politik, die allerdings sehr unterschiedlich konstruiert wird. Unter anderem läßt sich diese Verbindung als theoriestrategische Forderung nach einer „Politisierung" der ökonomischen Theorie konzeptualisieren (vgl. Reiner 1998); man kann aber beispielsweise auch wie in der „Neuen Politischen Ökonomie" (Boettcher/Herder-Dorneich/Schenk 1980, Lehner 1981) unterstellen, politische Akteure verhielten sich gemäß einer „ökonomischen Logik".

In diesem Beitrag soll der bereits formulierte Vorschlag, Politische Ökonomie als eine soziale Realität aufzufassen (vgl. Niechoj/Weiß 1998: 68 f.), erneut plausibilisiert werden. Dazu wird die Differenzierung zwischen Märkten, Hierarchien und Netzwerken, die in den letzten Jahren im Kontext der Transaktionskostenökonomik ebenso gebräuchlich geworden ist wie in der politikwissenschaftlichen Steuerungsdiskussion, unter handlungstheoretischen Fragestellungen genauer analysiert.

Die akteurstheoretische Perspektive (vgl. Niechoj/Weiß 1998: 54 ff.), die hierzu gewählt wird, behauptet, daß Akteure, ausgehend von ihrer subjektiven Wahrnehmung[1] einer Situation, in dieser mit der Absicht handeln, ihre

---

[1] Daß Akteure eine Situation subjektiv wahrnehmen schließt ein, daß auch theoretische Beobachterinnen und Beobachter keine objektive Kenntnis einer Situation haben können. Umgekehrt formuliert: Für alle Beteiligten besteht eine unüberwindbare *strukturelle Unsicherheit* nicht nur über die Zukunft, sondern auch über gegenwärtige Situationen, insbesondere über die Situations-

Ziele, gegeben durch ihre Präferenzen, mit Hilfe der Ressourcen, über die sie verfügen, so weit wie möglich zu realisieren. Dabei erzeugen sie grundsätzlich Externalitäten, also Wirkungen auf andere Akteure. Hieraus resultieren konfligierende Handlungsziele, die ein Koordinationsproblem zwischen den Akteuren begründen. Die aus dieser konfliktorientierten Perspektive resultierende Frage nach den Koordinationsmechanismen, die Kooperation und gesellschaftliche Integration erlauben, entspricht damit in gewisser Weise der klassischen Frage der Sozialwissenschaften nach den Bedingungen sozialer Ordnung.

Im nächsten Abschnitt soll zunächst ein sinnvoller Begriff von Ökonomie entwickelt werden, der diesen Überlegungen entsprechend an der spezifischen Koordinationsform des ökonomischen Systems ansetzt. Aus der gleichen Perspektive soll anschließend ein Begriff der Politik entwickelt werden. Der vierte Abschnitt widmet sich einer transaktionskostenökonomischen Begründung von Netzwerken. Hier wird versucht, mit einer Beispiel-Analogie die Gründe herauszuarbeiten, aus denen Akteure Netzwerke konstruieren, erhalten oder auch zerstören. Die hier entwickelte akteurstheoretische Position zeigt dabei deutlich, daß und warum eine objektive Bewertung von alternativen Koordinationsformen, etwa aus der Sicht eines externen Beobachters, der über deren Effizienz oder Gemeinwohlorientierung entschiede, nicht möglich ist; dies ist Gegenstand des fünften Abschnitts. Schließlich wird versucht, aus den entwickelten Argumenten das Profil einer Politischen Ökonomik zu konstruieren, die auch in Zukunft relevante Sozialwissenschaft betreiben könnte.[2]

In gewisser Weise wird im folgenden vorgeschlagen, Politische Ökonomik als „Netzwerkwissenschaft" zu betreiben. Unter einem Netzwerk wird dabei eine Menge von Akteuren zusammen mit den Interaktionen verstanden, die zwischen diesen Akteuren kurzfristig oder auch langfristig bestehen.[3]

Von der Ökonomie...

Wie bereits kurz angedeutet, scheint der Begriff der Politischen Ökonomie traditionell auf bestimmte Verbindungen zwischen Politik und Ökonomie als gesellschaftliche Subsysteme zu verweisen. Voraussetzung dafür, daß eine solche

---

wahrnehmungen und die Interessen anderer Akteure. Wenn die Konsequenzen der Handlungen eines Akteurs darüber hinaus noch - wie üblicherweise - vom Handeln anderer Akteure abhängig sind, besteht für diesen auch eine *strategische Unsicherheit*.

[2] Der Begriff Ökonomik wird für die Wissenschaft, die die Ökonomie untersucht, verwendet.

[3] Als Grundlagen einer Netzwerktheorie vgl. anstelle vieler Granovetter (1972), Powell (1990) und Mayntz (1993).

Verbindung überhaupt begrifflich akzentuiert werden muß, ist zunächst eine Trennung dieser Subsysteme. Die genaue Bestimmung beider Systeme wirft dabei durchaus theoretische Probleme auf.

Frühere Handlungstheorien haben eine Unterscheidung durch die Unterstellung verschiedener Handlungslogiken nahegelegt (vgl. Boudon 1980: 28 ff.); in diesem Sinne gäbe es eine politische, also vielleicht machtbezogene Form und eine ökonomische, etwa effizienzbezogene Form des Handelns. In gewisser Weise pflegen systemtheoretische Konzeptionen diese Perspektive bis heute. Luhmanns (1986: 75 ff., 1988: 52 ff.) Unterscheidung der Subsysteme nach ihren „Codes"– für das ökonomische System besteht dieser beispielsweise in der Unterscheidung Zahlung/Nicht-Zahlung – basiert auf der Annahme, der „Sinn" sei eine Eigenschaft von Kommunikationsakten und könne von den Systemen selektiert werden; auch die strukturfunktionalistische Systemtheorie differenziert zwischen verschiedenen Systemlogiken (vgl. Parsons/Smelser 1956: 46 ff., Münch 1976: 20 ff.). Dabei ist allerdings unklar, wie Systeme und Akteure die Systemlogiken diskriminieren (vgl. Esser 1993: 509 ff.).

Handlungstheorien, die verschiedene Handlungslogiken unterscheiden, müssen ein Metakriterium einfügen, nach dem die Akteure bestimmen, welche Handlungslogik sie in einer bestimmten Situation benutzen. Wenn ein solches Entscheidungskriterium eingeführt ist, dann wird dies notwendigerweise auch zum dominanten Selektionskriterium der Handlungstheorie. Als beispielsweise die ursprünglich als ökonomische Handlungstheorie benutzte Rational-Choice-Theorie zunehmend auf soziale Phänomene angewendet wurde, die im allgemeinen nicht dem ökonomischen System zugerechnet werden, erschienen reale Akteure zunehmend als „irrational", weil sie nicht die Handlungen wählten, die von Ökonominnen und Ökonomen als „rational" erachtet wurden. Solche „Anomalien" sind für Theorien mit Allgemeinheitsanspruch – und zu diesen gehört die ökonomische Handlungstheorie – hochgradig unbefriedigend.

Die Adaption der ökonomischen Handlungstheorie in der Soziologie brachte die notwendige theoretische Präzisierung durch eine Subjektivierung der Theorie: Alle Handlungen von Akteuren sind insofern *subjektiv rational*, als die Akteure auf der Basis ihrer subjektiven Situationswahrnehmung jene Handlungen wählen, von denen sie erwarten, daß sie ihre spezifischen Ziele am besten realisieren (vgl. Boudon 1980: 30 ff., 1989, Weiß 1998). Sozialwissenschaftliche Erklärungen bestehen damit wesentlich in der Rekonstruktion der relevanten Situationswahrnehmungen der Akteure, während der Begriff der Rationalität radikal subjektiviert wird und letztlich nicht mehr ist als ein „leerer Sack" (Lindenberg 1981: 26).

Sozialwissenschaftlich lassen sich diese Überlegungen am ehesten durch eine institutionelle Perspektive operationalisieren: Unterstellt man, daß den theoretischen Beobachterinnen die Beobachtung jener Rahmenbedingungen, die für die Akteure handlungsrelevant sind, zumindest teilweise möglich ist – insbesondere weil sie selbst auch handelnde Akteure sind –, dann ermöglicht das Wissen um diese überindividuellen Institutionen sozialwissenschaftliche Erklärungen, die dabei aufgrund der strukturellen Unsicherheit allerdings immer unvollständig sein müssen.

Wenn die Handlungsziele für die Akteure situational von Institutionen bestimmt sind, dann kann auch eine Unterscheidung zwischen gesellschaftlichen Subsystemen nur institutionell begründet sein. Das Institutionenset, welches ökonomisches Handeln in modernen Gesellschaften strukturiert, ist einfach zu identifizieren: der Markt. Im Gegensatz zur statischen neoklassischen Allokationstheorie haben institutionalistisch orientierte, evolutorische Theorien die Bedeutung des Wettbewerbs für Marktökonomien herausgearbeitet. Der Wettbewerb ist in dreifacher Hinsicht das zentrale, konstituierende Element von Marktökonomien (vgl. Niechoj/Weiß 1998: 56 ff.):

1. Wettbewerb erzeugt durch eine permanente Entwertung von Handlungsmöglichkeiten Innovationsanreize für alle Akteure, die ihm ausgesetzt sind, deren Handlungsmöglichkeiten also durch den Wettbewerb potentiell entwertet werden (vgl. Wegner 1996: 130 ff., 1997: 488 ff.). Erfolgreiche Innovationen ermöglichen Innovationsgewinne.

2. Die Verallgemeinerung der Innovationsanreize erzeugt eine Dynamik ökonomischer Entwicklung, die sich selbst verstärken kann. Damit wird Wettbewerb zu einem „Entdeckungsverfahren" (Hayek 1968), der durch ein Anwachsen der von den Akteuren akzeptierten Suchkosten die Menge an Informationen im ökonomischen System vergrößert. Diese Dynamik impliziert für die Akteure Transaktionskosten, die durch die Entwertung von Handlungsmöglichkeiten für die Suche nach alternativen Handlungsmöglichkeiten und als Kosten der Unsicherheit über die Zukunft anfallen.

3. Während die Möglichkeit zu Innovationsgewinnen Anreize zu innovativem Handeln und damit auch zu einer – nicht unbedingt intendierten – Initiierung neuer Märkte generiert, erzeugen die Transaktionskosten Anreize, die Marktdynamik, also den Wettbewerb, durch die Erzeugung entsprechender Institutionen zu regulieren.

Selbst wenn man also einen Augenblick die Fiktion vieler ökonomischer Theorien vom Markt als „state of nature" (vgl. Pirker 1991: 21) übernimmt, bleibt zu konstatieren, daß nicht-marktförmige Interaktionen auch in reinen Marktgesellschaften endogen erzeugt würden. Tatsächlich verlief die historische Entwicklung genau umgekehrt: Märkte entstanden erst unter bestimmten institutionellen und technischen Bedingungen aus sozialen Interaktionen, die bis dahin nicht unter Wettbewerbsbedingungen stattgefunden haben. Je nach Situationswahrnehmung und Interesse von Akteuren können also Anreize zu einer Deregulierung von Koordinationsformen, also zur „Eröffnung" von Märkten, oder zu einer Regulierung, also zu einer Beschränkung des Wettbewerbs durch langfristige Interaktionen, bestehen.

...zur Politik

Nicht-marktvermittelte Koordinationsformen sind unter verschiedenen Begriffen sozialwissenschaftlich analysiert worden: als hierarchische, gemeinschaftliche, verbandliche oder netzwerkförmige Koordination (vgl. Streeck/Schmitter 1985, Williamson 1985, Kenis/Schneider 1996). Das Konzept hierarchischer Koordination (vgl. Williamson 1975) erweist sich dabei als analytisch beschränkt, wenn die oben angedeutete Differenz zwischen Beobachter und Akteur – oder konkreter: zwischen Prinzipal und Agent – in einen handlungstheoretischen Kontext integriert wird. Dann muß nämlich unterstellt werden, daß Agenten immer über private Informationen verfügen, die den Prinzipalen unbekannt sind, und die somit eine streng hierarchische Koordination unmöglich machen, wenn der Agent diese Informationen dazu einsetzt, seine von den Zielen des Prinzipalen differierenden Ziele zu realisieren. Konzepte hierarchischer politischer Steuerung scheitern so beispielsweise dann, wenn das avisierte Steuerungsziel gegen die Interessen der Steuerungsadressaten verstößt und diese „outside options", also die Möglichkeit haben, unentdeckt oder unbestraft gegen die Absichten der Steuerungsakteure zu handeln. Dies ist aber im allgemeinen immer dann möglich, wenn private Informationen der Steuerungsadressaten existieren, die steuerungsrelevant sind (vgl. Weiß 1999: 25 ff.); allein die Unterscheidung zwischen marktförmiger und hierarchischer Koordination bleibt also analytisch unbefriedigend.

Ein allgemeineres Konzept nicht-marktvermittelter Koordination kann anhand der von Hirschmann (1970) eingeführten Unterscheidung von *Voice* und *Exit* entwickelt werden. Exit bezeichnet hier die Reaktion, mit der Akteure in idealen Märkten auf Koordinationsergebnisse reagieren können, die ihnen als suboptimal erscheinen. Wenn ein Gut A beispielsweise einen Käufer nicht, Gut B ihn dagegen aber zufriedenstellen würde, dann wird der Käufer Gut B wählen. Vorausgesetzt, daß die ideale Marktumgebung gleichzeitig vollkommene Information für alle Anbieter und Käufer generiert, wäre dieser Koordinationsmechanismus ausreichend, um ein Pareto-effizientes Allokationsergebnis zu realisieren.

Da aber die Unsicherheit der Marktinteraktionen Transaktionskosten erzeugt, werden die Akteure unter einer bestimmten Bedingung – formal dann, wenn die erwartete Transaktionskostenreduzierung durch eine Regulierung größer ist als die erwarteten Innovationsgewinne – Regulierungen des Marktwettbewerbes erzeugen. Im einfachsten Fall bestehen diese informell als Bindungen zwischen Akteuren, die allein in der Fortsetzung einer Interaktion bereits einen Nutzen sehen. Dies ist etwa der Fall, wenn Herr Müller an jedem Markttag die Äpfel bei Frau Maier kauft, obwohl diese manchmal bei Schmidts billiger zu haben wären. Dies wäre ein Verhalten, das aus der Sicht einer puristisch neoklassischen Analyse als irrational zu kennzeichnen wäre. Aus einer akteurstheoretisch-institutionalistischen Perspektive, wie sie oben eingefordert wurde, lassen sich jedoch zwei Gründe für ein solches Verhalten ausmachen:

1. Herr Müller hat ein besonderes Interesse an Frau Maier oder ihren Äpfeln, das aus einer intrinsischen Präferenz resultiert. In diesem Fall geht es Herrn Müller gar nicht um den Kauf von Äpfeln, sondern um den Kauf spezieller Äpfel beziehungsweise um die Interaktion mit Frau Maier.

2. Die Aufhebung wettbewerblichen Handelns bringt Herrn Müller Transaktionskosteneinsparungen. Diese können entweder daraus resultieren, daß Herr Müller die Qualität der Äpfel von Frau Maier besser einschätzen kann, Frau Maier sich vielleicht sogar verpflichtet sieht, Herrn Müller ihre besten Äpfel zu verkaufen, oder vielleicht erhofft Herr Müller sich auch, Äpfel zu günstigen Preisen selbst dann bei Frau Maier kaufen zu können, wenn diese durch einen verregneten Sommer knapp würden.

Die Aufhebung marktförmiger Interaktion in diesem Beispiel findet vor allem als Substitution des Koordinationsmechanismus Exit durch den Koordinationsmechanismus Voice statt. Auch wenn prinzipiell die Exit-Drohung für beide Akteure bestehen bleibt, so eröffnet doch die Verstetigung der Interaktion die

Voice-Option, die mit der Dauer der Interaktion zunehmend attraktiver werden kann. Exit und Voice lassen sich aber idealtypisch der marktförmigen – oder in diesem Sinne „ökonomischen"– und der politischen Koordination zuordnen (vgl. Hirschmann 1970: 13 ff.). Entsprechend würde in dem angeführten Beispiel eine ökonomische, marktförmige Interaktion durch eine politische Form der Koordination ersetzt.

Seilschaften – im Alltag und am Berg

Solche Formen sozusagen mikropolitischer Koordination sind allgegenwärtig und sogar dem Alltagsbewußtsein wohlbekannt. Während die „Stammkundschaft" im allgemeinen als unproblematisch erachtet wird, sind beispielsweise der Vorwurf der „Vetternwirtschaft" oder des Handelns in einer „Seilschaft" eindeutig negativ konnotiert.

Jede Bergsteigerin weiß zumindest unterbewußt, daß die alpine Seilschaft, die als Vorbild für den alltagssprachlichen Begriff dient, durch die beiden oben angedeuteten Merkmale gekennzeichnet ist: Sie erlaubt die Realisierung von gemeinsamen Interessen der Seilschaftsmitglieder, meist die Besteigung eines bestimmten Gipfels. Und die Seilschaft bietet Informationsvorteile, die in Vertrauen zwischen den Mitgliedern transformiert werden. Die Aufnahme in eine Seilschaft hat normalerweise zur Voraussetzung, daß diejenigen Akteure, die bereits Mitglieder der Seilschaft sind, zuverlässige Informationen über das neu aufzunehmende Mitglied erhalten, meist von einer Person, die bereits Mitglied der Seilschaft ist. Abstrakter formuliert, ist eine Seilschaft also ein Netzwerk zur Realisierung gemeinsamer Zwecke der Mitglieder.

Daß und unter welchen Bedingungen Kooperation die Realisierung gemeinsamer Handlungsziele, also die Produktion von Kollektivgütern ermöglicht, ist aus der Diskussion um die Probleme kollektiven Handelns bekannt (vgl. Olson 1968, Hardin 1982, Axelrod 1986, Oliver et al. 1985, 1988). Die Diskussion um die sozialen Dilemmata, die individuell rationales Handeln erzeugen können, verweist auf die Möglichkeit einer Besserstellung jener Akteure, die Interesse an einem Kollektivgut haben, für den Fall, daß dieses Kollektivgut produziert wird. Allerdings besteht die Möglichkeit einer Verbesserung durch die Kollektivgutproduktion zunächst nur für die Gruppe selbst, die – wie etwa bei Olson (1968) – durch ihr gemeinsames Interesse an eben diesem Gut definiert ist.

Olson (1982) hat auf die Kontingenz beziehungsweise die Komplementarität von Kollektivgütern aufmerksam gemacht: Ein Kollektivgut für eine bestimmte Gruppe kann für eine andere Gruppe ein kollektives Übel, ein collective bad, darstellen. Genau dieser Zusammenhang wird für Seilschaften oder Vetternwirtschaften behauptet. Diese förderten das Wohl der Gruppenmitglieder, beispielsweise der Familien-, Partei-, oder Clubmitglieder auf Kosten anderer beziehungsweise des Gemeinwohls. Bei Olson (1982) führt so die Zunahme organisierter Interessengruppen in Gesellschaften, in denen es längere Zeit keine politischen oder sozialen Umbrüche gab, zu einer institutionellen Sklerose, welche die ökonomische Performanz allmählich verschlechtert und damit einen „Niedergang" der Gesellschaft befördert.

Ein Seitenblick auf die Analogie aus der Welt der Bergsteigerinnen deutet allerdings die zentrale Schwäche dieser Argumentation an. Der Abschluß einer Seilschaft gegenüber Außenseitern und die Verfolgung des Gruppenzieles mag zwar gegen die Interessen von „Outsidern" verstoßen, kann allerdings möglicherweise dem „Gemeinwohl" sowohl durch die Begehung und Erforschung neuer Gebiete als auch durch die Reduzierung von Unfallrisiken sogar zuträglich sein: Die Lockerung der seilschaftlichen Organisation dadurch, daß nicht persönliche Bekanntschaft oder Empfehlungen durch vertrauenswürdige Personen, sondern lediglich die Zahlungsbereitschaft und -fähigkeit Zutritt zu sogenannten kommerziellen Expeditionen verschafft, wird in den letzten Jahren von Extrembergsteigern zunehmend kritisiert, weil sie als Ursache für mehrere große Unfälle ausgemacht wurde (vgl. Boukreev 1997, Krakauer 1997). Hier haben traditionelle Seilschaften deutliche Informationsvorteile.

Tatsächlich liefert die Transaktionskostenökonomik ein allgemeines Argument, das auch für Seilschaften der Alltagswelt gilt: Nicht-marktförmige Formen der Interaktion verringern unter bestimmten Bedingungen die Informations- und Überwachungskosten der Koordination auf eine Weise, die positive Externalitäten für die „Outsider" erzeugen kann. Williamson (1985: 324 f., 1991: 281 ff.) argumentiert sogar, daß nicht-marktförmige Koordinationsformen genau in solchen Fällen bestehen, in denen diese effizienter als Markttransaktionen sind.

Gerne kritisiert wird beispielsweise die Vergabe von Arbeitsplätzen unter Mitgliedern von (Alltags-) Seilschaften.[4] Das Argument scheint hier zu sein,

---

[4] So kritisierte etwa im März 1999 der „Ausschuß unabhängiger Sachverständiger" die Vergabe von Stellen durch Angehörige der Europäischen Kommission, vgl. http://www.europarl.eu.int/experts/de/default.html. Wohlgemerkt soll mit der weiteren Argumentation keinesfalls bezweifelt werden, daß in diesem Fall teilweise unkorrekte oder auch

daß statt der Auswahl über einen Wettbewerbsmechanismus, durch den die „beste" Bewerberin eingestellt würde, nur persönliche Beziehungen über eine Einstellung entschieden hätten und somit die Ziele der Seilschaftsmitglieder auf Kosten des Gemeinwohls realisiert würden. Diese Argumentation kann allerdings aus vier Gründen problematisch, unvollständig oder sogar inkonsistent sein:

1. Natürlich ergibt sich sofort die Frage, welches die Kriterien sind, die die Eignung einer Bewerberin definieren können. Märkte für Arbeitskraft sind aus verschiedenen Gründen (vgl. Niechoj/Weiß 1998: 74) von starken Informationsasymmetrien und transaktionsspezifischen Investitionsnotwendigkeiten[5] geprägt. Informationsasymmetrien, die bei der momentanen Situation auf den Arbeitsmärkten vor allem den Unternehmen Probleme bereiten – während das Problem der Arbeitskraftanbieter eher darin besteht, Nachfrager zu finden –, haben eine Unmenge institutioneller Arrangements hervorgebracht: Zeugnisse, Bewerbungsgesprächszeremonien, Eignungstests, Assessmentcenter, Trainee-Programme usw. Sofern in Seilschaften direkte persönliche Beziehungen zwischen Arbeitskraftanbieterinnen - im weiteren als Agenten bezeichnet - und Arbeitskraftnachfragerinnen - den späteren Prinzipalen - existieren, werden diese ohne weiteren Kostenaufwand diese Informationsprobleme überwinden.

2. Wenn keine direkte, persönliche Interaktion besteht, kann die durch verallgemeinertes Vertrauen mögliche Empfehlung in Seilschaften die gleiche Funktion erfüllen.

3. Folgt man der evolutorisch-transaktionskostentheoretischen Argumentation, nach der ökonomische Entwicklung vor allem in der Einsparung von Transaktionskosten besteht, dann muß – vor dem Hintergrund eines objektiven Effizienzbegriffes – festgestellt werden, daß eine Einsparung von Informationskosten auch die Gesamteffizienz einer Volkswirtschaft erhöhen, also das „Gemeinwohl" fördern kann.

---

illegale Verfahren angewendet wurden. Es geht lediglich darum, einige theoretische Überlegungen, auf deren Grundlage bisweilen entschieden wird, ob es sich um korruptionsähnliche Aktivitäten handelt oder nicht, kritisch zu analysieren.

[5] Die Transaktionsspezifität einer Investition ist um so höher, je unwahrscheinlicher Investitionen, die im Kontext einer bestimmten Transaktion getätigt wurden, auch in anderen Transaktionen einen Nutzen bringen werden, vgl. auch den Begriff der Faktorspezifität bei Williamson (1985: 34 ff.).

4. Die Besetzung einer Stelle durch die Koordination in einer Seilschaft wird in der Regel die Voice Option zwischen Agent und Prinzipal stärken, und zwar in zwei Richtungen: Der Prinzipal wird möglicherweise von seinem Agenten eher Informationen erhalten, die für die Verbesserung seiner Leistungen notwendig sind, und der Agent wird eher Informationen erhalten, die die Optimierung seiner Handlungen erlauben. Im Kontext einer hierarchischen Unternehmenstheorie interpretiert, heißt dies, daß der Informationsfluß von unten nach oben verbessert werden kann. Gleichzeitig wird möglicherweise die gesunkene Attraktivität der Exit-Funktion „ineffiziente" Entlassungen verhindern.

5. Beide Seiten habe grundsätzlich starke incentives, das Vertrauen, das die Akteure innerhalb der Seilschaft ihnen entgegen bringen, nicht zu enttäuschen. Auch hieraus können positive Externalitäten resultieren.

Natürlich kann es sein, daß durch Seilschaften Entscheidungen gefördert werden, die in irgendeiner Hinsicht unsachgemäß, ineffizient oder auf andere Weise kritikabel sind. Aber wie können diese Nachteile unter der Bedingung struktureller Unsicherheit und strategischen Handelns aller Akteure mit möglichen Transaktionskostenreduzierungen verglichen werden?

Unsicherheit und das Ende der Gemeinwohlutopie

Die vorsichtige Formulierung, aus der Koordination über Seilschaften resultierten Externalitäten, verweist auf die Schwierigkeiten, mit denen alle Versuche, Koordinationsformen oder Koordinationsergebnisse zu bewerten, konfrontiert sind. Hier besteht ein Informations- und ein Aggregationsproblem:

1. Nimmt man das vor allem von Hayek (1968) entwickelte Informationsargument ernst, nach dem Akteure grundsätzlich über private, also anderen Akteuren unzugängliche Informationen verfügen, muß dieser Informationsvorbehalt auch für sozialwissenschaftliche Beobachterinnen gelten. Diese können nicht alle Informationen kennen, über welche die Akteure, die sie beobachten, verfügen. Insbesondere sind ihnen die Präferenzen dieser Akteure unbekannt, und zwar selbst dann, wenn man unterstellt, daß die Akteure ihre Präferenzen zu jedem Zeitpunkt selbst genau kennen. In allen Fällen, in denen Externalitäten bei der Realisierung von Präferenzen auftreten und diese bewertet werden sollen, haben die Akteure sogar Anreize, ihre Präferenzen zu verbergen oder systematisch zu

unter- bzw. zu übertreiben. Dies folgt aus der mit Externalitäten verbundenen Kollektivgutproblematik (vgl. Weiß 1998: 35 ff.).

2. Selbst wenn die Präferenzen der beteiligten Akteure bekannt wären, führte der Versuch, sie zu einer gemeinsamen Wohlfahrtsfunktion zu aggregieren, zu bekannten Paradoxa (vgl. Arrow 1951, Coleman 1995-2: 70 ff.). Prinzipiell könnten die Schwächen von Entscheidungsregeln noch durch eine Messung von Präferenzen über die Zahlungsbereitschaft der Akteure umgangen werden. Diese ist aber von der Ressourcenausstattung der Akteure abhängig, also nicht verteilungsneutral.

Bezogen auf die Aktivität einer Seilschaft, besteht das Problem konkret darin, die mit der Einsparung von Transaktionskosten verbundenen positiven Wirkungen der Koordination gegen die negativen Externalitäten aufzurechnen, von denen die Outsider betroffen sind. Offensichtlich werden Outsider bei einer Befragung die Kosten der Externalitäten überhöht angeben und Insider die Einsparung der Transaktionskosten übertreiben. Damit ist dann aber der Kern der Auseinandersetzung offengelegt: Insider und Outsider haben konträre Interessen bezüglich einer spezifischen Koordinationsform, und über die Legitimität dieser Interessen wird ja auch real entschieden.

Walther (1994, 1996, vgl. Niechoj/Weiß 1997: 840 ff.) hat darauf aufmerksam gemacht, daß der Aufstieg ökonomischer Theorien zu politisch relevanten Ideologien immer eine Konsensmetaphorik zur Voraussetzung hat, die eine Förderung des Gemeinwohls verspricht, wenn die Ratschläge der Theorie befolgt werden. Meist wird dabei das Gemeinwohl mit der Effizienz der Allokation beziehungsweise des Wettbewerbsprozesses identifiziert: Je stärker der Wettbewerb, desto größer sei durch die verfügbaren Informationen der Nutzen des ökonomischen Systems für alle Beteiligten (vgl. Hayek 1968).

Die Gemeinwohlorientierung ist geradezu ein Dogma der Ökonomik und verbunden mit einem Versprechen, das weder die Wohlfahrtsökonomik noch andere ökonomische Theorien, die irgendwelche wirtschaftspolitischen Ratschläge zu geben versuchen, einlösen können: dem Versprechen nämlich, Ökonominnen und Ökonomen hielten Institutionensets bereit, durch deren Realisierung es niemandem schlechter, aber vielen besser gehen werde.[6] Egal, ob die Vorschläge der Ökonomik nun mit dem Anspruch vorgetragen werden ,

---

[6]Coleman (1995-3: 136) charakterisiert dies als „merkwürdige Annahme [...] daß es irgendwo einen Gott gibt, der außerhalb der Gesellschaft steht und in dessen Augen irgendetwas besser oder schlechter für die Gesellschaft ist, und daß dem Ökonomen die Rolle zufällt, die Ansichten Gottes den jeweiligen Regierenden darzulegen".

das „Gemeinwohl" zu fördern oder „die Effizienz" zu erhöhen, dieses konsensualistische Versprechen ist theoretisch unhaltbar und praktisch uneinlösbar.[7]

Das gilt, ohne daß überhaupt thematisiert wird, welcher Akteur denn solche Gemeinwohllösungen durchsetzen sollte. Die Vorstellung, dies würde „der Staat" übernehmen, entstammte aber entweder normativen staatstheoretischen Konzeptionen und war theoretische Utopie oder aber sie war Teil eines konsensualistischen Versprechens, in dem Partial- als Gemeinwohlinteressen konstruiert werden. In Ermangelung eines gehaltvollen Begriffs des Gemeinwohls bleibt den staatlichen Akteuren – die eben wie alle anderen Akteure auch informational und motivational beschränkt sind – gar nichts anderes übrig, als die Partialinteressen jener Akteure zu fördern, die diese artikulieren und ihre Realisierung honorieren.

Eine Zukunft der Politischen Ökonomik

Folgt man dieser Perspektive, so bleibt eine Politische Ökonomik auch für die Zukunft ein vielversprechendes Forschungsprogramm:

1. Die neueren Erkenntnisse der Transaktionskostenökonomik und deren Rezeption im Institutionalismus zeigen, daß alternative Formen der Handlungskoordination – also der Erzeugung „sozialer Ordnung" – zwischen Markt und Hierarchie, zwischen Voice und Exit bestehen. Dabei sind beide Konzepte nur Idealtypen: Theoretisch können weder vollkommene Marktgesellschaften existieren – diese könnten aus Mangel an Macht die notwendigen Institutionen nicht stabilisieren (vgl. Niechoj/Weiß 1998: 62 ff) – noch erlauben die ontologischen Informationsasymmetrien streng hierarchische Koordination. Das heißt, daß die Koordination von Handlungen in Netzwerken erfolgt, in denen der Wettbewerb zwischen den Akteuren entweder stärker ist – dann handelt es sich um das, was üblicherweise als Markt bezeichnet wird – oder aber in denen eher langfristige Interaktionen in verschiedenen Formen zwischen den Akteuren existieren.

   In allen Formen der Handlungskoordination entstehen dabei unter bestimmten Bedingungen Anreize für die Akteure, Institutionen – inten-

---

[7] Schumpeter (1950: 397 ff.) hat bereits früh auf die Schwierigkeiten einer Definition des Gemeinwohls unter Bedingungen struktureller und strategischer Unsicherheit aufmerksam gemacht und das Gemeinwohlkriterium als für die Bewertung von Politik unbrauchbar ausgewiesen.

tional oder nicht-intentional – so zu verändern, daß nun andere Koordinationsmechanismen genutzt werden: Wettbewerb kann reguliert und Netzwerke können dereguliert werden.

Eine Politische Ökonomik, die existierende Koordinationsformen, mögliche institutionelle Alternativen und Transformationsprozesse analysiert, hat die oben beschriebene Verbindung von Politik und Ökonomie in einer modern gefaßten Form zu ihrem Gegenstand.

2. Die Vorstellung von Politik und Ökonomie als Bereichen, die auf einem Kontinuum von netzwerkförmigen Koordinationsformen liegen, konstituiert unmittelbar eine Politische Ökonomie: Es ist gar nicht mehr notwendig, eine besondere Verbindung von Politik und Ökonomie zum konzeptionellen Ausgangspunkt für die Konstruktion des Erkenntnisgegenstandes „Politische Ökonomie" zu machen, weil Politik und Ökonomie immer als alternative Formen der Handlungskoordination betrachtet werden, die außerdem endogen wechselseitige Transformationen erzeugen.

Dagegen wird die soziale Konstruktion von Politik und Ökonomie als getrennten Sphären zum Erkenntnisgegenstand der Politischen Ökonomik. Denn offensichtlich ist es aus akteurstheoretischer Perspektive von zentraler Bedeutung, wie Anreize für die Akteure entstehen, Koordinationsinstitutionen zu transformieren, Netzwerkbindungen zu erzeugen oder aufzugeben und Innovationen zu suchen. Sofern solche Prozesse auch als Konsequenzen sozialer Bedeutungszuschreibung stattfinden, erhält die Situationswahrnehmung politischer Akteure eine wichtige Bedeutung: Ob Netzwerke als ineffiziente Seilschaften oder als sichernde Gemeinschaften wahrgenommen werden, bestimmt das politische, auf die Veränderung oder Stabilisierung von Institutionen ausgerichtete Handeln der Akteure.

3. Eine Politische Ökonomik, die sich auf die Dekonstruktion gemeinwohlbezogener Vorschläge der „Politikberatung" einläßt, wird ihre Aufgabe vor allem darin sehen, alternative institutionelle Rahmenbedingungen für spezifische Koordinationsprobleme zu beschreiben und deren jeweilige Konsequenzen für die Akteure zu analysieren. Furubotn/Richter (1989: 4) haben eine ähnliche Perspektive bereits für die neuere Institutionenökonomik beschrieben: „From the standpoint of institutional analysis, the plan might be to concentrate on discovering linkages between institutional structure and economic behavior, while refraining from any

judgments on the desirability or efficiency of the outcomes observed", wobei sich eine Politische Ökonomik natürlich nicht auf die Analyse eingegrenzter „ökonomischer" Konsequenzen beschränken kann oder sollte.

Die Anwendung der ökonomischen Handlungstheorie auf bislang nicht als „ökonomisch" wahrgenommene soziale Phänomene und Probleme, wie sie vor allem von Becker (1982) vorangetrieben wurde, hat bisweilen den Vorwurf provoziert, hier handle es sich um einen „ökonomischen Imperialismus". Tatsächlich scheint die Adaption dieser theoretischen Tradition in der Soziologie und der Politikwissenschaft mittlerweile eine Soziologisierung und Politisierung der Ökonomik zu befördern, die vor allem in der ökonomischen Institutionen- und Transaktionskostentheorie sowie in Theorien evolutionärer Ökonomik zu beobachten ist: Die Unterstellung, Märkte seien uneingeschränkt und immer die effizienteste Form der Koordination, ist erheblich relativiert worden, und das Konzept objektiver Rationalität, das gleichzeitig der ökonomischen Theorie den Anschein einer wahrhaft ontologisch objektiven Wissenschaft verlieh, hat sich im Kontext allgemeiner sozialwissenschaftlicher Handlungstheorien als unbrauchbar erwiesen. Damit hat die Theorieentwicklung der letzten Jahrzehnte nicht nur eine Möglichkeit der Annäherung von soziologischer, politikwissenschaftlicher und ökonomischer Analyse gebracht, sondern auch die Herausbildung einer Methodologie gefördert, der sich eine moderne Politische Ökonomik in den nächsten Jahrzehnten bedienen kann.

Literatur

Arrow, Kenneth J. (1951): Social Choice and Individual Values, New York: John Wiley.

Axelrod, Robert (1984): Die Evolution der Kooperation, München.

Becker, Gary S. (1982): Der ökonomische Ansatz zur Erklärung menschlichen Verhaltens, Tübingen.

Boettcher, Erik/Philipp Herder-Dorneich/Karl-Ernst Schenk (1980): Neue Politische Ökonomie als Ordnungstheorie, Tübingen.

Boudon, Raymond (1980): Die Logik des gesellschaftlichen Handelns, Neuwied.

Boudon, Raymond (1989): Subjective Rationality and the Explanation of Social Behavior, MPIFG Discussion Paper 89/6, Köln.

Boukreev, Anatoli/ G. Weston DeWalt (1997): The Climb. Tragic Ambitions on Everest, New York: St. Martin's Press.

Coleman, James S. (1995): Grundlagen der Sozialtheorie, 3 Bände, München.

Esser, Hartmut (1993): Soziologie. Allgemeine Grundlagen, Frankfurt a.M.

Furubotn, Eirik G./Rudolf Richter (1989): The New Institutional Economics. The New Institutional Approach to Economic History, in: Journal of Institutional and Theoretical Economics, Vol. 149, pp. 1-5.

Granovetter, Mark (1972): The strength of Weak Ties, in: American Journal of Sociology, Vol. 78, pp. 1420-1443.

Hardin, Russel (1982): Collective Action, Baltimore: John Hopkins.

von Hayek, Friedrich A. (1968): Der Wettbewerb als Entdeckungsverfahren, in: Hayek: Freiburger Studien. Gesammelte Aufsätze, Tübingen, S. 249-265.

Hirschman, Albert O. (1970): Abwanderung und Widerspruch. Reaktionen auf Leistungsabfall bei Unternehmungen, Organisationen und Staaten, Tübingen.

Kenis, Patrick/Volker Schneider (Hg.) (1996): Organisation und Netzwerk. Institutionelle Steuerung in Wirtschaft und Politik, Frankfurt a.M.

Krakauer, Jon (1997): Into thin Air, New York: Villard.

Lehner, Franz (1981): Einführung in die Neue Politische Ökonomie, Königstein i.Ts.

Lindenberg, Siegwart (1981): Erklärung als Modellbau: Zur soziologischen Nutzung von Nutzentheorien, in: Werner Schulte (Hg.): Soziologie in der Gesellschaft, Bremen, S. 20-35.

Luhmann, Niklas (1986): Ökologische Kommunikation. Kann die moderne Gesellschaft sich auf ökologische Gefährdungen einstellen?, Opladen.

Luhmann, Niklas (1988): Die Wirtschaft der Gesellschaft, Frankfurt a.M.

Mayntz, Renate (1993): Policy-Netzwerke und die Logik von Verhandlungssystemen, in: Kenis/Schneider (Hg.), (1996), S. 471-496.

Münch, Richard (1976) Theorie sozialer Systeme. Eine Einführung in Grundbegriffe, Grundannahmen und logische Struktur, Opladen.

Niechoj, Torsten/Jens Weiß (1997): Utopie und Politik der Deregulierung, in: Das Argument, 223, S. 833- 843.

Niechoj, Torsten/Jens Weiß (1998): Effizienz durch Demokratie. Eine Politische Ökonomik der Regulierung, in: Kai Eicker-Wolf u.a. (Hg.): Die arbeitslose Gesellschaft und ihr Sozialstaat, Marburg, S. 53-93.

Oliver, Pamela E./Gerald Marwell (1988): The Paradox of Group Size in Collective Action: A Theory of the Critical Mass. II., in: American Sociological Review, Vol. 53, pp. 1-8.

Oliver, Pamela E./Gerald Marwell/Ruy Teixeira (1985): A Theory of the Critical Mass. I. Interdependence, Group Heterogenity, and the Production of Collective Action, in: American Journal of Sociology, Vol. 91, pp. 522-556.

Olson, Mancur (1968): Die Logik des kollektiven Handelns. Kollektivgüter und die Theorie der Gruppen, Tübingen.

Olson, Mancur (1982): Aufstieg und Niedergang von Nationen. Ökonomisches Wachstum, Stagflation und soziale Starrheit, Tübingen.

Parsons, Talcott/Neil J. Smelser (1956): Economy and Society. A Study in the Integration of Economic and Social Theory, London: Routledge.

Pirker, Reinhard (1991): Der Transaktionskostenansatz – Ein brauchbares Paradigma zur Erklärung der Existenz von Firmen?, in: Österreichische Zeitschrift für Soziologie, 16. Jg., S. 18-26.

Powell, Walter W. (1990): Weder Markt noch Hierarchie: Netzwerkartige Organisationsformen, in: Kenis/Schneider (Hg.) (1996), S. 213-271.

Reiner, Sabine (1998): Was ist politisch an der Politischen Ökonomie? Joan Robinsons Beiträge zur Politisierung der ökonomischen Theorie, Baden-Baden.

Schumpeter, Joseph A. (1950): Kapitalismus, Sozialismus und Demokratie, Tübingen.

Streeck, Wolfgang/Philippe C. Schmitter (1985): Gemeinschaft, Markt und Staat – und die Verbände? Der mögliche Beitrag von Interessenregierungen zur sozialen Ordnung, in: Journal für Sozialforschung, 25. Jg., S. 133-157.

Walther, Herbert (1994): Ökonomische Doktrinen als Werkzeug politischer Legitimation. Das Beispiel Monetarismus, in: Egon Matzner/Ewald Nowotny (Hg.): Was ist relevante Ökonomie heute?, Marburg, S. 73-96.

Walther, Herbert (1996): Ökonomische Doktrinen als Werkzeug politischer Legitimation. Das Beispiel Keynesianismus, in: Kai Eicker-Wolf u.a. (Hg.): Wirtschaftspolitik im theoretischen Vakuum?, Marburg, S. 21-41.

Wegner, Gerhard (1996): Wirtschaftspolitik zwischen Selbst- und Fremdsteuerung – ein neuer Ansatz, Baden-Baden.

Wegner, Gerhard (1997): Economic Policy From an Evolutionary Perspective: A New Approach, in: Journal of Institutional and Theoretical Economics, Vol. 153, pp. 485-509.

Weiß, Jens (1998): Subjektive Rationalität, Frames und Institutionen als Grundlagen moderner Rational-Choice-Theorie, Wittener Diskussionspapiere, Nr. 5, Universität Witten/Herdecke.

Weiß, Jens (1999): Politik als gesellschaftliche Selbststeuerung, Schrift der Forschungsgruppe Politische Ökonomie, Marburg, im Erscheinen.

Williamson, Oliver E. (1975): Markets and Hierarchies: Analysis and Antitrust Implications, New York. Free Press.

Williamson, Oliver E. (1985): Die ökonomischen Institutionen des Kapitalismus: Unternehmen, Märkte, Kooperationen, Tübingen.

Williamson, Oliver E. (1991): Comparative Economic Organization: The Analysis of Discrete Structural Alternatives, in: American Sociologica, Quarterly, Vol. 36, pp. 269-296.

Allerlei Pyrrhus-Siege – Politikwechsel und Akteure im real existierenden Kapitalismus

„Demokratie". Zur Vieldeutigkeit eines Allerweltsbegriffs

Reinhard Kühnl

I

Die gegebenen gesellschaftlichen Zustände lassen sich auf platte oder auf subtile Weise rechtfertigen. In jeder Rechtfertigung stehen aber ein paar Begriffe im Zentrum, von denen die Benutzer sicher sein können, daß sie für die Mehrheit der Bevölkerung einen positiven Klang haben und weithin auf Zustimmung stoßen.

Als der preußisch-deutsche Militärstaat im November 1918 zusammengebrochen war, sahen sich die Politiker der herrschenden Klassen gezwungen, ihr altes Vokabular – Vaterland, Königstreue, Gottesfurcht, Autorität, Familie – zwar nicht gänzlich wegzuwerfen, aber doch gründlich zu modernisieren. Ins Zentrum trat nun auch in ihrer Selbstdarstellung jener Begriff, der die siegreiche Massenbewegung kennzeichnete: das *Volk*. Plötzlich dominierten auch im bürgerlichen und reaktionären Lager die „Volksparteien": Die von der Schwerindustrie beherrschten bisherigen Nationalliberalen hießen nun „Deutsche Volkspartei", und die bisherigen Konservativen hießen „Deutschnationale Volkspartei". Sie präsentierten sich sozusagen selber als „revolutionär", und ihre ideologische Speerspitze nannte sich ungeniert die „Konservative Revolution". Die extreme Rechte, die die Vernichtung der Arbeiterbewegung als soziale Kraft und die Demokratie als politische Form als ihr Ziel proklamierte, nannte sich „Nationalsozialistische Deutsche Arbeiterpartei" und verlangte eine „Revolution".

Diese groß angelegte politische Inszenierung hatte zum Ziel, der Linken ihre zentralen Begriffe, deren Wirkungsmacht sich in der Revolution gezeigt hatte, zu entreißen und sie für die Zwecke der Rechten verfügbar zu machen.

Natürlich setzte dieser Enteignungsversuch eine Umarbeitung ihrer Inhalte voraus. „Volk" war nunmehr nicht demokratisch, sondern ethnisch, „völkisch" gemeint: als Appell ans „deutsche Volk" als Kultur- und Blutsgemeinschaft, als Schicksals- und Kampfgemeinschaft. Die Elemente dieses Weltbildes waren seit Fichtes „Reden an die deutsche Nation" und den „Befreiungskriegen" herausgearbeitet und im ersten Weltkrieg zu einer völkisch-nationalistischen Mobilisierungsideologie verdichtet worden.

Doch für die suchenden Volksmassen mußte diese Inszenierung äußerst verwirrend wirken: Auf das „Volk" beriefen sich jetzt also alle. Sozialismus und Revolution waren links wie rechts zu haben. Und sieht man sich die Faschismusdiskussion seit 1945 an, in der viel von der „nationalsozialistischen Revolution" die Rede ist, so wird erkennbar: Die damals erzeugte Verwirrung hält bis heute an.

Im Mai 1945 brach die faschistische Diktatur in Deutschland unter den Schlägen der Anti-Hitler-Koalition zusammen. Die Ideologen der herrschenden Klassen, die bisher mit Hilfe des faschistischen Staates ihre weitreichenden Interessen verfolgt hatten, sahen sich erneut vor der Notwendigkeit, ihr politisches Vokabular zu revidieren – dieses Mal wesentlich gründlicher. Sogar Begriffe wie Nation und Vaterland und Adjektive wie konservativ waren nun für lange Zeit diskreditiert. Für eine Übergangszeit erwiesen sich Formeln wie die vom „christlichen Abendland" und von der „europäischen Kultur" als brauchbar, die den Sozialismus als Feind und als identisch mit „asiatischer Barbarei" kennzeichneten. Bald aber gewannen in der herrschenden Ideologie zwei Begriffe Dominanz, die bis zur Gegenwart ihre Wirkungsmacht behielten: Der Begriff des *Totalitarismus* ermöglichte nicht nur die Diffamierung und politische Ausgrenzung aller Kräfte, die die kapitalistische Eigentumsordnung bedrohten, sondern zugleich die Distanzierung vom Faschismus und seinen riesigen Verbrechen. Und der Begriff der *Demokratie* bezeichnete das positive Gegenbild zum Totalitarismus, das Gute, Vernünftige und Richtige.

So, wie nach 1918 auch die politischen Kräfte der herrschenden Klassen nun „Volksparteien" hießen, so hießen sie nach 1945 nun allesamt „demokratisch": Es gab nun – neben den Sozialdemokraten, die seit ihrer Gründung so geheißen hatten – „Liberaldemokraten", „Christdemokraten" und „Nationaldemokraten", kurzum: Es gab überhaupt nur noch Demokraten. Nur einige neofaschistische Gruppen blieben bei den alten Begriffen „Volk" (DVU) und „Sozialistisch"– allerdings in Verbindung mit dem „Reich", um Verwechslungen auszuschließen (SRP). Von den etablierten Parteien blieben nur die Kommunisten störrisch. Die geistige Enteignung der Linken durch die herrschende Ideologie hatte damit eine neue Stufe erreicht.

II

Wenn der Sinn der herrschenden Ideologie darin liegt, die bestehenden gesellschaftlichen Macht- und Eigentumsverhältnisse zu rechtfertigen, so stellt sich die Frage: Was bedeutet dann „Demokratie" innerhalb dieser Ideologie? Wie eingangs betont, gibt es darauf sowohl platte als auch subtile Antworten.

Die platteste Antwort lautet: Demokratie ist genau das, was wir hier haben. Oder anders gesagt: Alles, was hier an sozialen, ökonomischen und politischen Grundtatbeständen existiert, ist demokratisch. Wer also Kritik an diesen Grundstrukturen übt, ein „anderes System" will, ist ein Feind der Demokratie und grenzt sich selber aus. Ein Blick auf Politikerreden und deren Reflex in den Medien zeigt, daß ein beträchtlicher Teil des politischen Diskurses auf diesem Niveau stattfindet. Auch für die Praxis in Politik und Justiz sind diese Maßstäbe in hohem Grade relevant. Der Strafverteidiger Heinrich Hannover hat in seinen Publikationen eine Fülle von Beispielen aufgeführt und analysiert – von der Behandlung der Gegner der Remilitarisierung bis zu den Berufsverboten.

Subtilere Begründungen begnügen sich damit nicht. Sie verweisen auf die Texte des Grundgesetzes und der Länderverfassungen, auf die politische Philosophie von Platon bis Locke und Montesquieu und auf die Demokratietheorien der Gegenwart. Will die Linke den Demokratiebegriff nicht widerstandslos preisgeben, so ist sie gezwungen zu begründen, weshalb ihre Vorstellung von Demokratie eine ziemlich andere ist als die der herrschenden Ideologie.[1]

III

Wie aber gelingt es der herrschenden Ideologie, unter Berufung auf Demokratie die Demokratie sozusagen unschädlich zu machen? Seit die Gefahr der

---

[1] Zur Analyse des Zusammenhangs von bürgerlicher Gesellschaft und politischer Theorieentwicklung hat die Marburger Schule einiges beigetragen (Vgl. Deppe 1984; Deppe 1987; Deppe 1999; P. Römer 1978; R. Kühnl 1971 sowie Tuschling 1976).

Volksherrschaft sichtbar geworden ist, also seit der Französischen Revolution, wurden mancherlei Argumente und Formeln entwickelt, doch sie alle beruhen letzten Endes auf ein und derselben paradoxen Logik: Zu viel Demokratie ist gefährlich für die Demokratie – oder anders gesagt: je weniger Demokratie, um so besser für die Stabilität der Demokratie. Also: Die Hauptgefahr für die Demokratie ist das Volk, „der große Lümmel" (Heine). Manche Extremismus- und Totalitarismus-Theoretiker reden denn auch gar nicht mehr von „Demokratie" als dem Gegensatz zur (totalitären) Diktatur, sondern bevorzugen den Begriff „Verfassungsstaat" (vgl. dazu kritisch H. J. Lietzmann, 1997; vgl. auch J. Klotz 1999). Für den politischen Schlagabtausch ist das freilich weniger handlich und konnte deshalb auch nicht populär werden. Konstitutionalismus hat allerdings ohnehin mit Demokratie nicht viel zu tun.

Das Problem besteht nun darin, diese Grundüberzeugung zu vermitteln mit der nun einmal nicht zu leugnenden Grundnorm demokratischer Verfassungssysteme: „Alle Staatsgewalt geht vom Volke aus" (im Grundgesetz steht dies im Art. 20). Das ist keine einfache Aufgabe.

Im Wesentlichen wird das erreicht durch die Kombination von drei Elementen:

- die Reduzierung von Demokratie auf Parlamentarismus,

- die Verstümmelung der Demokratie durch das Repräsentationsprinzip und

- die Überdehnung der Gewaltenteilung.

Nicht behandeln will ich hier das deutsche Sonderbewußtsein, nach dem das Volk, von dem alle Staatsgewalt ausgeht, als ethnische Einheit (und nicht als territoriale) aufzufassen sei, „undeutsche Elemente" also von vornherein nicht zum „Volk" gehören können (vgl. dazu Hoffmann 1994; Klein 1997)

Parlamentarismus und Demokratie haben von Anfang an nichts miteinander gemein. Das eine war eine Sache des besitzenden Bürgertums, das Mitbestimmung im (monarchischen) Staat verlangte und jeden Gedanken an allgemeines, gleiches Wahlrecht weit von sich wies. Der soziale Interessengegensatz zwischen Kapital und Arbeit war im Parlament gar nicht präsent. Das Parlament repräsentierte lediglich die (verschiedenen) bürgerlichen Interessen. Das andere war die Sache der eigentumslosen Massen, die mittels des allgemeinen Wahlrechts die sozialen Verhältnisse umzugestalten hofften. Nachdem nun das allgemeine Wahlrecht im Gefolge der Revolutionen am Ende des ersten Weltkrieges nicht mehr aufzuhalten war, ging es für die besitzenden Klassen darum, die Volksmassen von jeder Möglichkeit direkter Gestaltung von Politik und Gesellschaft fernzuhalten.

An der Entwicklung unseres Landes nach dem zweiten Weltkrieg läßt sich dies sehr schön erkennen: Solange die antifaschistischen Reformkräfte einflußreich waren, wurde der Volkssouverän (in den Länderverfassungen der Jahre 1946/47) mit starken Kompetenzen ausgestattet: mit Volksbegehren und Volksentscheid, mit Widerstandsrecht gegen verfassungswidrig ausgeübte öffentliche Gewalt und vor allem auch mit direkter Gestaltungsmacht im Bereich der materiellen Produktion durch Sozialisierungsmaßnahmen. Im Grundgesetz, das 1948/49 entstand, waren diese Elemente direkter Demokratie schon stark zurückgenommen, Volksbegehren, Volksentscheid und Widerstandsrecht nicht mehr ausdrücklich erwähnt. Aber es war doch noch von „Abstimmungen" – neben „Wahlen" – als Handlungsmöglichkeiten des Volkssouveräns die Rede (Art. 20).

Hier griff nun die herrschende Staatsrechtslehre ein, die die „Abstimmungen" herausoperierte: Sie seien ja – abgesehen von der Frage der Neugliederung der Länder (Art. 29) – nirgends sonst ausdrücklich erwähnt, also nur in diesem einen Fall zulässig. Das ist eine sehr kühne Interpretation angesichts der Tatsache, daß Art. 20, der „Wahlen und Abstimmungen" garantiert, die zentralen allgemeinen Wesensbestimmungen des Staates enthält und daß er eben deswegen zur unantastbaren Säule der Verfassung erklärt worden ist (Art. 79,3). Doch sie wurde weithin akzeptiert, weil sie ins Konzept paßte: die möglichst weitgehende Entmachtung des Volkssouveräns. Und sie wird eisern durchgehalten. Noch im hessischen Wahlkampf brachte die FAZ (07.01.1999) einen fünfspaltigen Artikel unter dem Titel: „Volksbefragung und Volksentscheid kennt das Grundgesetz nur in einem Fall". Und der Mainzer Politikwissenschaftler J. Falter erklärte ohne Zaudern: „Abstimmungen sind im Bund nur im Falle der Länderneugliederung statthaft" (FAZ vom 02.01.1999).

IV

In dieser Logik hat der Volkssouverän seine Kompetenzen also ausgeschöpft, wenn er den Wahlakt vollzogen hat. Alles Weitere ist dann den gewählten Abgeordneten zu überlassen. Es geht ausschließlich um Auswahl des Herrschaftspersonals, nicht um inhaltliche Entscheidungen. „Wahlen" stellen demnach „die einzige allgemeine [...] direkte Mitwirkungsmöglichkeit der Bürger an politischen Entscheidungen dar" – so J. Falter (FAZ vom 02.01.1999). Um die Unabhängigkeit der Gewählten gegenüber ihren Wählern klarzustellen, bestimmt das Grundgesetz (Art. 38): Die Abgeordneten „sind Vertreter des ganzen Volkes, an Aufträge und Weisungen nicht gebunden und nur ihrem Gewissen unterworfen". In diesem Sinne ist die Bundesrepublik eine *repräsentative* Demokratie. Nicht nur das Parlament als Ganzes repräsentiert das Volk in seiner Gesamtheit, sondern jeder einzelne Abgeordnete.

Angesichts der Realitäten der Parteiendemokratie ist diese Bestimmung zwar für die politische Praxis belanglos. Denn tatsächlich bestimmen, wie jeder weiß, die Parteiführungen in starkem Maße das Abstimmungsverhalten der Abgeordneten. Theoriegeschichtlich ist dieser Artikel lediglich ein Relikt aus jener Periode des Parlamentarismus, als das Parlament noch sozial homogen im Sinne bürgerlicher Interessen war. Doch aktuell hat das Repräsentationsprinzip eine wichtige ideologische Funktion: Es soll die Überzeugung festigen, daß das Parlament und nur das Parlament im Namen des Volkes zu entscheiden befugt ist, auch wenn das dem Volk im konkreten Fall nicht paßt. Das Parlament vertritt nicht nur das Volk aus irgendwelchen praktischen Gründen, sondern das Parlament ist das Volk, sozusagen ontologisch. Irgendwelcher Druck von der „Straße" kann da – Meinungsfreiheit hin, Demonstrationsrecht her – eigentlich nicht geduldet werden. Die großbürgerliche Presse weist bei jeder Gelegenheit darauf energisch hin.

Auch die *Gewaltenteilung* hat – ihrem Ursprung und ihrer Grundidee nach – mit Demokratie nicht das Geringste zu tun. Dem aufstrebenden Bürgertum ging es darum, gegenüber der absolutistischen Monarchie einen Anteil an der politischen Macht zu erlangen, und zwar im Bereich der Gesetzgebung, damit Kalkulierbarkeit des staatlichen Verhaltens gewährleistet war. Dem Monarchen mochte die Verfügung über den staatlichen Gewaltapparat und über die Verwaltung, also die exekutive Macht, noch für einige Zeit verbleiben. Die Rechtsprechung galt (auch bei Montesquieu) ohnehin als bloßer „Mund des Gesetzes" – ohne eigene Potenz.

Angesichts der Durchsetzung des allgemeinen, gleichen Wahlrechts und der parlamentarischen Demokratie als politischer Form trat nun aber die konkrete Gefahr in den Blick, daß die besitzlosen Massen mittels Parlamentsmehrheit die Eigentumsordnung in ihrem Sinne umgestalten könnten. Entsprechende Diskussionen in der Vorkriegssozialdemokratie, an denen sich auch der alte Friedrich Engels beteiligte, ließen diesen „friedlichen Übergang" vom Kapitalismus zum Sozialismus als durchaus realistisch erscheinen.

Gesucht werden mußte also nach Möglichkeiten, die Macht der Volksvertretung – als derjenigen Institution der parlamentarischen Demokratie, die am stärksten und direktesten vom Volkswillen beeinflußt werden konnte, zu beschneiden. In diesem Kontext erhielt die Gewaltenteilung eine völlig neue Funktion. Auch hier war Deutschland beispielgebend: Die Weimarer Reichsverfassung reservierte dem Reichspräsidenten Diktaturvollmachten, mit deren Hilfe er Grundrechte aufheben, das Parlament auflösen und gegen die eigene Bevölkerung Militärgewalt einsetzen konnte (vgl. dazu jetzt B. Hoppe 1998).

Und die Gerichte nahmen das Recht in Anspruch, die von der Volksvertretung beschlossenen Gesetze daraufhin zu überprüfen, ob sie „rechtmäßig" waren, d. h. ob sie mit dem übereinstimmmten, was diese Richter als grundlegende Rechtsnormen und ewige „Werte" betrachteten. Die Justiz stellte sich also schlicht über die demokratisch legitimierte Volksvertretung. Es ist dies sozusagen der profane Ersatz für den Anspruch der katholischen Kirche, im Namen Gottes darüber zu entscheiden, was parlamentarische Gesetzgeber beschließen dürfen und was nicht – ein Anspruch, der soeben in der Enzyklika „Fides et ratio" erneut bekräftigt wurde. In der Weimarer Republik bedeutete die „Unabhängigkeit" der Justiz: Unabhängigkeit vom Volkswillen – soziologisch gesichert durch die soziale Herkunft des höheren Justizpersonals und politisch-ideologisch gesichert durch dessen Einbindung in konservativ-autoritäre Weltbilder. 1930 wurde dann die Volksvertretung von der Präsidialregierung weitgehend entmachtet und 1933 gänzlich nach Hause geschickt. Die Hitler-Regierung nutzte den Artikel 48 der Weimarer Verfassung enschlossen aus. Die Exekutivgewalt konnte nun eine schrankenlose Diktatur errichten, und die Justiz wirkte in dieser Diktatur aktiv mit. Personell mußte da nicht viel verändert werden.

Nach diesen Erfahrungen lehnte der Verfassungsgeber nach 1945 jede Notstandsermächtigung der Exekutive entschieden ab. Doch auf die Dauer wurde diese Gewaltenteilung von den herrschenden Kräften nicht akzeptiert. Mit den Notstandsgesetzen setzten sie aufs Neue weitreichende Vollmachten der Exekutive gegen das Volk „im Notstandsfall" durch – gegen heftigsten Widerstand einer breiten demokratischen Bewegung. Ein demagogisches Meisterstück aber stellte die gleichzeitige Verankerung des Widerstandsrechts dar, das die Länderverfassungen der antifaschistischen Reformperiode stark betont, das Grundgesetz aber nicht mehr erwähnt hatte. Dieser neu eingefügte Art. 20, 4 verzerrte die Grundidee des Widerstandsrechts – das Recht des Volkes auf Widerstand gegen den Staat, der den Boden der Verfassung verläßt – bis ins schiere Gegenteil: Nun kann – bei entsprechend großzügiger Interpretation im Sinne der „streitbaren Demokratie" – auch die Bildung von Freicorps gegen demonstrierende Linke oder streikende Arbeiter als Widerstandsrecht ausgegeben werden: Es richtet sich jetzt nämlich „gegen jeden, der es unternimmt", die verfassungsmäßige „Ordnung zu beseitigen". Dieser Artikel wurde präsentiert als der „demokratische" Ausgleich dafür, daß nun erneut die Exekutive Sondervollmachten erhalten hatte.

Nun ist durchaus zuzugestehen, daß sich die Grundidee der Gewaltenteilung gut einfügen läßt in ein demokratisches Modell öffentlicher Herrschaft. Denn wer wollte bestreiten, daß Sicherungen gegen Machtmißbrauch notwendig sind, der als Möglichkeit und Versuchung immer präsent ist. Gegen die Gefahr unkontrollierter Machtkonzentration kann die Existenz einer Mehrzahl voneinander unabhängiger Machtfaktoren einen gewissen Schutz bedeuten. Dabei wäre aber strikt zu unterscheiden zwischen solchen Machtfaktoren, die ihrerseits demokratisch strukturiert und kontrollierbar sind, und solchen, die das nicht sind. Konkret: Dezentralisierung politischer Macht, kommunale und föderale Machtfaktoren können eine demokratische Form von Gewaltenteilung darstellen, eine von der Volksvertretung „unabhängige" Militärmacht oder ein „unabhängiges" Privatfernsehen aber können das natürlich nicht.

Die herrschende Lehre geht nun allerdings gerade dahin, die Berufung auf „Gewaltenteilung" dafür zu nutzen, nicht nur den direkten Einfluß des Volkssouveräns, sondern auch den Einfluß der demokratisch legitimierten Volksvertretung zu minimieren. Gegenüber der These von der „Unabhängigkeit" der Justiz hatte schon Rousseau betont: „In einem Staat, der eine Verfassung, eine Gesetzgebung hat, ist die Jurisprudenz der Gerichte nichts anderes als das Gesetz". Montesquieu hatte – im gleichen Sinne – die Justiz als den „Mund" definiert, der „die Worte des Gesetzes verkündet". Daß in der Bundesrepublik das Bundesverfassungsgericht eine beinahe gottgleiche Stellung erhalten konnte, die in der gesamten demokratischen Welt nicht ihresgleichen findet, hat die Frage nach dem demokratischen Souverän in sehr „deutscher" Weise beantwortet.

Die gefährlichste Bedrohung für die Privilegien der besitzenden Klassen aber entsteht dann, wenn der Volkssouverän den Anspruch erhebt, auch über die Eigentumsordnung zu entscheiden. In einer ganzen Reihe von Fällen haben die besitzenden Klassen solche Ansprüche durch Einsatz von Militärmacht und die Errichtung von Diktaturen abgewehrt: so 1848 und 1918 in Deutschland, 1936 in Spanien und 1973 in Chile. Und auch bei der Errichtung der faschistischen Diktaturen 1922 in Italien, 1933 in Deutschland und 1934 in Österreich war dieses Motiv beteiligt.

Das Grundgesetz enthält zwar – im Unterschied zu den vorangegangenen Länderverfassungen – keine Sozialisierungsvorschriften mehr. Doch es definiert die Bundesrepublik in jenem zentralen Art. 20 als „sozialen" Staat, und es garantiert die Möglichkeit des Überganges in eine sozialistische Eigentumsordnung durch Überführung von „Grund und Boden, Naturschätzen und Produktionsmitteln [...] in Gemeineigentum". Nach dem Willen der Verfassung hatte also der Volkssouverän darüber zu bestimmen, welche Eigentumsordnung die Bundesrepublik haben sollte.

Diese Einbruchstelle für Demokratisierung galt es zu verstopfen. Abschaffung durch Verfassungsänderung war ohne einen Verfassungsbruch nicht möglich, da die Artikel des Grundrechtsteils, also auch der Art. 15, in ihrem „Wesensgehalt" nicht angetastet werden dürfen. Hier war es nun auf die Dauer die ideologische Macht der herrschenden Verhältnisse, verbunden mit der Macht einer hochmonopolisierten Meinungsindustrie, die im öffentlichen Bewußtsein schließlich das im Vergleich zum Text der Verfassung genau gegenteilige Bild über das Wesen „unserer Demokratie" erzeugen konnte. Spätestens seit der „geistig-moralischen Wende" zu Beginn der 80er Jahre und dann noch stärker seit dem Zusammenbruch der sozialistischen Staaten ist die Identifikation von „freiheitlicher Demokratie" und „Marktwirtschaft" im öffentlichen Bewußtsein so gefestigt, daß so gut wie alle relevanten Meinungsmacher die entsprechenden Formeln permanent daherplappern.

Nach dieser Logik sind also die materiellen Grundlagen der Gesellschaft dem Zugriff der Demokratie entzogen. Und wenn es dann noch gelingt sicherzustellen, daß auch die Bundesbank „unabhängig" bleibt – d. h. unabhängig vom Willen des Volkes und der Volksvertretung – dann kann die Demokratie kaum noch Schaden anrichten. Der Volkssouverän hat demzufolge in den Grundfragen der materiellen Existenz der Gesellschaft nichts zu bestellen; die Demokratie endet prinzipiell an den Schranken des Privateigentums. Das ist gerade das Freiheitliche an dieser Demokratie, daß der gesamte Bereich der materiellen Produktion und der Verteilung der Güter von Demokratie frei bleibt. Frau Noelle-Neumann, die Leiterin des Allensbacher Instituts, hat denn auch die „Freiheit" politisch direkt der Rechten zugeordnet und die „Gleichheit" der Linken – mit Bezug auf Hayek, der Freiheit mit den Werten Familie, Eigentum und Wettbewerb verbunden habe (vgl. Politische Meinung, H. 349). Dieses Verständnis von Demokratie ist eine schöne Veranschaulichung für die Unterscheidung, die die marxistische Gesellschaftslehre zwischen „herrschenden Klassen" und „politischen Machtträgern" trifft. Die FAZ (13.03.99), offensichtlich bemüht, den Marxismus zu bestätigen, schrieb nach dem Rücktritt des

Finanzministers Lafontaine, dieser habe „noch einmal in einem trotzigen Aufbegehren den Entscheidungskampf des ordnenden und ausgleichenden Staates gegen die Macht der Wirtschaft und die Gesetze des Marktes" gesucht. „Er hat ihn verloren". Denn: „Die Politik" habe „die Definitionsmacht über die Wirklichkeit verloren".

V

Radikaldemokratische und sozialistische Theoretiker haben mancherlei Konzepte entwickelt, um Demokratie im Sinne von Volksherrschaft realisierbar zu machen. Wenn nun Demokratie tatsächlich als Volksherrschaft aufgefaßt werden soll, so folgt daraus zweierlei: Erstens ist der Volkssouverän für die Gestaltung von Politik und Gesellschaft insgesamt zuständig, also auch für die Frage der Eigentumsordnung, der Produktion und Verteilung des gesellschaftlichen Reichtums usw. Selbstverständlich muß die Zukunft als prinzipiell offen gelten, also auch als ganz „andere Zukunft" gestaltet werden können. Der stereotype Vorwurf der Verfassungsschutzberichte, bestimmte politische Kräfte wollten „eine andere Republik", „ein anderes System" schaffen, erweist sich in dieser Perspektive als schlicht antidemokratisch. Zweitens sind Willensbildung und Entscheidungsprozesse so zu gestalten, daß sich alle politischen und geistigen Potenzen des Volkssouveräns auf allen Ebenen optimal und permanent entfalten können. Das setzt Kompetenz voraus, d. h. den Zugang für alle zum Wissen und zum kulturellen Reichtum ihrer Zeit. Und das setzt institutionelle wiederum Vorkehrungen voraus, um von den kommunalen und betrieblichen Lebenswelten bis hin zu den gesamtpolitischen Entscheidungsprozessen den Individuen und Gruppen optimale Mitwirkungsmöglichkeiten zu gewährleisten.

Losgelöst von diesen Voraussetzungen, kann plebiszitäre Mobilisierung durch mächtige oligarchische Partei- und Ideologieapparate allerdings gefährliche Wirkungen hervorrufen. Die auf den „Weltkriegshelden", d. h. auf Militarismus und Nationalismus abgestellten Massenmobilisierungen für Hindenburg als Reichspräsident und die auf Rassenhaß und Antikommunismus konzentrierten Mobilisierungen für den Führer Adolf Hitler zeigen das sehr anschaulich. Die bürgerlichen Parteien, die sich als demokratisch verstehen, grenzen sich deswegen in der Regel nicht nur von allen Formen direkter Demokratie ab, sondern auch von solchen Formen der massenhaften Mobilisierung von Angst und Haß.

Diese Position hat die CDU/CSU im hessischen Wahlkampf im Januar 1999 allerdings preisgegeben, wie die FAZ (07.01.1999) warnend feststellt:

> CDU und CSU waren bisher verläßliche Stützen der repräsentativen Demokratie. Von der Idee, dem politischen System der Bundesrepublik müßten im Sinne von mehr Partizipation und „Demokratisierung" plebiszitäre Elemente hinzugefügt werden, ließen sie sich nie befeuern.

Nach der verlorenen Bundestagswahl vom September 1998 jedoch haben sie sich „die Regression des Unterschriftensammelns erlaubt [...] Bricht sich da ein neues Politikverständnis Bahn, zumindest aber ein politischer Stil, der ‚bürgerlich' nicht mehr genannt werden kann?" Die FAZ läßt offen, ob der „gefährliche Weg" darin liegt, daß die Union eine „basisdemokratische Erneuerung" sucht – oder darin, daß sie, wie leicht zu erkennen ist, durch Mobilisierung von Angst und Haß, in diesem Fall in der „Ausländerfrage", zu Kampfformen der Rechten der Weimarer Republik zurückkehrt. Das bisher konsequent vertretene Prinzip der repräsentativen parlamentarischen Demokratie hat sie jedenfalls verlassen.

Plebiszitäre Verfassungselemente sind also nicht frei von Ambivalenzen. Ihre bedrohlichen Momente können um so leichter gebändigt werden, wenn der Volkssouverän über Kenntnisse der Probleme und über politische Erfahrung verfügt. Die genannten negativen Beispiele sind also gerade kein Argument gegen die direkte Demokratie, sondern ein Argument dafür: Die erforderlichen Kompetenzen kann der Volkssouverän nur durch Praxis erlangen – und nicht dadurch, daß er den Berufspolitikern im Fernsehen dabei zuschaut, wie sie Politik inszenieren.

Deshalb hat schon Rousseau den Gedanken zurückgewiesen, daß der Volkssouverän „repräsentiert" werden könne durch die Gewählten. Die Theoretiker der Rätedemokratie, die nach dem ersten Weltkrieg zunächst stark an Popularität gewann, haben die Gewählten deshalb im Geiste Rousseaus definiert als bloße Beauftragte ihrer Wähler, also gebunden an deren Willen, rechenschaftspflichtig gegenüber ihren Wählern und jederzeit abberufbar von ihren Wählern. Die Erfahrungen mit der Weimarer Demokratie, die durch Parlamentarismus und Gewaltenteilung gekennzeichnet war, sahen dann in der Tat sehr eindeutig aus: Demokratisch nicht legitimierte und nicht kontrollierbare Kräfte in Großwirtschaft, Militär, staatlicher Bürokratie und Justiz konnten nach 1930 die Demokratie zielbewußt aushebeln. Eben diese Erfahrungen führten die Antifaschisten dann nach 1945 zur scharfen Betonung direkter

Handlungsmöglichkeiten des Volkssouveräns durch plebiszitäre Elemente wie auch durch die Unterwerfung beträchtlicher Teile der Privatwirtschaft unter die Kontrolle des Volkssouveräns.

Alle diese Erfahrungen bleiben wichtig, und alle diese Konzepte bleiben anregend für künftige Bemühungen um „mehr Demokratie". Daß seit den 70er Jahren allerlei Bürgerinitiativen aufkamen, daß das Verlangen nach stärkerer Verankerung von Elementen direkter Demokratie immer aufs Neue sich artikuliert, daß die Mehrheit der Bevölkerung davon überzeugt ist, daß „die da oben" ja doch machen, was sie wollen, zeigt an: Das Bedürfnis nach Selbstbestimmung und nach wirklicher Demokratie ist trotz der gewaltigen ideologischen Apparate und ihrer Politikinszenierungen und trotz der permanenten Ohnmachtserfahrungen nicht totzukriegen. Die neue Regierung aus SPD und Grünen hat solche Bedürfnisse aufgenommen und in ihrem Koalitionsvertrag zum Thema demokratische Beteiligungsrechte geschrieben: „Dazu wollen wir auch auf Bundesebene Volksinitiative, Volksbegehren und Volksentscheid durch Änderungen des Grundgesetzes einführen."

Diese Idee, daß da etwas fehlt in dieser Wirklichkeit, daß es anders sein könnte, als es ist, macht das Lebenselement dessen aus, was Ernst Nolte die „ewige Linke" nennt. Und eben deswegen ist gegen diese Idee weiterhin der härteste Kampf notwendig – auch nach dem Zusammenbruch der sozialistischen Staaten.

Die Demokratiefrage wirft aber auch aus der Sicht der Linken theoretische Probleme auf, die jenseits der politischen und praktischen Hindernisse liegen, die ich bisher skizziert habe. Es geht um die Frage der Legitimität demokratischer Entscheidungen. Warum sind Mehrheitsentscheidungen eigentlich legitim? Man kann darauf pragmatisch antworten: Irgendwie muß ja entschieden werden, und bei diesem Verfahren gibt es die wenigsten Benachteiligten. Man kann diese Benachteiligungen noch dadurch vermindern, daß man allerlei Schutzklauseln für Minderheiten einführt, die durch Mehrheitsbeschlüsse nicht verletzt werden dürfen. Das mildert das Legitimationsproblem, löst es aber nicht: Warum hat die Mehrheit das Recht, der Minderheit ihren Willen aufzuzwingen?

Eine Lösung erscheint nur dann möglich, wenn man auf die Prämisse verzichtet, daß das Prinzip der Majorität das Wesensprinzip der Demokratie sei.

> Denn in der bloßen Mehrheit der Stimmen ist doch kein eigentlicher Rechtsgrund dafür zu finden, daß sie entscheiden sollte. Im Gegenteil, die bloße Majorität führt zur Aufhebung jeder Selbstbestimmung des Volkes, da es stets den kleineren Teil durch den größeren Teil vergewaltigt. Wenn

die Demokratie tatsächlich ohne Majoritätsbeschlüsse nicht auskommen kann – und dies ist gewiß der Fall –, so muß der Grund hierfür doch in etwas anderem gelegen sein als in der bloßen grobschlächtigen Überzahl der Stimmen.

So der austromarxistische Rechtsphilosoph und Soziologe Max Adler in seiner Schrift „Demokratie und Rätesystem" (Wien 1919, zitiert in Adler 1964: 122 ff.). Und Max Adler fährt – mit Berufung auf Rousseau – fort:

> Das wirkliche Lebensprinzip der Demokratie [...] ist nicht der Wille der Mehrheit, sondern der *Gemeinwille*, der *allgemeine Wille*. Die Abstimmung ist nach Rousseau nur das Mittel, durch welches der Gemeinwille konstatiert werden soll. Die Überstimmten haben sich zu fügen, nicht weil sie die wenigeren sind, nicht weil die anderen die stärkeren sind, sondern weil die Abstimmung gezeigt hat, daß sie mit dem Gemeinwillen im Widerspruch sind. (ebd.; Herv. i. Orig.)

Diese kühne These beruht offenbar auf einer Voraussetzung: Daß nämlich tiefgreifende Interessengegensätze derart, daß der Nutzen der einen der Schaden der anderen ist, in der Gesellschaft nicht existieren. Für die Zeit Rousseaus gesprochen: daß das revolutionäre Bürgertum die Befreiung der Menschheit von allen Herrschaftsgegensätzen bringen und eine „solidarische Volkseinheit begründen" werde.

> Sobald nämlich das Volk eine *solidarische Gemeinschaft* bildet, sobald es also keine Lebensgegensätze mehr im Volksganzen gibt, von denen aus die Abstimmungen sich organisieren, bedeuten auch wirklich die Verschiedenheiten in der Stimmenzahl *keine Vergewaltigung von Lebensinteressen mehr*, sondern nur noch mehr oder minder sachliche Meinungsverschiedenheiten über Zweckmäßigkeit und Dringlichkeit vorgeschlagener Entscheidungen. Die Abstimmung wird zu einem bloßen Akt gesellschaftlicher Verwaltung oder Geschäftsführung. Und so wenig sich in einem Verein oder in einer Handelsgesellschaft die Überstimmten vergewaltigt fühlen – sofern die Abstimmung sich nicht auf den Zweck des Ganzen bezieht, was im Staate den außer Frage gestellten Lebensinteressen aller Bürger entspricht –, weil das was beschlossen wird, immer noch *auch* von ihnen gewollt wird, wenn sie es auch ganz anders durchgeführt gesehen hätten, so wenig ist dies in einer solidarischen Volksgemeinschaft der Fall. (ebd.; Herv. i.Orig.)

Für die dann etablierte bürgerlich-kapitalistische Gesellschaft erwies sich diese Voraussetzung freilich rasch als eine Illusion. Eben die von Rousseau als bedrohlich gesehene Ungleichartigkeit der Lebensverhältnisse nahm alsbald extreme Formen an.

> Und dies ist auch die geschichtliche Tragik der Demokratie der bürgerlichen Welt: sie muß zuschanden werden an den aus ihren Existenzbedingungen hervorgehenden ökonomischen Klassengegensätzen. Die Idee des Gemeinwillens – und das ist die Demokratie – findet keine Möglichkeit einer Verwirklichung in einem Gesellschaftszustand, in welchem jede Abstimmung, gerade wenn sie in wirklich demokratischen Formen erfolgt, nur auf die Gegensätze des Klassenwillens zurückführen muß [...] In den Formen der parlamentarischen Selbstbestimmung des Volkes vollzieht sich immer nur ein Stück des Klassenkampfes: sie ist stets Machtdurchsetzung, Gewalt der einen Klasse gegen die andere, die mit ihrer Majorität die Gesetze der widerstrebenden Klasse aufzwingt. (ebd.)

Daraus ergibt sich, daß auch die Frage der Legitimität von Mehrheitsentscheidungen nicht abstrakt und dogmatisch zu lösen ist, sondern nur als historischer Prozeß realer Demokratisierung.[2]

Wenn also in einer Klassengesellschaft von Demokratie die Rede ist, so ist es sehr notwendig, sich klar zu machen, daß damit „nur die politische Demokratie gemeint ist, d. h. die Demokratie, die eigentlich keine Demokratie ist und daher überwunden werden muß, wenn man Demokratie will; daß aber, wo von Demokratie im klassenlosen Staate die Rede ist, die soziale Demokratie gemeint ist, das heißt eine Demokratie, die noch gar nicht ist, aber erkämpft werden muß, wiederum wenn man Demokratie will." Das ist ein sehr langer und zugleich schwieriger Weg. Aber anders wird es nicht gehen.

---

[2] Der Machtverlust des Nationalstaats zugunsten größerer politischer Einheiten (wie der EU) und transnationaler Konzerne kompliziert diese Aufgabe enorm, verändert ihren Charakter aber nicht prinzipiell (vgl. dazu Deppe 1994 sowie Habermas 1998)

Literatur

Adler, M.: Die Staatsauffassung des Marxismus, Darmstadt 1964 (Original: Wien 1922)

Deppe, F.: Eigentum und Staat als Gegenstand der Gesellschaftstheorie und Politik in der Epoche der Herausbildung des Kapitalismus, in: IMSF (Hg.), Der Staat im staatsmonopolistischen Kapitalismus der Bundesrepublik. Staatsdiskussion und Staatstheorie, Frankfurt 1984, S. 8-48

Deppe, F.: Niccolò Machiavelli. Zur Kritik der reinen Politik, Köln 1987

Deppe, F.: Politisches Denken im 20. Jahrhundert. Die Anfänge, Hamburg 1999

Deppe, F.: Ein neuer Gesellschaftsvertrag, in: Sozialismus 7/94, S. 25-37

Habermas, J.: Die postnationale Konstellation, Frankfurt a. M. 1998

Hoffmann, L.: Das deutsche Volk und seine Feinde, Köln 1994

Hoppe, B.: Von der parlamentarischen Demokratie zum Präsidialstaat, Berlin 1998

Klein, M. A.: Zu einer Reform des deutschen Staatsangehörigkeitsrechts, Frankfurt 1997

Klotz, J.: Schlimmer als die Nazis? Das Schwarzbuch des Kommunismus. Die neue Totalitarismusdebatte und der Geschichtsrevisionismus, Köln 1999

Kühnl, R.: Formen bürgerlicher Herrschaft. Liberalismus – Faschismus, Reinbek bei Hamburg 1971

Lietzmann, H. J.: Von der konstitutionellen zur totalitären Diktatur. Carl Joachim Friedrichs Totalitarismustheorie, in: Söllner, A. u. a. (Hg.), Totalitarismus. Eine Ideengeschichte des 20. Jahrhunderts, Berlin 1997, S. 174 – 194

Römer, P.: Entstehung, Rechtsform und Funktion des kapitalistischen Privateigentums, Köln 1978

Tuschling, B.: Rechtsform und Produktionsverhältnisse. Zur materialistischen Theorie des Rechtsstaats, Köln/Frankfurt 1976

Die Verräter sind über uns.
Einige Gedankenfragmente zum Thema
„Intellektuelle und Politik" heute

Frank Deppe

1

„Die Verräter sind unter uns!" So betitelte am 22. April 1999 – also fast einen Monat nach Beginn des Kosovo-Krieges – die Wochenzeitung DIE ZEIT einen langen Artikel, der von den „Renegaten" handelte, die heute in der Bundesrepublik Deutschland politische Spitzenpositionen einnehmen und in den Medien ihr Meinungsklima bestimmen. Diese haben mit ihrem „alten Glauben" gebrochen und wirken heute für Institutionen, Werte und politische Positionen, die sie früher entschieden bekämpft haben. Der Bundeskanzler[1] selbst wird in der ZEIT nicht erwähnt, sondern nur sein Außenminister Joschka Fischer. Daneben werden Journalisten, Schriftsteller und weitere Politiker genannt: Jürgen Trittin, Daniel Cohn-Bendit, Christian Semler, Thomas Schmid, Hans Magnus Enzensberger, Cora Stephan und Horst Mahler. Viele Namen wären hier noch zu ergänzen: u.a. Antje Vollmer, Joschka Schmierer, Bernd Rabehl, Ralf Fücks, Rezzo Schlauch, Martin Walser.

Dazu gesellen sich natürlich die unzähligen „Renegaten", d.h. ehemalige Kommunisten und „Marxisten-Leninisten", die das Ende der DDR und des „Realsozialismus" nicht nur in Deutschland hinterlassen hat. Die „KP-Renegaten", die ehemals „Einhundertfünfzigprozentigen", sind – so dachten

---

[1] Der große alte Mann der niedersächsischen Sozialdemokratie, Peter von Oertzen, wies jüngst den Vorwurf zurück, er sei der Lehrmeister von Gerhard Schröder gewesen. Er habe sogar einmal verhindert, daß ein jungsozialistischer, „linksradikaler Schwätzer" dieses Namens Ortsvereinsvorsitzender von Göttingen geworden sei. Auch der Bundesarbeitsminister, Walter Riester, wurde in den frühen 80er Jahren – noch als Tarifexperte im Bezirk Stuttgart der IG Metall – mehrfach als „U-Boot" der DKP und ihres „Nachrichten Verlages" angegriffen.

wir bislang – die unappetitlichsten von allen Verrätern; denn sie haben in ihrer alten Bürokratie und Hierarchie die zynische Anbiederei gegenüber den Mächtigen, den Opportunismus und den Verlust autonomer Denkfähigkeit als eine Lebensmaxime verinnerlicht, die in neuen Machtkontexten vortrefflich weiter funktioniert. Außerdem mußten KP-Renegaten in den Zeiten des Kalten Krieges stets besondere Anpassungs- und Denunziationsleistungen vollbringen, um ihre Nützlichkeit zu beweisen. Besonders abstoßende westdeutsche Exemplare solchen Renegatentums repräsentieren z.B. der ehemalige Parteidichter Peter Schütt und der Verleger linksradikaler und pornographischer Schriften, Klaus Rainer Röhl, der – wie Horst Mahler – von der extremen Linken zur extremen Rechten abgedriftet ist.

Viele aus der sog. 68er-Generation und aus den sozialen und politischen Bewegungen der 70er Jahre sind inzwischen verstummt. Sie haben die Brüche, Niederlagen und Enttäuschungen ihrer politischen Biographie entweder verdrängt, oder sie befragen sie immer wieder aufs neue. Die hier angesprochenen „Renegaten"[2] freilich sind die Extrovertierten von damals und heute: die „local heroes", die Teach-in-Stars, die selbsternannten Häuptlinge maoistischer Bünde und Parteien. Heute sind sie Minister oder Chefredakteure geworden, die öffentlich reden müssen und wollen. Nicht alle haben mit dem Kosovo-Krieg ihr „August-1914-Erlebnis"[3], und nicht alle fordern so entschieden wie

---

[2] Die Welle des Renegatentums erfaßte zuerst – schon im Übergang von den 70er zu den 80er Jahren – die Universitäten und dort vor allem diejenigen Bereiche, die in den 70er Jahren „Bastionen" der Linken, des theoretischen Marxismus etc. gewesen waren (vgl. dazu Deppe 1995 und 1996).

[3] Nicht wenige Sozialdemokraten gaben im August 1914, mit Beginn des Ersten Weltkrieges ihre bis dahin vertretenen antimilitaristischen und antiimperialistischen Positionen auf. Sie teilten und schürten die Kriegsbegeisterung im Volke und huldigten dem Kaiser, der erklärte, er kenne keine Parteien mehr. Sie zitierten sogar Marx und Engels, um den Krieg des Deutschen Reiches gegen das russische Zarenreich als einen Verteidigungskrieg und daher als einen „gerechten Krieg", als einen Krieg des deutschen Sozialdemokraten und Gewerkschaftssekretärs gegen das autoritäre und kulturell rückständige System des russischen Zarismus zu legitimieren. Die Partei- und Gewerkschaftspresse des ersten Kriegsjahres ist voll von solchen Rechtfertigungen, deren Kritik Rosa Luxemburg in ihrer „Junius-Broschüre" in der Formulierung zusammenfaßte, die Sozialdemokratie sei ein „stinkender Leichnam" geworden. Ein Teil dieser Sozialdemokraten vertrat mit der Politik des Burgfriedens (mit der Sozialdemokratie als „Ordnungskraft") allerdings weiterreichende politische Ziele. Aus dem Kriegstagebuch des Reichstagsabgeordneten Eduard David (das 1966 von E. Matthias und S. Miller veröffentlicht wurde) geht eindeutig hervor, daß zumindest einer einflußreichen Gruppe am rechten Flügel der Fraktion die Kriegsschuldfrage völlig gleichgültig war. Die Abgeordneten Cohen-Reuß, David, Göhre, Heine, Robert Schmidt, Schöpflin, Südekum und Otto Wels sahen in der Unterstützung der wilhelminischen Kriegspolitik von Anfang an nur eine Möglichkeit zur Durchsetzung „ihrer politischen Ziele: Kooperation mit der Reichsleitung und den bürgerlichen Parteien, Aufhebung des Dreiklassenwahlrechtes in Preußen, Parlamentarisierung des

Daniel Cohn-Bendit (zusammen mit französischen Ex-Maoisten) die Eskalation des NATO-Luftkrieges gegen Jugoslawien zum Einsatz von Bodentruppen. Gleichwohl hat sich – so DIE ZEIT (die dieses „Renegatentum"[4] durchaus positiv beurteilt, denn immerhin gehören auch einige ihrer führenden Journalisten in diese Kategorie) – „über Nacht [...] die herrschende Lesart geändert, was aus der Geschichte zu lernen sei. Die Verbrechen der Deutschen, die noch vor wenigen Jahren die Nichtteilnahme der Bundeswehr am Krieg auf dem Balkan begründeten, dienen jetzt zur höheren moralischen Legitimation des Gegenteils: Deutsche Soldaten dürfen nicht fehlen, wo Vertreibung und Völkermord bekämpft werden". Immerhin verlieh DIE ZEIT am 29. April 1999 dieser Läuterung eine höhere Weihe. Jürgen Habermas, zweifellos der prominenteste Linksintellektuelle der Bundesrepublik Deutschland, rechtfertigte die Gewaltanwendung im Kosovo-Krieg (und damit die Politik der Bundesregierung) nicht nur mit der Verletzung der Menschenrechte durch die Serben, sondern auch mit der „Transformation des Völkerrechts in ein Recht der Weltbürger" – als Bedingung für die Legitimation von militärischer Gewaltanwendung für die Durchsetzung der Menschenrechte.

2

Seit Émile Zola 1898 den Richtern des Majors Dreyfus (in der Zeitung „L'Aurore") sein „J'accuse" entgegengeschleudert hatte, galt der Intellektuelle als die kritische (individualistische) Stimme des Rationalismus, der Aufklärung und der Demokratie gegen die Mächtigen. Diese hatten sich – auch in Frankreich am Ende des 19. Jahrhunderts – mehr und mehr von den Idealen der Aufklärung, des Rationalismus und der Revolution von 1789 ab- und den Ideologien des Sozialdarwinismus, des Neomachiavellismus, der Elitentheorien, des autoritären Staates, des Nationalismus etc. zugewandt. Dabei handelte

---

Reichs und monarchischer Spitze, Umformung der Sozialdemokratie von 'einer Handarbeiterpartei' zur 'Volkspartei' [...] David trat auch für die Bildung eines 'großen deutschen Kolonialreiches' ein." (Deppe/Fülberth/Harrer 1979: 489 f.).

[4] Während der Begriff des „Renegaten" in der kommunistischen Bewegung als ein besonders negatives (und auch lebensgefährliches) Verdammungsurteil angesehen wurde, hat die liberale Öffentlichkeit – vor allem in der Zeit des Kalten Krieges – den ehemaligen Kommunisten und Revolutionären ihre Lernprozesse stets verziehen, wenn sie denn für den „antikommunistischen Kreuzzug" der „freien Welt" instrumentalisierbar waren.

es sich um Facetten des imperialistischen Denkens, das nicht nur Reaktion auf die Veränderungen in der zwischenimperialistischen Konkurrenz war, sondern auch auf den Klassenkampf, d.h. den Aufstieg der sozialistischen Arbeiterbewegung am Ende des 19. Jahrhunderts, reagierte. Von Zola über Proust und Gide zieht sich – im 20. Jahrhundert – in der politischen Kultur Frankreichs bis zu Jean-Paul Sartre und Simone de Beauvoir eine Linie der (immer wieder neu erkämpften) Anerkennung der intellektuellen Kritik und Autonomie, die mit der Rolle des großen Schriftstellers verbunden war (vgl. dazu die Studie von Winock 1997 sowie Albertin 1988).

Unterscheiden wir die Intellektuellen von den Ideologen; denn es wäre ganz falsch, alle Angehörigen der sozialen Schicht der Intelligenz als systemkritische „Intellektuelle" zu bezeichnen. Diese waren und sind stets eine Minderheit unter den Schriftstellern, den Lehren und Professoren, den Priestern und den darstellenden Künstlern gewesen. Vor allem Antonio Gramsci hat auf die Bedeutung der „organischen Intellektuellen" aufmerksam gemacht (vgl. dazu Deppe 1988). Jede Klasse bildet ihre eigenen Intellektuellen aus, die „ihr Homogenität und das Bewußtsein ihrer eigenen Funktion verleihen, nicht nur auf ökonomischem, sondern auch auf politischem und sozialem Gebiet". Die „organischen Intellektuellen" des herrschenden Blocks (von Klassen und Klassenfraktionen) üben darüber hinaus eine zentrale Funktion bei der Herrschaftssicherung, bei der Formulierung und Stabilisierung von Hegemonie aus. Dabei werden auch – periodisch – immer wieder Repräsentanten der kritischen Intellektuellen oder organische Intellektuelle der systemoppositionellen sozialen Klassen in den herrschenden Block integriert. Parteien, die – in ihrer Gründungs- und Aufschwungsphase – als politischer Ausdruck einer sozialen Bewegung zugleich ein Programm der fundamentalen Systemopposition vertreten, üben dabei oftmals eine Scharnierfunktion aus. Sobald sie aus der Opposition ins Regierungslager wechseln, ziehen sie auch Scharen von Intellektuellen mit, die nunmehr die herrschende Politik nicht mehr kritisieren, sondern legitimieren. Solche Wandlungen vollziehen sich am Anfang des Jahrhunderts – bis zum Ersten Weltkrieg – im Kontext der sozialistischen Parteien der II. Internationale. Am Ende des Jahrhunderts, nach einer langen Periode der neoliberalen Hegemonie sind entweder sozialdemokratische Parteien (wie z.B. New Labour in Großbritannien) oder Parteien, die aus der Friedens- und Ökologiebewegung der 70er Jahre hervorgegangen sind – wie die Partei der GRÜNEN in Deutschland – zu Katalysatoren solcher Umbrüche geworden.

Die traditionalen Intellektuellen, die der alten Feudalgesellschaft, waren die Priester. In der bürgerlichen Gesellschaft spielen u.a. die Philosophen –

Gramsci kam hier immer wieder auf die Rolle von „Mandarinen"[5] wie Bendetto Croce in Italien zurück – eine zentrale Rolle. Für den modernen Typus der industriekapitalistischen Gesellschaft – des „Fordismus" und „Amerikanismus" – sind Techniker und Ingenieure, aber auch diejenigen, die die sog. „Freizeitindustrien" beherrschen, charakteristisch. Die Arbeiterklasse bringt – davon war der Kommunist und Leninist Gramsci überzeugt – ihre eigenen Intellektuellen hervor. Die kommunistische Partei – mit ihren Bildungsinstitutionen, ihren Aufklärungskampagnen und ihren Aktivitäten im Bereich der Kultur – ist der Ort für die Schaffung des neuen Intellektuellen, der zugleich mit der Welt der neuen Produktion auf das engste verbunden ist. Gramsci hat daher auch die leninistische Partei als den „kollektiven Intellektuellen" bezeichnet.

Selbstverständlich hat sich im Laufe des vergangenen Jahrhunderts die Rolle und die Gestalt des Intellektuellen gewandelt. Lange wurde der Schriftsteller als der Prototyp des modernen Intellektuellen begriffen; bis Michel Foucault in den 70er Jahren den Tod des – universalistisch orientierten – Intellektuellen verkündete (und damit die Rolle von Jean-Paul Sartre meinte). Für solche Wandlungen sind in letzter Instanz Veränderungen in der Struktur der Öffentlichkeit – d.h. stets auch Veränderungen in der Struktur und Entwicklung der Zivilgesellschaft – von entscheidender Bedeutung. Mit dem Vormarsch des Fernsehens, aber auch mit der Durchsetzung des Konsumkapitalismus nach US-amerikanischem Vorbild und mit der Abschwächung der politischen Artikulation des Klassenantagonismus hat eine Veränderung und zugleich Trivialisierung der Intellektuellenrolle stattgefunden. Die großen Philosophen, Schriftsteller, die intellektuell gebildeten Politiker etc. haben an Einfluß gegenüber den „Quotenkönigen" der Privatsender verloren. Intellektuelle können nicht nur als die „Magier der Worte" definiert werden, sondern auch als diejenigen, die maßgebend – im Sinne von Gramsci – an der Produktion und Reproduktion von Hegemonie (im Sinne von vorherrschenden Deutungsmustern in den Alltagswelten) beteiligt sind. Daher haben sie heute mehr denn in der Vergangenheit eine „Life-style"-Orientierungsfunktion für junge Menschen, deren formales Bildungsniveau in der Regel erheblich angestiegen ist und die z.B. möglichst schnell und erfolgreich ein Studium der Betriebswirtschaftslehre an einer Universität absolvieren wollen, um bald eine leitende, gut dotierte Position in der privaten Wirtschaft einzunehmen. Die großen Intellektuellen dieser

---

[5] Mit dem Begriff des „Mandarinen" hat Fritz Ringer (1987) die Rolle der Gelehrten in Deutschland zwischen 1890 und 1933 charakterisiert. Bei Gramsci entspricht z.B. die Funktion von Croce den Herrschaftsverhältnissen im Süden Italiens, dem Bündnis von städtischem Bürgertum (Neapel) und quasi-feudalen Großagrariern.

"neuen Eliten" des Casino-Kapitalismus und der Fitness-Center – im Sinne von „Leitbildern"– sind z.b. Claudia Schiffer, Boris Becker, Michael Schumacher und Lothar Matthäus. Die kritischen Intellektuellen dieser Generation dagegen haben in den postmodernen Comedy Shows ihre Wirkungsstätte gefunden. Die Pop-Art-Nivellierung hat auf jeden Fall dazu beigetragen, daß die modernen „Intellektuellen" immer weniger aus dem wohlhabenden und gebildeten Bürgertum oder Großbürgertum entstammen, sondern „Aufsteiger" (in der Regel aus den Mittelschichten) sind, deren Erfolg und Präsentation mit den jeweiligen Regeln kommerzieller Vermarktung übereinstimmen muß. Die Bereitschaft, sich diesen Regeln anzupassen, um von ihnen individuell zu profitieren, ist daher besonders ausgeprägt.

Diese Regeln gelten aber auch (und besonders) für das politische Geschäft, das den Quoten des Politbarometers, den Werbestrategien von Wahlkämpfen, der extremen Personalisierung von Spitzenkandidaten usw. unterliegt. Die Aufsteiger in der Politik, die vor allem aus den radikalen Sektoren der „neuen sozialen Bewegungen" der 70er und der 80er Jahre kommen, sind – wenn sie einmal den „politischen Realismus", und das heißt: das Ziel, Regierungsverantwortung in Koalitionen zu übernehmen – akzeptiert haben, in besonderer Weise zu solchen Anpassungsleistungen bereit; denn sie sind in der Regel zu einem Zeitpunkt Berufspolitiker geworden, als sie über keine eigene Berufserfahrung (damit auch keine eigenen Quellen der materiellen Reproduktion) verfügten. Am Anfang glaubten sie noch an eine Karriere eines (Taxi fahrenden) „Berufsrevolutionärs"; nur wenig später wurde schon das Gerangel um die Verteilung von „Staatsknete" eröffnet. Die Kämpfe grüner Kandidaten um die sog. sicheren Listenplätze hatten (und haben) daher stets nicht nur eine demokratische, sondern auch eine sozialpolitische Dimension, die letztlich auf eine materielle Abhängigkeit von der Politik verweist.[6] Die Life-style-Revolution in der Kleidung (und anderen Accessoires) dieser Politikerinnen und Politiker drückt diese Konstellation der Abhängigkeit und der Anpassungsbereitschaft auf besonders elegante Weise aus. Gerhard Schröder und Joschka Fischer personifizieren diese Tendenz geradezu meisterhaft.

---

[6]Dabei darf freilich nicht vergessen werden, daß die seit Mitte der 70er Jahre wachsende Massenarbeitslosigkeit, die auch die Absolventen der Universitäten erfaßt, ganz neue Unsicherheiten und Ängste erzeugt, die den „Berufsrevolutionären" im Zeitalter der „Vollbeschäftigung" völlig unbekannt waren.

3

Das Potential der intellektuellen Kritik sah sich jedoch stets auch mit dem Vorwurf des „Verrats" konfrontiert. Der Intellektuelle ist keine Lichtgestalt der Moderne. Wenn Siegfried Kracauer 1931 die Aufgabe des Intellektuellen darin sah, daß dieser „den Abbau des Mythologischen zu betreiben", d.h. die herrschenden Ideale „anzufressen" habe (Kracauer 1931: 250), so prägt die Destruktivität seines Verhaltens zugleich die Person. Intellektuelle, die in der Öffentlichkeit anklagen, erscheinen als die Personifikationen eines starken Ich. In der Regel sind sie jedoch von Selbsthaß und Zweifeln, von der „Angst vor dem Absturz" (Barbara Ehrenreich) gepeinigt. „Ich stehe zwischen zwei Welten, bin in keiner daheim und habe es infolgedessen ein wenig schwer"– so formulierte Thomas Mann in den „Buddenbrooks" das Bekenntnis eines Intellektuellen. Die Biographien der großen Schriftsteller und Künstler führen immer wieder Menschen vor, die ihre Angst vor dem Versagen durch Alkohol und andere Drogen, durch ekstatische und immer erneuerte sexuelle Erfahrungen, durch unruhiges Umherreisen usw. zu kompensieren suchen. Der Masochismus, d.h. die Qual des eigenen Ich als Voraussetzung für die Erfahrung von subjektiver Einzigartigkeit, damit auch von Befriedigung, scheint eine eher normale Disposition von Intellektuellen zu sein.

Die großen wie die kleinen Intellektuellen bewegen sich stets auf der Bühne. Sie inszenieren ihr Erscheinungsbild ständig. Die Aufmerksamkeit, die sie beim Gang in und durch die Öffentlichkeit auf sich richten, ist wohl kalkuliert. Ihre Umwelt ist ihr Publikum, das nicht nur applaudiert, sondern auch – durch den Entzug von Anerkennung, durch vernichtende Urteile, durch Gerüchte über „burnout" und andere Schwächen – als Scharfrichter fungiert. Und sie begegnen – real oder in der Imagination – beständig ihren Konkurrenten, vor denen sie immer auch Angst haben, weil sie davon überzeugt sind, daß diese ihre eigenen Schwächen nur zu genau kennen. Es ist diese Permanenz der Angst, die einerseits Leistungsdruck und Kreativität erzeugt, die jedoch andererseits die normale Pathologie der intellektuellen Kulturen[7], das „geisti-

---

[7] Ich spreche vom Plural der Kulturen, weil sich bei Künstlern, Journalisten, Professoren etc. ganz unterschiedliche Kulturen ausgebildet haben, die mit den unterschiedlichen Tätigkeiten, aber auch mit den unterschiedlichen sozialen Feldern, in denen sie sich bewegen, und damit mit den jeweiligen Definitionen von Erfolg und Anerkennung in solchen Berufen verbunden sind. Das akademische Milieu ist – vor allem in der angelsächsischen Gattung der sog. „Campus-Romane"– ein besonders exponierter Gegenstand für solche Pathologien. In Deutschland hat Dietrich Schwanitz in diesem Genre reüssiert und seine elitären und senilsexuellen Phantasien – zusammen mit seinen politischen Vorurteilen gegen Linke – erfolgreich vermarktet. Die übermäßige Eitelkeit, die

ge Tierreich" (Hegel) von Eitelkeiten, Mißgunst, Neid und Intrigen, konditioniert. Die Antriebskräfte für die Produktion vieler intellektueller Produkte sind weder der esprit noch die „Verantwortungsethik", die sich auf die Stimme der Vernunft beruft, sondern das Ressentiment und die Eitelkeit.

Manische und depressive Stimmungslagen wechseln sich ab: Intellektuelle Allmachtsphantasien sowie überzogene Ansprüche auf individuelle Originalität sacken oftmals nur allzu schnell in selbstquälerische Ohnmachtserfahrungen und Bezichtigung der eigenen Nichtigkeit ab: „Und erlöse uns von den Übeln des Geistes!" Der alte Arnold Gehlen hat ein strukturelles Dilemma der Intellektuellenrolle treffend charakterisiert: „Es fällt dem Intellektuellen schwer, einzusehen, daß Wissen Ohnmacht ist und veranlaßt, an die Ohnmacht zu glauben. Er stellt die Tatsachen vor, aber nicht um". Gehlen will damit andeuten, daß die Intellektuellen da, wo es wirklich um gesellschaftliche und politische Macht geht, bestenfalls eine instrumentelle (aber subalterne) Funktion haben (vgl. Gehlen 1990: 279). Allerdings drückt sich darin auch eine Lebenserfahrung des alten, weise gewordenen Intellektuellen aus, der seine stürmische, dogmatische Jugend längst hinter sich gelassen hat. Noberto Bobbio hat es im Hinblick auf die Hoffnungen der italienischen Resistenza und der Nachkriegspolitik so formuliert: „Wer viele Jahre enttäuschter Hoffnungen hinter sich hat, findet sich eher auch mit der eigenen Impotenz ab." (Bobbio 1998: 238)

Das „Chamäleonhafte linker Intellektueller" (Ziebura 1988), das in der Literatur schon so oft beklagt bzw. hämisch kommentiert wurde, ist auch darauf zurückzuführen, daß der Intellektuelle dann, wenn er sich auf die Regeln der etablierten Machtspiele einläßt, seinen Intellekt nur noch für die Legitimation dieser Machtspiele benutzen darf. Nicht wenige gewinnen daraus erst jene Selbstbestätigung, die sie die Erfahrung der „Ohnmacht des Geistes" vergessen läßt. Daß in dieser Kategorie besonders viele Zyniker (inzwischen hochqualifizierte Techniker von Machtspielen geworden) anzutreffen sind, kann daher nicht einmal überraschen. Solche Pathologien sind jedoch materiell fundiert. Die extrem individualistische Position, die der Intellektuelle repräsentiert, korrespondiert mit einer oftmals extremen Abhängigkeit. Nur wenige Intellektuelle sind so vermögend, daß sie nicht vom Verkauf ihrer geistigen Produkte leben müssen oder sich um eine lohnabhängige Stellung (bei einer Zeitung, bei einer Rundfunkanstalt, bei einer Partei oder einer Gewerkschaft, bei einer Universität usw.) bewerben müssen. Schon die ersten Generationen der modernen

---

sich bei Professoren kumuliert, korrespondiert in der Regel mit einer tiefsitzenden Angst vor dem potentiellen negativen Urteil der Kollegenwelt.

Intellektuellen in der Periode der italienischen Renaissance waren mit diesem Widerspruch konfrontiert. Auf der einen Seite vertraten sie das neue Prinzip des radikalen Individualismus und ließen sich von ihrem Publikum feiern – auf der anderen Seite waren sie in extremer Weise von ihren Gönnern, ihren Arbeitgebern und ihren Kunden abhängig, für deren Unterhaltung und kulturelle Befriedigung sie bezahlt wurden. Schon diese ersten Intellektuellen waren also von denen abhängig, die über Reichtum in der Form des Geldes und über politische Macht verfügen (vgl. dazu Deppe 1987).

Die Angst, die der Intellektuellenexistenz eingeschrieben ist, war (und ist) daher auch stets die Angst vor dem Verlust nicht nur der öffentlichen Anerkennung, sondern auch der materiellen Ressourcen. Daher wissen viele dieser Intellektuellen um die extreme Abhängigkeit von ihren Gönnern – oder allgemeiner: ihrem Publikum, das ihnen eine subalterne Rolle aufzwingt. Der Jazztrompeter Miles Davis z.B. war bekannt dafür, daß er seinem Publikum bei Konzerten den Rücken zuwandte und auf die üblichen Ergebenheitsrituale und Clownerien schwarzer Jazzmusiker gegenüber dem Publikum demonstrativ verzichtete. In einem Interview begründete er solche Gesten als eine bewußte Distanzierung gegenüber jenen Clownsrollen und den damit verbundenen Erniedrigungen, die seine schwarzen Kollegen im Showgeschäft nur allzu eilfertig akzeptiert hatten. Allerdings kann im modernen Kulturbetrieb auch die „Publikumsbeschimpfung" gut vermarktet werden.

Die Rolle des Intellektuellen in der bürgerlichen Gesellschaft beruht auf der Radikalisierung des Prinzips der Subjektivität und der Individualität. Die Widersprüche, die dieser Rolle eigen sind, reflektieren die Widersprüche der Subjektivität in dieser Gesellschaft selbst. Die Individuen müssen lernen, ihre eigenen Interessen zu verfolgen, um auf diese Weise ihren Wohlstand zu optimieren; indem sie aber als Individuen (auf dem Markt) agieren, reproduzieren sie zugleich den Vergesellschaftungszusammenhang der Gesellschaft der Privateigentümer, der Klassengesellschaft und ihrer Machtverhältnisse, die gerade die Universalität des Gleichheitsgrundsatzes (wie er in der bürgerlichen Revolution an erster Stelle stand) negiert. Adam Smith sprach in diesem Zusammenhang von der „invisible hand". In einer liberalen politischen Kultur ist der Intellektuelle unverzichtbar: als Kulturkritiker, dem die Freiheit der scharfen Kritik zuerkannt wird, um die Lebendigkeit des „Überbaus" zu gewährleisten und der Langeweile entgegenzuwirken[8] – oder auch als Kritiker von gesellschaftlichen und politischen Fehlentwicklungen, die gleichsam in einem Prozeß der

---

[8] Daher gehören die Feuilletons der großen konservativen Wirtschaftsblätter – wie z.B. der FAZ – stets zu den besten, weil sie auch kritischen Intellektuellen Raum geben.

„Katharsis" thematisiert und behoben werden müssen, um deren Umschlag zu strukturellen Bestandsproblemen der bestehenden Ordnung zu verhindern. In solchen funktionalen Bezügen sind die kritischen Intellektuellen zwar bei den Herrschenden unbeliebt, aber doch unverzichtbar und ein notwendiger Bestandteil des Selbstreinigungsmechanismus bürgerlicher Gesellschaften.

4

Den herrschenden Mächten erscheint der Intellektuelle immer wieder als gesinnungs- und verantwortunglos.[9] Schon Shakespeare ließ Julius Cäsar über Cassius sagen: „He thinks too much; such men are dangerous!". Das Schimpfwort vom „Intellektuellen" konnte freilich auch immer wieder in der sozialistischen Arbeiterbewegung mit Applaus rechnen; denn darin drückte sich das Ressentiment der meisten Arbeiter gegen die gebildeten Angehörigen des Bürgertums und gegen deren individualistische Auffassungen vom Leben und der Politik aus.[10] Das Mißtrauen vieler Arbeiterfunktionäre gegenüber den linksradikalen Studenten der 68er Bewegung, denen sie später in ihrem Betrieb als Chefs begegnen würden, war durchaus berechtigt.

Der Intellektuelle muß geistig und materiell autonom sein.[11]. Weicht er von diesem idealen Maßstab[12] für die Beschreibung seiner Rolle ab, sieht er

---

[9] „Intellektuelle sind in der Tat Leute, die die Macht des gesprochenen und geschriebenen Wortes handhaben, und eine Eigentümlichkeit, die sie von anderen Leuten, die das gleiche tun, unterscheidet, ist das Fehlen einer direkten Verantwortlichkeit für praktische Dinge." (Schumpeter 1950: 237)

[10] Vgl. dazu Bering 1982. Da Bering zur realen Arbeiterbewegung und ihrer Geschichte überhaupt keine Beziehung hat, kann er auch die scheinbar paradoxe Tatsache nicht erklären, daß es oftmals Intellektuelle in der Arbeiterbewegung gewesen sind, die die schlimmsten Invektiven gegen „die Intellektuellen" formuliert haben. Sehr viel authentischer sind dagegen die Zeugnisse von Wolfgang Abendroth (1976) und von Josef Schleifstein (1987).

[11] „Intellektuelle, gleich welcher ‚Richtung', müssen drei Voraussetzungen mitbringen, damit sie den Ehrentitel für sich in Anspruch nehmen können: Unabhängigkeit, Unabhängigkeit und Unabhängigkeit. Sie müssen frei sein von Orthodoxien und Dogmen, ungerührt vom Zeitgeist und unbestochen von politischen Direktiven. Intellektuelle sind Kritiker der Verhältnisse, nicht Propagandisten einer Sache, auch wenn sie ihr nahestehen. Sie stehen heterodox zur herrschenden und anachronistisch zur öffentlichen Meinung sowie autonom zum politischen Establishment. Als soziale Gruppe sind sie elitäre Häretiker und potentielle Dissidenten. Diese Kriterien gelten ganz unabhängig von den Inhalten des Denkens." (Leggewie 1997: 227).

[12] Vor allem in den USA bevorzugen linke Kritiker eine weniger idealistische Beschreibung der

sich sogleich dem Vorwurf des „Verrats" ausgesetzt. In der ersten Hälfte des 20. Jahrhunderts gab es zwei idealtypische Konfigurationen der Intellektuellenrolle und des Verratsdiskurses. Im Jahre 1927 wollte Julien Benda in seiner Schrift „Der Verrat der Intellektuellen (les clercs)" das Ideal des klassischen bürgerlichen Intellektuellen verteidigen. Dieser hält am Vernunftbegriff der Aufklärung fest und betreibt gegenüber den herrschenden – geistigen und politischen – Mächten Entmystifizierung bzw. Ideologiekritik. Den Verrat kritisierte er bei denjenigen Intellektuellen, die sich den Bewegungen der politischen Rechten, vor allem dem Nationalismus und Rassismus, verschrieben hatten. Insgesamt beklagte er die Tendenz zum Irrationalismus, der sich im Gefolge der Philosophie von Bergson und Nietzsche als „politische Leidenschaft" ausbreitete (vgl. Benda 1988). Eine entgegengesetzte Position vertrat Georg Lukács am Ende des Ersten Weltkrieges, unter dem Eindruck der russischen Oktoberrevolution. Er forderte den Intellektuellen, der in der Regel der bürgerlichen Klasse entstammt, zum „Klassenverrat" auf. Er muß sich der politischen Bewegung der „revolutionären Klasse", des Proletariats, anschließen. „Aber Intellektuelle können nur als Individuen revolutionär werden; sie müssen aus ihrer Klasse austreten, um an dem Klassenkampf des Proletariats teilnehmen zu können. Dann können sie", sagt Lukács im Blick auf Marx und Engels, Rosa Luxemburg (und natürlich auf sich selbst), „wirkliche Vorkämpfer werden" (Lukács 1984).

Diese Auffassung hatten sich bis in die 60er Jahre auch linke Intellektuelle zu eigen gemacht, die der jeweiligen Politik der Sowjetunion (vor allem unter Stalin) und der Kommunistischen Parteien (sowie der Rolle der Intellektuellen, der Parteiideologen in ihnen) des Westens kritisch gegenüberstanden. In Frankreich wird diese Thematik nach der Befreiung 1944 zentral. Simone de Beauvoir hat in ihrem Roman „Die Mandarins von Paris" (1954) den Wider-

---

Rolle der Intellektuellen. Statt dessen betonen sie deren Herrschaftsfunktion als „Funktionäre des Überbaus" (im Sinne Gramscis): „In jeder modernen Gesellschaft gibt es Leute, die ihren Lebensunterhalt mit Denken bestreiten. Bei den Hegemonie-Tendenzen des Kapitalismus denken sie meistens nicht über Dinge nach, woran sie Gefallen finden könnten, besonders wenn sie gut leben wollen. Die Intellektuellen des Kapitalismus sind ein bunt gemischtes Häuflein, aber das, was sie eint, ist die Furcht vor und der Haß auf das Klassenbewußtsein der Arbeiter. Ihr Job ist es sozusagen, das Klassenbewußtsein auszutreten, es in ein derart negatives Licht zu rücken, daß es niemand mehr für eine gute Sache hält. Heute haben fast alle Intellektuellen den Kapitalismus als unvermeidlich und als grundsätzlich gut akzeptiert. Ihre Ideen werden laut in den Medien hinausposaunt, und als Dank erhalten sie Positionen, die mit Macht und Einfluß ausgestattet sind. Die wenigen, die dem Kapitalismus gegenüber kritisch sind, sind marginalisiert und werden jeder öffentlichen Diskussion für indiskutabel gehalten. Geistlose Experten dominieren die Medien, während ein großer Intellektueller wie Noam Chomsky persona non grata ist". (Yates 1997: 32).

spruch zwischen dem Anspruch auf intellektuelle Autonomie auf der einen und dem notwendigen „Klassenverrat" auf der anderen Seite bearbeitet. Der Roman handelt von KP-Claqueuren und professionellen Antikommunisten, die sich zu Agenten der USA machen (Koestler), aber auch von Schriftstellern, die viele Jahre gebraucht haben, um sich von den „Fesseln ihrer Klasse zu befreien", die sich in der Résistance und der Nachkriegeszeit für die politische Linke und die Arbeiterbewegung engagiert haben, die aber in den 50er Jahren – unter dem Druck des Kalten Krieges – enttäuscht sind, „die Nase voll haben" und das Bedürfnis haben, Brücken hinter sich abzubrechen und ins Ausland zu reisen.

Noch 1958 hat André Gorz in seiner Autobiographie mit dem symptomatischen Titel „Der Verräter" das zentrale Thema, auf das der Intellektuelle notwendig immer wieder zurückkommt, im Kontext der welthistorischen „Fronten" des Klassenkampfes festgemacht:

> Der Intellektuelle, da er schon nicht umhin kann, einer zu sein, steht objektiv auf der Seite der revolutionären Kräfte, der historischen Negativität, und er muß subjektiv dort stehen. Das ist seine einzige reale Chance [...] Aber wo denn soll ich die historischen Negativität suchen, wenn nicht in der Kommunistischen Partei, die (ob gut oder schlecht, ist eine andere Frage) sie verkörpert? Ich sage offen, daß die Verbindung mit der KP für mich wie für jeden Intellektuellen, der kein Komödiant ist, das letzte Ziel bleibt. Und daß das, was mich hindert, diese Verbindung schon heute einzugehen, nicht nur die materielle Unmöglichkeit ist, sondern auch das Mißtrauen gegenüber den schlechten psychologischen Gründen, die ein Beitritt unter den gegenwärtigen Umständen ins Feld führen würde; der Ekel vor bestimmten Verfahrensweisen; die Überzeugung, daß ein solcher Beitritt gegenwärtig für sie ebenso sinnlos wäre, wie für mich; der Glaube, daß eine verständnisvolle Kontestation in absehbarer Zeit sinnvoll werden kann. (Gorz 1980: 300 f.)

Die Vertreter der Frankfurter Schule um Max Horkheimer, die seit den späten 20er Jahren „kritische Gesellschaftstheorie" in der Tradition des Marxismus bei gleichzeitiger Totalabstinenz von politischer (kritischer und revolutionärer) Praxis vertraten, wurden von den der Arbeiterbewegung verbundenen Intellektuellen eher verachtet.

5

Erst im Gefolge der Studenten- und Intellektuellenbewegungen nach 1968, aber auch im politischen und kulturellen Kontext der „Dritte-Welt-Revolutionen" der 60er und 70er Jahre (für die Ernesto Ché Guevara zum Symbol des neuen, revolutionären Intellektuellen geworden war), hat sich das Selbstverständnis der Intellektuellenrolle verändert. Die klassischen Idealtypen – der freischwebende, bürgerliche Intellektuelle wie der „organische Intellektuelle" des revolutionären Proletariats – waren entwertet und vielfach desavouiert. Der „Intellektuelle als Revolutionär"[13] begriff sich als Sprachrohr jener neuen sozialen Bewegungen, die von Jugendlichen, Studenten, marginalisierten Arbeitergruppen, Frauen und ethnischen Minderheiten getragen wurden. Solange sie von den Medien – vor allem vom Fernsehen – beachtet wurden, war auch ihre öffentliche Wirkung bei Teach-Ins und Demonstrationen, bei Universitäts- und Betriebsbesetzungen gesichert. John Lennon, Mick Jagger, (zeitweilig) Paul Breitner und Daniel Cohn-Bendit wurden zu Kultfiguren, die den neuen Typus des „Kulturrevolutionärs" zu personifizieren schienen.[14]

Während jedoch die Stars der Rock-Musik bald zu Klassikern wurden, die ihre eigene Geschichte vermarkten konnten, indem sie ihre „unsterblichen Hits" früherer Jahre darboten, verpuffte mit dem schnellen Niedergang der Studenten- und Jugendrevolte auch das Charisma ihrer Führer. In den 70er Jahren drifteten einige in den Terrorismus ab; andere gründeten proletarisch-

---

[13] Der alte Sartre (1976: 73 und passim) ließ sich von solchen Ideen beflügeln und von seinen jungen Begleitern zu der These hinreißen, daß er erst mit Hilfe dieser jungen Maoisten gelernt habe, den bürgerlichen Intellektuellen in sich zu vernichten.

[14] Dabei wurde auch die chinesische Kulturrevolution unter Mao als Vorbild begriffen (und so wurde auch der Grundstein für die maoistischen Organisation der 70er Jahre gelegt). Das Mißverständnis, das zum Scheitern solcher Projekte in Westeuropa führen mußte, lag zum einen darin, daß „Kultur" im China der 60er Jahre etwas völlig anderes bedeutete als die Kultur bzw. der Überbau der entwickelten kapitalistischen Gesellschaften des Westens (wie er z.B. – in Ansätzen und zugleich auf die Spezifik Italiens bezogen – von Antonio Gramsci in der Zwischenkriegsperiode analysiert wurde). Zum zweiten produzierte das Ressentiment gegenüber dem „Realsozialismus" und auch der real existierenden Arbeiterbewegung im eigenen Land die unsinnige Vorstellung, daß die „Dritte-Welt-Revolution" zum Vorbild für eine Revolution „in den Städten" der kapitalistischen Metropolen werden könnte. Wenn einmal von Daniel Cohn-Bendit (seit seinem ersten Buch „Linksradikalismus – Gewaltkur gegen die Alterskrankheit des Kommunismus", November 1968, ein Riesenerfolg!) eine – inzwischen sehr lange – Liste seiner politischen Fehlurteile und seiner Meinungswechsel aufgestellt würde, dann würden einerseits das hohe Pathos und der Pseudoradikalismus, den er noch heute verbal vertritt, als Kontinuum deutlich werden. Zum anderen müßte eine solche Liste notwendig die Frage aufwerfen, ob einem Menschen, der dermaßen oft und radikal seine Meinungen geändert hat, überhaupt noch ein einziges Wort geglaubt werden kann.

revolutionäre Organisationen, in denen sie selbstverständlich Vorsitzende wurden und Mao Tse-tung, gelegentlich auch Pol Pot und Enver Hodscha huldigten. An den Universitäten wirkte die Bewegung noch in den 70er Jahren über eine Marxismus-Renaissance in verschiedenen Wissenschaftsdisziplinen nach, die freilich schon Ende der 70er Jahre zu versanden begann. Andere wiederum erschlossen sich ein Wirkungsfeld in den traditionellen Organisationen der politischen Linken und der Arbeiterbewegung. Einige derjenigen, die heute am weitesten nach rechts abgedriftet sind (ich denke dabei an die Gruppe der Freunde Rudi Dutschkes um die Berliner Zeitschrift „Der lange Marsch"), sahen schon in den 70er Jahren ihre Hauptaufgabe darin, den Revisionismus, den Realsozialismus und – davon abgeleitet – die DKP zu bekämpfen. Dabei erwarben sie sich durch die Enthüllung von „Unterwanderungsstrategien" – insbesondere der DGB-Gewerkschaften – ein gewisses Ansehen innerhalb des herrschenden Blocks und beim Verfassungsschutz. Heute sind einige von ihnen Spezialisten der Gauck-Behörde[15], sympathisieren mit „Nationalrevolutionären" oder haben sich offen dem konservativen politischen Lager angeschlossen, das sich schon damals ihrer „Recherchen"– noch ganz im revolutionären Geiste, versteht sich – bediente.[16]

Das Leitbild vom „Intellektuellen als Revolutionär" war nach einem Jahrzehnt gründlich verbraucht. Mit dem Aufschwung der neuen sozialen Bewegungen war schon die Wende zur „Subpolitik" (Beck) eingeleitet, die einen neuen Typus des technisch-naturwissenschaftlichen Expertenwissens erforderte. Als dann in den 80er Jahren die Partei der GRÜNEN diese Bewegungen in die eigenen parlamentarischen Erfolge umlenkte, der sog. Realo-Flügel – angeführt von Joschka Fischer – sich bald durchsetzte und seine Bereitschaft zur Regierungsbeteiligung mit der deutlichen Absage an die gescheiterten revolutionären Utopien und der Anerkennung der herrschenden gesellschaftlichen und politischen Ordnung verband, waren schon die wichtigsten Weichenstellungen für die Entwicklungen in den 90er Jahren vorprogrammiert. Das Ende der Alternativen war proklamiert.[17] Das eigene „revolutionäre" Erbe wurde jetzt al-

---

[15] So z.B. ein Dr. Jochen Staadt, der immer noch daran arbeitet, Wolfgang Abendroth und seine Schüler als Agenten der DDR-Staatssicherheit zu entlarven (vgl. Deppe 1998).

[16] Prof. Manfred Willke, ein alter Freund aus den Zeiten des Sozialistischen Bundes und des SDS, hat nach einer radikal trotzkistischen Periode und anschließender langer Enthüllungsarbeit, um vor den Gefahren des Kommunismus zu warnen, endgültig die angemessene politische Schlußfolgerung gezogen und ist – wie die „Gruppe Bohley"– der CDU beigetreten.

[17] Matthias Horx, aus dem Inner Circle der Frankfurter „Fischer-Gang" und der „Pflasterstrand-Redaktion", hat schon 1985 die Programmschrift veröffentlicht (Das Ende der Alternativen München/Wien 1985), in der den GRÜNEN der Weg einer linksliberalen FDP vorgezeichnet wird.

lerdings – schon früh flankiert durch Argumentationen von Jürgen Habermas[18] – als positiver Beitrag der 68er-Revolte und der neuen Mittelklassen zur Demokratisierung der BRD, vor allem zur Herausbildung einer Zivilgesellschaft aufgewertet (vgl. dazu die Programmschrift von Rödel/Frankenberg/Dubiel 1989). Diese war schon als Raum demokratischer Kommunikation definiert; die „demokratische Frage" war von der „sozialen Frage", d.h. der Kritik des Kapitalismus und der Klassengesellschaft, völlig abgelöst. Auch Gramscis Konzept der „Zivilgesellschaft" als dem Terrain, auf dem – in einer Klassengesellschaft – die Kämpfe nicht nur um die politische, sondern vorab um die geistige und kulturelle Hegemonie ausgetragen werden, war in Vergessenheit geraten.

Die einstigen Revolutionäre waren zu Realpolitikern mutiert, die sich zur Regierungsbeteiligung (zunächst mit der SPD) bereit hielten. Dabei hatten sie sich freilich einer Lüge bzw. eines selbstbetrügerischen Arguments bedient. Das Jahr 1968 wurde jetzt zu einer „Revolution" stilisiert, die Adenauers Politik der Westorientierung überhaupt erst in der Gesellschaft Westdeutschlands verankert habe und damit definitiv den „deutschen Sonderweg" beendet habe. Diese Grundorientierung wurde – im Übergang zu den 90er Jahren – noch durch die deutsche Einheit und die veränderten politischen Konstellationen in Europa verstärkt. Damit war schon klargestellt, daß die NATO – einst der gefährliche Gegner („Zerschlagt die NATO!") – als der harte Kern der westlichen Zivilgesellschaft anerkannt war. Der zivilgesellschaftliche Diskurs diente daher auch in den 90er Jahren dazu, den Antifaschismus und den „Antiamerikanismus", genauer: den Antiimperialismus, der „alten Linken" zu diskreditieren. Er diente aber auch dazu, einen Perspektivenwechsel ehemals kritischer Intellektueller von der Betonung gesellschaftlicher Widersprüche und Konflik-

---

Kritische Gesellschaftstheorie und namentlich utopisches Denken von links werden jetzt schon als Spielarten totalitären Denkens markiert. Ganz offen bekennt sich Horx zum Denken eines erfolgreichen, mittelständischen Unternehmertums – wie es auch von Matthias Beltz, Jonny Klinke und erfolgreichen grünen Anwälten, Kneipenwirten oder Besitzern von Bioläden vertreten wird. Horx ist Trendforscher und Unternehmensberater geworden. Die affirmative Rekonstruktion des Normalisierungsprozesses der Partei ist nachzulesen bei Hubert Kleinert, Aufstieg und Fall der Grünen. Analyse einer alternativen Partei, Bonn 1992. Diese Arbeit steht noch ganz unter dem Eindruck der grünen Wahlniederlage bei den Bundestagswahlen 1991. Kleinert gibt der Partei freilich nur dann eine Überlebenschance im parlamentarischen System, wenn sie den mit Fischer u.a. begonnenen „Normalisierungsprozeß" konsequent zu Ende führt. Dieses ist geschehen. Als eine List der Vernunft im Hegelschen Sinne mag gelten, daß Hubert Kleinert, ein „Promi" aus der ersten Realo-Phase (1987 ff.), ein politisches Opfer dieser Normalisierung wurde.

[18] Dieser hatte Anfang der 80er Jahre, in seiner „Theorie des kommunikativen Handelns", völlig falsche Prognosen über die Zukunft der neuen sozialen Bewegungen gemacht. Auch Ulrich Beck hatte in der „Risikogesellschaft" (1985) die Zukunftsperspektiven der neuen sozialen Bewegungen völlig falsch eingeschätzt.

te (gleichsam als kategoriales Korrelat zur politischen Rolle der linken Opposition) hin zur Betonung von Konsens und Integration zu beschleunigen. Anfang 1996 war in einem Interview der „Blätter für deutsche und internationale Politik" mit Joschka Fischer folgendes zu lesen: „Fischer: 'Ich rate dringend dazu, das Konsensmodell in der Bundesrepublik als ein hohes Gut der demokratischen Linken und der Sozialstaatlichkeit zu verteidigen'. Blätter: 'Der Linken?' Fischer: 'Der Linken'."[19]

6

Es ist in der Tat schwer geworden, die Rolle des kritischen bzw. des linken Intellektuellen am Ende des 20. Jahrhunderts angemessen zu definieren. Max Gallo, Sprecher der sozialistisch-kommunistischen Regierung Mauroy in Frankreich, fragte schon 1983 in Le Monde: „Wo sind die Linksintellektuellen?" Damit wollte er andeuten, daß nach dem Tode von Jean-Paul Sartre, nach der erstaunlichen Wandlung vieler ehemaliger „Weggefährten" der KPF zu glühenden Antisozialisten und Neoliberalen (vgl. dazu u.a. Semprun 1984) sowie nach dem Aufschwung der „Nouvelle Droite" in Frankreich und Europa offenbar der bis dahin dominierende Typus der Intellektuellenrolle im Verschwinden sei (vgl. Winock 1998: 62). In Deutschland registrierte 1990 Joachim Fest in der FAZ triumphierend „das Schweigen, mit dem die intellektuelle Klasse der Bundesrepublik auf die revolutionären Vorgänge in den östlichen Nachbarländern reagiert habe" (zit. n. Deppe 1990: 709).

Das Material der Kritik ist den Intellektuellen keineswegs abhanden gekommen. Nach dem Ende der Systemkonkurrenz entfalten sich global die Widersprüche des transnationalen High-Tech-Kapitalismus, der keine Gegenspieler, Herausforderer oder auch nur Dompteure mehr zu haben scheint. Die „alten Monster" aus dem „Zeitalter der Katastrophen" zwischen den Kriegen (Hobsbawm) sind zurückgekehrt: Massenarbeitslosigkeit und Armut, Nationalismus,

---

[19] Blätter für deutsche und internationale Politik, 3/1996: 184. Vor allem bei den Industriesoziologen, die in den 70er und frühen 80er Jahren noch stets vom „Klassen-Modell" industrieller Beziehungen ausgegangen waren, begann die Suche nach Konsens und Partnerschaft zwischen Kapital und Arbeit mit der Durchsetzung der sog. „neuen Produktionskonzepte". Diese Konsensorientierung ist bei einem Teil der Gewerkschaften auf außerordentlich positive Resonanz gestoßen. In der Hans-Böckler-Stiftung des DGB sind es vor allem ehemalige Linksintellektuelle, die die neuen Konsenskulturen feiern (vgl. u.a. das Heft 3/1999 der „Gewerkschaftlichen Monatshefte" zur neueren Mitbestimmungsdebatte).

Rassismus und Krieg.[20] Dennoch ist die Stimme der kritischen Intellektuellen in dem Maße schwächer geworden, wie sich ihnen die Subjektperspektive von gesellschaftlicher und politischer Emanzipation verdunkelt hat. Der Appell an die Vernunft und das kritische Potential der Aufklärung ist ebenso wie der Glaube an die „historische Mission" einer objektiv fortschrittlichen Klasse, des Proletariats, einer Skepsis sowohl gegenüber der herrschenden Ideologie als auch gegenüber den alten „Befreiungsmythen" (und den mit ihnen korrespondierenden Geschichtsphilosophien) gewichen. Für einige Intellektuelle, die solchen gescheiterten Mythen und ihren Machtapparaten – in bester Absicht – gedient haben, bedeutet die Erneuerung der Intellektuellenrolle durch die Schärfung des skeptischen und kritischen Geistes (der – mephistophelisch gesprochen – „stets verneint") eine wirkliche Befreiung, der sie mit ihren Schriftstücken, die nicht mehr von Parteizensoren überwacht werden, lustvoll frönen. Andere verzweifeln und suchen nach einer neuen Identität, weil ihnen mit der Zerstörung des Subjektes der Emanzipation gleichsam der Boden unter der Existenz des autonomen und individualisierenden Intellektuellen weggebrochen ist.

Die der Intellektuellenrolle in der entwickelten bürgerlich-kapitalistischen Gesellschaft eingeschriebenen Antinomien haben sich also keineswegs abgeschwächt. Der Intellektuelle muß autonom sein. Nur so kann er ein „intellektuelles Kapital" akkumulieren, das ihn in die Lage versetzt, seinen Verstand und sein Wissen bei kritischen Interventionen in politische Diskurse einzusetzen. Der Intellektuelle kann sich aber niemals den objektiven Zwängen der Vergesellschaftung entziehen.[21] Seine Interventionen bewegen sich notwendig in den Institutionen öffentlicher Kommunikation (Verlage, Zeitungen/Zeitschriften, Rundfunk- und Fernsehanstalten, Universitäten, Kongresse usw.). Er muß zunächst einmal Geld verdienen, um seinen Lebensunterhalt zu finanzieren. Als linker bzw. als kritischer Intellektueller muß er sich allerdings in Kontexten definieren, die ihn nicht allein mit der Lebenswelt, sondern auch

---

[20] Der Soziologe Pierre Bourdieu, der sich Ende 1995 mit den Streikenden in Frankreich solidarisierte und seitdem mit Schriften auffällt, die die „Vorherrschaft der Technokraten", das „Modell Tietmeyer" und die Macht der Medien kritisieren, ist wohl der prominenteste unter den Intellektuellen, die sich angesichts des Niedergangs des Sozialismus und der Vorherrschaft des „Neoliberalismus" auf die Potentiale der intellektuellen Kritik besinnen. Vgl. dazu Bourdieu (1997) und Bourdieu. u.a. (1997).

[21] Die Intellektuellen – so hat es Pierre Bourdieu Anfang der 80er Jahre in einem Interview zugespitzt – gehören einem „Machtfeld" an, nehmen darin freilich eine „beherrschte Stellung" ein: „Sie sind als Beherrschte Teil der Herrschenden. Sie verfügen über Macht, aber dies ist eine beherrschte Macht, stellt, als Besitz von kulturellem – oder präziser: von informationellem – Kapital eine untergeordnete Kapitalform dar." (Bourdieu 1989: 30 f.).

mit den Kämpfen der „Subalternen", der Ausgebeuteten, Unterdrückten und Marginalisierten verbinden. Für den linken Intellektuellen gilt bis heute der „kategorische Imperativ", den der junge Marx formuliert hatte: Er hat daran mitzuwirken, „alle Verhältnisse umzuwerfen, in denen der Mensch ein erniedrigtes, ein geknechtetes, ein verlassenes, ein verächtliches Wesen ist" (Marx 1961: 385).

Diese Widerspruchskonstellationen sind prinzipiell unaufhebbar. Sie sind der Rolle des Intellektuellen objektiv eingeschrieben, und sie reproduzieren sich in vielfältigen Formen. Daher lauert der Verdacht des „Verrats" überall! Je mehr sich die Gewißheit verflüchtigt, daß die Kritik der Intellektuellen stets auch dem historischen Fortschritt und damit der Vernunft diene, um so wichtiger wird die Sicherheit, die der Intellektuelle durch die Identifikation mit dem eigenen „geistigen Kapital" sowie mit den humanistischen Werten, für die er sich auch praktisch engagiert, gewinnt. Es hat in der neueren Geschichte immer wieder Perioden der Niederlage progressiver Kräfte, der politischen „Grabesstille" und der antiintellektuellen Hegemonie gegeben, in denen es wichtiger war, die Erkenntnisse über die Gründe der Niederlagen progressiver Bewegungen voranzutreiben, als täglich auf dem Marktplatz der Meinungen in Erscheinung zu treten.

7

Die Hypostasierung der Autonomie zur Rolle des „freischwebenden Intellektuellen" produziert in der Regel Karikaturen. Diese bilden sich ein, die versteinerten Verhältnisse dadurch zum Tanzen zu zwingen, daß sie ihnen beständig ihre eigene Melodie vorsingen. Nicht wenige der Verräter, die heute über uns sind, kommen aus dem Milieu linksradikaler Zeitungen der 70er Jahre, wo sie sich der Magie der Worte verschrieben hatten.

Auf der anderen Seite erzeugt die Überspannung der Bindungen an vermeintlich progressive Bewegungen und Organisationen oder auch an – als progressiv gedeutete – Machtkonstellationen jene abschreckenden Verfallsformen intellektueller Autonomie, die mit der Legitimation des Handelns politischer Akteure zugleich den „Verrat" an Ideen legitimieren, die einst den progressiven Anspruch dieser Akteure begründet hatten. Die „schmutzigen Hände", denen Sartre ein Theaterstück widmete, symbolisieren die Gefährdungen von

Theoretikern, die sich auf politische Praxis einlassen und dabei lernen müssen, daß die praktische Politik niemals die reine Umsetzung von Theorien in die Praxis, sondern stets auch die Suche nach Kompromissen innerhalb bestehender Machtkonstellationen bedeutet. Allerdings muß der Intellektuelle, der das Gewalthandeln der ihm verbundenen Politiker theoretisch legitimiert, immer mit einer Kritik rechnen, die ihn an dem Maßstab mißt und verurteilt, den er mit seinen eigenen Schriften gesetzt hat.

Auch Jürgen Habermas hat sich mit seinem Artikel in der Wochenzeitung DIE ZEIT vom 29. April 1999, mit dem er die Außerkraftsetzung des Völkerrechts und die Ausschaltung der UNO durch den Angriffskrieg der NATO gegen Jugoslawien legitimiert hat, „schmutzige Hände" für seine Freunde Fischer und Schröder gemacht. Bemerkenswert ist allerdings auch die Struktur seiner Argumentation, die von einer „postnationalen Konstellation" ausgeht und eine „Transformation des Völkerrechts in ein Recht des Weltbürgers" einfordert. Daraus wiederum wird ein Recht zur militärischen Gewalt gegen die Bestialität von Menschenrechtsverletzungen abgeleitet. In dieser Berufung auf einen Ausnahmetatbestand (denn die Transformation in ein Weltbürgerrecht ist keineswegs Realität, nicht einmal „herrschende Meinung" unter den Juristen, sondern eine Idee von Jürgen Habermas) deckt sich seine Argumentation mit der der NATO und von Außenminister Fischer, der dazu noch an die Traditionen des antifaschistischen und antiimperialistischen Widerstandes erinnert, um sich zu rechtfertigen.

Erschreckend an der Argumentation von Habermas ist zunächst einmal, daß er sich auf (moralisch begründete) Generalklauseln beruft, um den Bruch bestehenden Rechtes und die (fiktive und willkürliche) Setzung eines neuen Rechtes durch militärische Gewalt zu legitimieren. Diese Argumentation mit „Generalklauseln" hatte z.B. Franz Neumann in den 30er Jahren an dem Rechts- und Verfassungsverständnis eines Carl Schmitt kritisiert, der auf diese Weise die Gewalttaten der Faschisten gerechtfertigt hatte („Der Führer schützt das Recht", 1934). Erschreckend ist aber auch, daß Habermas' Ausgangsthese von der „postnationalen Konstellation", die er im Bundestagswahlkampf als Unterstützung für Gerhard Schröder ausformuliert hat[22], außerordentlich schwach begründet ist. Im Kontext der breiten Debatte über Globalisierung und Nationalstaat (seit den 80er Jahren) bleiben zentrale Thesen von Habermas (vor allem auch über die Europäische Union) völlig unausgewiesen. Sowohl in diesem Text als auch in Habermas' Beitrag zum Kosovo-Krieg der

---

[22] Vgl. Habermas 1998. Der deutsche Bundeskanzler, Gerhard Schröder, spricht seitdem von „meinem Freund Jürgen Habermas" (Frankfurter Rundschau vom 20. 5.1999).

NATO zeigt sich, daß er – offenbar seit dem „linguistic turn" der 70er Jahre – immer unfähiger wird, moderne Vergesellschaftungsprozesse und politische Macht- und Interessenkonstellationen präzise – und d.h. auch empirisch – zu analysieren. Der Maßstab der Vernunft, den seine Gesellschafstheorie in der Tradition der kritischen Theorie gerade bewahren soll, hat sich (seit dieser Zeit) immer mehr gegenüber der gesellschaftlichen und politischen Realität verflüchtigt. Der Skandal besteht freilich darin, daß Habermas aus einer dermaßen schwach begründeten theoretischen Position die politische Praxis eines Angriffskrieges der NATO rechtfertigt. Wer sich – als prominenter Intellektueller – so mit den Regierenden gemein macht, der darf sich nicht wundern, wenn er als weitere Personifikation der Verratsgeschichte der Intellektuellen zitiert wird.

Literatur

Wolfgang Abendroth (1976), Ein Leben in der Arbeiterbewegung, Frankfurt/Main.

Lothar Albertin u.a. (1988), Frankreich Jahrbuch 1988, Themenschwerpunkt: Intellektuelle in der französischen Gesellschaft, Opladen.

Julien Benda (1988), Der Verrat der Intellektuellen (1927), Frankfurt/Main.

Dietz Bering (1982), Die Intellektuellen, Frankfurt/Berlin/Wien.

Noberto Bobbio (1998), Autobiografia, Madrid.

Pierre Bourdieu (1989), Satz und Gegensatz, Über die Verantwortung des Intellektuellen, Berlin.

Pierre Bourdieu (1997), Der Tote packt den Lebenden, Hamburg.

Pierre Bourdieu u.a. (1997), Perspektiven des Protests, Hamburg.

Frank Deppe (1987), Zur Soziologie des Renaissance-Intellektuellen, in: ders., Niccolò Machiavelli. Zur Kritik der reinen Politik, Köln, S. 336 ff.

Frank Deppe (1988), Der „organische Intellektuelle" bei Gramsci, in: Perspektiven (Marburg), Sonderheft 1, S. 43 ff.

Frank Deppe (1990), Die Intellektuellen, das Volk und die Nation, in: Blätter für deutsche und internationale Politik, 6, S. 709 ff.

Frank Deppe (1995), Angst vor dem Absturz? Transformationen des „alternativen Mittelstandes", in: F. Krause u.a., Neue Realitäten des Kapitalismus. Heinz Jung zum 60. Geburtstag, Frankfurt/Main, S. 112 ff.

Frank Deppe (1996), Auf- und Abstieg der „neuen Mittelklasse", in: Z. Zeitschrift Marxistische Erneuerung, Nr. 26, Juni, S. 88 ff.

Frank Deppe (1998), Zur Diskussion um Wolfgang Abendroth, in: Sozialismus, 7/8, S. 17 ff.

Frank Deppe/Georg Fülberth/Jürgen Harrer (1979), Aktuelle Probleme der Geschichtsschreibung der Arbeiter- und Gewerkschaftsbewegung, Teil 1, in: Blätter für deutsche und internationale Politik, 4, S. 488 ff.

Arnold Gehlen (1990), Macht und Gewalt, in: H. Münkler, Hrsg., Politisches Denken im 20. Jahrhundert. Ein Lesebuch. München.

André Gorz (1980), Der Verräter. Vorwort von Jean-Paul Sartre, Frankfurt/Main.

Jürgen Habermas (1998), Die postnationale Konstellation, Frankfurt/Main.

Matthias Horx (1985), Das Ende der Alternativen München/Wien.

Siegfried Kracauer (1992), Minimalforderungen an die Intellektuellen (1931), in: ders., Der verbotene Blick, Leipzig.

Claus Leggewie (1997), America first? Der Fall einer konservativen Revolution, Frankfurt/Main.

Georg Lukács (1984), Intellektuelle und Organisation, in: ders., Revolutionäres Denken, hrsg. v. Frank Benseler, Darmstadt / Neuwied.

Karl Marx (1961), Zur Kritik der Hegelschen Rechtsphilosophie. Einleitung, in: MEW, Band 1, S. 378 ff.

Fritz Ringer (1987), Die Gelehrten. Der Niedergang der deutschen Mandarine, München.

Ulrich Rödel/Günter Frankenberg/Helmut Dubiel (1989), Die demokratische Frage, Frankfurt/Main.

Jean-Paul Sartre (1976), Der Intellektuelle als Revolutionär, Reinbek bei Hamburg.

Jorge Semprun (1984), Yves Montand. Das Leben geht weiter, Frankfurt/Main.

Josef Schleifstein (1987), Der Intellektuelle in der Partei. Gespräche mit F. Deppe, G. Fülberth und G. Meyer, Marburg.

J. A. Schumpeter (1950, Kapitalismus, Sozialismus und Demokratie, München.

Michel Winock (1998), Die Intellektuellen in der Geschichte Frankreichs, in: L. Albertin u.a., Frankreich Jahrbuch 1998, Opladen, S. 53 ff.

Michel Winock (1997), Le Siècle des Intellectuels, Paris.

Michael D. Yates (1997), Hat die Arbeiterbewegung der USA eine Zukunft? In: Sozialismus, 5,. S. 40 ff.

Gilbert Ziebura (1988), Über das Chamäleonhafte linker Intellektueller, in: Prokla 70, 18. Jg. S. 19 ff.

Realpolitik: auf krummen und verschlungenen Wegen in die zweite Moderne? Anmerkungen zur Aktualität einer undogmatischen Linken

Ingrid Kurz-Scherf

Einleitung: mittendrin und trotzdem draußen

Schon kurz nach dem Zusammenbruch des autoritären Staatssozialismus in Mittel- und Osteuropa vermutete Jürgen Habermas, daß dadurch ausgerechnet die beste, aber zugleich immer auch schwächste Tradition sozial-emanzipatorischen Denkens und Handelns am meisten geschädigt worden wäre, die davon in ihren theoretischen Grundlagen und politischen Anliegen eigentlich am wenigsten erschüttert wurde.[1] Die Inanspruchnahme der besten Tradition sozial-emanzipatorischen Denkens und Handelns für die eigenen Überzeugungen entbehrt sicher nicht einer kritikwürdigen Überheblichkeit, aber man würde ja an seinen eigenen Überzeugungen nicht festhalten, wenn man deren theoretisches Fundament und deren politische Anliegen in der Konkurrenz mit anderen Überzeugungen nicht für die besseren halten würde. In meinem Fall ist das die sogenannte undogmatische Linke, oder man könnte auch sagen: die moderne Linke, die trotz aller Brechungen und Ambivalenzen gegenüber dem bekanntlich nicht nur unvollendeten sondern auch höchst widersprüchlichen Projekt der Moderne mit diesem fest verbunden ist. Diese Linke steht selbstverständlich in der Tradition Marxscher Kapitalismuskritik, aber gerade in letzter Zeit erinnert sie sich auch ihrer Wurzeln in der von Immanuel Kant aufgeworfenen Frage, wie „Freiheit möglich ist" und des in dieser Frage enthaltenen Vorsatzes des Austritts (auch) aus selbstverschuldeter Unmündigkeit. Die jüngeren Traditionslinien wurzeln in der Kritischen Theorie in der Fassung von Herbert Marcuse, Max Horkheimer und Theodor W. Adorno und die noch jüngeren in der 68er-Bewegung einschließlich der davon

---

[1] „Die Entwertung unserer besten und schwächsten intellektuellen Traditionen ist für mich einer der bösesten Aspekte des Erbes, das die DDR in die erweiterte Bundesrepublik einbringt" (Habermas 1991).

ausgehenden sog. neuen sozialen Bewegungen; in meinem Fall insbesondere auch der Frauenbewegung mit ihren geistigen Wurzeln bei Hedwig Dohm, Alexandra Kollontai und Simone de Beauvoir.

Diese undogmatische, moderne und demokratische Linke oder – um noch ein weiteres Attribut zu deren Identifikation zu bemühen – die freiheitliche Linke ist 10 Jahre nach dem Zusammenbruch jenes sich selbst real-existierend nennenden Sozialismus, der ihr immer auch wie ein Klotz am Bein hing, weil er – wenn auch nur teilweise – die gleichen Traditionen für sich in Anspruch nahm, diese dabei aber „bis zur Unkenntlichkeit verschandelte" (Habermas), ziemlich schlecht dran. Unter den Bedingungen des kalten Krieges und der Systemkonkurrenz bezog die undogmatische Linke ihr politisches Potential nicht zuletzt auch aus ihrer Position des Dazwischen oder aus ihrer Philosophie des „weitergehenden Antrags"– sowohl gegenüber den „Kapitalistischen Demokratien des Westens (KDW)" (Offe) wie auch gegenüber dem real-existierenden Sozialismus im Osten, indem sie gegenüber dem Westen die soziale Frage (aber eben nicht nur im Sinn sozialer Gerechtigkeit, sondern im Sinn einer sozialen und politischen Lebenskultur) und gegenüber dem Osten die demokratische Frage (wiederum nicht nur im Sinn eines Sets von Regeln und Institutionen, sondern wiederum als kulturelles Projekt) zur Geltung brachte.

Nun ist dieser undogmatischen Linken der zweite Bezug ihrer immer doppelseitigen Kritik, die zweite Verankerung ihres *dazwischen* und *darüber hinaus* gleichsam weggebrochen. Sie muß ihren weitergehenden Antrag gegen ein politisches Projekt begründen, in dem fast alles zurückgenommen wird, worüber diese Linke immer hinausgehen wollte. Denn etwa zeitgleich mit der Verdichtung der Pathologien des real-existierenden Sozialismus zum Zusammenbruch geriet auch das Entwicklungsmodell der westlichen Moderne immer näher an just jene Grenzen, die ihm von der politischen Linken schon immer vorgehalten worden waren, also beispielsweise die Grenzen sozialen Fortschritts unter den Bedingungen einer kapitalistischen Eigentumsordnung und Wirtschaftsweise, die ökologischen Grenzen der industriellen Wachstums- und Verwertungslogik und -ideologie oder auch die Grenzen eines androkratisch verfaßten Demokratiekonzepts. An diesen Grenzen entwickeln nun aber die kapitalistischen Androkratien des Westens nicht etwa jenes Transformationspotential der *reflexiven Modernisierung*, wie dies im Diskurs um eine andere oder eine zweite Moderne vermutet worden war (vgl. Beck 1986), sondern sie weichen zurück, werden von genau den Kräften und Mächten, die die Grenzen des (sozialen und politischen) Entwicklungspotentials der westlichen Moderne errichtet haben, in einen Prozeß *regressiver Modernisierung* gezwungen – mit eindeutig restaurativen Tendenzen in Richtung auf solche Verhältnisse (beispielsweise extremer sozialer Ungleichheit), die schon nachhaltig und dauerhaft überwunden zu sein schienen. Faktisch und ideologisch breitet sich in den westlichen Demokratien eine zunehmende Neigung zum Elitarismus und Autoritarismus aus – und zwar sowohl nach innen wie auch nach außen.

Die undogmatische Linke ist zum Teil selbst affiziert vom elitären und autoritären *mainstream*. Zum anderen Teil ist sie einem wachsenden Marginalisierungs- und Ausgrenzungsdruck ausgesetzt, der immer deutlichere Züge von *mobbing* oder auch von „Säuberung" annimmt. Aber auch unabhängig von der Diffusion der undogmatischen Linken in den nicht ganz zutreffend mit dem Etikett Neoliberalismus ausgestatteten *mainstream* hinein und den Attacken, denen sich diejenigen ausgesetzt sehen, die sich zumindest darum bemühen, an der Tradition sozial-emanzipatorischen Denkens und Handelns festzuhalten, scheint das programmatisch-strategische Potential dieser Linken ausgerechnet in der Situation zu versiegen, in der die von dieser linken Traditionslinie immer gepflegte doppelseitige Kritik am Industriekapitalismus ebenso wie am Industriesozialismus eine gleichsam objektive historische Bestätigung erfährt.

Das Dilemma der undogmatischen Linken liegt einerseits darin, daß sie sich gezwungen sieht, genau die Errungenschaften der Vergangenheit zu verteidigen, von denen sie weiß, daß sie erstens maßgeblich beteiligt waren an der Herausbildung der Verhältnisse, die sich ihrer nun zu entledigen trachten; und die zweitens keine realistischen und wünschenswerten Zukunftsperspektiven darstellen – also z.B. der auf der kapitalistisch-industriellen Entwicklungsdynamik beruhende Sozialstaat, das durch und durch androkratisch konstruierte Normalarbeitsverhältnis, die immer in den Produktivitätspakt mit dem Kapital eingebundene Handlungsmacht der Gewerkschaften, der schon immer auf fragwürdigen Grundlagen beruhende Nationalstaat etc. Folgt die Linke andererseits programmatisch der Erosion dieser Institutionen der ersten Moderne, gerät sie in das nicht minder unerfreuliche Dilemma, daß die Beförderung der in diesen Erosionsprozessen der tradierten Arrangements enthaltene *Möglichkeit* ihrer sozial-emanzipatorischen Transformation faktisch einer ganz anderen *Wirklichkeit* dient, nämlich eben der der regressiven Modernisierung.

Ganz konkret und praktisch werden mit der Regierungspolitik von SPD und Bündnis 90/Die Grünen diese Parteien für viele Linke in der Bundesrepublik Deutschland allmählich unwählbar, und auch das Engagement in diesen

Parteien oder in ihrem Umfeld wird für viele immer fragwürdiger. Für die meisten undogmatischen Linken bietet aber die PDS zumindest in ihrer aktuellen Verfassung keine dauerhaft akzeptable Alternative. Und im außerparlamentarischen Raum, wie beispielsweise in den Gewerkschaften, verengen sich die konkreten Alternativen ebenfalls auf gleichermaßen unbefriedigende Allianzen entweder mit den sog. Traditionalisten oder mit den sog. Modernisierern, die gerade nicht die Traditionslinien der politischen Linken und das daraus entwickelte Konzept von Moderne und Modernisierung verkörpern, denen man selbst verbunden ist. Fremd und heimatlos – so läßt sich wohl am besten, wenn auch vielleicht ein wenig zu larmoyant, die politische Befindlichkeit jener Linken kennzeichnen, deren politische Praxis schon seit eh und je von einem hohen Grad an (auch gewollter) Individualisierung geprägt ist, die darin aber zunehmend in einen als mehr oder minder schmerzhaft empfundenen Prozeß der Privatisierung hineingeraten, mehr oder minder hart abgeschnitten vom – wie es Matthias Greffrath formuliert – „öffentlichen Glück" (Greffrath 1998) politischen Handelns.

Es gehört zum Selbstverständnis gerade der linken Strömung, deren Situation hier auch aus eigenem Empfinden beklagt wird, daß es nie nur an den anderen oder den Verhältnissen liegt, sondern (fast) immer auch an einem selbst – auf der individuellen Ebene ebenso wie auf der politischen. Ich will deshalb im folgenden eher beispielhaft als systematisch einige Punkte herausgreifen, in denen m.E. auch mehr oder minder erhebliche Anteile selbstverschuldeter Entmächtigung der undogmatischen Linken liegen, und an denen ein neuer Diskurs um die Rückgewinnung von Deutungs- und Handlungsmacht anknüpfen könnte und aus meiner Sicht auch müßte. Ich werde dabei keine über diese einleitenden Bemerkungen hinausgehenden Anstrengungen zur Identifikation der politischen Strömung, auf die ich mich hier vorrangig beziehe, unternehmen und oft auch einfach nur von „der Linken" oder „linken" Positionen und Einsichten sprechen, wenn vielleicht klarere Definitionen und Abgrenzungen am Platz wären. Genau dies will ich aber dem Leser[2] und der Leserin der nachfolgenden Anmerkungen überlassen, nach dem Motto: to whom it may concern.

---

[2]Der Beitrag ist in Erinnerung an verblassende Inschriften an den Fassaden der Marburger Altstadt und in großer Sympathie dem „Geburtstagskind" gewidmet, dem diese Festschrift gilt.

Theorie und Praxis

„Die Paralyse der Kritik: eine Gesellschaft ohne Opposition" – so überschrieb Herbert Marcuse Anfang der 60er Jahre die Vorrede zu seinen unter dem Titel „Der eindimensionale Mensch" publizierten „Studien zur Ideologie der fortgeschrittenen Industriegesellschaft" (Marcuse 1967a). Gemeint war selbstverständlich nicht die vollständige Abwesenheit von Opposition und Kritik, denn die Arbeit von Marcuse war ja selbst Beleg für deren Existenz. Gemeint war der fast vollständige Mangel an realer Handlungsmacht und Wirkungskraft oppositioneller Kräfte in den westlichen Nachkriegsgesellschaften. Immer deutlicher – so meinte Marcuse schon damals – trete in den fortgeschrittenen Industriegesellschaften „der irrationale Charakter des Ganzen" zutage und damit auch „die Notwendigkeit der Veränderung", aber „die Einsicht in die Notwendigkeit hat (noch) niemals genügt, die möglichen Alternativen zu ergreifen" (ebd.: 264). Marcuse widerspricht einer naiven Vorstellung von Theorie oder Kritik, die mit dem Aufzeigen von gesellschaftlichen Widersprüchen und Alternativen zum Status quo gleichsam automatisch auch eine entsprechende Praxis hervorbringt oder dadurch selbst schon wirkungsmächtige Praxis darstellt.

Linke Kritik und Opposition (insoweit lassen sich die Ausführungen von Marcuse über die Kritische Theorie durchaus verallgemeinern) waren immer bezogen auf

> [...] real vorhandene (objektive und subjektive) Kräfte in der bestehenden Gesellschaft [...], die sich in Richtung auf vernünftigere und freiere Institutionen bewegten (oder dahin gelenkt werden konnten) [...] Sie waren der empirische Boden, auf dem die Theorie sich erhob, und von diesem empirischen Boden leitete sich die Idee der Befreiung der *inhärenten* Möglichkeiten her (ebd.).

Das Problem läge nun aber darin, „daß 'Befreiung der inhärenten Möglichkeiten' die geschichtliche Alternative (in den fortgeschrittenen Industriegesellschaften, I. K.-S.) nicht mehr angemessen ausdrückt" (ebd.: 265). Und insofern reflektiert die „Unfähigkeit" der Kritischen Theorie, die befreienden Tendenzen *innerhalb* der bestehenden Gesellschaft aufzuweisen (ebd.: 265), nur die Situation der Gesellschaft, die sie analysiert. Ohne die „materielle Gewalt" der „geschichtlichen Praxis" sozialer Bewegung im Sinn und mit dem Ziel der Befreiung von Herrschaft und Unvernunft bleibe aber der linken Theorie nur „die reine Form der Negation" und der linken Praxis nur die reine Opposition „in der politisch ohnmächtigen Form der 'absoluten Weigerung'" (ebd.: 266). Dies ist nun aber nicht nur Reflex auf die objektive Situation einer Gesellschaft ohne Opposition, sondern zugleich auch moralische Absicht und moralisches Verdienst der Kritischen Theorie in der von Marcuse (und in dieser Argumentationsführung sehr ähnlich auch von Adorno und Horkheimer) vorgetragenen Fassung, denn „damit will sie jenen die Treue halten, die ohne Hoffnung ihr Leben der Großen Weigerung hingegeben haben und hingeben" (ebd.: 268). Marcuse schließt mit einem Zitat von Walter Benjamin, der zu Beginn der faschistischen Ära schrieb: *„nur um der Hoffnungslosen willen ist uns die Hoffnung geblieben"*.

Es dürfte klar geworden sein, daß ich die Kritische Theorie (und zwar v.a. in der Fassung von Herbert Marcuse[3]) mit besonderem Nachdruck zu den „besten Traditionen sozial-emanzipatorischen Denkens" zähle. Sie gewinnt v.a. auch im Aufzeigen der vielfältigen Mechanismen der internen Stabilisierung von Industriegesellschaften und ihrer Immunisierung gegen wirkungsmächtige Opposition und Kritik, die später von Johannes Agnoli unter dem Begriff der Involution analysiert wurden, und in der Betonung des subjektiven Faktors als die letztendlich entscheidende Quelle praktischen Handelns gerade heute wieder neue Aktualität. Waren es damals v.a. die Integration und Neutralisierung der – aus heutiger Sicht – alten sozialen Bewegungen, also v.a. der Arbeiterbewegung, die Marcuse zu seiner pessimistischen Zeitdiagnose veranlaßten, so scheinen heute auch die neuen sozialen Bewegungen ihres widerständigen und widerspenstigen Potentials weitgehend beraubt – und zwar ohne die geringsten Anzeichen für ein Revival des sozial-emanzipatorischen Potentials irgendeiner Arbeiterklasse oder Arbeiterbewegung, die – wie es den Anschein hat – irreversibel in der Subsumption der Arbeit unter das Kapital versickert ist.

Die fortgeschrittenen Industriegesellschaften – so meinte Marcuse Anfang der 60er Jahre – stünden möglicherweise am „Beginn des Endes einer Periode", aber „nichts deutet darauf hin, daß es ein gutes Ende sein wird" (ebd.: 267). Zwischenzeitlich sind die fortgeschrittenen Industriegesellschaften in eine „Ära der Transformation" (Beyme/Offe 1995) eingetreten, aber ob darin eine Transformation zum Besseren stattfindet, ist einigermaßen zweifelhaft. Heute wie damals mangelt es nicht an Kritik an der „Irrationalität des Ganzen" und den darin wirksamen Tendenzen zu fortschreitender Umweltzerstörung, schleichenden Demokratieverlusten, zunehmenden Konfliktpotentialen nach innen und außen, aber die Kritik wird nicht praktisch im Sinn qualitativer Änderung, weil diejenigen, die sie formulieren, von praktischer Handlungs-

---

[3] Vgl. dazu neben den hier zitierten „Studien zur fortgeschrittenen Industriegesellschaft" insbesondere auch Marcuse 1965a und Marcuse 1965b.

macht abgeschnitten sind. Wenn sie es werden könnte, weil die KritikerInnen des Status quo und der darin dominierenden Tendenzen zu Regierungsmacht gelangen, löst sie sich in Windeseile in eine Form von Realpolitik auf, die von Kritik an den herrschenden Verhältnissen und von Opposition gegen dieselben nichts, aber auch gar nichts mehr wissen will – wie der Regierungswechsel in der Bundesrepublik Deutschland im Herbst 1998 auf selbst für diejenigen überraschende Weise demonstriert hat, die durch das Studium der Schriften von Herbert Marcuse oder auch von Johannes Agnoli vorgewarnt waren.

Trotz der Aktualität der Kritischen Theorie scheint mir aber in ihrer hier zitierten Argumentationsführung auch ein Schlüssel für die aktuelle Schwäche gerade der politischen Linken zu liegen, die wissentlich oder faktisch in dieser Traditionslinie steht: Der Vergleich der sozialen und politischen Situation in den frühen 60er Jahren mit dem Beginn der faschistischen Ära war – wie wir heute wissen – in einem schlimmen Sinn falsch, und ebenso erscheint heute die Umdeutung theoretischer Defizite und Schwächen zu einem Akt der Solidarität mit denen, die keine Hoffnung mehr haben, nur noch als falsches Pathos. Dennoch pflegt die linke Denkungsart – so zumindest ein häufig erhobener und nicht ganz unberechtigter Einwand – vielfach immer noch den Duktus und Gestus folgen- und letztendlich auch verantwortungsloser Rechthaberei, die gerade aus dem Mangel an Handlungsrelevanz ihrer Erkenntnisse und Forderungen die Bestätigung der darin enthaltenen Kritik ableitet.

Allerdings steckt hinter der neuerdings immer dreisteren Abrechnung mit den Linken als den „moralisierenden Besserwissern" (Kröcher/Wagner 1999) – beispielsweise in der Partei Bündnis 90/Die Grünen – oder den nicht minder dreisten Versuchen einer weitgehenden Entsorgung der Traditionsbestände sozial-emanzipatorischen Denkens und Handelns – beispielsweise in der SPD (vgl. Blair/Schröder 1999) – oft ein (manchmal vielleicht sogar unbewußter) Frontalangriff gegen Moral und Vernunft als Maßstab und Motor von Politik schlechthin. „Die Linken" werden in der politischen Auseinandersetzung des ausgehenden 20. Jahrhunderts zweifellos auch deshalb zum Haßobjekt, weil sie trotz aller Ohnmacht und Marginalität immer noch eine – wenn auch oft nur noch potentielle – Gefahr darstellen für die Amoral und die Unvernunft der grassierenden, nur noch und ausschließlich an kurzfristiger und kurzsichtiger Machbarkeit orientierten, zur Verantwortungsethik umdefinierten Gesinnungslumperei mit ihrem Hang zu blankem Opportunismus und Konformismus. Gleichwohl kann die politische Linke, so sie denn nicht auch noch das vollständige Verschwinden der – um es noch einmal zu betonen – „besten und zugleich schwächsten Tradition" politischen Denkens und Handelns aus dem geistigen und praktischen Reservoir der westlichen Moderne als Bestätigung einer Wahrheit feiern will, von der nur demnächst niemand mehr etwas wissen wird, den Vorwurf der mangelnden Praxisrelevanz nicht einfach nur immer weiter an „die Verhältnisse" oder „die Gesellschaft", in der sie denkt und agiert, weiterreichen, die linke Politik im Sinn eingreifenden politischen Handelns leider unmöglich machen.

Man muß weder theoretisch in das reduktionistische Theorieverständnis anwendungsorientierter Wissenschaft noch praktisch in jenen kurzsichtigen und kurzfristigen Pragmatismus verfallen, der seine Kriterien und Ziele nur noch in Wahlprozenten oder Sparbeträgen formulieren kann, um doch einigermaßen skeptisch gegenüber der Entlastungsstrategie der Kritischen Theorie zu sein; einer Entlastungsstrategie, die, soweit folge ich der Linken-Schelte, auch heute noch mit mehr oder minder gravierenden Abwandlungen v.a. unter dem eigenen Selbstverständnis nach besonders linken Linken *en vogue* ist. Tatsächlich war die Kritische Theorie v.a. in der Fassung von Herbert Marcuse sehr viel näher an der politischen Praxis als dies ihren Autoren bewußt war, denn sie fungierte als eine der wichtigsten Inspirationen der mit der Jahreszahl 68 assoziierten und der von der damaligen Jugend- und Studentenrevolte ausgehenden sozialen Bewegungen.[4] Die Philosophie der Hoffnungslosigkeit in der Kritischen Theorie basierte *auch* auf der Fehleinschätzung des sich genau in der Zeit aufbauenden Protest- und Handlungspotentials, in der Marcuse nur Paralyse und Konformismus identifiziert hatte. Insofern ist doch Vorsicht angeraten bei der Übertragung der politischen Situationsanalyse aus den frühen 60er Jahren auf die heutige Zeit, denn sie könnte ja ebenfalls auf Wahrnehmungsstörungen gegenüber sozialen Bewegungen beruhen, die nicht in das vorgefertigte Kategorienschema linker Deutungsmuster passen. So, wie die neuen sozialen Bewegungen und deren Akteure in dem letztendlich doch weitgehend auf den Grundwiderspruch zwischen Kapital und Arbeit fixierten Konzept „geschichtlicher Praxis" der Kritischen Theorie nicht vorgesehen waren und deshalb auch lange nicht gesehen wurden, so könnten uns unsere beispielsweise auf den Konflikt zwischen „System" und „Lebenswelt" gepolten Kategorien blind machen für politisches Handlungspotential, das sich vielleicht an ganz anderen Konfliktlinien, in ganz anderen Formen und mit ganz anderen Themen aufbaut, als wir dies zu erwarten und wahrzunehmen in der Lage sind.

---

[4] Vgl. dazu den Vortrag, den Herbert Marcuse 1967 im Audimax der Freien Universität Berlin mit dem Titel „Das Ende der Utopie" gehalten hat (Marcuse 1967b).

Doch unabhängig davon erscheint die Zuflucht von Herbert Marcuse zur „Großen Weigerung" (mit großem G!) auch als Ausflucht, als ein wenig überzeugendes Manöver der Immunisierung einer Theorie gegen Kritik und der Selbsttröstung von Kritik in einer Situation praktischer Irrelevanz. Es leuchtet v.a. auch nicht ein, warum in einer Situation totaler Herrschaft oder eines zum Totalitarismus tendierenden Herrschaftssystems – so sieht Marcuse die Industriegesellschaft – ausgerechnet das Denken sich als Hort der Freiheit bewahren soll, während das praktische Handeln ganz und gar unter die Fuchtel der subjektiv noch nicht einmal als solche empfundenen Unfreiheit gerät. Plausibler erscheint doch die These, daß auch das Denken verstrickt ist in die Immunisierung eines Herrschaftssystems gegen Veränderungsdruck und daß dieser Verdacht dann naheliegt, wenn dieses Denken die Vergeblichkeit und/oder Unmöglichkeit politischen Handelns mit dem Ziel der Transformation der herrschenden Verhältnisse hervorbringt. Im übrigen verdankt sich aber auch die Konstruktion der modernen Gesellschaften kapitalistisch-demokratischen Zuschnitts als totalitäres System einer äußerst fragwürdigen Geringschätzung von politischem Handeln schlechthin und einem eklatanten demokratietheoretischen Defizit, das linke Denk- und Handlungsstrukturen seit jeher auszeichnet. Gerade mit der Akzentuierung des subjektiven Faktors müßte sehr viel stärker auch die Frage nach der subjektiven Verantwortung für das eigene Handeln oder eben auch die eigene Untätigkeit ins Blickfeld linker Opposition und Kritik geraten, wenn diese nicht unversehens zur Legitimation von Opportunismus und Konformismus geraten will, indem sie denen, die sich dem ergeben haben, bestätigt, daß andere Handlungsoptionen unter den gegebenen Verhältnissen ohnehin nicht vorhanden sind.

Fundamentaloppositon: nicht politikfähig aber wahr?

Wer der gut begründbaren Meinung ist, daß die Ursachen der Probleme, mit denen die fortgeschrittenen Industriegesellschaften und – in noch sehr viel dramatischerer Weise – die sog. Transformationsgesellschaften und Entwicklungsländer konfrontiert sind, in der Grundstruktur des mittlerweile weltweit dominierenden und weithin als alternativlos akzeptierten, kapitalistischen Wirtschaftssystem liegen, daß diese Grundstrukturen ihren Kern in den kapitalistischen Eigentumsverhältnissen haben und es zum Kapitalismus mit der in diesem System strukturell verankerten Tendenz der Regression zu sozialer, kultureller und politischer Barbarei nur eine Alternative gibt, nämlich die Vergesellschaftung privater Verfügungsgewalt über die Ressourcen sozialen Reichtums, der oder die ist als Person oder Institution und unabhängig davon, ob er oder sie diese Alternative Sozialismus, Kommunismus oder soziale Demokratie nennt, unter den aktuellen Bedingungen einer tatsächlich ja schon fast totalen Hegemonie eben jenes Kapitalismus als Denkstruktur ebenso wie als Handlungsstruktur wirklich nur bedingt politikfähig. Dieser Mangel an Politikfähigkeit widerlegt aber selbst dann, wenn er wie hier auch als Mangel und nicht etwa als ein zu würdigendes Verdienst empfunden wird, allein noch nicht den Wahrheitsgehalt linker Kapitalismuskritik. Auch die geläufigsten Einwände gegen dieselbe erweisen sich bei näherem Hinsehen als nicht besonders stichhaltig.

Dazu gehört z.B. der Hinweis, daß linke Kapitalismuskritik sich oft oder sogar in der Regel auf ein theoretisches Fundament beruft, das in den sozialen und politischen Verhältnissen des beginnenden 19. Jahrhunderts verwurzelt ist, also auf die Kritik der Politischen Ökonomie des Kapitals von Karl Marx. Mittlerweile fungiert die Marxsche Kapitalismusanalyse weit über den Kreis derjenigen hinaus, die darin immer noch eine Art Bibel ihres politischen Glaubensbekenntnisses sehen, als Beleg für die Unausweichlichkeit beispielsweise jener Prozesse, die oft mit dem Stichwort Globalisierung assoziiert werden. Mit ausführlichem Bezug auf eine einschlägige Passage aus dem Kommunistischen Manifest von Karl Marx und Friedrich Engels aus dem Jahre 1848 argumentiert z.B. der Wirtschaftsjournalist Nikolaus Piper, sich gegen Globalisierung und deren Auswirkungen wehren zu wollen, habe die gleichen Erfolgsaussichten wie eine Protestbewegung gegen das Wetter. Genau dies war und ist eine der Grunderkenntnisse Marxscher Kapitalismuskritik, daß nämlich die soziale Konstruktion der kapitalistischen Eigentumsverhältnisse und das ideologische Konstrukt der kapitalistischen Verwertungslogik den Menschen zur zweiten Natur und zum Surrogat von Vernunft schlechthin machen.

„Aber die Bourgeoisie hat nicht nur die Waffen geschmiedet, die ihr den Tod bringen; sie hat auch die Männer (!) gezeugt, die diese Waffen führen werden – die modernen Arbeiter, die *Proletarier*" (Kommunistisches Manifest). Abgesehen vom bellizistisch-patriarchalen Grundton dieser Hoffnung auf die dem Kapitalismus aus seinen eigenen Widersprüchen entgegenwachsende und ihn letztendlich revolutionierende Kraft, scheint Karl Marx sich in seinem emphatischen Vertrauen auf das Proletariat auch einfach geirrt zu haben. Ohne den Bezug auf die historische Notwendigkeit des Zusammenbruchs der kapitalistischen Wirtschaftsweise und den darin und daraus ebenso notwendigerweise entstehenden Sozialismus verfällt linke Kapitalismuskritik aber leicht jener Melancholie des Negativen, die ja gerade auch die Kritische Theorie auszeichnet. Die Grundthese, daß es einen Kapitalismus ohne Arbeitslosigkeit und ohne soziale Ungleichheit, ohne das sich mit der Globalisierung des Kapitals weltweit verbreitende Elend, ohne die Gefahr kriegerischer Selbstzerstörung der modernen Zivilisation, ohne die irgendwann irreparable Beschädigung der natürlichen Lebensgrundlagen der Menschheit dauerhaft nicht geben kann, ist dadurch aber keineswegs widerlegt, sondern bestätigt und als unausweichlich akzeptiert. Wer den letzten Schritt – die Kapitulation vor der Unausweichlichkeit all dessen, was letztendlich in den kapitalistischen Eigentumsverhältnissen und in der kapitalistischen Verwertungslogik wurzelt – nicht mitgehen will, setzt sich in Widerspruch zu dem unter den gegebenen Verhältnissen realistischerweise noch Denkbaren und Machbaren – jedenfalls so lange, wie er oder sie keine andere real-gegenwärtige Tendenz oder wenigstens real-gegenwärtige Möglichkeit anzugeben in der Lage ist als das revolutionäre Potential des Proletariats.

Die Kritik an den kapitalistischen Eigentumsverhältnissen und der zur Vernunft schlechthin verklärten Rationalität der Kapitalverwertung wird auch nicht dadurch widerlegt, daß in den Verhältnissen, in denen wir leben, und in den Entwicklungen, unter denen wir leiden, noch ganz andere als nur die der kapitalistischen Ökonomie zuzuordnenden Faktoren wirksam sind – angefangen beim Staat als einer gegenüber der Ökonomie durchaus autonomen und historisch weniger in den Kapitalverhältnissen als in obrigkeitlicher Bürokratie verwurzelten Machtstruktur, über das Patriarchat als einer ebenfalls nicht auf ihre historische Allianz mit dem Kapitalismus reduzierbare Dominanzkultur bis hin zu sozialpsychologischen, psychosozialen und lebenskulturellen Mustern und Lebensstilen, die genauso wenig nur ökonomisch bedingt sind. Selbst wenn man diesen Faktoren ein mindestens gleiches oder sogar ein höheres Gewicht im Bedingungsgefüge beispielsweise der aktuellen Krise des Sozialen bemißt, so ist damit die These, daß sich die vorhandenen Probleme auf der Grundlage des kapitalistischen Wirtschaftssystems nicht dauerhaft bewältigen lassen, keineswegs widerlegt. Die Berücksichtigung der Komplexität und Kontingenz der Bedingungsfaktoren der aktuellen Probleme in den westlichen Industrieländern und weit darüber hinaus macht nur deutlich, daß es allein mit der Abschaffung des Kapitalismus auch dann nicht getan wäre, wenn dies denn noch eine realistischerweise zu verfolgende Option darstellte, aber sie beweist (leider!) nicht dafür, daß es auch ohne dies ginge.

Auch der Hinweis auf die Erfolgsstory der westlichen Wohlstandsgesellschaften v.a. nach dem Zweiten Weltkrieg und die Tatsache, daß darin auf der Grundlage kapitalistischer Bedingungen vieles möglich war, was Karl Marx und viele andere sich nur jenseits derselben vorstellen konnten, ist noch kein hinreichender Beleg für die Annahme, daß dies innerhalb dieser Wohlstandsgesellschaften auch weiterhin oder gar auf alle Ewigkeit möglich sein wird, und erst recht nicht, daß das kapitalistische Entwicklungsmodell auch auf den Rest der Welt übertragbar ist. Es spricht vielmehr vieles dafür, daß das soziale Potential der kapitalistischen Entwicklungsdynamik erschöpft ist. Ebenso scheint sich die unter den sehr spezifischen und partikularen Bedingungen der westlichen Moderne durchaus produktive Spannung zwischen dem ökonomischen System einer kapitalistischen Marktwirtschaft und dem politischen System einer bürgerlichen Demokratie in eine unüberbrückbare Inkompatibilität aufzulösen – jedenfalls dann, wenn unter Demokratie nicht nur ein Set von Verfahrensregeln und Institutionen, sondern auch ein höchst anspruchsvolles Geflecht von sozialen und kulturellen Bedingungen und Voraussetzungen verstanden wird. Es mehren sich die Stimmen, die zwischen Demokratie und Kapitalismus ein grundsätzliches Problem der systemischen Kompatibilität sehen, in das sich auch die westlichen Länder immer tiefer verstricken.

Und schließlich der vielleicht heikelste Punkt linker Kapitalismuskritik: ihr Reservoir an denkbaren und machbaren Alternativen und ihre strategische Kompetenz zu deren Beförderung. Selbst wenn dieses Reservoir durch den autoritären Staatssozialismus und dessen erbärmliches Scheitern, durch die falsche Option auf die historische Notwendigkeit von Sozialismus und den gesetzmäßigen Ablauf der Geschichte, durch die vielleicht schon immer falsche, mittlerweile aber nur noch skurrile Fixierung auf das Proletariat, die Arbeiterbewegung und die Arbeiterklasse erschöpft wäre, selbst wenn die gesamte Linke weder über Begriffe noch über Konzepte der Transformation des Status quo verfügte (und es spricht einiges dafür, daß all dies der Fall ist), würde deshalb die Kritik an eben diesem Status quo und den darin dominierenden Tendenzen doch keineswegs obsolet. Um es pathetisch und mit Bertold Brecht zu formulieren: „Wenn die Kämpfer gegen das Unrecht besiegt sind, damit hat das Unrecht doch nicht recht"– oder anders ausgedrückt: Selbst wenn es keine denk- und machbaren Alternativen zu einer Situation sozialer Ungerechtigkeit gäbe, würde dadurch diese Situation doch nicht gerecht. Ohne den Nachweis denkbarer und machbarer Alternativen wird die linke Kapitalismuskritik aber wohl kaum (wieder) reale Wirkungs- und Handlungsmacht im Sinn der ihr zugrundeliegenden Hoffnungen und normativen Grundpositionen entfalten können.

Womit wir wieder bei der Ausgangsfeststellung sind: Linke Kapitalismuskritik ist aktuell nicht politikfähig – jedenfalls nicht in ihren vorliegenden Fassungen. Sie löst sich immer mehr auf in zwei gleichermaßen unattraktive Alternativen, nämlich den Verzicht auf Politik auf der einen und den Verzicht auf Kritik auf der anderen Seite, wobei die letzte Variante allerdings ein deutliches Übergewicht hat. Sie firmiert unter dem von ihr gleichsam widerrechtlich angeeigneten Etikett „Realpolitik".

Nach Marx reicht es nicht aus, die Welt nur verschieden zu interpretieren, sondern es kommt darauf an, sie zu verändern – mit anderen Worten: Linke Opposition gegen die herrschenden Verhältnisse kann sich letztendlich nicht allein auf das Kriterium der Wahrheit berufen, sondern muß sich auch dem der Wirklichkeit, und das heißt nicht zuletzt auch dem der Praxisrelevanz stellen. Selbstverständlich gibt es Verhältnisse und Zeiten, in denen die gesellschaftliche Wirklichkeit jegliche Kritik von möglicher Praxis abschneidet, linke Kritik hat in ihrer praktischen Wirksamkeit auch zweifellos unter dem System der repressiven Toleranz einer entwickelten bürgerlichen Demokratie zu leiden, welches sich u.a. an der immerhin doch erklecklichen Anzahl der mit beträchtlichem Salär verbeamteten oder auf ebenfalls vergleichsweise gut bezahlte Funktionärsposten beförderten Systemkritiker ablesen läßt. Gerade in einer solchen Situation wird die Selbsttröstung mit der Marginalität eben dieser Systemkritik gleichsam als Beleg für die Omnipotenz des kritisierten Systems aber auch einigermaßen fragwürdig; eher gibt sie m.E. Anlaß für die Vermutung, daß eine bestimmte Art der Systemkritik durchaus als systemfunktional gewürdigt wird – nämlich genau diejenige, die gar nicht mehr ernsthaft den Anspruch verfolgt, praktisch werden zu wollen.

Realpolitik: Gestaltung statt Veränderung?

Es war keine geringere als Rosa Luxemburg, die den Begriff der *Realpolitik* – allerdings noch mit dem Zusatz *revolutionär* – in den strategischen Horizont der Linken einführte:

> Die einmal (dank der Schriften von Karl Marx, I.K.-S.) erkannte Richtung des ökonomischen und politischen Prozesses in der heutigen Gesellschaft ist es, an der wir nicht nur unseren Feldzugsplan in seinen großen Linien, sondern auch jedes Detail unseres politischen Strebens messen können. Dank diesem Leitfaden ist es der Arbeiterklasse zum erstenmal gelungen, die große Idee des sozialistischen Endziels in die Scheidemünze der Tagespolitik umzuwechseln und die politische Kleinarbeit des Alltags zum ausführenden Werkzeug der großen Idee zu erheben. Es gab vor Marx eine von Arbeitern geführte bürgerliche Politik, und es gab revolutionären Sozialismus. Es gibt erst seit Marx und durch Marx *sozialistische Arbei-*

terpolitik, die zugleich und in vollstem Sinne beider Worte *revolutionäre Realpolitik* ist. (zitiert nach Haug 1995: 89)

Mittlerweile hat das Denken in historisch notwendigen Abläufen gleichsam die Seite gewechselt, indem es historisch spezifische und interessengesteuerte Sach- und Systemzwänge in den Status einer zweiten Natur des Menschen erhoben hat. Der Terminus Realpolitik hat sich von dem der Revolution vollständig abgelöst, und generell sind revolutionäre Umwälzungen nur noch angesagt zur Beseitigung, aber nicht mehr zur Beförderung von Sozialismus; in den westlichen Ländern beschränken sie sich auf das Gebiet der Technik und des Managements, in der politischen Sphäre sind sie verpönt und fast vollständig tabuisiert. Der Begriff der Realpolitik entstammt aber nicht nur historisch einem linken Diskurs, einer kritischen Haltung gegenüber dem Status quo der kapitalistischen Demokratien des Westens, er steht mindestens implizit auch aktuell immer noch in Auseinandersetzung mit linker Politik. In diesem Kontext verfolgt der Begriff allerdings zwei durchaus verschiedene Perspektiven: Die eine verpflichtet linke Opposition zur Praxis, während die andere linke Politik aus ihrem oppositionellen Status und Gestus zu befreien trachtet, sich damit aber zugleich auch generell gegen ein wie auch immer bestimmtes Selbstverständnis von Politik als „links" wendet oder dieses dermaßen verwässert, daß damit die Jandlsche „Velwechsrung" zwischen „lechts und rinks" zum Programm erhoben wird.

In der ersten Linie, in der es um Handlungsrelevanz und Wirkungsmacht linker Opposition und Kritik geht, steht Realpolitik durchaus noch in der Tradition linker Gesellschaftspolitik und -kritik, der mittlerweile nur ihr revolutionärer Impetus und der unbedingte Glaube an die historische Notwendigkeit von Sozialismus – sowohl was das Ziel wie auch was dessen Verankerung im gesetzmäßigen Ablauf der Geschichte anbelangt – abhanden gekommen ist, die aber doch immerhin noch festhält an der normativen Verpflichtung linker Politik auf soziale Integration und soziale Gerechtigkeit, auf ein egalitäres Freiheits- und ein liberales Gleichheitskonzept und damit auch an einer kritischen Distanz zu den Struktur- und Regulationsprinzipien von Kapitalismus. Die zweite Linie von Realpolitik, in der die Kritik an sozialer Ungleichheit und Ungerechtigkeit, an asymmetrischen Machtstrukturen und elitären Freiheitskonzepten entweder ganz aufgegeben oder auf aktuell mehrheitsfähige Inhalte reduziert wird, wendet sich demgegenüber direkt gegen die Tradition linker Gesellschaftspolitik und die darin immer auch enthaltene Kapitalismuskritik. In dieser Linie verschwimmt die sich dann auch nicht mehr links nennende Realpolitik mit Positionen des Wirtschaftsliberalismus. Beispielhaft deutlich wird dieser Perspektivwechsel an der Differenz zwischen dem ursprünglich von der Sozialdemokratie entwickelten Konzept von Wirtschaftsdemokratie und der diesbezüglichen Praxis der aktuell regierenden SPD: Das Konzept zielte auf die Verlängerung von Demokratie in die Wirtschaft hinein, die aktuelle Praxis von Wirtschaftsdemokratie ist die Verlängerung der Machtstrukturen der Wirtschaft in die Sphäre der parlamentarischen Demokratie beispielsweise im sog. Bündnis für Arbeit.

Nicht nur im Flügelstreit zwischen Fundamentalopposition und Realpolitik oder zwischen Traditionalisten und Modernisierern scheint sich Real- bzw. Modernisierungspolitik immer mehr durchzusetzen, sondern innerhalb dieser Tendenz scheinen auch die hier der zweiten Linie von Realpolitik zugeordneten Orientierungen immer dominanter zu werden. Die um den Zusatz revolutionär bereinigte Realpolitik meint längst nicht mehr nur den Verzicht auf jegliche Art von Fundamentalopposition oder von konsequenter Kapitalismuskritik; sie erklärt vielmehr ihr absolutes Defizit an per se als utopisch diskreditierten Visionen oder eben auch an Idealen zum Programm. Gelegentlich meint Realpolitik sogar die Entlastung politischen Handelns von allen programmatischen Festlegungen. Praktisch strebt sie zur gesellschaftlichen Mitte, die jenseits der alten Konfrontation zwischen rechts und links verortet, dabei aber weniger inhaltlich oder sozial als arithmetisch in Wahlprozenten definiert wird. Die (neue) Mitte ist – so wird dabei unterstellt – die Mehrheit, auf die es in der parlamentarischen Demokratie bekanntlich ankommt. Der soziale Raum dieser Mehrheit liegt in den höheren Sphären der insgesamt auseinanderstrebenden Machthierarchien der modernen Gesellschaften, bei deren „Leistungsträgern" und nicht etwa bei der wachsenden Anzahl von Menschen, die von diesen an den Rand und darüber hinaus gedrängt werden.

Realpolitik verfolgt eine bedingungslose Strategie der Integration in die bestehenden Verhältnisse, die nicht mehr verändert, geschweige denn umgestürzt, sondern nur noch gestaltet werden sollen. Sie ist vorrangig fokussiert auf das parlamentarische System politischen Handelns bzw. – noch enger – auf Regierungshandeln. Realpolitik impliziert eine radikale Absage an die Wirkungsmacht von Opposition schlechthin – sei es innerhalb oder außerhalb der Parlamente – und verpflichtet jegliche nur noch als vorübergehend auferlegt gedachte Oppositionspolitik auf das Ziel der Machtübernahme im Sinn von Regierung oder Regierungsbeteiligung. In dem nur als Generationenkonflikt inszenierten, tatsächlich aber von mittleren bis älteren Alterskohorten ausgetragenen Streit um Realpolitik versus Fundamentalopposition, Modernisierung versus Traditionalismus sind es auch und gerade ehemals der linken Lehre vom unaufhaltsamen Niedergang des Kapitalismus und der historischen Notwendigkeit des Sozialismus – beides politisch v.a. verkörpert durch das Proletariat – besonders eng verbundene Genossen, die nun den Auftrag der Geschichte in den Vollzug einer Realpolitik verlegt haben, die den Kapitalismus als „natürliche Form" des Wirtschaftens akzeptiert und mit dem Sozialismus auch gleich die soziale Demokratie als ein zum Scheitern verurteiltes Projekt identifiziert hat. Dieser Umstand nährt den Verdacht, daß die Wurzeln der zumindest partiell gegen die sozial-emanzipatorischen und sozial-demokratischen Anliegen der politischen Linken gerichteten Konzepte und Praktiken von Modernisierung und Realpolitik auch bis in die geistigen und praktischen Traditionen derer hineinreichen, die dagegen opponieren. Die Geringschätzung der Moral und der Idee, in gewisser Weise auch des Subjekts und der Freiheit, die Fixierung auf den einen Grundwiderspruch zwischen Kapital und Arbeit und das letztendlich doch oft auch nur instrumentelle Verhältnis zur Demokratie könnten nicht nur eine Quelle der Angriffe sein, denen sich die politische Linke heutzutage ausgesetzt sieht, sondern auch ein Grund dafür, daß die politische Linke dem weder programmatisch noch praktisch sehr viel entgegenzusetzen hat.

Auf dem Weg in die zweite Moderne: reflexive oder regressive Modernisierung

Es war immerhin ein schöner Gedanke, der durchaus auch Anhaltspunkte in den realen Möglichkeiten der aktuellen Transformation hatte, daß sich der Industriekapitalismus einschließlich seiner stillen Teilhaber, also z.B. der modernen Androkratie und des modernen Kolonialismus, still und leise über die Hintertreppe seiner unbeabsichtigten Nebenfolgen von der Bühne der Geschichte verabschieden und diese freigeben würde für eine zweite Moderne[5], die nicht wie die erste Moderne mit revolutionärem Getöse und im Duktus eines Heilsversprechens daherkommen sollte, sondern auf leisen Sohlen, unter den Insignien von Komplexität, Kontingenz und Ambivalenz und mit der immer vorsichtigen Zuversicht der Skepsis.

Die zweite Moderne sollte ein Produkt des Zerfalls der ersten sein, und man war sich in dem auf diesen Topos orientierten Diskurs durchaus darüber im Klaren, daß in diesem Zerfallsprozeß auch zerstörerische Energien wirk-

---

[5] Das Spektrum dieser Debatten war sehr viel breiter, als es hier dargestellt werden kann, und es ist auch sicher nicht unproblematisch, sie pauschal unter den Begriff der „Anderen Moderne" oder der „Zweiten Moderne" zu subsumieren, der v.a. von Ulrich Beck und Anthony Giddens in die Zukunftsdebatten der 80er Jahre eingebracht worden war.

sam waren, die in der Erosion des Alten, der überkommenen Strukturen und Institutionen und der tradierten Wert- und Bedeutungshierarchien keineswegs automatisch das kreative Potential der „Kraft des Neuen" freisetzen würden. Denn genau aus dem Beharrungsvermögen und Beharrungsstreben der „alten Mächte" resultierten jene Blockaden post-industrieller, post-bürokratischer und post-patriarchaler Transformation, die das darin enthaltene Potential *reflexiver Modernisierung* in Regression und Restauration umzulenken drohten.

Promotor der zweiten Moderne als reflexive Korrektur und Fortentwicklung der in ihrem Entwicklungspotential erschöpften ersten Moderne waren die gegen deren Pathologien gerichteten neuen sozialen Bewegungen, die als vorrangig außerparlamentarisch und in erster Linie nicht arbeits-, sondern lebensweltlich verankert und orientiert konzeptualisiert wurden. In der Bundesrepublik fungierte dem eigenen Selbstverständnis nach v.a. die Partei Die Grünen (später Bündnis 90/Die Grünen) als Vermittlung zwischen der parlamentarischen Politik und der außerparlamentarischen Opposition. In anderen Ländern übernahmen zum Teil andere, weniger ökologisch und deutlicher links profilierte Strömungen diese Funktion. Zum Teil spiegelte sich der Umbruch der Moderne aber auch in programmatischen und strategischen Reformbewegungen innerhalb der etablierten Parteien und Institutionen wider.

Gegenüber der traditionellen Linken vollzog sich mit dem Entstehen von Bewegungsparteien wie den Grünen ein doppelter Paradigmenwechsel: Erstens sollte die Bewegung nicht mehr als Transmissionsriemen der Partei, sondern diese eher umgekehrt als Verlängerung der Bewegung in den parlamentarischen Raum fungieren; zweitens war aber die „Bewegungspartei" eindeutig festgelegt und verpflichtet auf die Spielregeln politischen Handelns in einer parlamentarischen Demokratie. Die Option auf den revolutionären Umsturz der Verhältnisse war restlos aufgegeben worden zugunsten ihrer Transformation bzw. (reflexiven) Modernisierung. In der Orientierung auf Demokratie im umfassenden Sinn einer politischen Lebenskultur war ein neues Politikverständnis enthalten, das nicht mehr einseitig fixiert war auf Politik im Sinn von Regierungshandeln, sondern um die politischen Dimensionen des Alltagshandelns im Sinn von *life politics* erweitert, zum Teil auch ganz in diesem Sinn korrigiert wurde.

Mit dem „Fahrstuhleffekt" der ersten Moderne, der die fortgeschrittenen Industriegesellschaften unter Beibehaltung ihrer hierarchischen Binnendifferenzierung insgesamt Stufe um Stufe höher gefahren hatte, waren diese – wie man glaubte – „jenseits von Klasse und Schicht" (Beck 1986) und „jenseits der sozialen Fragen" (Vobruba 1991) angelangt, weil die sozialen Hierarchien mit dem insgesamt ansteigenden Niveau an Lebensstandard und Lebensqualität immer mehr an Determinationskraft für die Lebenssituation und die Lebenschancen der Individuen eingebüßt hatten (vgl. kritisch dazu Gellert 1996). Die zweite Moderne sollte im Zeichen von Individualisierung, Pluralisierung, Horizontalisierung und Kulturalisierung stehen, so daß generell die Ökonomie und mit ihr auch die Technik in den Hintergrund ihres Möglichkeits- und Relevanzraumes traten.

Die Diskrepanz zwischen den Perspektiven der zweiten Moderne und den in den aktuellen Entwicklungen tatsächlich dominierenden Tendenzen liegt auf der Hand: So hat beispielsweise die diesem Diskurs zugrundeliegende These vom „Ende der Arbeitsgesellschaft" mit der Erwartung eines absoluten Bedeutungsverlustes von Arbeit in Richtung auf die „subjektive Belanglosigkeit der Arbeitssphäre" (Offe 1983) ein ziemlich schwaches theoretisches und empirisches Fundament. Angesichts des Auseinanderdriftens von Lebenslagen und Lebenschancen in den modernen Gesellschaften muten jene Zeitdiagnosen, die die westlichen Wohlstandsgesellschaften schon „jenseits von Klasse und Schicht" und „jenseits der sozialen Fragen" befördert hatten, einigermaßen illusorisch an. Auch die Transformation des Politischen scheint gleichsam die Richtung gewechselt zu haben: Statt der in Aussicht genommenen Requalifizierung und Rehabilitation der Politik „von unten" scheint sie sich immer mehr „nach oben" zu verflüchtigen; statt in die Gesellschaft zurückzukehren, scheint sie immer mehr aus ihr zu verschwinden. Die Ökonomie, die im Diskurs um die zweite Moderne mit der Arbeit in den Status der Belanglosigkeit verfrachtet worden war, behauptet beharrlich eine mittlerweile schon fast absolute Dominanz. Dabei kommt der neue Primat der Ökonomie nicht nur im diktatorischen Gestus unausweichlicher Sachzwänge daher, gegen den die sanfte Evolution der reflexiven Modernisierung anscheinend wenig auszurichten vermag, sondern er atmet auch einen schon fast totalitären Geist, der sich über alles hinwegsetzt, was sich seiner eindimensionalen Rationalität verweigert, und der alles mit dem Verdikt der Vergeblichkeit und der Entbehrlichkeit belegt, was sich nicht durch das Nadelöhr von Profitabilität und Produktivität pressen läßt.

Die Verfechter der zweiten Moderne nehmen vor diesem Hintergrund zu immer gewagteren Konstruktionen Zuflucht, um in den real-gegenwärtigen Tendenzen doch noch die von ihnen proklamierten Möglichkeiten identifizieren zu können. Die wachsende Arbeitslosigkeit und die zunehmende Verunsicherung der Lebensperspektiven von immer mehr Menschen wird zur neuen Kultur der *Patch-work*-Biographie und zur neuen Chance der Erweiterung des bürgerschaftlichen Engagements umgedeutet (vgl. z.B. Beck 1997). Die Remilitarisierung der Politik wird als Vorgriff auf die Neue Weltgesellschaft und die Universalisierung der Menschenrechte dargestellt (vgl. z.B. Habermas 1999). Globalisierung erscheint als kulinarisches Ereignis, das sich v.a. durch eine weltweite Vereinheitlichung der Speisekarten auszeichnet und darüber hinaus auch noch via Internet die Voraussetzungen für die allerdings bislang nur virtuelle Realität einer Weltdemokratie schafft (vgl. z.B. Wiesenthal 1996). Angesichts der nun doch sehr viel widrigeren Umstände der zweiten Moderne kippt dieser Diskurs allerdings zum Teil auch ins Gegenteil seiner ursprünglich verfolgten Anliegen um: Statt der „Entkolonialisierung der Lebenswelt" (Habermas 1981) propagiert beispielsweise Jürgen Habermas neuerdings die Zuflucht zu super- und supranationalen Institutionen, von denen er allem Anschein nach auch die Lösung der „ernsthaften Beschäftigungsprobleme" in den Industriegesellschaften erwartet (Habermas 1997). Ralf Dahrendorf plädiert offen für die Preisgabe des egalitären Universalismus der modernen Zivilisation und für den neuen Autoritarismus der *zero tolerance* eines autoritären Staates, weil dieser – wie er meint – nur so der „Geißel der Moderne", nämlich ihrer Tendenz zur Anomie, Herr werden könne (Dahrendorf 1998). Die in der zweiten Moderne erblühende „Kultur der Differenz" verschwimmt in ihrem Entstehen mit einer neuen (Un-)Kultur der sozialen Ungleichheit – argumentativ toleriert als der unvermeidliche „Preis der Freiheit" oder als jenes Risiko, ohne das Freiheit nun einmal nicht zu haben ist (Beck/Beck-Gernsheim 1994).

„Utopischer Realismus"– so nennen Anthony Giddens und Ulrich Beck die politische Grundhaltung des von ihnen maßgeblich geprägten Diskurses um die zweite Moderne, und in diesem Sinn kann das Konzept der zweiten Moderne durchaus als das diskursive Fundament jener Realpolitik gelten, die die Opposition gegen die bestehenden Verhältnisse in die Praxis ihrer Transformation – und zwar im Bündnis mit den darin real-gegenwärtigen Tendenzen – umzulenken trachtet. Der utopische Realismus der zweiten Moderne sucht nach den realen Möglichkeiten in der sozialen, politischen, ökonomischen und kulturellen Realität der aktuellen Ära der Transformation, um diese qua realpolitischer Intervention dann tatsächlich auch in die Perspektive der zweiten Moderne zu bringen. Diese Perspektive reaktiviert die ursprünglichen Anliegen der modernen Zivilisation wie den Austritt aus selbstverschuldeter Unmündigkeit, den Fortschritt im Bewußtsein der Freiheit oder eben auch jene Assoziation zwischen individueller Freiheit und öffentlichem Glück, von der im Kommunistischen Manifest die Rede war, bindet all dies in den Kontext von Komplexität, Ambivalenz und Kontingenz ein und verschiebt den Fokus der ersten Moderne von der Beherrschung der Natur und dem durch den technischen Fortschritt beförderten sozialen Fortschritt auf den Primat von Demokratie und Ökologie. In diesem Sinn gibt es zu der Perspektive der zweiten Moderne aus meiner Sicht keine Alternative – v.a. nicht die der blinden Verteidigung der Errungenschaften der Vergangenheit. Es gibt m.E. auch keine vernünftige Alternative zur Realpolitik im Sinn einer politischen Praxis, die an den real-gegenwärtigen Möglichkeiten politischen Handelns ansetzt. Und politisches Denken hat selbstverständlich die vorrangige Aufgabe, diese real-gegenwärtigen Möglichkeiten zu erkunden und aufzuzeigen.

Das Problem des Diskurses um die zweite Moderne und der darin verankerten Realpolitik liegt allerdings in der Verwechslung von zwei Realitätsebenen, nämlich der der real-gegenwärtigen Möglichkeiten und der der real-dominanten Tendenzen. Indem letztere kontrafaktisch als Geburtshelfer der zweiten Moderne ausgegeben und nicht als deren Totengräber identifiziert werden, verschmilzt die zweite Moderne mit dem ihr eigentlich diametral entgegengesetzten Zeitgeist. Es bleibt aber dennoch das Verdienst dieses Diskurses, daß er gleichsam den Möglichkeitssinn politischen Handelns gegenüber dem diesem selbstverständlich immer auch verpflichtenden Wirklichkeitssinn ins Spiel gebracht hat.[6] Vor allem gibt er auch nicht originäre Anliegen linker Politik preis, nur weil diese begrifflich in rechte Konzepte integriert wurden, um so aber ganz anderen Bestrebungen zu mehr gesellschaftlicher Akzeptanz zu verhelfen; so z.B.:

- Eine neue Kultur der Selbständigkeit ist selbstverständlich ein linkes Projekt, denn was sollte sonst das Ziel der Abschaffung abhängiger Lohnarbeit sein als u.a. auch die Verselbständigung von Arbeit;

- Modernisierung ist selbstverständlich ein linkes Anliegen, denn gemessen an linken Konzepten der Moderne sind wir „noch nie modern gewesen" (Latour 1998), und es wird höchste Zeit, daß die modernen Gesellschaften endlich auch das werden, was sie schon so lange vorgeben zu sein;

- Globalisierung, Individualisierung, Pluralisierung, Dynamisierung – all dies sind, wie es Thomas Schmidt einst für den Begriff der Flexibilisierung ausgeführt hat – originär linke Optionen, die nur zu lange vernachlässigt wurden, so daß die politische Rechte sie sich als „herrenlose

---
[6] Die Begriffe „Möglichkeitssinn" und „Wirklichkeitssinn" entnehme ich dem Roman „Mann ohne Eigenschaften" von Robert Musil; vgl. zum folgenden auch Negt/Kluge 1993 und Euchner 1995.

Fundsachen" aneignen konnte, um dann ihren Inhalt ziemlich komplett auszutauschen.

Die Beispiele des auch selbstverschuldeten Substanzverlustes linker Politik ließen sich in einer langen Liste weiter fortführen. Der Reaktivierung des Möglichkeitssinns im Diskurs um die zweite Moderne müßte nun aber wieder eine Reaktivierung des Wirklichkeitssinns linker Politik folgen – allerdings ohne sich gleich wieder in der falschen Alternative zwischen „nichts geht mehr" und „mitmachen um jeden Preis" zu verstricken.

Diesseits von rechts und links: Gleichheit im Ergebnis – wo sonst?

In der politischen Raumordnung des ausgehenden 20. Jahrhunderts hat sich die bipolare Konfrontation zwischen rechts und links in vielen tagespolitischen Kontroversen weitgehend aufgelöst. Im Grundsätzlichen aber – so hat es zumindest den Anschein – repräsentiert die rechts-links-Konstellation politischer Positionen das moderne Spannungsverhältnis zwischen Freiheit und Gleichheit insofern, als die politische Rechte sich eher in der Rhetorik der Freiheit („Freiheit statt Sozialismus") und die politische Linke sich eher in der der Gleichheit profiliert. Historisch geht allerdings die politische Unterscheidung zwischen rechts und links auf die Sitzordnung der französischen Deputiertenkammer im Jahre 1814 zurück, wo auf der rechten Seite die reaktionären Parteien des *ancien régime*, also die Anti-Moderne, plaziert waren, und auf der linken Seite die Bewegungsparteien, die auf eine (weitreichende) Änderung der politischen und sozialen Verhältnisse im Sinn ihrer Modernisierung hinwirkten. Historisch repräsentiert die politische Linke das moderne Postulat von Freiheit *und* Gleichheit und die politische Rechte das Gegenmodell einer autoritären Herrschaftsordnung.

In der aktuellen Situation der westlichen Demokratien stellt sich die Frage, ob sich die historische Konstellation zwischen rechts und links – ganz im Gegenteil zu dem Bemühen um politische Positionierung „jenseits von rechts und links"– nicht reaktiviert: Die Rhetorik der Freiheit verwandelt sich zusehends in eine immer unverblümtere Ideologie sozialer Ungleichheit, die praktisch nicht nur die Form eines erstarkenden Elitarismus, sondern zugleich auch die Form einer wachsenden Neigung zum Autoritarismus hat. Der neue Elitarismus zeigt sich nach außen beispielhaft am unverblümten Imperialismus der Außenpolitik der westlichen Länder mit dem Anspruch auf militärische

Kontrolle der ganzen Welt und nach innen in der insbesondere über die Arbeitsmärkte betriebenen Marginalisierung und Exklusion all jener, die nicht zur Elite der „Leistungsträger" gehören. Daß der Elitarismus nach außen mit der Remilitarisierung der Politik und der Elitarismus nach innen mit einer wachsenden Neigung zum Zwang (beispielsweise hinsichtlich der Akzeptanz von Niedriglöhnen und unkomfortablen Arbeitsbedingungen) einhergeht, illustriert den inneren Zusammenhang zwischen Ungleichheit und Unfreiheit und damit aber zugleich auch die Aktualität jener Tradition politischen Handelns, die mit ihrer Illiberalität und ihrer sozialen Arroganz seit jeher das Profil der politischen Rechten prägt.

Vor diesem Hintergrund hat das Bemühen um eine neue politische Raumordnung, die sich nicht mehr nach den alten Kriterien von rechts und links, sondern nach neuen Kontroversen zwischen Modernisierern und Traditionalisten, Realos und Fundis, vorne und hinten usw. strukturiert, die ideologische Funktion der Verschleierung des elitären und autoritären Grundmusters sowohl der Argumentations- wie auch der Handlungsstruktur gerade derer, die dafür aber nicht die Bezeichnung „rechts" akzeptieren wollen. Umgekehrt ist das Festhalten an der Existenz einer politischen Linken in dieser Situation wahrscheinlich eine unverzichtbare Bedingung für das Aufrechterhalten einer dem modernen Postulat von Freiheit und Gleichheit verpflichteten Opposition. Zugleich beinhaltet es aber auch die Herausforderung, das egalitäre Freiheits- und das liberale Gleichheitskonzept der politischen Linken wieder politikfähig zu machen, indem es in konkrete Handlungsoptionen übersetzt wird, die – um hier abschließend noch einmal mein Plädoyer für Realpolitik zu bekräftigen – auch unter den gegebenen Bedingungen machbar sind oder zumindest auch eine strategische Komponente der Entwicklung von Wirkungskraft und Handlungsmacht enthalten.

Es mag aus der Geschichte der Linken heraus besonders dringlich sein, die liberale Seite des linken Projekts zu stärken, in der aktuellen Situation der westlichen Demokratien geht es aber v.a. um das durchaus auch kämpferische Eintreten für seine egalitäre Komponente. Beispielhaft deutlich wird dies an dem kurz vor der Europawahl im Frühsommer 1999 von Tony Blair und Gerhard Schröder präsentierten Papier zur Positionierung der sozialdemokratischen Linken im sozialen und politischen Raum des beginnenden 21. Jahrhunderts. Dieses Papier zeichnet sich durch eine bemerkenswerte Argumentationsführung aus: Gleich zum Einstieg werden nicht etwa die Verdienste der Sozialdemokratie gewürdigt, es werden auch nicht die Werte, Normen und Ziele herausgestrichen, für die die Linke im Unterschied zur Rechten steht, wie man dies in einem politischen Positionspapier von Parteivorsitzenden erwarten könnte, die ihre Partei doch in erster Linie auch im politischen Wettbewerb mit anderen Parteien zu repräsentieren haben. Statt dessen erfahren der Leser und die Leserin zuerst, was die Sozialdemokratie und die Linke in der Vergangenheit alles falsch gemacht und gedacht hat und was sie an Ballast aus dieser düsteren Vergangenheit auch immer noch mit sich herumschleppt. Es sind die uralten Argumente der politischen Rechten gegen die politische Linke: Gleichmacherei, Etatismus, Pflichtvergessenheit, Leistungsfeindlichkeit, ökonomische Inkompetenz etc.

Der Kern der Kapitulation, der zur neuen Mitte und auf einen dritten Weg strebenden deutsch-britischen Allianz einer – wie deren Repräsentanten meinen – „modernen Sozialdemokratie" steckt schon im ersten Spiegelstrich der Abrechnung mit dem Traditionsbestand sozialdemokratischer Politik:

> In der Vergangenheit wurde die Förderung der sozialen Gerechtigkeit manchmal mit der Forderung nach Gleichheit im Ergebnis verwechselt. Letztlich wurde damit die Bedeutung von eigener Anstrengung und Verantwortung ignoriert und nicht belohnt und die soziale Demokratie mit Konformität und Mittelmäßigkeit verbunden statt mit Kreativität, Diversität und herausragender Leistung. (Blair/Schröder 1999)

Von welchem Land ist hier eigentlich die Rede? Von der DDR mit jenem Mief an Konformismus und Mittelmäßigkeit, in dem sie letztendlich auch erstickt ist? Oder von Großbritannien, das immer noch ein absolut elitäres Schul- und Bildungssystem unterhält, das weder von *old* noch von *new labour* ernsthaft angegangen wurde? Oder von der Bundesrepublik Deutschland, die mit ihrer immer auch von der Sozialdemokratie und den Gewerkschaften getragenen Leistungsideologie innerhalb von kürzester Zeit aus den selbstverschuldeten Trümmern nach dem Zweiten Weltkrieg zu einer der führenden Wirtschaftsnationen dieser Welt aufgestiegen ist und vor dessen geballter Wirtschaftskraft vielen außerhalb „dieses unseres Landes" längst angst und bange geworden ist?[7] Die Maßstäbe sind gründlich durcheinander geraten, wenn sie denn den sozialdemokratischen Vormännern nicht ganz abhanden gekommen sind.

---

[7]Nach Presseberichten liegt in der Bundesrepublik Deutschland der Arbeitslohn des „Topmanagers der Nation", Jürgen Schrempp, bei 5 Mio. DM pro Jahr; mit seinen Nebeneinkünften aus dem aus solchem Arbeitslohn erworbenen Kapital dürfte sich dieser Salär aber noch um ein Beträchtliches erhöhen. Um während ihres gesamten Arbeitslebens auf das Jürgen Schrempp jedes Jahr zufließende Einkommen zu kommen, müßte eine Krankenschwester dieses auf weit über 200 Jahre ausdehnen. Und in Großbritannien sind die Einkommensdisparitäten noch ausgeprägter als in Deutschland.

Mit der Absage an die Gleichheit im Ergebnis könnte bei einer sehr gutwilligen Interpretation des Blair/Schröder-Papiers ein altes Mißverständnis von Gleichheit gemeint sein im Sinn einer Identität, in der sich alle Verschiedenheit in Uniformität auflöst. Manche aus der Tradition der politischen Linken hervorgegangene Sozialutopie weist die Linke als durchaus anfällig für dieses Mißverständnis aus. In einer Situation des Auseinanderdriftens der Sozialstrukturen der modernen Gesellschaften – und zwar sowohl nach oben und unten wie auch zwischen drinnen und draußen – bedarf es schon eines besonderen Faibles für die gerade nicht akuten Themen, Gefahren und Risiken der modernen Gesellschaft, wenn ausgerechnet in einem Papier zur sozialen und politischen Positionierung der Linken der Absage an deren Tendenz zum Einheitsbrei erste Priorität eingeräumt wird, eine Auseinandersetzung mit der tatsächlich dominanten Tendenz zu immer größerer sozialer Ungleichheit aber gänzlich unterbleibt. Oder aber man muß darin ein Indiz dafür sehen, daß es diesem Papier tatsächlich nicht um das Mißverständnis von Gleichheit, sondern um diese selbst geht, die nun aus dem programmatischen Fundus der Linken „ausgemerzt" werden soll.

Es sei hier nur am Rande angemerkt, daß die feministische Wissenschaft schon lange den Verdacht hegt, daß die soziale Konstruktion von Männlichkeit gerade in puncto Gleichheit von einem gravierenden Defekt geprägt ist, der auch eine geschlechtstypische Pathologie sozialen Handelns in einer androkratisch geprägten Gesellschaft hervorbringt. Dieser Defekt beruht – so zumindest argumentieren einige Feministinnen mit Bezug auf reichhaltiges Anschauungsmaterial – auf einer pathologischen Angst vor dem Anderen, das zum männlichen Selbst immer nur entweder in die Beziehung des Identischen oder in die von Beherrschung und Unterwerfung gesetzt werden kann („Und willst Du nicht mein Bruder sein, so schlag ich Dir den Schädel ein"). Die Beziehung der Ebenbürtigkeit oder der Kongenialität in der unaufhebbaren Spannung zwischen der Anerkennung und der Autonomie des Anderen bzw. durch den oder die andere(n) und ihm oder ihr gegenüber ist in der sozialen Konstruktion von Männlichkeit nicht vorgesehen. Ein Verdacht, der um so bedrückender wird, je mehr sich diese soziale Konstruktion von Männlichkeit nun auch noch als Maßstab der Emanzipation von Frauen durchzusetzen scheint.

Also: Es geht um Gleichheit im Sinn von Ebenbürtigkeit, um die Konstruktion sozialer Beziehungen „auf Augenhöhe", um die tatsächlich schon ziemlich alte Utopie der herrschaftsfreien Gesellschaft, um eine politische Lebenskultur der gleichen Freiheit für alle, oder – wie es einst im Kommunistischen Manifest hieß, um eine Form der Assoziation von Menschen, „in der die Freiheit jedes (und jeder, I.K.-S.) einzelnen die Bedingung der Freiheit aller ist". Selbstverständlich geht es um Gleichheit in diesem Sinn im Ergebnis – wo denn sonst? Zweifellos ist diese Art von Gleichheit ein sehr schwieriges Projekt, unter anderem deshalb, weil es seine Gütekriterien nicht in der sozialen Situation von Konsens, sondern von Konflikt definieren muß. Aber die Spielregeln des Umgangs miteinander, die für alle verbindlichen Rechte und Pflichten, die Spielregeln der Verteilung von und der Beteiligung an knappen Gütern müßten schon wenigstens annäherungsweise aus einer solchen Anordnung der Individuen hervorgegangen sein, wenn ihnen denn aus linker Sicht das Prädikat demokratisch zuerkannt werden soll. Vielleicht ist der eine ein Leistungssportler und die andere eine Topmanagerin, vielleicht liegen die Stärken des einen in seinen handwerklichen Fähigkeiten oder auf dem Gebiet der Computersimulation und die Stärken des anderen in seiner Güte oder auf dem Feld der Empathie, vielleicht bemißt der eine sein Lebensglück in DM- oder demnächst in Euro-Beträgen und der andere in Zeit, vielleicht ist Luxus für die eine das Designer-Kostüm oder der schnelle Flitzer, in dem sie wenigstens manchmal und auf dafür ausgewiesenen Strecken in eineinhalb Stunden von Berlin nach Hannover rast, und für den anderen die Wiederentdeckung der Muße oder die Entfaltung von Koch- oder anderen Künsten – aber unter'm Strich und im Großen und Ganzen wird keiner vom anderen ausgebeutet oder unterdrückt, mißachtet oder bevormundet, und jeder und jede hat ein gleiches Recht an und eine gleiche Pflicht zu den Angelegenheiten, die alle angehen.

Blanke Utopie zweifellos, aber immerhin wähnten sich in den 80er Jahren und auch noch bis in die 90er Jahre hinein namhafte Sozialwissenschaftler im Diskurs um die zweite Moderne – wie dargelegt – schon auf dem Weg in eine Situation pluraler, sich wechselseitig relativierender und insgesamt abflachender Hierarchien. Unabhängig vom Realitätsgehalt dieser Diagnose knüpfte sich daran jedenfalls nicht die Sorge um den Verlust von Kreativität, Diversität und herausragende Leistungen.[8] Eine Kultur der Differenz steht keineswegs in einem unauflösbaren Widerspruch mit einer Kultur der Gleichheit im Sinn von Ebenbürtigkeit und Kongenialität.[9] Aber während sich für die einen in so viel

---

[8] Demgegenüber fand die hier aus dem Blair/Schröder-Papier zitierte Passage bei Adalbert Evers und Claus Leggewie (1999) – zwei Autoren, die sich ebenfalls dem Diskurs um die zweite Moderne zuordnen lassen – ausdrücklich hervorgehobene Zustimmung.

[9] Dies ist ein Tatbestand, der seit langem im feministischen Diskurs um Gleichheit und Differenz nach allen Seiten hin ausgeleuchtet wird. Hier zeigt sich wieder einmal besonders deutlich, daß die sog. Frauenfrage immer mehr zu einem Problem mit den Männern wird – nicht nur hinsichtlich der neuerdings wieder verstärkten Resistenz der real-existierenden Androkratie gegen den Abbau der patriarchalen Dominanzkultur, sondern v.a. auch hinsichtlich ihrer Ignoranz gegenüber

Pluralisierung und Individualisierung, die auch noch nicht einmal mehr dem Anspruch nach auf die Nivellierung aller Macht- und Statushierarchien oder die Abschaffung von Luxus orientiert ist, die Option auf Gleichheit in blumiger Beliebigkeit auflöst, die realiter die Struktur sozialer Ungleichheit annehmen muß, erscheint den anderen die Gleichrangigkeit von Leistungsstreben und Lebenslust, von Managerqualitäten und Herzensgüte (Empathie) bestenfalls weltfremd oder auch schon als Frevel gegen die Bestandsbedingungen einer Wohlstandsgesellschaft und der Vorstellung von der Ebenbürtigkeit aller mögen sie vielleicht als Christenmenschen, also vor Gott, oder als Demokraten, also vor dem Gesetz und als Stimmbürger noch zustimmen, aber nicht mehr, wenn es um die konkrete Verteilung materieller und immaterieller Güter geht, für die nach dieser Gleichheitskonzeption im Ergebnis, also unter'm Strich und im Großen und Ganzen Äquivalenz eingefordert wird – jedenfalls dem Anspruch und dem Ziel nach, also im Sinn einer handlungsorientierenden und -verpflichtenden Utopie.

Literatur

Beck, Ulrich, 1986: Die Risikogesellschaft: Auf dem Weg in eine andere Moderne, Frankfurt a.M.

ders.: 1997, Kapitel „Bürgerarbeit", in: Kommission für Zukunftsfragen der Freistaaten Bayern und Sachsen, Teil III, Bonn

ders./Beck-Gernsheim, Elisabeth (Hg.), 1994: Riskante Freiheiten. Individualisierung in modernen Gesellschaften, Frankfurt a.M.

Benhabib, Seyla/Butler, Judith u.a., 1993: Der Streit um Differenz. Feminismus und Postmoderne in der Gegenwart, Frankfurt a.M.

Beyme, Klaus von/Offe, Claus (Hg.), 1995: Politische Theorien in der Ära der Transformation, Sonderheft der Politischen Vierteljahresschrift (PVS) 26

Blair, Tony/Schröder, Gerhard, 1999: Der Weg nach vorne für Europas Sozialdemokraten; zitiert nach: Wie Tony Blair und Gerhard Schröder sich Sozialdemokratie vorstellen, in: Frankfurter Rundschau vom 10. Juni (Dokumentationsseite)

---

feministischer Kritik und der dadurch konservierten falschen und ideologischen Deutungsmuster gesellschaftlicher Realität (vgl. dazu insbesondere Fraser 1994 und Benhabib/Butler 1993).

Dahrendorf, Ralf, 1998: Schweigen wir von der FDP. Reden wir über zukunftweisende Reformen für unsere Gesellschaft, in: Die Zeit Nr. 3

Fraser, Nancy, 1994: Widerspenstige Praktiken: Macht, Diskurs, Geschlecht, Frankfurt a.M.

Euchner, Walter, 1995: Abschied vom demokratischen Sozialismus? In: Rudolph, Karsten/Wickert, Christl (Hg.), Geschichte als Möglichkeit. Festschrift für Helga Grebing, Essen

Evers, Adalbert/Leggewie, Claus, 1999: Der schwierige dritte Weg, in: die tageszeitung vom 22. Juni 1999

Gellert, Claudius, 1996: Das Ende der Klassengesellschaft? Überlegungen zur Individualisierung sozialer Strukturen, in: Leviathan Nr.4

Greffrath, Matthias, 1998: Wie die Verhältnisse das Tanzen lernten. Rückblick aus dem Jahr 2068, in: Limitiert Nr. 2, November/Dezember

Habermas, Jürgen, 1981: Theorie des Kommunikativen Handelns, 2. Bd: Zur Kritik der funktionalistischen Vernunft, Frankfurt a.m.

ders., 1991: Die andere Zerstörung der Vernunft, in: Die Zeit Nr. 20

ders., 1997: Die Einbeziehung des Anderen. Studien zur politischen Theorie, Frankfurt a.M.

ders., 1999: Bestialität und Humanität. Ein Krieg an der Grenze zwischen Recht und Moral, in die Zeit Nr.18

Haug, Frigga, 1995: Zum Konzept revolutionärer Realpolitik bei Rosa Luxemburg, in: Bergman, Theodor u.a. (Hg.), Die Freiheit der Andersdenkenden. Rosa Luxemburg und das Problem der Demokratie, Hamburg

Kröcher, Jens/Wagner, Mathias, 1999: Die Bündnisgrünen und der Dachboden. Plädoyer für eine radikale Entrümpelung des Programms und für eine Öffnung der Partei, in: Frankfurter Rundschau vom 28. Juni (Dokumentationsseite)

Latour, Bruno, 1998: Wir sind nie modern gewesen. Versuch einer symmetrischen Anthropologie, Frankfurt a.M.

Marcuse, Herbert, 1965a: Über den affirmativen Charakter der Kultur, in: derselbe, Kultur und Gesellschaft 1, Frankfurt a.M. (Erstveröffentlichung in Zeitschrift für Sozialforschung VI,1, Paris 1937)

ders., 1965b: Über die philosophischen Grundlagen des wirtschaftswissenschaftlichen Arbeitsbegriffs, in: derselbe, Kultur und Gesellschaft 2, Frankfurt a.M. (Erstveröffentlichung in Archiv für Sozialwissenschaft und Sozialpolitik, 69. Bd., 3. Heft, 1933)

ders., 1967a: Der eindimensionale Mensch. Studien zur Ideologie der fortgeschrittenen Industriegesellschaft, Darmstadt

ders., 1967b: Das Ende der Utopie, Berlin

Marx, Karl/Engels, Friedrich, 1982: Manifest der Kommunistischen Partei, Westberlin

Negt, Oskar/Kluge, Alexander, 1993: Maßverhältnisse des Politischen. 15 Vorschläge zum Unterscheidungsvermögen, Frankfurt a.M.

Offe, Claus, 1983: Arbeit als soziologische Schlüsselkategorie, in: Offe, Claus (Hrsg.): Arbeitsgesellschaft: Strukturprobleme und Zukunftsperspektiven, Frankfurt/New York

Vobruba, Georg, 1991: Jenseits der sozialen Fragen: Modernisierung und Transformation von Gesellschaftssystemen. Frankfurt

Wiesenthal, Helmut, 1996: Globalisierung. Soziologische und politikwissenschaftliche Koordination eines unbekannten Terrains. Arbeitspapiere AG Trap 96/1

Arbeiterklasse und ... –
Betrachtungen der Arbeitsgesellschaft

Was wird auf dem Arbeitsmarkt verkauft?

Thomas Kuczynski[*]

Die im Titel formulierte Frage ist für die ganz überwiegende Mehrheit jener, die das Grundkonzept der Marxschen Arbeitswerttheorie als richtig anerkennen, beantwortet – die Ware Arbeitskraft. Sie wird von Lohnarbeiterin und Lohnarbeiter verkauft, von Kapitalistin und Kapitalist gekauft. So wie es Marx im ersten Band des *Kapitals*[1] feststellt:

> Auf der Oberfläche der bürgerlichen Gesellschaft erscheint der Lohn des Arbeiters als Preis der Arbeit, ein bestimmtes Quantum Geld, das für ein bestimmtes Quantum Arbeit gezahlt wird. Man spricht hier vom Wert der Arbeit und nennt seinen Geldausdruck ihren notwendigen oder natürlichen Preis. [...] Was dem Geldbesitzer auf dem Warenmarkt direkt gegenübertritt, ist in der Tat nicht die Arbeit, sondern der Arbeiter. Was letzterer verkauft, ist seine Arbeitskraft. [...] Im Ausdruck „Wert der Arbeit" ist der Wertbegriff nicht nur völlig ausgelöscht, sondern in sein Gegenteil verkehrt. (MEW 23: 557 und 559; MEGA² II/6: 498 ff.)

Für mich selbst gehörte diese Antwort zu den sogenannten Grundwahrheiten des Marxismus, die sich vor allem dadurch auszeichneten, daß sie zu selbstverständlich schienen, um sie je in Frage zu stellen. Aber was bedeutet „seine Arbeitskraft verkaufen"? Allgemeiner: Was bedeutet es überhaupt, eine Ware zu verkaufen?

---

[*] Lieber Georg: Auch der von Dir so verehrte Jürgen Kuczynski versuchte, seinem Sechzigsten zu entfliehen. Erst reiste er zu einer internationalen Konferenz nach Karlovy Vary (Karlsbad), wurde am Morgen seines Geburtstags von einem Teilnehmer, Leopold Infeld, interessiert und ganz unschuldig gefragt, wie alt er denn sei, und J.K., statt einfach sein Alter zu nennen, war so perplex, daß er ins Stottern geriet – alles wurde entdeckt. Sodann gab es, nach der Rückkehr, in Berlin ein Essen, und J.K.s Stellvertreter im Amt bemerkte in seiner Vorrede, daß Geburtstage etwa so wirkten wie ökonomische Gesetze – notfalls setzten sie sich auch hinter dem Rücken der Menschen durch. Dieser Satz, lieber Georg, gilt natürlich nicht nur für Ökonomen, sondern auch für Politologen, insbesondere solchen wie Dich, der sich mit Ökonomen eingelassen und den nachfolgenden Beitrag verschuldet hat. Denn Du hast mich durch mehrfaches, ebenso freundliches wie hartnäckiges Löchern dazu bewogen und bewegen können, bei Dir in Marburg etwas vorzutragen. Beschwer' Dich also nicht, und laß' Dir alles Gute wünschen.

[1] Marx und Engels werden, wo immer möglich, unter Angabe der Fundstelle sowohl in der Werkausgabe (MEW) als auch der (zweiten) Gesamtausgabe (MEGA²) zitiert; bei inhaltlichen Differenzen zwischen beiden Ausgaben wird der Wortlaut nach MEGA² zitiert, aber mit modernisierter Orthographie und Interpunktion.

Wer eine Ware verkauft hat, dem gehört sie nicht mehr. Dem Buchhändler gehört das von ihm verkaufte Buch nicht mehr, ebenso geht es der Schneiderin mit den von ihr verkauften Kleidungsstücken und so durch die ganze Warenwelt. Die verkauften Waren wieder in ihre Verfügungsgewalt zu bekommen, wäre denjenigen, die sie verkauft haben, nur möglich, wenn sie sie zurückkauften. Umgekehrt haben diejenigen, die gekauft haben, jederzeit die Möglichkeit, das Gekaufte wieder zu verkaufen – vielleicht mit Verlust, aber das ist schon eine andere Frage.

Bei der von Marx entdeckten Ware Arbeitskraft muß das in jeder Beziehung anders sein. Diejenigen, die die Arbeitskraft gekauft haben, haben zwar die Möglichkeit, sich der Ware zu entledigen – Beschäftigte zu entlassen – , aber sie haben offenbar, von gewissen Spezialfällen abgesehen, nicht die Möglichkeit, die Ware Arbeitskraft weiterzuverkaufen. Umgekehrt können jene, die ihre Arbeitskraft verkauft haben, sie – zumindest theoretisch – jederzeit wieder in ihre Verfügungsgewalt zurückbekommen, und zwar ohne sie zurückzukaufen. Sie scheinen daher in der wahrhaft märchenhaften Lage zu sein, den Pudding essen und zugleich behalten zu können – die Arbeitskraft zu verkaufen und später doch wieder über sie zu verfügen.

Hiernach nichts einfacher, als den Begriff *Ware Arbeitskraft* sogleich in den Orkus zu werfen und damit zugleich ein doch sehr beschränktes Wissen um die wirkliche Warenwelt zu dokumentieren – jene »ungeheure Warensammlung«, als die »der Reichtum der Gesellschaften, in welchen kapitalistische Produktionsweise herrscht, erscheint«. (MEW 23: 49; MEGA^2 II/6: 69)

In ihrer ansonsten überaus anregenden Schrift *Die Arbeitskraft – eine Ware?* meint Ingeborg Dummer:

> Nur unter der einen Bedingung, daß der Eigentümer von Arbeitskraft und der Eigentümer von Produktionsmitteln ein unmittelbares Austauschverhältnis eingehen, erhält die Arbeitskraft den Charakter einer Ware, erscheint als Ware, aber sie ist nicht Ware. Als besonderes Produkt menschlicher Arbeit [...], als Form des Wertes, steht die Arbeitskraft neben anderen Wertformen (Waren als Gebrauchsgüter, Produktionsmittel und Dienstleistungen, sowie Geld oder Kapital). (Dummer 1997: 25)

Aber ein *unmittelbares* Austauschverhältnis, das hieße ja, daß die beiden Eigentümer ihr Eigentum unmittelbar austauschten, der ursprüngliche Eigentümer der Arbeitskraft nach vollzogenem Austausch Eigentümer der Produktionsmittel und der ursprüngliche Eigentümer der Produktionsmittel Eigentümer der Arbeitskraft wäre. Genau das ist offensichtlich nicht der Fall.[2]

---

[2] Überdies suggeriert Dummers in Klammern hinzugefügte Erläuterung, daß Geld und Kapi-

Was wird auf dem Arbeitsmarkt verkauft?

Um der Antwort auf die eingangs gestellte Frage ein Stück näher zu kommen, möchte ich mich zunächst etwas von ihr entfernen, mich vorübergehend einem anderen Marktsegment zuwenden und die Frage stellen: Was wird auf dem Wohnungsmarkt verkauft?[3] Wer auf diese Frage mit „Wohnungen" antwortet, hat zwar nicht ganz unrecht, in der Antwort aber nur einen kleinen Bruchteil des auf dem Wohnungsmarkt tatsächlich Verkauften erfaßt, denn die meisten Leute in diesem Lande sind überhaupt nicht in der Lage, eine Wohnung zu kaufen. Was tun sie auf dem Wohnungsmarkt? Sie mieten eine Wohnung.

Nun sind es sicherlich – und zwar für beide Seiten – zwei sehr verschiedene Vorgänge, eine Wohnung zu mieten oder eine Wohnung zu kaufen. Aber sind deshalb die ge- bzw. vermieteten Wohnungen nicht Bestandteil der »ungeheuren Warensammlung«? Indem der Eigentümer einer Wohnung dieselbe vermietet, *verkauft* er der Mieterin das zeitlich befristete Nutzungsrecht an der Wohnung, und die kann – im Rahmen des geltenden Mietrechts und der im Mietvertrag vereinbarten Bedingungen – mit der von ihr gemieteten Wohnung tun und lassen, was sie will. Dieser Umstand verführt sie im Alltagsleben stets dazu, von „ihrer" Wohnung zu sprechen: Sie kehrt am Feierabend in „ihre"

---

tal keine Waren wären. Sie sind nicht nur Ware, aber sie sind Ware, Ware spezifischer Art (die *differentia specifica* einer Sache ändert bekanntlich nichts an deren *genus proximum*). – Wer sich dagegen die von keiner Kenntnis und keinerlei Erinnerung getragene Argumentation von Ruben zumuten will – sie verlohnt es nicht –, möge das tun; ich lasse sie unzitiert und verweise auf Peter Ruben 1995: 167 ff. Nur eine seiner vielen Kapriolen sei angemerkt. Er zitiert Marx: »Der Warenkörper selbst [...] ist [...] ein Gebrauchswert« – eine Feststellung übrigens, die Marx nicht, wie Ruben (170) meint, 1867 getroffen hat, sondern erst 1872 (vgl. MEGA² II/6: 70 und im Gegensatz dazu MEGA² II/5: 18, wo die Aussage fehlt) – und vermerkt dazu: Wenn dem so »ist, wird die Verwendung des Wortes *Ware* im weiteren überflüssig, und wir können es an jeder Stelle, an der es vorkommt, durch das Wort *Gebrauchswert* ersetzen.« Damit wird – von allem anderen abgesehen – Marx unterschoben, was in der Tat Ruben tut, nämlich den Warenkörper mit der Ware selbst gleichzusetzen. Daß aber eine Sache (ebenso wie eine Person) doch etwas mehr ist als ihr Körper, scheint Ruben noch nicht aufgegangen. Zum anderen ist gemäß der von Ruben vor zwanzig Jahren entwickelten und heute von ihm selbst nicht mehr verstandenen Prädikationstheorie aus dem Satz S *ist* p exakt das p-Sein von S (das Gebrauchswertsein des Warenkörpers) ableitbar, allerdings nur unter der Voraussetzung, daß die Sache S und ihr Verhalten p zwar voneinander unterschieden, aber nicht voneinander getrennt werden. Dies zugleich als Hinweis auf die Anregungen, die früheren Arbeiten von Ruben zu entnehmen sind, die auch ich ihnen entnommen habe; vgl. Kuczynski 1979. Die weiter unten folgenden Bemerkungen zum Begriff Sachverhalt gehen jedoch auf Wittgenstein zurück (vgl. Anm. 4), den Ruben merkwürdigerweise nie zitiert hat.

[3] Zur Vermeidung von Mißverständnissen sei hier ein für allemal festgestellt, daß der Wohnungsmarkt von mir zwar einige Male und allein aus didaktischen Gründen als geeignetes Vergleichsobjekt herangezogen wird, damit aber keineswegs eine Gleichheit von Arbeitsmarkt und Wohnungsmarkt behauptet wird. Die von Engels in der *Wohnungsfrage* zitierte Sicht Artur Mülbergers – »Was der *Lohnarbeiter* gegenüber dem *Kapitalisten*, das ist der *Mieter* gegenüber dem *Hausbesitzer*« – ist nicht die meine; vgl. MEW 18: 215; MEGA² I/24: 11 (Hervorhebungen im Original).

Wohnung zurück, lädt Gäste in „ihre" Wohnung ein, renoviert „ihre" Wohnung usw.; nicht im Traume würde ihr einfallen, vom Wohnungseigentümer zu verlangen, daß der in seiner Wohnung die Außenfenster streichen oder die Heizung reparieren lassen solle, sie verlangt vielmehr, daß er Handwerker beauftrage, das in „ihrer" Wohnung zu tun. Allerdings, spätestens an dem Tage, wenn sie die nächste Mieterhöhung erhält oder gar die Wohnung gekündigt bekommt, ist ihr wieder klar, wem „ihre" Wohnung gehört.

Es ist also ein Nutzungsrecht – das zeitlich befristete Recht, die Wohnung zu nutzen –, das der Wohnungseigentümer der Wohnungsmieterin für einen bestimmten Zeitraum und gegen ein bestimmtes Entgelt, Miete genannt, verkauft. Daß der Eigentümer das ursprünglich ihm gehörende Nutzungsrecht für diesen Zeitraum tatsächlich verkauft hat, erkennen wir daran, daß er in dieser Zeit die Wohnung selber nicht nutzen darf; er darf sie nicht einmal ohne Einwilligung der Mieterin betreten. Nach Ablauf oder Kündigung des Vertrages allerdings gehört ihm die Wohnung wieder voll und ganz. Zurückkaufen muß er sie nicht, denn er hat sie ja gar nicht verkauft.

Obgleich also die meisten Menschen in Deutschland nicht in der Lage sind, Wohnungen zu kaufen, nutzen sie Wohnungen. Die einzelnen Nutzerinnen und Nutzer dürfen das, nicht weil sie eine Wohnung, sondern weil sie das zeitlich befristete Nutzungsrecht an einer Wohnung gekauft haben. Daß aber zwischen der Sache selbst und dem Recht, sie zu nutzen, ein gravierender Unterschied besteht, ist eine Alltagserfahrung, die hier keiner näheren Betrachtung bedarf.

Um so dringlicher scheint mir die Frage, ob nicht auch auf dem Arbeitsmarkt zwischen der Sache selbst und dem Recht, sie zu nutzen, unterschieden werden muß. Marx sieht das Problem durchaus, gibt aber meiner Ansicht nach keine konsistente Lösung. Im zweiten Abschnitt, dem über die Verwandlung von Geld in Kapital, vermerkt er nämlich:

> [...] kann die Arbeitskraft als Ware nur auf dem Markt erscheinen, sofern und weil sie von ihrem eignen Besitzer, der Person, deren Arbeitskraft sie ist, als Ware feilgeboten oder verkauft wird. Damit ihr Besitzer sie als Ware verkaufe, muß er über sie verfügen können, also freier Eigentümer seines Arbeitsvermögens, seiner Person sein. Er und der Geldbesitzer begegnen sich auf dem Markt und treten in Verhältnis zueinander als ebenbürtige Warenbesitzer, nur dadurch unterschieden, daß der eine Käufer, der andre Verkäufer, beide also juristisch gleiche Personen sind. Die Fortdauer dieses Verhältnisses erheischt, daß der Eigentümer der Arbeitskraft sie stets nur für bestimmte Zeit verkaufe, denn verkauft er sie in Bausch und Bogen, ein für allemal, so verkauft er sich selbst, verwandelt sich aus einem Freien in einen Sklaven, aus einem Warenbesitzer in eine

> Ware. Er als Person muß sich beständig zu seiner Arbeitskraft als seinem Eigentum und daher seiner eignen Ware verhalten, und das kann er nur, soweit er sie dem Käufer stets nur vorübergehend, für einen bestimmten Zeittermin, zur Verfügung stellt, zum Verbrauch überläßt, also durch ihre Veräußerung nicht auf sein Eigentum an ihr verzichtet. (MEW 23: 182; MEGA² II/6: 183 f.)

Ob wir eine Ware verkaufen oder veräußern, ist meiner Ansicht nach von der Sache her dasselbe; anderes zu behaupten, wäre Wortklauberei. Und wenn die Ware Eigentum des Verkäufers bleibt, dann hat kein Verkauf der Ware stattgefunden. Dann hat der Eigentümer sie ihrem Nutzer in der Tat nur vorübergehend, für einen bestimmten Zeitraum zur Verfügung gestellt. Der Eigentümer der Ware Arbeitskraft hat nicht die Arbeitskraft verkauft, sondern lediglich das jederzeit kündbare Recht, sie zu nutzen.

In diesem Zusammenhang sei das Folgende wenigstens angemerkt: Im *Kommunistischen Manifest* wird nicht nur – das ist allbekannt – der Arbeitslohn als Preis der Arbeit behandelt, sondern auch festgestellt: »Diese Arbeiter, die sich stückweis verkaufen müssen, sind eine Ware wie jeder andere Handelsartikel« (MEW 4: 469 und 468).

Daß, wenn überhaupt, entweder die Arbeit oder der Arbeiter verkauft werden müßte – in der Tat aber keines von beiden –, muß hier nicht näher erläutert werden. Es scheint aber überdenkenswert, ob nicht »stückweis verkaufen« der Absicht nach dasselbe meint wie die vorher zitierte Wendung »vorübergehend, für einen bestimmten Zeittermin, zur Verfügung stell[en]«. *Stückweis* wäre dann nicht im buchstäblichen, sondern im metaphorischen Sinne, als auf ein Stück Zeit, ein Zeitstück bezogen, zu verstehen. So jedenfalls scheint Engels die Sache gesehen zu haben, verbunden allerdings mit einer in unserem Zusammenhang außerordentlich interessanten Bemerkung. In der *Wohnungsfrage* vermerkt er nämlich: »Bei Waren von langer Verschleißdauer tritt also die Möglichkeit ein, den Gebrauchswert stückweise, jedesmal auf bestimmte Zeit, zu verkaufen, d.h. ihn zu vermieten.« (MEW 18: 270; MEGA² I/24: 65 f.). Leider hat diese Bestimmung, daß *Vermieten* mit *etwas stückweis auf bestimmte Zeit verkaufen* gleichbedeutend sei, Engels aber nicht dazu bewogen, auch Überlegungen zum Problem des Begriffs *Verkauf der Ware Arbeitskraft* anzustellen.

Wem die Unterscheidung zwischen Verkaufen und Vermieten als bloße juristische Spitzfindigkeit erscheint, muß sich Fragen gefallen lassen, die zunächst einmal wieder auf den Wohnungsmarkt bezogen formuliert seien: Warum können so viele Menschen in diesem Lande keine Wohnung kaufen, sondern lediglich das Nutzungsrecht an einer Wohnung? Warum ist es denn so erstrebenswert, eine Wohnung zu kaufen und nicht nur das Nutzungsrecht an einer Wohnung? Warum ist es denn noch viel lukrativer, eine Wohnung zu kaufen und sodann das jederzeit kündbare Nutzungsrecht an der Wohnung anderen zu verkaufen (sprich: Eigentumswohnungen zu vermieten)? Der Hinweis auf die Ungerechtigkeiten der freien unsozialen Marktwirtschaft ist ja richtig, erklärt aber leider nichts. Viel eher wäre doch zu fragen, ob und auf welche Weise sich in den angeblichen juristischen Spitzfindigkeiten ganz reale ökonomische Verhältnisse spiegeln.

Bevor ich auf diese Frage konkret eingehe, muß ich aber eine andere aufwerfen: Arbeiten zu können, ist eine Eigenschaft des Menschen. Er kann sie erlernen und über sie verfügen. Er kann sie – beispielsweise durch Krankheit oder Invalidität – zeitweise oder auf immer verlieren, aber in diesen Fällen verfügt niemand mehr über sie als Eigenschaft dieses konkreten Individuums. Er hat die Eigenschaft nicht in dem Sinne verloren, daß ein anderes Individuum sie finden und sich aneignen kann. Die Eigenschaft, arbeiten zu können, ist also nicht abtrennbar von dem konkreten Individuum. Deshalb kann es sie so wenig veräußern, wie sie ihm abgekauft werden kann.

Ganz allgemein ist ja festzustellen, daß wir an einer Sache oder einer Person zwar bestimmte Eigenschaften und Verhaltensweisen unterscheiden, sie aber nicht voneinander trennen können: Wer sich am Grünsein der Bäume im eigenen Garten erfreuen will, muß Bäume kaufen – Grünsein an sich gibt es nicht zu kaufen. Wer ein bequemes Bett genießen will, muß ein Bett kaufen – Bequemlichkeit an sich, ohne die Bequemlichkeit gewährende Sache, gibt es nirgendwo. Die Sache und ihr Verhalten sind eben nicht voneinander zu trennen, und die deutsche Sprache bringt das sehr schön zum Ausdruck in dem bürokratisch-philosophischen Begriff *Sachverhalt*.[4]

So wenig, wie wir das Grünsein der Bäume ohne die Bäume kaufen können, so wenig kann der Geldbesitzer die Eigenschaft des Individuums, arbeiten zu können, ohne das Individuum kaufen. Kauf und Verkauf des Individuums sind aber genau das, was Marx bei Kauf und Verkauf der Ware Arbeitskraft ausgeschlossen sehen will – zurecht, denn dieser Vorgang gehört nicht der kapitalistischen Produktionsweise an, sondern der antiken, der Sklaverei.

---

[4] Diese Deutung findet sich ansatzweise bei Wittgenstein: 1966. – In Satz 2.01 stellt er fest: »Der Sachverhalt ist eine Verbindung von Gegenständen (Sachen, Dingen)« (ebd.: 11), in Satz 2.031: »Im Sachverhalt verhalten sich die Gegenstände in bestimmter Weise zueinander« (ebd.: 15).

Was wird auf dem Arbeitsmarkt verkauft?

Aber vielleicht ist die Eigenschaft, arbeiten zu können, etwas anderes als Arbeitskraft und demzufolge die hier vorgetragene Argumentation in Wahrheit eine Äquivokation, das Unterschieben einer anderen Begrifflichkeit, um das gewünschte Resultat zu erzielen? Lesen wir bei Marx nach, beispielsweise diese Stelle:

> Unter Arbeitskraft oder Arbeitsvermögen verstehen wir den Inbegriff der physischen und geistigen Fähigkeiten, die in der Leiblichkeit, der lebendigen Persönlichkeit eines Menschen existieren und die er in Bewegung setzt, sooft er Gebrauchswerte irgendeiner Art produziert.« (MEW 23: 181; MEGA² II/6: 183)

Der Satz zeigt meines Erachtens, daß der von Marx benutzte Begriff *Arbeitskraft* im Grunde auf nichts anderes abzielt als auf die Eigenschaft, arbeiten zu können. Daß die Arbeitswissenschaft heutzutage zurecht zwischen Kenntnissen, Fähigkeiten und Fertigkeiten unterscheidet, und wir daher gut daran tun, allgemeiner von Eigenschaft oder Verhalten zu sprechen, ändert an der Sache nichts. Um so erstaunlicher ist, daß Marx einen Verkauf des »Inbegriff[s] der physischen und geistigen Fähigkeiten, die in der lebendigen Persönlichkeit eines Menschen existieren«, überhaupt als einen in der kapitalistischen Wirklichkeit real möglichen Vorgang angesehen hat.

Aber ist es dann wenigstens so, daß der sogenannte Arbeitgeber – auch die sogenannte Arbeitgeberin – denjenigen, die auf dem Arbeitsmarkt die Nutzungsrechte an ihrer Arbeitskraft verkaufen, die Nutzung »der physischen und geistigen Fähigkeiten, die in der lebendigen Persönlichkeit [dieses – d. Verf.] Menschen existieren«, bezahlen? Keineswegs. Die promovierte Juristin beispielsweise, in ihrem Beruf arbeitslos und daher Taxifahrerin, wird von dem Fuhrunternehmen, das sie beschäftigt, gewiß nicht ihren physischen und geistigen Fähigkeiten entsprechend bezahlt. Warum auch? Von ihrer juristischen Ausbildung, ihren dort erworbenen Kenntnissen, Fähigkeiten und Fertigkeiten hat das Fuhrunternehmen reineweg gar nichts, und es bezahlt sie für die Nutzung jener Kenntnisse, Fähigkeiten und Fertigkeiten, über die es nach Abschluß des Arbeitsvertrages in dem Sinne verfügt, daß es sie für seine Zwecke verwertet. Beides muß zusammenkommen: Verfügbarkeit und Verwertbarkeit – was nicht verfügbar ist, kann nicht verwertet werden, aber nicht alles, was verfügbar ist, wird auch verwertet. Der ehemalige Bergarbeiter, nach Umschulung nun Arbeiter am Fließband bei Ford in Köln, wird von der Firma für die Nutzung jener Kenntnisse, Fähigkeiten und Fertigkeiten bezahlt, die der Konzern am Fließband verwertet. Was er alles als Bergmann gekonnt hat, zählt

„natürlich" nicht mehr, soll heißen: In dieser Gesellschaft zählt es nichts, dafür kriegt er keinen Pfennig. Die Facharbeiterin, die sich im Abendstudium zur Ingenieurin fortbildet, wird ihre neu erworbenen Kenntnisse und Fertigkeiten nicht bezahlt bekommen, solange sie das Unternehmen nicht verwertet.

Mit diesen Beispielen sind die in unserer Ausgangsfrage enthaltenen Probleme selbstredend nicht gelöst, sie sind aber vielleicht deutlicher und damit besser formulierbar geworden.

Unabdingbar scheint mir die begriffliche Unterscheidung zwischen den Kenntnissen, Fähigkeiten und Fertigkeiten, über die ein Mensch verfügt, und jenen, die ein Unternehmen verwertet. Dazu möchte ich bemerken, daß Marx – aus Gründen, die ich bisher noch nicht herausgefunden habe – in den *Grundrissen* und im Manuskript *Zur Kritik der politischen Ökonomie* von 1861/63 den Begriff *Arbeitsvermögen* verwendet, im Ökonomischen Manuskript von 1864/65 dazu übergeht, parallel den Begriff *Arbeitskraft* zu gebrauchen, und schließlich im *Kapital* nahezu ausschließlich den Begriff *Arbeitskraft* benutzt. Eine Wendung wie die oben zitierte »Arbeitskraft oder Arbeitsvermögen«– worin das *oder* von der Logik her ein einschließendes *vel*, kein ausschließendes *aut* bedeutet – ist ausgesprochen selten. In der Tat besteht aber nicht nur ein himmelweiter Unterschied zwischen dem Vermögen, der reellen Möglichkeit, etwas zu tun, und dem Tun selbst – das ist der von Marx auch im *Kapital* benannte Unterschied von Arbeitsvermögen und Arbeit (vgl. MEW 23: 187; MEGA^2 II/6: 189) –, es ist auch zu unterscheiden zwischen dem Arbeitsvermögen selbst und jenem Teil desselben, das im Arbeitsprozeß als Arbeitskraft zur Wirkung kommt, in diesem Sinne nicht nur reelle Möglichkeit, sondern Wirklichkeit im engeren Sinne des Begriffs ist.

Was das Unternehmen den von ihm Beschäftigten bezahlt, ist zunächst und ganz allgemein ein Entgelt für den zeitlich befristeten Verkauf des Rechts, ihre Arbeitskraft zu nutzen. Daher vielleicht werden die so Beschäftigten in der deutschen Sprache auch Arbeitskräfte genannt. Über welches Arbeitsvermögen diese Arbeitskräfte ansonsten verfügen, ist so lange nicht von Interesse, wie es für das Unternehmen nicht gewinnbringend nutzbar, also verwertbar ist. Ihm, dem Unternehmen, geht es nie um das Arbeitsvermögen, aber immer um die Arbeitskraft, den von ihm verwertbaren Teil des Arbeitsvermögens. Der Preis, den das Unternehmen den von ihm Beschäftigten für den zeitlich befristeten Verkauf des Rechts, ihre Arbeitskraft zu nutzen, bezahlt, ist der Arbeitslohn (daß der Lohn in anderen Funktions- bzw. Wirtschaftsbereichen Gehalt genannt wird oder Honorar, soll uns hier nicht interessieren).

Was wird auf dem Arbeitsmarkt verkauft?

Der Lohn ist ein Preis, mithin Geldausdruck eines Wertes. Welches Wertes? – Wer darauf mit „des Wertes der Ware Arbeitskraft" antwortet, liegt durchaus falsch.

Zur Verdeutlichung des Problems betrachten wir zunächst einmal wieder den Wohnungsmarkt. Der Preis einer Wohnung ist, von allen ihn modifizierenden Einflüssen abgesehen, der Geldausdruck ihres Wertes. Wir zahlen diesen Preis, wenn wir die Wohnung kaufen, und dann ist sie unsere Eigentumswohnung. Hiernach ist unmittelbar einleuchtend, daß die Miete, verstanden als Preis für das Recht, eine Wohnung zu nutzen, etwas anderes sein muß als der Preis der Wohnung selbst: Kein Mensch käme auf die Idee, Monat für Monat einen Mietpreis zu zahlen, der genauso hoch ist wie der, der beim Erwerb einer Eigentumswohnung einmalig zu zahlen ist. Der Mietpreis ist ganz offenbar verschieden vom Verkaufspreis, auch wenn beide auf bestimmte, hier nicht näher zu analysierende Weise zusammenhängen. Offensichtlich noch viel vertrackter liegen die Dinge aber bei der Ware Arbeitskraft, denn die ist in der kapitalistischen Gesellschaft unverkäuflich, kann demzufolge gar keinen Kaufpreis haben. Trotzdem verlangt ihr Eigentümer für das Recht, sie zu nutzen, eine anständige Bezahlung. Aber was ist das in diesem Zusammenhang – eine „anständige Bezahlung"?

Gehen wir aus von einer Feststellung im *Kapital*, nämlich der im Abschnitt über den Arbeitslohn getroffenen, daß »der Wert einer Ware nicht durch das Quantum wirklich in ihr vergegenständlichter, sondern durch das Quantum der zu ihrer Produktion notwendigen lebendigen Arbeit bestimmt« sei (MEW 23: 558 f.; MEGA^2 II/6: 499). Damit ist – leider nur implizit – jene Bestimmung korrigiert, die wir im zweiten Abschnitt finden: »Soweit sie Wert, repräsentiert die Arbeitskraft selbst nur ein bestimmtes Quantum in ihr vergegenständlichter gesellschaftlicher Durchschnittsarbeit.« (MEW 23: 184 f.; MEGA^2 II/6: 186). Der Unterschied zwischen beiden Aussagen wird uns noch deutlicher, wenn wir eine dritte auf ihre Konsistenz hin überprüfen. Sie lautet: »Der Wert der Arbeitskraft, gleich dem jeder andren Ware, ist bestimmt durch die zur Produktion, also auch Reproduktion, dieses spezifischen Artikels notwendige Arbeitszeit« (MEW 23: 184; MEGA^2 II/6: 186). Diesen Satz genauer betrachtend, müssen wir uns nämlich erstens fragen, ob denn die zur Produktion der Arbeitskraft notwendige Arbeitszeit so ohne weiteres gleichgesetzt werden kann mit der zu ihrer Reproduktion, und zweitens, wessen Reproduktion hier gemeint ist.

Es geht zweifellos nicht allein und nicht einmal in erster Linie um die Reproduktion des konkreten Individuums, dessen Arbeitskraft durch das Unternehmen verwertet wird. Denn das Arbeitsvermögen, und so auch dessen für das Unternehmen verwertbare Bestandteile, ist zwar Eigenschaft eines Individuums, aber welches Individuum das konkret ist, das ist ihm – dem Unternehmen – völlig gleichgültig. Es muß lediglich dafür Sorge tragen, daß ihm morgen wieder eine genauso verwertbare Arbeitskraft zur Verfügung steht, wobei *morgen* aus der Sicht des – der Absicht nach ewig existierenden – Unternehmens *in aller Zukunft* bedeutet. Schon die einfache Reproduktion der Ware Arbeitskraft – und allein diese soll hier behandelt werden – schließt daher mehrere Momente ein.

Zunächst einmal muß das Unternehmen der Arbeitskraft so viel zahlen, daß sie am nächsten Tag wieder arbeiten kann, denn die Reproduktion der im Arbeitsprozeß verausgabten Muskel-, Hirn- und Nervenkraft findet außerhalb desselben statt, nämlich im Konsumtionsprozeß. In Geld ausgedrückt, ist das der sogenannte Minimallohn, der dem Individuum ermöglicht, jene Warenmasse zu kaufen, »ohne deren tägliche Zufuhr«– wie Marx es ausdrückt – »der Träger der Arbeitskraft, der Mensch, seinen Lebensprozeß nicht erneuern kann« (MEW 23: 187; MEGA² II/6: 188). Der Minimallohn ist allerdings nicht Geldausdruck der von Marx hier gemeinten »Minimalgrenze des Werts der Arbeitskraft«, denn auch hier geht es nur um den Wert der im Produktionsprozeß vernutzten Arbeitskraft.

Aber mit dem so definierten Minimallohn ist die einfache Reproduktion der Ware Arbeitskraft allenfalls für den nächsten Tag gesichert, nicht für alle Zukunft. Marx bemerkt zu dieser Frage:

> Der Eigentümer der Arbeitskraft ist sterblich. Soll also seine Erscheinung auf dem Markt eine kontinuierliche sein, wie die kontinuierliche Verwandlung von Geld in Kapital voraussetzt, so muß der Verkäufer der Arbeitskraft sich verewigen, „wie jedes lebendige Individuum sich verewigt, durch Fortpflanzung". Die durch Abnutzung und Tod dem Markt entzogenen Arbeitskräfte müssen zum allermindesten durch eine gleiche Zahl neuer Arbeitskräfte beständig ersetzt werden. Die Summe der zur Produktion [vielmehr Reproduktion – d. Vf.] der Arbeitskraft notwendigen Lebensmittel schließt also die Lebensmittel der Ersatzmänner ein, d.h. der Kinder der Arbeiter, so daß sich diese Race eigentümlicher Warenbesitzer auf dem Warenmarkte verewigt.[5]

Zurecht Marx' patriarchalische Redeweise ablehnend, müssen wir doch konstatieren, daß in der Tat die Kosten jener gesellschaftlich notwendigen Repro-

---

[5] MEW 23: 185 f.; MEGA² II/6: 187. – Zu dem Zitat in seinem Text vermerkt Marx in einer Fußnote lediglich: »Petty.« Das Zitat selbst ist auch im Apparat zu MEGA² II/6 nicht verifiziert.

duktionsarbeit, die im Familienkreise und also außerhalb des Unternehmens zu leisten ist, im durch das Unternehmen selbst gezahlten Arbeitslohn schon enthalten sind.[6] Dies ist nicht etwa Ausdruck von dessen Generosität, sondern einfaches Kalkül des ökonomischen Egoismus, der sich der Mittel zu seiner Realisierung versichern muß und es auch tut.

Durch die beiden bislang betrachteten Momente wird das bloße Überleben der Individuen bzw. ihrer Nachkommen in alle Zukunft gesichert. Aber es handelt sich allein um die Reproduktion seiner physiologischen Grundlagen, also des bloß formellen Arbeitsvermögens. Das reelle Arbeitsvermögen – die Kenntnisse, Fähigkeiten und Fertigkeiten des jeweiligen Individuums – ist damit in gar keiner Weise reproduziert. Das Nämliche trifft zu auf das als Arbeitskraft wirkende Arbeitsvermögen, also jenen Teil des Arbeitsvermögens, der im Arbeitsprozeß als Arbeitskraft zur Wirkung kommt.

Nehmen wir nun die Arbeitszeit, die gesellschaftlich notwendig ist, um das Individuum mit jenen Kenntnissen, Fähigkeiten und Fertigkeiten auszustatten, die es als Arbeitskraft in den Produktionsprozeß einbringt und die dort verwertet werden, so ist doch zu fragen, ob sie nicht ein wesentliches Bestimmungsmoment dessen ist, was Marx den Wert der Ware Arbeitskraft nennt. Er selbst meint dazu:

> Die Arbeit, die als höhere, kompliziertere Arbeit gegenüber der gesellschaftlichen Durchschnittsarbeit gilt, ist die Äußerung einer Arbeitskraft, worin höhere Bildungskosten eingehn, deren Produktion mehr Arbeitszeit kostet und die daher einen höheren Wert hat als die einfache Arbeitskraft. Ist der Wert dieser Kraft höher, so äußert sie sich aber auch in höherer Arbeit und vergegenständlicht sich daher, in denselben

---

[6]Es widerspräche also aller marktwirtschaftlichen Logik, diese Reproduktionsarbeit noch einmal in Form von »Hausfrauenlöhnen« zu bezahlen. Von dieser elementaren Tatsache abgesehen, würde durch die Realisierung dieser Forderung das Zusammenleben der Menschen noch stärker als bislang den Gesetzen der Marktwirtschaft unterworfen werden. Die Auffassung, daß bezahlte Hausfrauenarbeit eine andere Anerkennung genießt als unbezahlte, macht in der Tat die marktwirtschaftliche Verwertbarkeit von Arbeit zum alleinigen Kriterium ihrer gesellschaftlichen Anerkennung. In ihrer Endkonsequenz beinhaltete sie, daß nur jene Frauen, die den Beischlaf von ihren Männern (Ehemännern, Geliebten, Freunden usw.) bezahlt bekommen, von letzteren voll anerkannt wären. Damit würde allerdings auf ganz besondere Weise die im *Kommunistischen Manifest* getroffene Aussage bestätigt werden, daß »die Bourgeoisie« – und offenbar nicht nur diese – »dem Familienverhältnis seinen rührend-sentimentalen Schleier abgerissen und es in ein reines Geldverhältnis verwandelt« habe (vgl. die von Friedrich Engels in seinem Aufsatz *Flüchtlingsliteratur* zitierte und den Originaltext korrigierende Fassung in MEW 18: 533; MEGA^2 I/24: 376; zum Originaltext vgl. MEW 4: 465). Das ganze Bemühen läuft mithin auf eine Verewigung der knechtenden marktwirtschaftlichen Geldverhältnisse hinaus; die Knechtschaft soll daher zwar gemildert („humanisiert"), aber nicht etwa abgeschafft werden.

Zeiträumen, in verhältnismäßig höheren Werten. (MEW 23: 211 f.; korrigiert nach MEGA² II/6: 210)

Aber so liegen die Dinge nun einmal nicht. Auf genau diese seine Sicht trifft das von ihm selbst geprägte Wort zu, sie sei »um so abgeschmackter, als der Wert einer Ware nicht durch das Quantum wirklich in ihr vergegenständlichter, sondern durch das Quantum der zu ihrer Produktion notwendigen lebendigen Arbeit bestimmt« sei (MEW 23: 558 f.; MEGA² II/6: 499). Die Frage ist also keineswegs so einfach mit „Ja" zu beantworten, insbesondere da die dem konkreten Individuum eigenen Fähigkeiten, Fertigkeiten und Kenntnisse vor allem im Produktionsprozeß selbst reproduziert werden.[7] Findet diese Reproduktion nicht statt, so verliert das Individuum allmählich sein Arbeitsvermögen, es verlernt die einst gelernte konkrete Arbeitsart, wird in diesem Sinne dequalifiziert.

Dieser Vorgang auf Seiten der subjektiven Produktionsbedingungen ist durchaus vergleichbar mit jenem auf Seiten der objektiven Produktionsbedingungen – bleiben sie ungenutzt, werden sie nicht verwertet, so ist das für deren jeweilige Besitzer reiner Verlust. Für die eine Seite hat das Marx im *Kapital* sehr instruktiv beschrieben: »Schmelzöfen und Arbeitsgebäude, die des Nachts ruhn und keine lebendige Arbeit einsaugen, sind „reiner Verlust" [...] für den Kapitalisten. Darum konstituieren Schmelzöfen und Arbeitsgebäude einen „Anspruch auf die Nachtarbeit" der Arbeitskräfte.« (MEW 23: 329; MEGA² II/6: 309). Und an anderer Stelle, in den *Mehrwerttheorien*, vermerkt er zum Problem der Kapitalvernichtung:

> Die Maschinerie, die nicht gebraucht wird, ist nicht Kapital. Die Arbeit, die nicht exploitiert wird, ist so viel verlorne Produktion. Rohmaterial, das unbenutzt da liegt, ist kein Kapital. Gebäulichkeiten, die entweder unbenutzt bleiben (ebenso wie neugebaute Maschinerie) oder unvollendet bleiben, Waren, die verfaulen im Warenlager, alles dies ist Zerstörung von Kapital. Alles das beschränkt sich [...] darauf, daß die *vorhandnen* Produktionsbedingungen nicht wirklich als Produktionsbedingungen wirken, in Wirksamkeit gesetzt werden. Ihr Gebrauchswert und ihr Tauschwert geht dabei zum Teufel. (MEW 26.2: 496; korrigiert nach MEGA² II/3.3: 1119)

---

[7] Hiervon zu unterscheiden ist die erweiterte Reproduktion des individuellen Arbeitsvermögens auf dem Wege der Weiterbildung, etwa durch das Studium neuerer Fachliteratur, den Besuch von Abendvorträgen und -schulen usw. Einen Gutteil der Kosten dieser ihrer erweiterten Reproduktion trägt die Arbeitskraft selbst. Jedoch sei noch einmal betont, daß hier nur die Probleme der einfachen Reproduktion betrachtet werden.

Letzteres gilt auch für das Individuum, das über ein bestimmtes Arbeitsvermögen verfügt, es aber im Produktionsprozeß nicht wirksam werden lassen kann. Die als Taxifahrerin arbeitende Juristin verliert einen einst essentiellen Bestandteil ihres Arbeitsvermögens genauso wie der ehemalige Bergarbeiter als Bandarbeiter bei Ford. Die Kosten ihrer Ausbildung werden durch die Nichtmehrnutzung zu bloßem Verlust, sie sind ausgegeben und werden nicht verwertet.

Damit stellt sich aber ein weiteres Problem: Wenn die einfache Reproduktion des Arbeitsvermögens sich zu einem ganz beträchtlichen Teil bei der Verwertung desselben, also beim Arbeiten selbst, vollzieht, sozusagen automatisch innerhalb des Arbeitsprozesses, dann braucht das Unternehmen für diese Seite der Reproduktion den Besitzer der Ware Arbeitskraft nicht noch einmal zu bezahlen, denn der Reproduktionsakt kostet die Arbeitenden ja nichts. Nun soll aber die Qualifikation, die Fähigkeit, komplizierte Arbeit zu leisten, ein entscheidendes Moment des Wertes der Ware Arbeitskraft darstellen, sich dementsprechend auch im Arbeitslohn niederschlagen, der dem Individuum seine Reproduktion ermöglicht. Wenn nun die Fähigkeit, komplizierte Arbeit zu leisten, quasi gratis, nämlich im Arbeitsprozeß selbst, reproduziert wird, dann braucht niemand zu zahlen, und dieser wesentliche Bestimmungsgrund für den Wert der Ware Arbeitskraft scheint hinfällig.

Wir können uns natürlich mit der Ausrede behelfen, daß erst durch die höhere Bezahlung die Individuen dazu gebracht würden, komplizierte Arbeit zu leisten oder – noch edler formuliert – höhere Verantwortung zu übernehmen. Diese Redeweise ist von keiner anderen Qualität als jene, daß der Profit der Lohn des Kapitalisten für die von ihm geleistete Arbeit ist. Vielmehr müssen wir uns wieder daran erinnern, daß die Reproduktion des Arbeitsvermögens der Individuen immer auch die Produktion des Arbeitsvermögens der ihnen Nachfolgenden einschließt.

An dieser Stelle möchte ich zunächst zwei Aussagen aus dem *Kommunistischen Manifest* zitieren, Aussagen übrigens, die bislang wohl nicht in diesem Zusammenhang gesehen wurden:

> Die Bourgeoisie hat alle bisher ehrwürdigen und mit frommer Schau betrachteten Tätigkeiten ihres Heiligenscheins entkleidet. Sie hat den Arzt, den Juristen, den Pfaffen, den Poeten, den Mann der Wissenschaft in ihre bezahlten Lohnarbeiter verwandelt. [...] Er [der Arbeiter – d. Verf.] wird ein bloßes Zubehör der Maschine, von dem nur der einfachste, eintönigste, am leichtesten erlernbare Handgriff verlangt wird. Die Kosten, die der Arbeiter verursacht, beschränken sich daher fast nur auf die

Lebensmittel, die er zu seinem Unterhalt und zur Fortpflanzung seiner Race bedarf. (MEW 4: 465 und 469)

Das sind natürlich scharf zuspitzende Formulierungen aus einem politischen Pamphlet, mit Haß und Leidenschaft geschrieben, nicht das Resultat von *sine ira et studio* betriebenen und dann in wohlgesetzten Worten niedergeschriebenen Forschungen. Aber immerhin erlauben sie die Frage, ob denn die Kosten, die beispielsweise die in bezahlte Lohnarbeiter verwandelten Intellektuellen verursachen, sich fast nur auf die Lebensmittel beschränken, die sie zu ihrem Unterhalt bedürfen und zur Fortpflanzung ihrer Race, wobei Race hier wohl mit sozialer Schicht übersetzt werden muß.

Das ist durchaus der Fall, allerdings sind die Kosten, um eine Universitätsprofessorin zu produzieren, auch heute weitaus höher als die für die Produktion eines Bandarbeiters. Damit sind nicht allein jene Ausbildungskosten gemeint, die heutzutage in diesem Land – noch – vom Staat getragen werden, denn es ist ja keineswegs so, daß sich die Reproduktionsbedingungen der Ware Arbeitskraft auf die einzelnen Kostenstellen für die Bildung und Erziehung der Kinder reduzieren lassen. Ganz allgemein gilt für höher qualifizierte Arbeitskräfte, daß sie – wie Dummer es formuliert – »tatsächlich auch größere Weiterbildungs- und Kulturbedürfnisse haben, die befriedigt werden müssen, wenn das erreichte geistige und kulturelle Niveau erhalten und weiterentwickelt werden soll.« (Dummer 1997: 71). Es ist allerdings, wie ich hinzufügen möchte, nicht das geistige und kulturelle Niveau an sich, sondern gerade jenes, das – zumindest potentiell oder als begleitende Rahmenbedingung – für die Reproduktion des Unternehmens verwertbar ist. Wie weit dieser Kreis gegebenenfalls reichen kann, war von jenem nordamerikanischen Farmer zu erfahren, der seine Kühe Mozart hören ließ – sie dankten ihm mit einer Steigerung der Milchleistung.

Gerade bei der Reproduktion der höher qualifizierten Arbeitskräfte, der Intellektuellen, Manager usw. spielt die gesamte Sozialisation der Heranwachsenden eine große Rolle. Die aber kostet durchaus, ebenso das kulturelle Umfeld usw. – bis hin zu jenem Phänomen, das der berühmte Arzt Rudolf Virchow in die klassischen Worte gefaßt hat, daß sich bei den Medizinern die Begabung auch auf die Schwiegersöhne vererbe, und auch das hat „natürlich" seinen gesellschaftlichen Preis.

In der Tat wird unter marktwirtschaftlichen Bedingungen und im Sinne elementarer Kostenrechnung bei der Feststellung gesellschaftlich notwendiger Arbeitszeit unterstellt, daß im gesellschaftlichen Durchschnitt Kinder Berufe ergreifen, die denen ihrer Eltern artverwandt sind. Die der freien unsozialen

Marktwirtschaft inhärenten Reproduktionsbedingungen gewähren also nicht nur ein gewisses Maß an sozialer Mobilität, sondern ebenso eines an sozialer Immobilität. Ausnahmen bestätigen da nur die Regel – daß im Einzelfall die Tochter eines Bandarbeiters Universitätsprofessorin werden kann und der Sohn einer Bankmanagerin Sozialarbeiter, ändert im gesellschaftlichen Durchschnitt nichts. Deshalb bekommt im Regelfall der eine so wenig einen Lohnzuschlag für die relativ teure Produktion einer Universitätsprofessorin wie die andere keinen Gehaltsabzug für die relativ billige Produktion eines Sozialarbeiters. Im Gegenteil, die durch die Kinder erzeugte steuerliche Entlastung ist für ärmere Eltern viel geringer als für reichere – *cash* gerechnet, und das allein interessiert die Beteiligten. Die Steuergesetzgebung bringt daher – wenn auch in abgeschwächter Weise – den Sachverhalt zum Ausdruck, daß in dieser Gesellschaft die Erziehung von Kindern reicher Eltern im Durchschnitt mehr kostet, eben weil sie *ihre* Eltern reproduzieren sollen.

Obgleich also das Arbeitsvermögen, sofern es zur Wirkung gelangt, einerseits unmittelbar, nämlich während des Produktionsprozesses und im produzierenden Individuum selbst reproduziert wird, bedarf es andererseits zu seiner „Verewigung" ebenso der Reproduktion außerhalb des unmittelbaren Produktionsprozesses. Die für diese – nicht mehr auf das Individuum, sondern auf seine soziale Schicht bezogene – Reproduktion notwendige Arbeitszeit bestimmt zu einem beträchtlichen Teil den Reproduktionswert der Ware Arbeitskraft. Für deren zeitweise Nutzung zahlt das Unternehmen einen Arbeitslohn an jene, deren Eigentum sie ist und bleibt.

Insofern ist der Arbeitslohn in seiner Höhe grundsätzlich auf dieselbe Weise bestimmt wie beispielsweise der Mietpreis auf dem Wohnungsmarkt: Auch hier ist der Ausgangspunkt die Arbeitszeit, die für die Reproduktion der Wohnung gesellschaftlich notwendig ist.[8] Es besteht daher, ökonomisch betrachtet, auch kein Unterschied zu Arbeitskräften, die in der Literatur gemeinhin nicht Lohnarbeiter genannt werden, sondern Söldner oder Mietlinge, Gehalts- oder Honorarempfänger. Ihre Bezahlung richtet sich grundsätzlich nach dem Wert der zu reproduzierenden Arbeitskraft. Daß der so bestimmte Preis auf dem Markt mannigfacher Variation unterliegt, sich nach Angebot und Nachfrage verändert, den allgemeinen Verwertungsbedingungen des Kapitals unterworfen ist und zuweilen – sehr zuweilen – in seiner Höhe auch von der erbrachten Leistung abhängt,[9] dies Schicksal nun teilt der Arbeitslohn – *mutatis mutan-*

---

[8] Der Ausgangspunkt ist nicht das Ganze. Zu weiteren Aspekten vgl. Engels' *Wohnungsfrage*, insbesondere MEW 18: 270 f.; MEGA² I/24: 66.

[9] Zur Kritik vgl. Dummer 1997: 30 ff., wo die »Illusion vom Leistungsprinzip« abgehandelt

dis – mit den übrigen Preisen. Die Bestimmungsgründe für diese Variationen herauszuarbeiten, ist allerdings eine andere Aufgabenstellung. Sie setzt zwar einerseits die Beantwortung unserer Eingangsfrage voraus, geht aber andererseits weit über sie hinaus.

Literatur

Dummer, Ingeborg: Die Arbeitskraft – eine Ware? Eine werttheoretische Betrachtung. Hamburg 1997

Engels, Friedrich: Flüchtlingsliteratur. In: MEGA^2 I/24. Berlin 1984. S. 365-378

Engels, Friedrich: Flüchtlingsliteratur. In: MEW Band 18. Berlin 1962. S. 519-567

Engels, Friedrich: Zur Wohnungsfrage. In: MEGA^2 I/24. Berlin 1984. S. 7-81

Engels, Friedrich: Zur Wohnungsfrage. In: MEW Band 18. Berlin 1962. S. 209-287

Gikas, Michael: Arbeitsbewertung – Entlohnungsverfahren oder ideologisches Instrument? Eine ideologie- und verfahrenskritische Analyse anhand ausgewählter aktueller Entwicklungstendenzen der betrieblichen Lohndifferenzierung. Münster 1985

Kuczynski, Thomas: Zur Anwendbarkeit mathematischer Methoden in der Wirtschaftsgeschichtsschreibung. Dissertation B. Berlin 1979

Marx, Karl/Friedrich Engels: Manifest der Kommunistischen Partei. In: MEW Band 4. Berlin 1959. S. 459–493

Marx, Karl: Das Kapital. Kritik der Politischen Ökonomie. Band 1. In: MEW Band 23. Berlin 1962

Marx, Karl: Das Kapital. Kritik der Politischen Ökonomie. Erster Band. (Erste Auflage) In: MEGA^2 II/5. Berlin 1983

Marx, Karl: Das Kapital. Kritik der Politischen Ökonomie. Erster Band. (Zweite Auflage) In: MEGA^2 II/6. Berlin 1987

---

wird, sowie allgemein Gikas: 1985.

Marx, Karl: Theorien über den Mehrwert. Zweiter Teil. In: MEW Band 26.2. Berlin 1967

Marx, Karl: Zur Kritik der politischen Ökonomie (Manuskript 1861 - 1863). Teil 3. In: MEGA² II/3.3. Berlin 1984

Ruben, Peter: Ist die Arbeitskraft eine Ware? Ein Beitrag zu einer marxistischen Marxkritik. In: Eidam, Heinz und Wolfdietrich Schmied-Kowarzik (Hg.): Kritische Philosophie gesellschaftlicher Praxis. Auseinandersetzungen mit der Marxschen Theorie nach dem Zusammenbruch des Realsozialismus. Würzburg 1995. S. 167-183

Wittgenstein, Ludwig: Tractatus logico-philosophicus. Logisch-philosophische Abhandlung. Frankfurt am Main 1966

Übergangsmuster verschiedener Frühverrentungsformen: vom abrupten Ausstieg zum gleitenden Übergang in den Ruhestand?

Diana Auth

Einleitung

Im Zentrum der Analyse des Frühverrentungsgeschehens aus politischökonomischer Perspektive stehen die institutionell verankerten Steuerungsmechanismen, die sowohl betriebliche und ökonomische Prozesse beeinflussen oder auslösen als auch das Verhalten der älteren Arbeitsmarktteilnehmer/innen mitbestimmen. In der Bundesrepublik stellte die politische Regulierung des Übergangs vom Erwerbsleben in den Ruhestand in Form der Frühverrentung eine der häufigsten und erfolgreichsten Varianten dar, das Arbeitsangebot zu verringern und den Arbeitsmarkt zu entlasten.

Seit den 70er Jahren nimmt in allen westlichen Industriestaaten die Erwerbsbeteiligung der Älteren ab. Dabei gehört die Bundesrepublik zu den Ländern, in denen der Trend zur Verkürzung der Erwerbsphase im Alter bislang besonders ausgeprägt war, vor allem bei männlichen Beschäftigten (vgl. Rosenow, Naschold 1994: 18 ff.; Gatter, Hartmann 1995: 412; Jacobs, Kohli 1990: 498 ff.).

Was die Erwerbsquote[1] der 60-64jährigen angeht, so ist diese bereits in den 70er Jahren stark zurückgegangen. Seitdem hat sich der Trend der sinkenden Erwerbsbeteiligung der Älteren in Westdeutschland verlangsamt. Die Erwerbsquote der Männer in dieser Altersgruppe sinkt leicht (1997: 32,8 %), die der Frauen stagniert auf einem konstant niedrigen Niveau (1997: 13,7 %).[2] In Ostdeutschland ist die Erwerbsquote der 60-64jährigen infolge der Vorruhestands-

---

[1] Anteil der Erwerbspersonen (Erwerbstätige und Arbeitslose) an der Gesamtbevölkerung der jeweiligen Altersklasse.

[2] Dabei ist zu berücksichtigen, daß der Trend zu einem frühen Ruhestand bei Frauen von einem generellen Anstieg der Frauenerwerbstätigkeit überlagert wird. Erst die Betrachtung verschiedener Kohorten zeigt die Koexistenz beider Trends (vgl. Jacobs, Kohli 1990: 508).

und Altersübergangsregelungen erheblich niedriger (Männer: 17,5 %, Frauen: 5,1 %). Daß der Trend zum frühen Ruhestand vor allem die über 60jährigen betrifft, zeigt die Erwerbsbeteiligung der 55-59jährigen. In dieser Altersgruppe hat sich die Erwerbsquote der westdeutschen Männer im Zeitverlauf nur wenig reduziert. Sie liegt derzeit bei ca. 80 %. Die Erwerbsquote der westdeutschen Frauen in diesem Alterssegment lag bis Anfang der 90er Jahre konstant knapp unter 40 %, seitdem steigt sie sogar langsam an. Und auch die Erwerbsquoten der ostdeutschen Männer und Frauen zwischen 55 und 59 Jahren steigen mittlerweile – nach einem starken Rückgang Anfang der 90er Jahre – wieder an (vgl. Erste Ergebnisse des Mikrozensus 1997: 654 f.; Datenreport Alter 1997: 68 ff.).

Verantwortlich für den Rückgang der Erwerbsquoten sind neben der Altersverschiebung des Erwerbspersonenpotentials[3] und dem soziokulturellen Wandel vor allem ökonomische Krisen und institutionelle Veränderungen der sozialen Sicherungssysteme (vgl. Kohli u. a. 1989: 254 f.). In der Bundesrepublik wird seit den 70er Jahren eine Altersgrenzenpolitik betrieben, die vor allem der Arbeitsmarktentlastung dient. Seit Anfang der 90er Jahre spielt daneben auch die Konsolidierung der Rentenfinanzen eine wichtige Rolle. Jüngstes Beispiel ist das Altersteilzeitgesetz, das 1996 als neue Rahmenregelung zur Frühverrentung in Kraft trat. Die Erfolgsaussichten dieses Gesetzes wurden zunächst sowohl von den Unternehmen als auch von den Beschäftigten als gering eingeschätzt. Altersteilzeit sei zu teuer, organisatorisch schwer umsetzbar und werde zudem nicht gewünscht. Des weiteren wurde auf die geringe Inanspruchnahme tariflicher und betrieblicher Vereinbarungen zum gleitenden Übergang in den Ruhestand in den 80er Jahren und auf das gescheiterte Altersteilzeitgesetz von 1989 bis 1992 hingewiesen. Nachdem sich die düsteren Prognosen zunächst zu bestätigen schienen – nach Angaben der Bundesanstalt für Arbeit wurden im ersten Jahr nach der Einführung erst 5.000 Anträge auf Zuschüsse gestellt – sind mittlerweile zahlreiche Altersteilzeitmodelle tariflich oder betrieblich vereinbart worden. Die Umsetzung erfolgt meist auf der Basis eines Blockmodells, wo einer Arbeits- eine Freistellungsphase folgt, seltener dagegen in Form von Teilzeitarbeit.[4]

---

[3] Erwerbsfähige Wohnbevölkerung im Alter von 15-65 Jahren.

[4] Da Teilzeitarbeit alle Beschäftigungen umfaßt, deren Arbeitszeit unterhalb der betrieblichen oder tariflichen Normalarbeitszeit liegt, handelt es sich auch beim Blockmodell um eine Form der Teilzeitarbeit. Um den Unterschied zwischen einem gleitenden Übergang in den Ruhestand und einem abrupten Wechsel deutlich zu machen, werde ich im folgenden zwischen Teilzeitarbeit Reduzierung der täglichen oder wöchentlichen Arbeitszeit) und dem Blockmodell (Arbeits- und Freistellungsphase) unterscheiden.

Im folgenden soll der Frage nachgegangen werden, inwieweit die Institutionalisierung des Blockmodells für den verspäteten Erfolg des Altersteilzeitgesetzes verantwortlich ist. Anhand der bisherigen Frühverrentungspolitik und -praxis soll gezeigt werden, daß Teilzeitarbeit im Alter untypisch für das deutsche Modell der Frühverrentung ist. Seit den 80er Jahren wird eine Altersgrenzenpolitik betrieben, die einen abrupten Wechsel von der Erwerbstätigkeit in den Ruhestand fördert. Dieses Ausgliederungsangebot richtet sich vor allem an ältere Vollzeitbeschäftigte, die nach einer kontinuierlichen Erwerbsbiographie früher in den Ruhestand wechseln wollen. Da die Orientierung am Leitbild des männlich geprägten Normalarbeitsverhältnisses die Veränderung des Übergangsverhaltens blockiert, soll abschließend angedeutet werden, unter welchen Bedingungen ein gleitender Übergang in den Ruhestand möglich wäre.

„Klare Einschnitte": Frühverrentung und Vorruhestand

Bereits im Rahmen der Rentenreform 1957 wurden die Möglichkeiten eines vorzeitigen Rentenzugangs erheblich erweitert. Konnten bis dahin nur Erwerbsunfähige vor der regulären Altersgrenze von 65 Jahren in den Ruhestand gehen, so erhielten fortan auch Arbeitslose und Frauen die Option zur Frühverrentung. Die vorgezogene Altersrente wegen Arbeitslosigkeit konnte ebenso wie die Altersrente für Frauen ab dem 60. Lebensjahr bezogen werden. Letztere wurde eingeführt, um arbeitsmarktbezogene Benachteiligungen und die Doppelbelastung von Frauen lebenszeitlich auszugleichen. Des weiteren wurde mit der Rentenreform 1972 die flexible Altersgrenze von 63 Jahren für langjährig Versicherte eingeführt, so daß auch ältere (meist männliche) Beschäftigte nach 35 Versicherungsjahren vorzeitig in den Ruhestand gehen konnten. Standen bis dahin vor allem humanitäre und gesundheitspolitische Aspekte im Vordergrund der Frühverrentungspolitik, wurde sie infolge der Rezession Mitte der 70er Jahre beschäftigungs- und arbeitsumverteilungspolitisch funktionalisiert.

> Damit wurden insbesondere ab Mitte der siebziger Jahre dem Rentenversicherungssystem arbeitsmarktpolitische Steuerungsaufgaben und zugleich auch ein Teil der Kosten der Arbeitslosigkeit zugewiesen. (Rosenow, Naschold 1994: 306)

Infolge der angespannten Arbeitsmarktlage wurden die Möglichkeiten des frühen Ruhestands häufiger genutzt, wobei der Rentenzugang indirekt, d. h. über eine Zwischenphase der Arbeitslosigkeit, erfolgte (vgl. Gatter, Hartmann 1995: 414). Zwischen Unternehmen und älteren Beschäftigten wurde einvernehmlich ein Auflösungsvertrag inklusive einer Abfindung vereinbart. Der/die Betroffene erhielt zunächst Arbeitslosengeld und bezog bei Vollendung des 60. Lebensjahres Altersrente wegen Arbeitslosigkeit. Die sog. „59er Regelung" wurde zu einer gängigen Praxis, vor allem bei Großbetrieben der Chemie- und Automobilindustrie (vgl. Oswald 1999: 201 f.).

Als Antwort der konservativ-liberalen Bundesregierung auf die gewerkschaftliche Forderung nach der 35-Stunden-Woche wurde 1984 das „Gesetz zur Erleichterung des Übergangs vom Erwerbsleben in den Ruhestand" verabschiedet (vgl. Rosenow, Naschold 1994: 306). Statt einer allgemeinen Wochenarbeitszeitverkürzung sollte die Reduzierung der Lebensarbeitszeit gefördert werden, um den Arbeitsmarkt zu entlasten und Arbeitsplätze für Jüngere frei zu machen. Bei dem auf die Zeit zwischen 1984 und 1988 befristeten Vorruhestandsgesetz handelte es sich um eine Rahmenregelung, die tarif- oder einzelvertraglich umgesetzt werden mußte. Das Gesetz bot Beschäftigten ab dem 58. Lebensjahr die Möglichkeit, frühzeitig aus dem Erwerbsleben auszuscheiden. Sie erhielten ein Vorruhestandsgeld in Höhe von mindestens 65 % ihres bisherigen Bruttoeinkommens. Der Vorruhestand endete mit dem frühestmöglichen Rentenbezug. Die Bundesanstalt für Arbeit zahlte einen Zuschuß von ca. 35 % des Vorruhestandsgeldes an das Unternehmen, wenn der frei gewordene Arbeitsplatz mit einem/einer gemeldeten Arbeitslosen wiederbesetzt wurde (vgl. Naegele 1987: 752; Rosenow, Naschold 1994: 66 f.). Auf der Basis des Vorruhestandsgesetzes wurden ca. 400 Tarifverträge abgeschlossen, und 70 % der Anspruchsberechtigten machten von der Möglichkeit des Vorruhestands Gebrauch. Dennoch blieben die Beschäftigungseffekte hinter den Erwartungen zurück (vgl. Gatter, Hartmann 1995: 416; Zühlke-Robinet 1997: 53).

Um den Vorruhestand gegenüber der „59er Regelung" attraktiver zu machen, wurde die 1982 eingeführte Erstattungspflicht für Unternehmer zwei Jahre später verschärft (vgl. Rosenow, Naschold 1994: 65).[5] Dieser steuerungspolitische Eingriff des Gesetzgebers, der die Abwälzung der unternehmerischen Personalkosten auf die Sozialversicherungen verringern sollte, stand aber in Konkurrenz zu verschiedenen Änderungen des Arbeitsförderungsgesetzes

---

[5] Nach §128 AFG mußten Unternehmen Arbeitslosengeld für 59jährige Arbeitslose zurückerstatten, wenn diese nach mindestens zehnjähriger Betriebszugehörigkeit entlassen wurden.

(AFG) zur besseren Absicherung älterer Arbeitsloser, die die rentenrechtliche Externalisierungspolitik seit Mitte der 80er Jahre ergänzten (Gatter, Hartmann 1995: 414). Die Arbeitslosengeldbezugsdauer für ältere Arbeitslose wurde sukzessive auf 32 Monate für 54jährige verlängert („57,4er Regelung"), und Arbeitslose ab dem 58. Lebensjahr mußten fortan der Arbeitsvermittlung nicht mehr uneingeschränkt zur Verfügung stehen, wenn sie versicherten, zum frühestmöglichen Zeitpunkt Altersruhegeld zu beziehen (§ 105c AFG). Mit der engen Abstimmung von Arbeitsmarkt- und Rentenpolitik wurde die Ausgliederung älterer Beschäftigter aus dem Arbeitsmarkt staatlich gefördert. Statt einer aktiven Arbeitsmarktpolitik bzw. Beschäftigungsförderung für ältere Arbeitslose akzeptierten die politischen Akteure, daß es de facto keinen Arbeitsmarkt für ältere Beschäftigte gab.

Empirisch läßt sich dies anhand der steigenden Zahl älterer Arbeitsloser zeigen. So ist die Arbeitslosenquote der 55-59jährigen in Westdeutschland mittlerweile ungefähr doppelt so hoch wie der Durchschnitt (Männer: 21 %, Frauen: 22 %). Lediglich die ostdeutsche Arbeitslosenquote in dieser Altersgruppe ist aufgrund der hohen Inanspruchnahme von Frühverrentungsmaßnahmen etwas niedriger (Männer: 14 %, Frauen: 16 %) (vgl. Datenreport Alter 1997: 106 ff., Zahlen für 1995). Aber die älteren Arbeitslosen sind nicht nur häufiger, sondern auch länger arbeitslos. Seit den 70er Jahren steigt der Anteil der älteren Arbeitslosen an den Langzeitarbeitslosen, und ihre Wiedereingliederungsquote sinkt (vgl. Steffen 1996b: 2; Rosenow, Naschold 1994: 309 ff.).

Die Politik der Reduzierung des Erwerbspersonenpotentials war erfolgreich, auch wenn die Frühverrentung und die intergenerativen Arbeitsumverteilungen oftmals auf Kosten des Rechts auf Arbeit für Ältere gingen.[6] Die Unternehmen nutzten die gesetzlichen Anreize zur Frühverrentung, um ihre Personalanpassungsprobleme zu lösen, da sich Entlassungen auf diese Weise am konfliktfreisten und am sozialverträglichsten durchsetzen ließen. Im Namen der sog. „Generationensolidarität" etablierte sich eine Frühverrentungspraxis, die die Beschäftigten, die Unternehmen und der Staat akzeptierten – wenn auch aus unterschiedlichen Gründen:

> Drei Gründe sprachen für die Frühverrentung: auf die Betriebe entfiel der kleinste Teil der Kosten, die betroffenen Beschäftigten genossen den

---

[6]Dies betraf vor allem die älteren abhängig Beschäftigten in Ostdeutschland, die im Zuge des wirtschaftlichen Umbruchs vielfach unfreiwillig in den Ruhestand versetzt worden sind. Sie erhalten zum Teil niedrige Renten und besitzen oft keine materiellen Rücklagen (vgl. Bäcker, Naegele 1993: 49 ff.).

frühzeitigen Ausstieg bei relativ generöser sozialer Absicherung und es wurde ein Generationenkonflikt um Arbeitsplätze vermieden (geringe Jugendarbeitslosigkeit, hohe Altersarbeitslosigkeit). (Zühlke-Robinet 1997: 49)

Die personalpolitischen Interessen der Unternehmen ließen sich mit den Wünschen vieler älterer Beschäftigter in Einklang bringen, die aus gesundheitlichen oder persönlichen Gründen möglichst früh aus dem Erwerbsleben ausscheiden wollten. Der frühe Ruhestand fand breite gesellschaftliche Zustimmung und Akzeptanz.

Sowohl bei der „59er Regelung" als auch beim Vorruhestand erfolgt der Übergang in den Ruhestand in der Regel abrupt und direkt. Auf tarifvertraglicher und betrieblicher Ebene gab es nur wenige Vereinbarungen zum gleitenden Übergang in den Ruhestand. Vorreiter war die Zigarettenindustrie, in der seit 1978 ein Altersteilzeitmodell praktiziert wird, das den Beschäftigten die Möglichkeit bietet, zwei Jahre vor Rentenbeginn und bei einer Betriebszugehörigkeit von 15 Jahren zwischen einer Arbeitszeitverkürzung auf 20 Wochenstunden mit vollem Lohnausgleich und einer Freistellung bei 75 %iger Lohnfortzahlung zu wählen. Während bei der Einführung 70 % der Beschäftigten die Arbeitszeitreduzierung wählten, waren es 1988 aufgrund der schlechten Arbeitsmarktlage nur noch 20 % (vgl. Wolf 1989: 99 f.). Auch in der chemischen Industrie konnten Beschäftigte in den 80er Jahren ab dem 58. Lebensjahr ihre Arbeitszeit um die Hälfte reduzieren, doch die meisten Anspruchsberechtigten zogen die einstufige Verrentung über den Vorruhestand vor. Nur 2 % entschieden sich für die Altersteilzeitarbeit. Dabei handelte es sich vor allem um Frauen, für die der Vorruhestand aufgrund der Frauenaltersgrenze nicht in Frage kam (vgl. Kohli u. a. 1989: 207).

An die Stelle des Vorruhestandsgesetzes trat 1989 das Altersteilzeitgesetz. Danach konnten Beschäftigte ab dem 58. Lebensjahr mit dem Unternehmen vereinbaren, eine Teilzeitarbeit anzunehmen. Sowohl das Teilzeitentgelt als auch die Rentenversicherungsbeiträge wurden aufgestockt. Bei Wiederbesetzung der Stelle mit einem/einer gemeldeten Arbeitslosen gewährte die Bundesanstalt für Arbeit Zuschüsse. Doch im Vergleich zu anderen Frühverrentungspfaden war die Altersteilzeit finanziell noch unattraktiver und zudem für die Unternehmen arbeitsorganisatorisch aufwendig. Insgesamt wurden nur in 650 Fällen Zuschüsse gezahlt (vgl. Bäcker, Naegele 1993: 111 ff.; Gatter, Hartmann 1995: 414 f.; Rosenow, Naschold 1994: 67).

Generell sollte jedoch positiv angemerkt werden, daß mit der Altersteilzeit erstmals ein Modell des gleitenden Übergangs in den Ruhestand gesetzlich institutionalisiert wurde.

Während das frühzeitige Ausscheiden aus dem Erwerbsleben in den 70er und 80er Jahren bei Männern unter anderem über die Altersrente wegen Arbeitslosigkeit oder über den Vorruhestand realisiert wurde, nutzten Frauen diese beiden vorzeitigen Rentenzugangsmöglichkeiten kaum.[7] Sie nahmen stattdessen meist das Altersruhegeld für Frauen mit 60 Jahren in Anspruch, wenn sie vorzeitig aus dem Erwerbsleben ausschieden.[8]

Die frauenspezifischen Rentenzugangsmuster, die sich auch im Frühverrentungsgeschehen widerspiegeln, sind eine Folge unterschiedlicher Erwerbsverläufe von Frauen und Männern. Aufgrund geschlechtlicher Rollenzuweisungen sind die weiblichen Erwerbsbiographien meist kürzer und diskontinuierlicher. Die niedrigere Erwerbsquote der älteren Frauen zeigt zwar, daß Frauen früher aus dem Erwerbsleben ausscheiden als Männer. Allerdings erfolgt der Rentenzugang nicht sofort, sondern häufig indirekt über eine Phase der Nichterwerbstätigkeit, in der0 die Frauen über die Ehe abgesichert sind (vgl. Rosenow, Naschold 1994: 83 ff.; Veil 1992: 102 ff.).

> Es ist eine durch und durch männliche Sichtweise, davon auszugehen, daß der Rentenbeginn sich direkt an die Aufgabe einer Erwerbstätigkeit anschließt. (Veil 1992: 102)

Die Ursache dafür, daß der frühe Erwerbsausstieg bei vielen Frauen nicht mit einem vorzeitigen Rentenbezug einhergeht, liegt in den fehlenden Versicherungsjahren begründet. Lediglich jene Frauen, die eine kontinuierliche Erwerbsbiographie aufweisen, können vorzeitig Rente beantragen, alle anderen müssen auf die reguläre Altersrente mit 65 Jahren warten. Hier wird deutlich, daß die Altersgrenzenpolitik aufgrund der geschlechtsspezifischen Arbeitsmarktintegration häufig zu Benachteiligungen von Frauen führt: dann nämlich, wenn der vorzeitige Renteneintritt an erwerbsarbeitsbezogene Voraussetzungen, wie Mindestversicherungsjahre, geknüpft ist.

---

[7] Nur 12,2 % der westdeutschen Altersrentenzugänge wegen Arbeitslosigkeit und 9,2 % der ostdeutschen entfielen 1996 auf Frauen (vgl. Grütz, Faik 1998: 306).

[8] Über 20 % der Frauen, die Mitte der 90er Jahre die Altersrente für Frauen in Anspruch nahmen, waren vorher arbeitslos. Die Arbeitslosigkeit vieler älterer Frauen wird demnach über die Frauenaltersgrenze aufgefangen (vgl. von der Heide 1997: 302).

„Arbeiten bis zum Umfallen? ":
das Rentenreformgesetz 1992

Im Rentenreformgesetz 1992 wurde die stufenweise Anhebung der Altersgrenzen für verschiedene Rentenarten auf 65 Jahre beschlossen. Begründet wurde dieser Schritt damit, daß neben der gestiegenen Lebenserwartung auch der Frühverrentungstrend zur Steigerung der Rentenbezugsdauer geführt hat.[9] Neben den Mehrausgaben belasten auch die geringeren Einnahmen aufgrund der anhaltend hohen Arbeitslosigkeit die Finanzen der gesetzlichen Rentenversicherung. Diese sollen nun unter Berücksichtigung der demographischen Entwicklung über verlängerte Beitragszahlungen und gleichzeitig verkürzte Rentenbezugsdauer konsolidiert werden (vgl. Steffen 1996a: 218; Bäcker, Naegele 1993: 9 ff.; Übersicht über das Sozialrecht 1995: 215; Datenreport Alter 1997: 130 ff.).

Nun werden die vorgezogenen Altersrenten für Frauen[10], Arbeitslose und langjährig Versicherte angehoben bzw. sukzessive abgeschafft (vgl. Albrecht, Müller 1996). Es wird diesen Personen zwar weiterhin möglich sein, vorzeitig in den Ruhestand zu gehen, doch dies wird mit jährlichen Rentenabschlägen von 3,6 % (maximal 10,8 %) für die gesamte Rentenbezugsdauer bestraft. Dadurch wird der Zeitpunkt des Übergangs in den Ruhestand für Geringverdienende und für viele Frauen mehr und mehr zu einer finanziellen Frage. Die Entscheidung für einen späteren Rentenbezug wird dagegen finanziell mit Rentenaufschlägen von 6 % pro Jahr belohnt.

Neben der Verlängerung der Erwerbsphase ist auch eine weitere Flexibilisierung der Altersgrenzen intendiert (vgl. Schmähl 1990: 224 f.). Diejenigen, die Anspruch auf eine Altersrente haben, können stattdessen auch eine Teilrente beantragen und länger im Erwerbsleben bleiben. Die Teilrente kann je nach Hinzuverdienst ein Drittel, die Hälfte oder zwei Drittel der Vollrente betragen, und sie kann auch nach dem 65. Lebensjahr bezogen werden (vgl.

---

[9] Angesichts dieser gängigen Argumentation sei hier angemerkt, daß der Trend zum vorgezogenen Ruhestand mittlerweile nachläßt. Das durchschnittliche Rentenzugangsalter der Männer lag 1992 in Westdeutschland bei knapp 60 Jahren, das der Frauen bei 61,5 Jahren. Während es in den 70er Jahren insgesamt gesunken ist, steigt es seit Anfang der 80er Jahre langsam wieder an. Dies gilt sowohl für Arbeiter und Arbeiterinnen als auch für männliche und weibliche Angestellte.

[10] Die Abschaffung der besonderen Altersgrenze für Frauen wird damit begründet, daß mittlerweile sowohl Kindererziehungszeiten als auch Pflegezeiten rentenrechtlich berücksichtigt werden. Angesichts der andauernden geschlechtshierarchischen Arbeitsteilung und der daraus resultierenden Arbeitsmarktdiskriminierung von Frauen erscheint diese Argumentation äußerst fadenscheinig.

Übersicht über das Sozialrecht, 1995: 234).[11] Bisher ist die Inanspruchnahme dieses „späten Gleitmodells" allerdings gering: 1992 und 1993 wurden zusammen weniger als 2.000 Teilrenten bewilligt (vgl. Gatter, Hartmann 1995: 417).

Mit der Rentenreform 1992 wurde eine Trendumkehr versucht. Anstelle einer weiteren Förderung des frühzeitigen Ausscheidens aus dem Erwerbsleben wurden die Flexibilisierung des Verrentungsgeschehens und die Verlängerung der Lebensarbeitszeit durch die Heraufsetzung der Altersgrenzen, durch die Einführung einer Teilrente und durch versicherungsmathematische Abschläge institutionalisiert. Statt der arbeitsmarktpolitischen Funktionalisierung der Rentenversicherung werden jetzt „erwerbsstrukturelle und finanzierungspolitische Stabilisierungsziele" (Rosenow, Naschold 1994: 307) verfolgt.

Die Heraufsetzung des Rentenzugangsalters hat arbeitsmarktpolitische Auswirkungen, wobei angesichts des leicht sinkenden Erwerbsarbeitsvolumens und der anhaltenden Arbeitsmarktkrise zwei Entwicklungen denkbar sind. Die erste Möglichkeit besteht darin, daß das höhere Rentenzugangsalter nicht mit einem längeren Verbleib im Erwerbsleben einhergeht, da die Unternehmen kein Interesse an älteren Belegschaften haben (vgl. Bäcker, Naegele 1993: 42 f.). Dann werden die älteren Arbeitslosen, aber auch die gesundheitlich beeinträchtigten Beschäftigten ihre schlechten Arbeitsmarktchancen mit Rentenabschlägen oder materiell nicht abgesicherten Zwischenphasen bezahlen müssen.

Die zweite Variante besteht darin, daß sich das neue Rentenzugangsalter auf dem Arbeitsmarkt durchsetzt. Dann wird zwar die Rentenversicherung finanziell entlastet, allerdings steigt das Arbeitsplatzrisiko für andere Beschäftigtengruppen, vor allem für Jugendliche nach der Ausbildung, was Mehrbelastungen für die Bundesanstalt für Arbeit bedeutet. Generell besteht in Zeiten hoher Arbeitslosigkeit ein Zielkonflikt zwischen Arbeitsmarktentlastung und Rentenfinanzen. „Dieser Zielkonflikt führt dazu, daß die Probleme wie auf einem Verschiebebahnhof zwischen den einzelnen Zweigen der Sozialversicherung hin und her geschoben werden." (Gatter, Hartmann 1995: 423)

---

[11] Der/die Beschäftigte hat jedoch keinen Anspruch auf die Errichtung eines Teilzeitarbeitsplatzes (vgl. Boecken 1998: 38).

Flexibel in den Ruhestand gleiten: das Altersteilzeitgesetz 1996

Die Externalisierung der betrieblichen Personalanpassung auf Kosten der Arbeitslosen- und der Rentenversicherung wurde erst im Zuge weiterer arbeitsmarkt- und sozialpolitischer Krisenerscheinungen thematisiert, vor allem infolge des Anstiegs der Zugänge an Altersrenten wegen Arbeitslosigkeit.[12] Die Jahrzehnte anhaltende „Generationensolidarität" bröckelte aufgrund der Massenarbeitslosigkeit und der Finanzkrise der Rentenversicherung. Mit dem Ziel, die Frühverrentungspraxis zu Lasten der Bundesanstalt für Arbeit wieder einzudämmen, trat im August 1996 das Gesetz zur „Förderung eines gleitenden Übergangs in den Ruhestand" in Kraft, das infolge der Restriktionen im AFG[13] an Attraktivität gewann. Um die sozialstaatlichen Ausgaben zu reduzieren, sollten die Unternehmen und die Beschäftigten wieder stärker an den Kosten der Frühverrentung beteiligt werden. Der Gesetzgeber ermöglicht zwar weiterhin ein frühes Ausscheiden aus dem Erwerbsleben, allerdings nicht mehr in Form einer vollständigen Ausgliederung, sondern mittels Altersteilzeit, also einer Arbeitszeitverkürzung für ältere Beschäftigte. Nicht die Verringerung des Erwerbspersonenpotentials wird gefördert, sondern der längere Verbleib im Erwerbsleben auf der Basis individuell kürzerer Arbeitszeiten. Damit verfolgte der Gesetzgeber das gerontologische Ziel eines gleitenden Übergangs in den Ruhestand (vgl. Oswald 1999: 207 ff.).

Nach dem Altersteilzeitgesetz erhalten Vollzeitbeschäftigte die Möglichkeit, bei Vollendung des 55. Lebensjahres ihre Arbeitszeit um die Hälfte zu verringern. Da das Gesetz der Arbeitsmarktentlastung dienen soll, übernimmt die Bundesanstalt für Arbeit für maximal fünf Jahre die Aufstockung des Teilzeiteinkommens auf 70 % (brutto) und die Aufstockung der Rentenversicherungsbeiträge auf 90 % des vorherigen Vollzeiteinkommens, sofern das Unternehmen die freigewordene Stelle mit einem/einer gemeldeten Arbeitslosen

---

[12] Gab es 1992 noch gut 53.000 Zugänge an Altersrente wegen Arbeitslosigkeit, stieg die Zahl auf knapp 300.000 im Jahr 1995 an. Mittlerweile sinkt sie wieder (vgl. Verband Deutscher Rentenversicherungträger 1997: 18). Der zwischenzeitliche Zuwachs war vor allem bedingt durch das Auslaufen der Übergangsregelungen für Ostdeutschland (Vorruhestands- und Altersübergangsgeld) (vgl. Steffen 1996b: 3 f.).

[13] Verschiedene Änderungen des AFG, wie Erstattungspflichten der Arbeitgeber, Arbeitslosengeld-Sperr-zeiten bei Arbeitsaufgabe ohne wichtigen Grund, Heraufsetzung der Altersgrenzen für Anspruch auf längeren Arbeitslosengeldbezug und die Anrechnung von Abfindungen auf die Arbeitslosenunterstützung, sollten das frühzeitige Ausscheiden der Beschäftigten aus dem Erwerbsleben verteuern (vgl. Steffen 1996b: 2; Boecken 1998: 30).

oder einem/einer Auszubildenden wiederbesetzt (vgl. Albrecht, Müller 1996: 123 f.). Durch die Wiederbesetzungspflicht, die sich auf den freigewordenen Arbeitsplatz bezieht, soll Kostenneutralität für die Bundesanstalt für Arbeit erzielt werden.[14] Das zunächst auf fünf Jahre befristete Altersteilzeitgesetz wurde mittlerweile um drei Jahre verlängert (bis 2004).

Nach der Inanspruchnahme der Altersteilzeit kann entweder „Altersrente nach Altersteilzeitarbeit"[15] oder eine Teilrente bezogen werden.[16] Auch wenn eine Teilrente im Anschluß an Altersteilzeit möglich ist, widersprechen sich diese beiden rechtlichen Regelungen hinsichtlich ihrer arbeitszeitpolitischen Zielsetzung: Während die Altersteilzeit, die vor dem Rentenbezug in Anspruch genommen werden kann, einen Anreiz zur Verkürzung der Lebensarbeitszeit bietet, wird mit dem Teilrentenmodell, das über die Regelaltersgrenze hinausreicht, der längere Verbleib im Erwerbsleben subventioniert. Obwohl also beide Modelle einen gleitenden Übergang in den Ruhestand ermöglichen, besteht der Unterschied darin, daß die Altersteilzeit ein frühes, die Teilrente ein spätes Gleitmodell ist.

Mit Hilfe des Altersteilzeitgesetzes sollen gleichzeitig die finanzielle Situation der Sozialversicherungen verbessert, der Arbeitsmarkt entlastet und der gleitende Übergang in den Ruhestand gefördert werden (vgl. Bäcker, Naegele 1993: 111 ff.; Gatter, Hartmann 1995). Ob dieser Versuch der „Quadratur des Kreises" (Bäcker 1996) gelingt, liegt vor allem in der Hand der Akteure der industriellen Beziehungen, da es sich bei dem Altersteilzeitgesetz um ein Rahmengesetz mit Subventionscharakter handelt (vgl. Kerschbaumer, Tiefenbacher 1998: 59).

---

[14] Die Altersteilzeit soll der Beschäftigungs*förderung*, nicht der Beschäftigungs*sicherung* dienen. Daher wird die Vermeidung von Entlassungen nicht subventioniert. Dies hat zwar den Vorteil, daß Mitnahmeeffekte ausgeschlossen werden (die Vermeidung von Entlassungen wäre schwer zu überprüfen). Allerdings ist die Altersteilzeit dadurch nur für solche Unternehmen interessant, die ihr Arbeitsplatzkontingent halten können oder ausbauen wollen (vgl. Strobel 1996: 20 f.; Boecken 1998:34 f.).

[15] Infolge des Altersteilzeitgesetzes wurde die Altersrente wegen Arbeitslosigkeit um die Altersrente nach Altersteilzeitarbeit ergänzt. Sie kann entweder nach einem Jahr Arbeitslosigkeit oder nach zwei Jahren Altersteilzeitarbeit in Anspruch genommen werden.

[16] Da die konservativ-liberale Bundesregierung 1996 durchsetzte, die Regelaltersgrenzen vorzeitig und beschleunigt anzuheben, können beim frühestmöglichen Rentenbeginn Abschläge von maximal 18 % entstehen (vgl. Albrecht, Müller 1996: 122). Es besteht die Möglichkeit, die Rentenabschläge durch Beitragszuzahlungen (vor oder während dem Rentenbezug) ausgleichen.

Altersteilzeit ohne Teilzeit: die tarifvertragliche Umsetzung

Normalarbeitszentrierte Frühausgliederung: das Blockmodell

Auf der Basis der gesetzlichen Neuregelung wurden bis Ende 1998 bereits in 25 Wirtschaftszweigen bzw. für den Geltungsbereich von 10 Millionen Beschäftigten Tarifverträge zur Altersteilzeit abgeschlossen (vgl. Bispinck/WSI-Tarifarchiv 1999: 84). Unterschiede bestehen vor allem darin, unter welchen Voraussetzungen Altersteilzeitarbeit in Anspruch genommen werden kann, in welcher Höhe das Einkommen und die Rentenversicherungsbeiträge aufgestockt werden, ob ein Ausgleich des Rentenabschlags erfolgt und ob ein Rechtsanspruch auf Altersteilzeit besteht.

Nach anfänglichen Schwierigkeiten scheinen die Erfolgsaussichten des Altersteilzeitgesetzes nun doch nicht so schlecht zu sein. Infolge des Scheiterns der ersten Altersteilzeitregelung hat der Gesetzgeber beim zweiten Anlauf einen größeren Flexibilitätsspielraum und mehr Optionen bei der tariflichen bzw. betrieblichen Umsetzung des Modells gewährt. Die Arbeitszeit darf zwar „im Durchschnitt eines Zeitraums von bis zu fünf Jahren die Hälfte der tariflichen wöchentlichen Arbeitszeit nicht überschreite[n]" (§2 Abs. 2 Nr. 1 ATZG), sie kann aber regelmäßig oder unregelmäßig verteilt werden. Das heißt, die Altersteilzeit kann entweder in Form von Teilzeitarbeit oder als Blockmodell mit einer (Vollzeit-)Arbeits- und darauf folgenden Freistellungsphase vereinbart werden.

Das Blockmodell ermöglicht einen abrupten, direkten und stufenlosen Übergang von der Erwerbstätigkeit in den Ruhestand. Da dies typisch für das deutsche Muster der Frühverrentung ist[17], trägt das Blockmodell maßgeblich zum Erfolg der Altersteilzeit bei. Die Tarifvertragsparteien konnten an bewährte Ausgliederungspfade wie die „59er Regelung", den Vorruhestand und die ostdeutschen Altersübergangsregelungen anknüpfen. Doch es sind gerade die Erfolgsbedingungen der Altersteilzeit, die Anlaß zu Kritik geben. Das Blockmodell widerspricht der gesetzgeberischen Intention,

---

[17]Neben Deutschland wird diese Externalisierungsstrategie vor allem in den Niederlanden verfolgt. Demgegenüber wird beispielsweise in Schweden eine Internalisierungspolitik betrieben, die die Beschäftigungssicherung für ältere Beschäftigte in den Vordergrund stellt. Hier erfolgt der Übergang in den Ruhestand weitaus häufiger gleitend, d. h. über Teilzeitarbeit und Teilrenten (vgl. Rosenow, Naschold 1994: 287 ff.).

einen *gleitenden* Übergang in den Ruhestand zu fördern (vgl. Oswald 1999: 205 f.). Der Gesetzgeber verzichtete auf die Förderung eines veränderten Übergangsverhaltens. Das Altersteilzeitgesetz bietet keine finanziellen Anreize zur Schaffung (qualifizierter) Teilzeitarbeitsplätze für ältere Beschäftigte und umfaßt keinen Rechtsanspruch auf tägliche bzw. wöchentliche Arbeitszeitreduzierung.

> Dies hätte z. B. aus rentenrechtlicher Perspektive die Aufgabe der nach wie vor dominanten Orientierung an der männlichen Normalerwerbsbiographie und eine entsprechende versicherungsmathematische Privilegierung von Teilzeitbeschäftigung vorausgesetzt; eine Entscheidung, die – wenn sie getroffen worden wäre – sicherlich in erster Linie ein Beitrag zur eigenständigen Absicherung von Frauen gewesen wäre. (Rosenow, Naschold 1994: 326)

Das gesetzgeberische Handeln orientiert sich am normativen Leitbild des Normalarbeitsverhältnisses, das vor allem die männliche Erwerbsbiographie prägt. Es ging der konservativ-liberalen Regierung nicht in erster Linie um die Förderung eines gleitenden Übergangs in den Ruhestand, sondern um eine sozialverträgliche Externalisierung von älteren männlichen Beschäftigten, die nicht zu Lasten der Bundesanstalt für Arbeit und der Rentenfinanzen geht.

Blockade eines veränderten Übergangsverhaltens: die Spezifika der Teilzeitarbeit

Um zu verstehen, warum der gleitende Übergang in den Ruhestand so wenig Anklang findet[18], muß man sich mit den Spezifika der Teilzeitarbeit beschäftigen (vgl. Auth 1998: 306 ff.). Teilzeitarbeit konzentriert sich auf wenige Branchen, spezielle Berufe und einfache Tätigkeiten. Die Arbeit ist gekennzeichnet durch geringe qualifikatorische Anforderungen, hohe körperliche und psychische Belastungen, geringe Entlohnung, schlechte Aufstiegschancen sowie ein hohes Arbeitsplatzrisiko. Meist reicht das als Zuverdienst gedachte Teilzeiteinkommen nicht zur Existenzsicherung aus und bietet keinen aus-

---

[18] Alle bisherigen Versuche, einen gleitenden Übergang in den Ruhestand in der Bundesrepublik zu institutionalisieren, schlugen fehl. Neben dem bereits erwähnten ersten Alters-teilzeitgesetz aus dem Jahr 1989 scheiterte auch das Modell der Teilrente bei Berufsunfähigkeit und zwar an den fehlenden Teilzeitarbeitsplätzen für eingeschränkt Erwerbsfähige. Daher entschied das Bundessozialgericht, daß eine volle Erwerbsunfähigkeitsrente gezahlt werden muß, wenn dem gesundheitlich Beeinträchtigten nicht innerhalb eines Jahres ein geeigneter Teilzeitarbeitsplatz angeboten werden kann (vgl. Bäcker, Naegele 1993: 93 f.; von der Heide 1997: 303).

reichenden sozialen Schutz im Fall von Arbeitslosigkeit und im Alter. Teilzeitarbeit wird überwiegend von Frauen ausgeübt, besonders häufig auch in der Phase vor dem Ruhestand (vgl. Bäcker, Naegele 1993: 79). Dies ist eine Folge der geschlechtshierarchischen Arbeitsteilung, wonach Frauen vorwiegend für Haushalts-, Erziehungs- und Pflegetätigkeiten zuständig sind. Nach einer familienbedingten Erwerbsunterbrechung findet die Wiedereingliederung von Frauen in den Arbeitsmarkt vor allem über Teilzeitarbeit statt[19], und diese Beschäftigungsform wird häufig bis zum Ruhestand beibehalten. Die Teilzeitquote älterer erwerbstätiger Frauen steigt seit den 70er Jahren kontinuierlich an. Heute arbeiten fast 50 % der westdeutschen Frauen zwischen 55 und 59 Jahren auf Teilzeitbasis, bei den 60-64jährigen Frauen liegt die Teilzeitquote bei über 56 %. Demgegenüber liegt der Anteil der Männer über 60 Jahre, die Teilzeit arbeiten, bei ca. 10 % (vgl. Kohler, Spitznagel 1995: 359, Zahlen für 1994; vgl. auch Datenreport Alter 1997: 84). Da Altersteilzeitarbeit nur von Vollzeitbeschäftigten in Anspruch genommen werden kann, richten sich die neuen gesetzlichen wie tariflichen Regelungen zur Altersteilzeit offensichtlich vorwiegend an ältere männliche Beschäftigte.

Da erheblich mehr Frauen als Männer teilzeitbeschäftigt sind, könnte hier nach der ständigen Rechtsprechung des Europäischen Gerichtshofes ein Verstoß gegen §2 des Beschäftigungsförderungsgesetzes sowie eine mittelbare Frauendiskriminierung vorliegen (vgl. Art. 119 EWG-Vertrag). Das Altersteilzeitgesetz ist zwar geschlechtsneutral formuliert, aber durch den Ausschluß von Teilzeitbeschäftigungen sind de facto mehr Frauen als Männer benachteiligt (vgl. Kerschbaumer, Tiefenbacher 1998: 59).

Die Zulassung der Blockvariante neben der echten Teilzeitarbeit macht die Ängste der Männer vor Statusverlusten bei Altersteilzeit, vor Einbußen bei der Arbeitsplatzqualität und den Arbeitsbedingungen sowie vor einem möglichen Arbeitsplatzwechsel deutlich. Befürchtungen hinsichtlich teilzeitinduzierter Dequalifizierung, Diskriminierung und Stigmatisierung, die mit der weiblich geprägten Teilzeitarbeit verknüpft werden, lassen die Reduzierung der Arbeitszeit im Alter im Gegensatz zu einem „klaren Schnitt" zwischen Erwerbstätigkeit und Ruhestand unattraktiv erscheinen (vgl. Kohli u. a. 1989: 209).

---

[19] Daß erziehungs- und pflegebedingte Arbeitszeitreduzierungen, die vorwiegend von Frauen in Anspruch genommen werden, nach wie vor mit materiellen und sozialversicherungsrechtlichen Einbußen einhergehen, während Teilzeitarbeit am Ende der Erwerbsbiographie staatlich und meist auch tarifvertraglich subventioniert wird, wie es im Altersteilzeitgesetz und in den auf dieser Basis abgeschlossenen Tarifverträgen vorgesehen ist, sagt viel über den gesellschaftlichen Stellenwert von Teilzeitarbeit und von Erziehungs-/Pflegearbeiten aus.

Teilzeitarbeit ist für Männer kein Thema, auch nicht am Ende ihres Berufslebens.

> Vor allem aber wird die Akzeptanz dadurch begrenzt, daß Teilzeitarbeit für Männer ungewohnt ist und wenig Bereitschaft besteht, gerade in den letzten Berufsjahren eine Umstellung des lebenslang praktizierten Arbeitszeitmusters vorzunehmen. (Bäcker, Naegele 1993: 107)

Zudem ist anzumerken, daß mit dem Blockmodell auch die Inanspruchnahme einer Teilrente im Anschluß an die Altersteilzeit unrealistisch wird, da der/die Beschäftigte zu diesem Zeitpunkt bereits seit über 2 Jahren aus dem Erwerbsleben ausgeschieden ist. Altersteilzeit in Form von Blöcken ist mit der Inanspruchnahme einer Teilrente nicht kompatibel (vgl. Boecken 1998: 32).

Aber nicht nur die Beschäftigten, auch die Unternehmen haben kein ausreichendes Interesse an der Altersteilzeit. Es existiert kein Teilzeitarbeitsmarkt für ältere und/oder gesundheitlich eingeschränkte Beschäftigte, und die Unternehmen sind nicht willens, qualifizierte Teilzeitarbeitsplätze für ältere Beschäftigte einzurichten (vgl. Oswald 1999: 208 ff.; Bäcker, Naegele 1993: 86 ff.).

> [B]ei dem verfügbaren Angebot von Teilzeitarbeitsplätzen und den Erfahrungen mit dem gleitenden Ruhestand [...] [ist] eher Skepsis geboten, ob von Unternehmen Teilzeitarbeitsplätze von hinlänglicher Attraktivität und Menge für Ältere angeboten werden, die das Austrittsmuster im Sinne einer Pluralisierung der Austrittsarten bzw. -muster in den Ruhestand nachhaltig verändern werden. (Rosenow, Naschold 1994: 69)

Aus unternehmerischer Sicht sprechen vor allem ökonomische und arbeitsorganisatorische und -strukturelle Gründe gegen die Einrichtung von Teilzeitarbeitsplätzen, besonders im Bereich der höherqualifizierten Beschäftigten und im Schichtbetrieb (vgl. Oswald 1999: 208 ff.; Gatter, Hartmann 1995: 418; Bäcker, Naegele 1993: 100 f.). Daher werden sich die Unternehmen bei der Einrichtung von Teilzeitarbeitsplätzen eher zurückhalten.

> Dies gilt um so mehr, als die Altersteilzeitarbeit auf Arbeitsplätze für Männer zielt, und zwar in jenen Branchen und Tätigkeitsstrukturen, in denen (so im verarbeitenden Gewerbe) Teilzeitarbeit bislang überhaupt keine Rolle spielt. (Bäcker 1996)

Mit Hilfe des Blockmodells können die Unternehmen gänzlich auf die Einrichtung von Teilzeitarbeitsplätzen verzichten, da die von der Bundesanstalt für Arbeit geforderte Wiederbesetzung des Arbeitsplatzes erst zu Beginn der Freistellungsphase notwendig wird. Statt für 5 Jahre einen Teilzeitbeschäftigten einzustellen, kann so auch ein Vollzeitbeschäftigter für die Hälfte der Zeit eingestellt werden.

Fazit

Altersteilzeit, vor allem wenn sie im Blockmodell umgesetzt wird, hat nur noch wenig mit wirklicher *Teilzeit*arbeit bzw. einem *gleitenden* Übergang in den Ruhestand zu tun.

> Es handelt sich dabei vielmehr um eine Vorruhestandsmaßnahme, die eher den Charakter eines Langzeit-Arbeitszeitkontos trägt als den einer echten Teilzeitregelung für ältere Arbeitnehmer. (Oswald 1999: 218)

Zwar können der Zeitpunkt des Beginns und die Dauer der Altersteilzeit von den Beschäftigten mitbestimmt werden, und die materielle sowie rentenversicherungsrechtliche Absicherung während der Altersteilzeitarbeit ist in vielen Branchen gewährleistet, aber dennoch weist das Modell erhebliche Defizite auf. Zum einen wird ein frühes Gleiten nach der Anhebung der Altersgrenzen mit Rentenabschlägen bestraft. Zum anderen wird der gleitende Übergang durch das Blockmodell aufgrund der unternehmerischen Unaufgeschlossenheit und der männlichen Vorbehalte gegenüber Teilzeitarbeit kaum Durchsetzungschancen haben. Männer und Frauen, die im Alter Teilzeit arbeiten wollen, und solche (vor allem Frauen), die bereits Teilzeit arbeiten, haben das Nachsehen. Solange das Leitbild des Normalarbeitsverhältnisses die Arbeitsmarkt- und Rentenpolitik beherrscht, hat Alters*teilzeitarbeit* keine Chance, sich durchzusetzen.

Angesichts der sozioökonomischen Veränderungen, der Ausdifferenzierung von Arbeitszeit- und Beschäftigungsformen und der anhaltenden Massenarbeitslosigkeit ist jedoch eine Politik des gleitenden Übergangs in den Ruhestand notwendig, die sich nicht mehr ausschließlich am männlich geprägten Normalarbeitsverhältnis orientiert. Um Altersteilzeitarbeit attraktiv zu machen, muß sie in ein Arbeitszeitkonzept eingebettet werden, dessen Bezugspunkt die gesamte Erwerbsarbeitszeit ist (vgl. Naegele, Frerichs 1996: 42 f.). Im Rahmen eines solchen Konzepts, das die Verkürzung der Arbeitszeit auf die ganze Erwerbsbiographie bezieht und die unterschiedlichen Arbeitszeitpräferenzen der Beschäftigten (und der Arbeitslosen) je nach Lebensphase und Bedarfslage berücksichtigt, ohne die betrieblichen Belange gänzlich zu ignorieren, bedeutet der gleitende Übergang mehr als nur die Möglichkeit zur frühen Berufsaufgabe. Denkbar sind ebenso verschiedene Varianten eines gleitenden, mehrstufigen Ausstiegs oder aber die Weiterarbeit über die gesetzliche Altersgrenze hinaus.

Literatur

Auth, Diana (1998), Sozialpolitik als Arbeitszeitpolitik. Möglichkeiten und Grenzen der sozialen Absicherung von Arbeitszeitverkürzungen. In: Kai Eicker-Wolf, Ralf Käpernick, Torsten Niechoj, Sabine Reiner, Jens Weiß (Hg.), Die arbeitslose Gesellschaft und ihr Sozialstaat, Marburg, S. 289-326.

Albrecht, Günter/Müller, Horst-Wolf (1996), Die neue Altersrente wegen Arbeitslosigkeit oder nach Altersteilzeit. In: Deutsche Rentenversicherung, H. 3, S. 121-144.

Arbeitszeitrechtsgesetz (1994), BGBl., Teil I, S. 1170-1183.

Bäcker, Gerhard (1996), Ist die Altersteilzeit nur ein Muster ohne Wert? In: Frankfurter Rundschau (Dokumentation) vom 11.3.1996.

Bäcker, Gerhard/Naegele, Gerhard (1993), Alternde Gesellschaft und Erwerbstätigkeit. Modelle zum Übergang vom Erwerbsleben in den Ruhestand, Köln.

Bispinck, Reinhard/WSI-Tarifarchiv (1999), Das Tarifjahr 1998. Moderate Lohnabschlüsse – Sozialpolitische Regelungen – Reform des Flächentarifvertrags – Europäische Koordinierung. In: WSI Mitteilungen, H. 2, S. 73-86.

Boecken, Winfried (1998), Förderung eines gleitenden Übergangs in den Ruhestand: Altersteilzeitgesetz und Teilrente. In: Arbeit und Sozialpolitik, H. 9-10, S. 29-45.

Datenreport Alter (1997), hg. vom Bundesministerium für Familie, Senioren, Frauen und Jugend, Stuttgart, Berlin, Köln.

Erste Ergebnisse des Mikrozensus 1997 (1998). In: Wirtschaft und Statistik, H. 8, S. 653-660.

Gatter, Jutta/Hartmann, Brigitte K. (1995), Betriebliche Verrentungspraktiken zwischen arbeitsmarkt- und rentenpolitischen Interessen. In: Mitteilungen aus der Arbeitsmarkt- und Berufsforschung, H. 3, S. 412-424.

Grütz, Jens/Faik, Jürgen (1998), Gesetzliche Rentenversicherung und Arbeitsmarkt – Eine ökonomische Betrachtungsweise. In: Deutsche Rentenversicherung, H. 5, S. 292-314.

von der Heide, Dirk (1997), Die Problematik der Frühverrentung in der gesetzlichen Rentenversicherung – Entwicklung, Ursachen, Auswirkungen und Lösungen. In: Neue Zeitschrift für Sozialrecht, H. 7, S. 301-308.

Jacobs, Klaus/Kohli, Martin (1990), Der Trend zum frühen Ruhestand. Die Entwicklung der Erwerbsbeteiligung der Älteren im internationalen Vergleich. In: WSI Mitteilungen, H. 8, S. 498-509.

Kerschbaumer, Judith/Tiefenbacher, Torsten (1998), Altersteilzeit in „Blockmodellen". In: Arbeit und Recht, H. 2, S. 58-61.

Kohler, Hans/Spitznagel, Eugen (1995), Teilzeitarbeit in der Gesamtwirtschaft und aus der Sicht von Arbeitnehmern und Betrieben in der Bundesrepublik Deutschland. In: Mitteilungen aus der Arbeitsmarkt- und Berufsforschung, H. 3, S. 339-364.

Kohli, Martin u. a. (1989), Je früher, desto besser? Die Verkürzung des Erwerbslebens am Beispiel des Vorruhestands in der chemischen Industrie, Berlin.

Naegele, Gerhard (1987), Zwischenbilanz des Vorruhestands. Eine sozialpolitische Wirkungsanalyse nach über 3 Jahren Vorruhestand. In: WSI Mitteilungen, H. 12, S. 752-760.

Naegele, Gerhard/Frerichs, Frerich (1996), Situation und Perspektiven der Alterserwerbsarbeit in der Bundesrepublik Deutschland. In: Aus Politik und Zeitgeschichte. Beilage zur Wochenzeitung Das Parlament, B 35, S. 33-45.

Oswald, Christiane (1999), Altersteilzeit: Nur „Frühpensionierung mit Vorlaufzeit"? Eine Zwischenbilanz. In: Zeitschrift für Sozialreform, H. 3, S. 199-221.

Rosenow, Joachim/Naschold, Frieder (1994), Die Regulierung von Altersgrenzen. Strategien von Unternehmen und die Politik des Staates, Berlin.

Schmähl, Winfried (1990), Neugestaltung des Übergangs vom Erwerbsleben in die Nacherwerbsphase. In: Sozialer Fortschritt, H. 10, S. 222-228.

Steffen, Johannes (1996a), Rentenfinanzen unter dem Einfluß des Arbeitsmarktes. In: WSI Mitteilungen, H. 4, S. 218-228.

Steffen, Johannes (1996b), Altersteilzeit und Rentenabschläge. Die Debatte um die Abschaffung des Arbeitslosen-Altersruhegeldes. In: Sozialer Fortschritt, H. 1, S. 1-7.

Strobel, Eva (1996), Die neue Altersteilzeit – ein attraktives und zeitgemäßes arbeitsmarktpolitisches Instrument auch für die betriebliche Praxis. In: Altersteilzeit – neuer Weg in den Ruhestand. Dokumentation der Fachtagung 1. Juli 1996, hg. von der Bundesvereinigung der Deutschen Arbeitgeberverbände, Köln, S. 15-27.

Übersicht über das Sozialrecht (1995), hg. vom Bundesministerium für Arbeit und Sozialordnung, Bonn.

Veil, Mechthild (1992), Verliererinnen und Gewinnerinnen der Rentenreform 1992 – Auswirkungen des Rentenreformgesetzes '92 auf Frauen aus den alten und den neuen Bundesländern. In: Dies. u. a. (Hg.), Am modernen Frauenleben vorbei. Verliererinnen und Gewinnerinnen der Rentenreform 1992, Berlin, S. 43-163.

Verband Deutscher Rentenversicherungsträger (VDR) (1997), Die deutsche Rentenversicherung 1997, Jahresbericht des VDR, Frankfurt/M.

Wolf, Jürgen (1989), Die Veränderung der Altersgrenzen – betriebliche Interessen und biographische Perspektiven. In: Sozialer Fortschritt, H. 4, S. 96-100.

Zühlke-Robinet, Klaus (1997), Arbeitszeitverkürzung und betriebliche Arbeitszeitflexibilisierung seit 1985 – eine Literaturstudie. Graue Reihe des IAT 1997/01, Gelsenkirchen.

Kapital ohne Raum –
**Globalisierung und
internationale Finanzmärkte**

Völlig losgelöst? Wechselkurs, Währungskrisen und die Möglichkeiten nationaler Wirtschaftspolitik

Kai Eicker-Wolf

Einleitung

Als Ursache zunehmender Währungsturbulenzen in den 90er Jahren – EWS-Krise 1992/93, Mexiko-Krise 1994/95 sowie in jüngster Zeit Asien-, Rußland- und Brasilien-Krise – werden oft spekulative, d.h. auf kurzfristige Kursgewinne abzielende Kapitalbewegungen auf den internationalen Finanz- und Währungsmärkten angesehen. Im Zeitalter der Globalisierung habe sich der Kapitalismus zum *Turbo*- oder *Kasino*kapitalismus entwickelt – der frühere Bundeskanzler Schmidt spricht in einem Artikel in der Wochenzeitung *Die ZEIT* vom 3. September 1998 gar vom „spekulativen Raubtierkapitalismus". Als Beleg für die Angemessenheit solcher Charakterisierungen wird i.d.R. auf die tatsächlich stark angestiegenen Währungsumsätze und auf die grenzüberschreitenden Finanzmarkttransaktionen verwiesen: Wurde im Jahre 1973 noch ein tägliches Volumen von 10 bis 20 Mrd. US-Dollar im internationalen Devisenhandel umgesetzt, so war der tagesdurchschnittliche Umsatz im Jahre 1980 auf 80 Mrd. US-Dollar gestiegen, erreichte 1992 die Höhe von 880 Mrd. US-Dollar und wuchs 1995 auf 1.260 Mrd. US-Dollar. Diese Währungsumsätze sind dabei nur noch zu einem Bruchteil durch den internationalen Handel induziert; das Verhältnis von Devisenmarktumsätzen zum Außenhandel lag Anfang der 80er Jahre noch bei 10:1 und stieg über einen Wert von 50:1 (1992) auf mittlerweile 70:1 im Jahre 1996 (vgl. Eatwell 1996: 3 f.). Aus diesen Zahlen wird meist gefolgert, ein immer größerer Teil der gewaltig angestiegenen Währungsumsätze seien reine Spekulationgeschäfte.

Wenn überhaupt, so die vielfach zu vernehmende These, können sich einzelne Länder diesem spekulativen Druck nur durch eine Wirtschaftspolitik entziehen, die neoliberalen Vorstellungen folgt: die Staatsquote müsse verringert, die Sozialausgaben begrenzt und die Unternehmenssteuern gesenkt werden, um Kapitalflucht und Währungskrisen zu verhindern. Wirtschaftspolitische Alleingänge, die nicht auf die Verbesserung der Angebotsseite setzten, sondern die Beschäftigungssituation etwa durch antizyklische Wirtschaftspolitik verbessern wollten, seien nicht mehr möglich.[1]

Im folgenden möchte ich zunächst kurz auf den Anstieg der internationalen Devisenmarkttransaktionen eingehen und mich dann mit der Frage befassen, welche Faktoren den Wechselkurs einer Währung bestimmen und was die Ursachen für Währungskrisen sind. Abschließend werde ich mich mit den außenwirtschaftlichen Möglichkeiten und Grenzen nationalstaatlicher Wirtschaftspolitik auseinandersetzen.

Wechselkurs und Währungskrisen

Der immense Anstieg der weltweiten Währungsumsätze wird meist – wie bereits oben erwähnt – auf zwei Ursachen zurückgeführt: auf die Liberalisierung des internationalen Kapitalverkehrs seit dem Zusammenbruch des Bretton-Woods-Systems und auf den technologischen Fortschritt im Bereich der Kommunikationstechnologie. Der heutzutage erreichte Integrationsgrad der Währungs- und Finanzbeziehungen gilt als neues Phänomen und sei insbesondere aufgrund der Entwicklung im Bereich der neuen Kommunikationsmedien irreversibel. Was die Liberalisierung des Kapitalverkehrs und den Integrationsgrad des Finanzmarktgeschehens betrifft, sind diese Behauptungen für die Zeit seit 1945 durchaus zutreffend.

Nach dem zweiten Weltkrieg dauerte es einige Zeit, bis die Konvertibilität der Währungen der Industrieländer wieder hergestellt worden war, in Europa wurde diese erst mit dem Ende der europäischen Zahlungsunion 1958 eingeführt. Die meisten Industrieländer verfolgten im Bereich des internationalen Kapitalverkehrs bis Mitte der 60er Jahre einen liberalen Kurs. Wegen der beginnenden Schwäche des US-Dollars und den damit einhergehenden Turbulenzen auf den Devisenmärkten schränkten in der zweiten Hälfte der 60er Jahre jedoch viele Länder den Kapitalverkehr durch restriktive Maßnahmen wieder ein, was sich nach dem Zusammenbruch des Bretton-Woods-Systems im Jahre 1973 noch verstärkte. Das Jahr 1979 brachte schließlich in den Industrieländern

---

[1] Neben der Währungs- und Finanzmarktentwicklung sind es v.a. die Direktinvestitionen transnationaler Unternehmen, aus deren sehr starkem Anstieg seit Mitte der 80er Jahre gleichfalls von vielen Wissenschaftlerinnen und Wissenschaftlern ein Zwang zu neoliberaler Wirtschaftspolitik abgeleitet wird. Zur kritischen Auseinandersetzung mit dieser nach meiner Auffassung falschen Schlußfolgerung vgl. Chang 1998 und Eicker-Wolf/Mählmann 1998.

eine Wende hin zu einer sehr weitgehenden Liberalisierung des Kapitalverkehrs, die durch die Deregulierungsmaßnahmen Großbritanniens und Japans eingeleitet wurde (vgl. Epstein/Schor 1992: 139 ff.).

Insbesondere die Entwicklung seit Ende der 70er Jahre hin zu Deregulierung und Liberalisierung der Finanzmarkt- und Währungsbeziehungen muß dabei vor dem Hintergrund einer allgemeinen Hinwendung zu neoliberalen wirtschaftspolitischen Paradigmen (Angebotsökonomik, Monetarismus usw.) gesehen werden. So wird postuliert, ein freier Kapitalverkehr ermögliche eine optimale Allokation der Ersparnisse für Investitionszwecke über Ländergrenzen hinweg und ein höherer Wettbewerbsdruck sorge für ein effizienteres Finanzsystem. Zudem führe, so das neoliberale Credo, ein liberaler Finanzmarkt dazu, daß Regierungen durch die Portfolioentscheidungen internationaler Investoren unter Druck gerieten und die – im neoliberalen Sinne – richtige Politik, sprich: Abbau arbeitsmarktpolitischer Regulierungen und sozialstaatlicher Leistungen, Privatisierungen usw. betreiben.

Die Bedeutung der technologischen Entwicklung im Bereich der Kommunikation für die Integration der Finanz- und Währungsmärkte wird oft als noch bedeutender als die Liberalisierung und Deregulierung angesehen. Zahlreiche Wissenschaftlerinnen und Wissenschaftler gehen sogar davon aus, die technologische Entwicklung im Bereich der Kommunikation habe dazu geführt, daß die auf elektronischem Wege miteinander verbundenen Finanzmärkte möglichen Kapitalverkehrskontrollen ihre Wirksamkeit genommen hätten (so z.B. Thurow 1996: 190). Durch den mittlerweile möglichen globalen Informationsfluß hat sich zweifellos die Markttransparenz erhöht, und Aktien, Wertpapiere und Währungen können weltweit und ohne nennenswerten Zeitverzug ge- und verkauft werden. Die räumliche Distanz zwischen diesen Märkten ist praktisch irrelevant. Meines Erachtens wird der Fortschritt im Bereich der Informations- und Kommunikationstechnologie jedoch insbesondere im Vergleich zu technologischen Entwicklungen in früheren Zeiten weit überschätzt. Beispielsweise dürfte die Verbreitung der Telegraphie und des Telefons ein wesentlich bedeutenderer Schritt auf dem Gebiet der Verständigung und Informationsübermittlung gewesen sein.

Wird der gesamte Zeitraum nach dem zweiten Weltkrieg zugrunde gelegt, so kann kaum in Abrede gestellt werden, daß im Trend eine zunehmende Integration der internationalen Finanzmarkt- und Währungsbeziehungen, wie sie z.B. auch in einer starken Zunahme des grenzüberschreitenden Wertpapierkaufs zum Ausdruck kommt, stattgefunden hat. Allerdings ist der erreichte Grad der Integration nichts dramatisch neues, da dieser zumindest Ende der

80er Jahre noch unter demjenigen zur Zeit des klassischen Goldstandards lag (vgl. Zevin 1992).

Neben der Überschätzung des erreichten Grades der Integration sowie der Bedeutung der neuen Kommunikationstechnologien, ist auch die einfache Schlußfolgerung falsch, daß das absolute Wachstum der Devisenmarktumsätze und die immer losere Beziehung von Außenhandel und Währungstausch bereits den spekulativen Charakter des zeitgenössischen Kapitalismus belegen. Übersehen wird in diesem Zusammenhang nämlich, daß rund 70% der weltweiten Währungsumsätze Interbankengeschäfte sind; damit liegem einem sehr großen Teil der Devisenmarkttransaktionen auf jeden Fall keine spekulativen Motive zugrunde. Der Interbankenhandel weist ein so großes Volumen auf, weil Banken offene Terminpositionen schließen, indem sie gleichzeitig ein Kassa- und ein Swapgeschäft eingehen, und weil die meisten Währungen nicht direkt gegeneinander getauscht werden können, sondern der Tausch über eine Vehikelwährung erfolgen muß: Sollen etwa holländische Gulden gegen südkoreanische Won getauscht werden, so erfolgt zunächst ein Tausch von Gulden gegen US-Dollar und dann von US-Dollar gegen Won (vgl. Schrader 1995: 24 f. und Goldstein u.a. 1993: 40 f.).[2]

---

[2] Neben den Umsätzen auf den Währungsmärkten ist es v.a. das hohe Umsatzvolumen der Derivate, das als Beleg für die vorherrschende Kasinomentalität im zeitgenössischen Kapitalismus herangezogen wird. Zu Derivaten ist anzumerken, daß mit ihnen genauso spekuliert werden kann wie mit Wertpapieren oder Währungen. Zunächst einmal stellen sie jedoch marktmäßige Instrumente dar, die dazu dienen, die gewachsene Unsicherheit von grenzüberschreitenden Waren- und Kapitaltransaktionen durch den Übergang zu flexiblen Wechselkursen zu verringern. Da Derivatgeschäfte so das unternehmerische Risiko von Auslandsgeschäften mindern, haben sie sicherlich positive Rückwirkungen auf das Investitionsverhalten und damit auf das Wirtschaftswachstum.

Problematisch bei den Derivatgeschäften gegenüber einer einfachen Spekulation mit Aktien ist aber ihr starker *Hebeleffekt*. Wenn etwa der Preis einer Forderung, die einem Optionsgeschäft mit Kaufoption zugrunde liegt, steigt, so steigt auch der Preis der Verkaufsoption um den gleichen absoluten Wert. Die Hebelwirkung ergibt sich dadurch, daß der prozentuale Wertanstieg der Option wesentlich über demjenigen der Basisforderung liegt. Mit Optionsgeschäften können damit sehr große Gewinne, aber auch sehr große Verluste gemacht werden.

Als heikel wird in diesem Zusammenhang die Tatsache angesehen, daß sich das Geschäft mit Derivaten in einigen Bereichen weltweit auf eine relativ kleine Zahl von Marktteilnehmern konzentriert. Dadurch, so wird argumentiert, ist das systemische Risiko im Finanzsystem – also die Gefahr des Zusammenbruchs von Schuldnern und das Reißen von Kreditketten – gewachsen. Eine weltweite Finanzkrise aufgrund von kumulativen Prozessen könnte dann eintreten, wenn ein großer Marktteilnehmer oder eine genügend große Zahl von Marktteilnehmern nicht in der Lage wären, die eingegangenen Risiken im Falle von Verlusten auch zu tragen.

Allerdings sind in Bezug auf Derivate einige in der Literatur zu findende gängige Schlußfolgerungen zurückzuweisen und ist an Sicherungen zu erinnern, die zumindest bei den börsengehandelten Derivaten einen gewissen Schutz bieten. Rund 30% dieser Finanzmarktinnovationen werden an Börsen umgesetzt, die durch Clearinghaus-Verfahren und Marginkonten ab-

Aber auch wenn die simple Schlußfolgerung, daß ein großes und steigendes Volumen an Währungsumsätzen automatisch ein Beleg für eine rapide um sich greifende Spekulationsmentalität ist, offensichtlich so nicht haltbar ist, bleibt trotzdem die Frage offen, ob die Handlungen der Akteure auf den Devisenmärkten Währungskrisen nach dem Zufallsprinzip auslösen, indem Kapitalbewegungen losgelöst von wirtschaftlichen Faktoren nur noch an Kurs- und Bewertungsgewinnen orientiert erfolgen. Die Beantwortung dieser Frage ist letztlich abhängig von der zugrundeliegenden Theorie zur Erklärung des Wechselkurses.

Bis Ende der 60er Jahre wurde die Wechselkurstheorie vom keynesianischen Wechselkursmodell, dem sogenannten *Mundell-Fleming-Modell*, dominiert, für das ein kurzfristiger Zeithorizont charakteristisch ist. Mit der Krise und dem endgültigen Zusammenbruch des Bretton-Woods-Systems wurde die *Kaufkraftparitätentheorie* zum vorherrschenden Paradigma in der Wechselkurstheorie, von dessen Gültigkeit fast alle Ökonominnen und Ökonomen Anfang der 70er Jahre überzeugt waren. Sie bildete letztlich die theoretische Grundlage für den Übergang zu flexiblen Wechselkursen.

Die Kaufkraftparitätentheorie fußt auf den Prämissen des Monetarismus und unterstellt, daß sich der Wechselkurs von zwei Währungen gemäß der Differenz zwischen in- und ausländischer Inflationsrate entwickelt, d.h. es wird eine positive Korrelation zwischen den Preisniveaus zweier Länder und der Entwicklung ihres nominalen Wechselkurses angenommen: Der reale Wechselkurs bleibt – so die grundlegende These der Kaufkraftparitätentheorie – zumindest annähernd konstant. Empirisch ist jedoch selbst über einen Zeitraum von einigen Jahren i.d.R. keine Entwicklung der Wechselkurse gemäß der Kaufkraftparitätentheorie festzustellen. Auch nachdem offensichtlich geworden ist, daß diese Theorie allenfalls für sehr lange Zeiträume Gültigkeit beanspruchen kann, ist zumindest im wissenschaftlichen mainstream keine Wechselkurstheo-

---

gesichert sind. Bei den außerbörslichen derivativen Finanzmarktinstrumenten dominieren wiederum Swaps, mit denen nicht spekuliert wird und bei denen kein Hebeleffekt zum Tragen kommt: Ein Swap zeichnet sich dadurch aus, daß zwei Wirtschaftssubjekte Zahlungsforderungen und -verpflichtungen so austauschen, daß für beide Marktseiten ein relativer Vorteil aus diesem Tausch erwächst.

Natürlich können die genannten Sicherungen an Börsen, an denen mit Optionen und Futures gehandelt wird, nicht verhindern, daß einzelne Finanzmarktinstitutionen sich bis zur Zahlungsunfähigkeit verspekulieren. Das angesprochene systemische Risiko ist deshalb bezogen auf den außerbörslichen und den börslichen Derivathandel sicherlich nicht völlig von der Hand zu weisen; allerdings könnten entsprechende Regulierung – grundsätzlicher Handel von Optionen und Forwards an der Börse, höhere Kapitaldeckungen etc. – dieses Risiko weitestgehend ausschalten oder doch zumindest erheblich reduzieren.

rie auszumachen, die eine einigermaßen zutreffende Erklärung für die kurz- und mittelfristige Entwicklung der Tauschparitäten zweier Währungen liefert.

Zahlreiche Wissenschaftlerinnen und Wissenschaftler, die sich an dem die politikwissenschaftlichen und ökonomischen Debatten in den 90er Jahren dominierenden Globalisierungsdiskurs beteiligen – beispielhaft seien die Arbeiten von Thurow (1996), Altvater/Mahnkopf (1996) und Narr/Schubert (1994) genannt – sind der Ansicht, daß die Entwicklung der Devisenkurse nur noch durch spekulative Aktivitäten zu erklären ist, die einen sehr kurzen Zeithorizont haben. Wenn diese Auffassung tatsächlich zutreffen würde, dann hieße dies, daß die an den Devisenmärkten handelnden Akteure lediglich an kurzfristigen Bewertungsgewinnen interessiert wären, und für die Bestimmung des Wechselkurses müßten ausschließlich kurzfristige Erwartungen bedeutsam sein. Dieser Gedankengang ist bereits in den 80er Jahren von Susan Strange (1986) in ihrem Buch *Casino Capitalism* formuliert und systematisch ausgearbeitet worden.

Strange macht verschiedene Schlüsselentscheidungen (key-decisions) bzw. Nicht-Entscheidungen (non-decisions) für die seit Anfang der 70er Jahre zu beobachtenden Volatilitäten bei den Inflationsraten, den Zinsraten und den Wechselkursen verantwortlich (vgl. Strange 1986: 25 ff.). Zu diesen Schlüssel- bzw. Nicht-Entscheidungen zählen etwa die Öffnung Londons als internationaler Finanzplatz im Jahre 1951, was die Voraussetzung für die Errichtung von Offshore-Filialen US-amerikanischer Banken war, oder die Entscheidung der USA und der europäischen Länder im Jahre 1973, die Währungsmärkte sich selbst zu überlassen, d.h. zu flexiblen Wechselkursen überzugehen. Außerdem hätten die USA die anderen Länder wegen ihrer hegemonialen Stellung zu einer Politik der weitgehenden Deregulierung der Finanzmärkte und zur Zulassung von Finanzinnovationen gezwungen.

Um der zunehmenden Unsicherheit nach der Freigabe der Wechselkurse zu begegnen, sind die Wirtschaftssubjekte gezwungen zu spekulieren. Nach Strange stellen die Währungsmärkte nach dem Übergang zu flexiblen Wechselkursen sogenannte *spekulative Märkte* dar, die dadurch gekennzeichnet sind, daß sich Dispositionen, die von der Mehrheit der Marktteilnehmer getätigt werden, automatisch bestätigen: Wenn etwa ein Anstieg des US-Dollar erwartet wird und entsprechend viele Wirtschaftssubjekte aufgrund dieser Erwartung US-Dollar nachfragen, wird der Wert der US-amerikanischen Währung tatsächlich steigen. Diese spekulativen Märkte ziehen jedoch unweigerlich Spieler an, und es entsteht ein weltweiter Kasino-Kapitalismus, in dem sich die Wechselkurse gemäß den kurzfristigen Erwartungen herausbilden:

> A speculative market can be defined as one in which prices move in response to the balance of opinion regarding the future movement of prices, as distinct from normal markets in which prices move in response to objective changes in the demand for, or supply of a usable commodity or service. [...] Such a market will inevitably attract, among the more careful brokers, some gamblers and, from time to time, some operators who will see the chance of swinging the market to their own advantage – usually by acting in such a way that only they have the information as to which way prices are about to move. (ebd.: 111 f.)

Die Hauptgefahr dieser Kasino-Mentalität liegt, so Strange, im steigenden Risiko für langfristige Investitionen.

Mit den Ausführungen von Strange und ihrer Idee des Kasino-Kapitalismus haben sich Hansjörg Herr und Michael Heine (vgl. Herr 1996 und Heine/Herr 1996) auseinandergesetzt. Beide setzen der Idee des Kasino-Kapitalismus das Motiv der Vermögenssicherung entgegen. Herr und Heine sind der monetärkeynesianischen Schule um Hajo Riese zuzuordnen, die einen an Keynes orientierten theoretischen Ansatz vertritt, der sich vor allem auf die monetären und kreislauftheoretischen Aspekte der Keynesschen Theorie stützt bzw. diese Aspekte weiterentwickelt hat.

Ausgangspunkt der Wechselkursbestimmung ist im monetärkeynesianischen Paradigma die Tatsache, daß Wirtschaftssubjekte zwischen verschiedenen Währungen, in denen sie ihr Vermögen anlegen, wählen können. Dabei wird auf die von Keynes im 17. Kapitel der *Allgemeinen Theorie* eingeführte Liquiditätsprämie zurückgegriffen (vgl. Keynes 1936: 190). Die Idee der Liquiditätsprämie wird von den Monetärkeynesianerinnen und Monetärkeynesianern auf die internationalen Währungen übertragen: Die Vermögenssicherungsqualität jeder Währung findet ihren Ausdruck in ihrer Liquiditätsprämie l. Wirtschaftssubjekte versuchen sich ein Bild über die Vermögenssicherungsqualitäten der verschiedenen Währungen zu machen, d.h. es werden längerfristige Erwartungen darüber gebildet, wie sich die Wirtschaftspolitik der verschiedenen Länder entwickeln wird. Ein Land baut dann eine hohe Reputation für seine Währung auf, wenn seine Währung über einen längeren Zeitraum stabil war und damit Vertrauen in ihre zukünftige Wertstabilität besteht.[3] Die Liquiditätsprämie oder Vermögenssicherungsqualität ist mithin eine nichtpekuniäre Verwertungsrate.

---

[3] Die Erfahrung der vergangenen Wirtschaftspolitiken, der ökonomischen Entwicklung sowie der institutionellen und sozioökonomischen Gegebenheiten werden bei der Ländereinschätzung für ökonomische Agenten zu einem wichtigen Indiz für die zukünftige Vermögenssicherungsqualität einer Währung. Hält ein Land über längere Zeiträume seine Währung stabil, so baut es Vertrauen

Die unterschiedlichen Vermögenssicherungsqualitäten von Währungen, die ihren Ausdruck in den verschiedenen Liquiditätsprämien finden, können durch Zinssatzdifferenzen kompensiert werden. Der Auf- bzw. Abwertungssatz einer Währung ergibt sich damit als Summe der Differenzen der in- und ausländischen Zinssätze bzw. Liquiditätsprämien (vgl. Herr 1992: 120):

$$e^\star = (i - i_A) + (l' - l'_A)$$

mit $e^\star$= Auf- bzw. Abwertungssatz, i = inländischer Zinssatz, i_A = ausländischer Zinssatz, l' = nichtpekuniäre Verwertungsrate auf Forderungen in inländischem Geld und l'_A = nichtpekuniäre Verwertungsrate auf Forderungen in ausländischem Geld.

Für die Höhe des inländischen Zinsniveaus ergibt sich:

$$i = e^\star + i_A - (l' - l'_A) \quad .$$

Wechselkursverschiebungen kommen dann zustande, wenn sich die Differenzen zwischen den Zinssätzen oder zwischen den nichtpekuniären Verwertungsraten verändern. Auch wenn die monetärkeynesianische Theorie die Wechselkurserwartungen von wirtschaftlichen fundamentals ableitet, geht sie nicht von einer Erwartungsrationalität der Art aus, daß die tatsächliche wirtschaftliche Entwicklung in jedem Fall zutreffend antizipiert wird. Die Akteure handeln unter Unsicherheit, d.h. ihnen ist die Zukunft unbekannt, sie versuchen aber, auf Basis langfristiger Erwartungen rational zu disponieren.

Die Überlegungen von Herr und Heine stellen einen durchaus plausiblen Gegenentwurf zur Theorie vom spekulativen Kasino-Kapitalismus dar, der vor allem auf kurzfristigen Erwartungen und der eigenständigen Entwicklung spekulativer Wellen auf den Devisenmärkten unabhängig von den sogenannten fundamentals aufbaut. Allerdings ist zu bedenken, daß Heine und Herr ihre Orientierung an fundamentals lediglich als Alternative anbieten können[4], ohne

---

auch für die zukünftige Wertstabilität auf. Es erzeugt eine hohe Reputation oder 'brand-name capital', das für ökonomische Agenten die Abschätzung der zukünftigen Entwicklung der Währung vereinfacht. (Herr 1992: 104)

[4] So leitet Herr nach der Beschreibung der Kasino-Kapitalismus-These zur Darstellung seines eigenen Ansatzes wie folgt über: „Der 'Vision' des Kasino-Kapitalismus wird hier nicht gefolgt, da *Vermögenssicherung* als *dominantes Kalkül* von Wirtschaftssubjekten auf Vermögensmärkten angenommen wird. Wirtschaftssubjekte sind gezwungen, auf Basis einer ungewissen Zukunft gegenwärtig zu handeln. Vermögenssicherung – als die Verhinderung von Vermögensverlusten und die Erhöhung des Vermögens im Rahmen eines subjektiv akzeptierbaren Risikos – muß für die meisten ökonomischen Agenten als weitaus relevantere Verhaltensannahme gelten als der Wunsch

letztlich zwingende Argumente gegen eine durch kurzfristige Erwartungen geleitete Spekulation zu liefern, die einem Gewinnmaximierungskalkül folgt, das auf schnelle Kurs- und Bewertungsgewinne setzt. Grundsätzlich ist auch denkbar, daß ökonomische Akteure Erwartungen bilden, die sich sowohl an der langen wie auch an der kurzen Frist orientieren, wobei sich im Laufe der Zeit die Gewichtungen verschieben können. Beide Ansätze könnten dann unterschiedliche Seiten der Erwartungsbildung beleuchten, die bei der Bestimmung von Wechselkursen zum Tragen kommt.[5]

Hilfreich bei der Klärung der Frage nach den Determinanten der Wechselkursbestimmung wäre eine empirische Untersuchung der Erwartungsbildung und der daraus resultierenden Handlungen der Akteure auf den internationalen Devisenmärkten. Eine solche Arbeit ist jüngst von Menkhoff (1995) veröffentlicht worden.

Ausgehend von der Tatsache, daß keine der in den Standardlehrbüchern behandelten Wechselkurstheorien in der Lage ist, eine einigermaßen zutreffende Erklärung für die Bestimmung der Wechselkurse zu liefern, hat Menkhoff zunächst mittels Interviews und dann – auf diesen Interviews aufbauend – durch eine Fragebogenumfrage die für die Devisenmarktteilnehmer bei ihren Dispositionen ausschlaggebenden Informationsarten ermittelt. Für die Fragebogenaktion wurden 518 Fragebögen an 139 Institutionen verschickt, davon 367 Fragebögen (95 Institutionen) an Devisenabteilungen von Banken und 151 (44 Institutionen) an Portfoliomanager. Die Rücklaufquote lag bei 40,2% der Fragebögen; 49,3% der befragten Institutionen antworteten.

Menkhoff unterscheidet im Rahmen seiner Befragung drei Informationsarten: *fundamentals* (ökonomische und politische), *Technik* (Charts, quantitative Verfahren) und *flows* (Liquidität, wer macht was, welche Orders liegen vor?).

---

nach Spekulation in einem Kasino. Die Unterwerfung aller ökonomischen Aktivitäten unter die kurzfristige Spekulation würde dem Wunsch von Wirtschaftssubjekten nach Vermögenssicherung widersprechen." (Herr 1996: 263; Hervorh. im Original)

[5] Kategorisch ausgeschlossen wird eine zumindest zwischenzeitliche kurzfristige Erwartungsbildung auch von Herr nicht, schließlich verweist er in seiner Habilitationsschrift darauf, daß Zentralbanken zur Wechselkursstabilisierung auf dem Devisenmarkt intervenieren müssen, um nicht jede Störung zu einer kumulativen Welle auswachsen zu lassen (vgl. Herr 1992: 150). Dieser Zwang zur Intervention von Zentralbanken setzt gerade Spekulantinnen und Spekulanten voraus, die (auch) an der kurzen Frist orientiert sind. Zumindest Herr rückt im übrigen mit seiner oben referierten Position von seiner früheren Auffassung ab. Noch 1989 stellte er zusammen mit Voy fest, daß auf den internationalen Devisenmärkten mit Währungen ähnlich wie an Börsen spekuliert wird und daß rein spekulative Wechselkursbewegungen festzustellen sind, die aufgrund sich selbst rechtfertigender Erwartungen „spekulative Seifenblasen" („irrational bubbles") erzeugen (vgl. Herr/Voy 1989: 73 ff.).

Nach seinen Ergebnissen werden alle Informationsarten genutzt. Werden Institutionen zusammengefaßt, die einer Informationsart Priorität einräumen, lassen sich 87% der Antworten klar einer Kategorie zuordnen. Von diesen 87% sind mit 57% mehr als die Hälfte zu den „Fundamentalisten" zu rechnen, während 32% auf Technik und 11% auf flows entfallen. Von den übriggebliebenen 26 Institutionen nutzen wiederum 15% fundamentals und Technik in gleichem Umfang (vgl. ebd.: 199). Von den sechs als wichtig angesehenen fundamentals sind die beiden wichtigsten die Zinsänderung und die Zinshöhe, worauf mit geringem Abstand die Konjunktur und mit etwas größerem Abstand Arbeitsmarkt, Geldmenge und Inflation folgen; auch die Handelsbilanz ist ein fundamental, dem noch eine höhere Bedeutung eingeräumt werden kann (vgl. ebd.: 159 ff.). Allerdings sind diese Ergebnisse nicht statisch interpretierbar, denn Menkhoff kommt auch zu dem Ergebnis, daß fundamentals im Zeitverlauf bei den Marktteilnehmern unterschiedliche Beachtung finden und daß sie flexibel interpretiert werden.

Zusammengefaßt legen die Ergebnisse von Menkhoff die Zurückweisung der Extremposition vom Kasino-Kapitalismus nahe. Das Handeln der Marktteilnehmer bezieht sich meist auf Fundamentalfaktoren, allerdings wird durchaus eingeräumt, daß die Kasino-Metapher, nach der die von den Devisenmarktteilnehmern verursachte Eigendynamik über die Wechselkursentscheidung bestimmt, auch ein tatsächliches Element des Devisenmarktgeschehens beschreibt (vgl. ebd.: 207). Zudem ist zu bedenken, daß zumindest ein kurzfristiger Einfluß großer Marktteilnehmer in Form von Marktführerschaft als ebenfalls nicht-fundamentales Element auftreten kann (vgl. ebd.: 168 f.). Insgesamt muß man die Arbeit von Menkhoff aber als Indiz dafür betrachten, daß eine Orientierung an fundamentals, wie Herr und Heine sie unterstellen, plausibel ist.

Einen weiteren Hinweis darauf, daß Finanzmarktakteure auf der Grundlage von Erwartungen handeln, die sie auf Basis fundamentaler Wirtschaftsfaktoren bilden, und Währungskrisen deshalb auch nicht zufällig ein bestimmtes Land treffen, liefert eine Untersuchung der Deutschen Bundesbank, die den Zusammenhang von Währungsturbulenzen und makroökonomischen Fundamentalfaktoren in 12 Ländern über einen Zeitraum von 25 Jahren untersucht hat (vgl. Monatsbericht der Deutschen Bundesbank 04/1999). Auch wenn derartige Korrelationsberechnungen qualitative Faktoren wie politische Ereignisse nicht berücksichtigen können, so liefert die Arbeit doch einen deutlichen Anhaltspunkt dafür, daß die Entwicklung der ausgewählten makroökonomischen Größen wie Exportwachstum, Leistungsbilanzsaldo im Verhältnis zum BIP, die

Inflationsdifferenz zwischen dem betrachteten Land und den USA usw. in einem systematischen Zusammenhang mit den Währungskrisen stehen, und letztere somit nicht zufällig ein bestimmtes Land oder eine bestimmte Region treffen.

Zusammenfassend bleibt also folgendes festzuhalten: (1) Insbesondere in den 80er Jahren erfolgte eine Liberalisierung der internationalen Finanzmarktbeziehungen, und die technologische Entwicklung der Kommunikationstechnologie hat die Markttransparenz erhöht. Allerdings liegt der Integrationsgrad im Bereich der internationalen Finanzen kaum über demjenigen des Goldstandards, und der Fortschritt im Bereich der Daten- und Informationsübermittlung dürfte in früheren Zeiten wesentlich größer gewesen sein. (2) Der einfache Schluß vom hohen Wachstum der Devisenmarktumsätze und vom immer kleiner werdenden Teil dieses Währungstauschs, der durch den internationalen Handel induziert ist, auf das Spekulationsmotiv als Handlungsmotiv auf diesen Märkten ist angesichts der hohen Interbankenumsätze nicht zulässig. (3) Die Vorstellung, daß die Akteure auf Devisenmärkten ihre Dispositionen auf Grundlage kurzfristiger Erwartungen bilden ist gegenüber der Annahme, daß diesen Dispositionen zwar unsichere, aber doch langfristige Erwartungen auf Basis von fundamentals zugrundeliegen, wenig plausibel und empirisch kaum zu stützen.

Währungskrisen und Wirtschaftspolitik

Damit komme ich zur Frage, inwieweit die Entwicklung der internationalen Finanz- und Währungsbeziehungen die Wahl der wirtschaftspolitischen Orientierung eines einzelnen Landes berührt und welche Ursachen den Währungskrisen in den 90er Jahren zugrundeliegen. Von den großen Währungskrisen waren sog. Transformationsökonomien bzw. Schwellen- oder Entwicklungsländer betroffen. Dies deutet darauf hin, daß von Währungskrisen nicht alle Länder in gleichem Maße bedroht sind, sondern offensichtlich ökonomisch schwächere Länder heimgesucht werden, deren Währungen ebenfalls nicht zu den bedeutendsten zählen. Deshalb ist es sinnvoll, bei der Beantwortung der Frage nach den wirtschaftspolitischen Möglichkeiten einzelner Länder zwischen ökonomisch starken Hartwährungsländern und Ländern mit schwachen Währungen zu unterscheiden.

Auch wenn im Rahmen des Globalisierungs-Diskurses gerne behauptet wird, daß alle Länder aufgrund der gestiegenen Integration der Finanz- und

Währungsbeziehungen ihre wirtschaftspolitische Autonomie verloren haben und gezwungen sind, ihre Wirtschaftspolitik an neoliberalen Vorstellungen auszurichten, kann diese Behauptung für Länder, die über Reservewährungen verfügen, nicht aufrechterhalten werden. So kommt Zevin (1992) aufgrund ökonometrischer Untersuchungen, in denen er Koeffizienten für den Einfluß von in- und ausländischen Determinanten auf Zinsen, BIP-Wachstum sowie die Inflationsrate ermittelt, zu dem Ergebnis, daß die vier ökonomisch stärksten Länder (USA, BRD, Großbritannien, Japan) in den 70er und 80er Jahren weder die Kontrolle über ihre Zinsen noch jene über ihre Geldpolitik verloren haben. In den letzten beiden Jahrzehnten haben gerade die USA und die BRD gezeigt, daß ökonomisch starke Länder durchaus in der Lage sind, einen expansiven wirtschaftspolitischen Kurs zu verfolgen: Die USA haben unter Reagan eine für die Nachkriegszeit wohl einzigartige Politik des *deficit spending* betrieben und sind zum weltweit größten Schuldnerland geworden – und dies bis 1985 mit einem parallel zum Anstieg der öffentlichen Verschuldung aufwertenden US-Dollar (vgl. Herr/Spahn 1989: 123 ff.). Die BRD hat im Zuge des DDR-Anschlusses zunächst ebenfalls nichts anderes als eine riesige schuldenfinanzierte staatliche Konjunkturbelebung erfahren – ohne daß die DM auf den internationalen Währungsmärkten unter Abwertungsdruck geraten wäre. Natürlich waren weder der Reagansche Rüstungskeynesianismus noch der DDR-Anschluß besonders gelungene wirtschaftspolitische Maßnahmen, aber beide Beispiele weisen darauf hin, daß Länder wie die USA und die BRD aufgrund der Entwicklung der internationalen Finanz- und Währungsbeziehungen nicht zu einer restriktiven Wirtschafts- und Finanzpolitik gezwungen sind.

Anders sieht die Sache natürlich für Länder aus, die ökonomisch nicht so stark sind und deren Währungen über keine große Reputation auf den internationalen Finanzmärkten verfügen, denn sie sind nicht oder nur in geringem Maße in der Lage, eine expansive Wirtschaftspolitik zu betreiben, ohne Gefahr zu laufen, von Kapitalflucht und Währungsverfall betroffen zu werden.

Besonders eingeschränkt ist der Spielraum für wirtschaftlich schwächere Staaten, wenn die ökonomisch starken Länder ein höheres Wirtschaftswachstum und eine höhere Beschäftigung zu erreichen suchen, indem sie darauf setzen, Exportüberschüsse zu erzielen. Einem Land, das mit solch einer Beggar-my-neighbour-Strategie[6] erfolgreich ist, gelingt es, einen Teil seiner Arbeits-

---

[6] Der Begriff Beggar-my-neighbour-Politik wurde in den 30er von der britischen Ökonomin Joan Robinson geprägt. Er charakterisiert eine Strategie, die darauf abzielt, die eigene Beschäftigung auf Kosten anderer Länder zu erhöhen, indem durch eine Steigerung des Exports die Produktion erhöht und damit die Zahl der Arbeitslosen vermindert wird (vgl. dazu Reiner 1998: 94 ff.). Eine

losigkeit zu exportieren. In den letzten Jahrzehnten ist vor dem Hintergrund des Globalisierungsdiskurses und neoliberaler Deutungsmuster weltweit eine wirtschaftspolitische Orientierung zum Tragen gekommen, die letztlich einen solchen Export von Arbeitslosigkeit zum Ergebnis hat. Zu nennen ist in diesem Zusammenhang insbesondere die prozyklische Wirtschaftspolitik, die aufgrund des Maastricht-Vertrages durch die Staaten der Europäischen Union verfolgt worden ist und nach wie vor verfolgt wird. Am ungünstigsten wirkt sich eine solche Konstellation auf diejenigen Länder aus, die ökonomisch am schwächsten sind, da ihnen wegen des restriktiven wirtschaftspolitischen Kurses der stärkeren Länder Exportmöglichkeiten genommen werden, die ihnen ermöglichen könnten, ihre Auslandsschulden zu bedienen und darüber hinaus das Vertrauen in ihre Währungen zu erhöhen.

In den 80er und 90er Jahren mußten sich bekanntlich zahlreiche Länder, die als Schwellen- und Entwicklungsländer gelten, angesichts ihrer hohen Außenverschuldung den Auflagen von IWF und Weltbank beugen, d.h. sie waren und sind zu einer Politik gezwungen, die sich an neoliberalen Vorgaben orientiert: Zum einen wird eine Austeritätspolitik vorgeschrieben, die darauf abzielt, die Importe zu drosseln und einen Exportüberschuß zu erzielen, um die Auslandsschulden zu bedienen, und zum anderen werden v.a. durch die Weltbank sogenannte Reformen forciert, die den Außenhandel liberalisieren, Kapitalverkehrskontrollen abbauen, den heimischen Finanzmarkt deregulieren und öffentliche Unternehmen privatisieren (zur Politik von IWF und Weltbank vgl. Pieper/Taylor 1998).[7]

Durch die Maßnahmen von IWF und Weltbank und infolge der Wirtschaftspolitik in den Industrieländern gelingt es den ökonomisch schwachen Ländern auf Dauer nicht, ihre ökonomische Situation zu verbessern, und Währungskrisen treten fast zwangsläufig auf. Denn durch die Deregulierung der Finanzmärkte und die Liberalisierung des Kapitalverkehrs sowie durch die Privatisierung öffentlicher Unternehmen über die Börse wird Großbanken und institutionellen Investoren in größerem Ausmaß die Möglichkeit eröffnet, Vermögenstitel dieser Länder in ihr Portfolio aufzunehmen, aber auch gege-

---

solche Strategie geht deshalb auf Kosten anderer Länder, weil diese sich vor dem Problem sehen, daß ihre Binnenproduktion durch Importe verdrängt wird und dort deshalb die Arbeitslosigkeit steigt.

[7] Die Transformationsländer, allen voran Rußland, haben sich beim Versuch eines Übergangs zum Kapitalismus ebenfalls an radikalen neoliberalen Vorstellungen orientiert, was in den meisten Fällen rapide Produktionseinbrüche zur Folge hatte. Infolge dieses ökonomischen Kollapses stecken diese Länder mittlerweile in einer ähnlichen Situation wie die „alten" Schwellen- und Entwicklungsländer.

benenfalls wieder abzustoßen. Die genannten Maßnahmen verschärfen so das Ausmaß, in dem ein Land von Kapitalflucht und Währungskrisen betroffen werden kann. Durch die Liberalisierung des Außenhandels werden diese Staaten schließlich der Konkurrenz von Waren aus den Industrieländern ausgesetzt, die in ihrer Gesamtheit einen wirtschaftspolitischen Kurs verfolgen, der ebenfalls auf Exportüberschüsse abzielt. Zudem sind für die Schwellen- und Entwicklungsländer wichtige Absatzmärkte – das Paradebeispiel ist hier der EU-Agrarmarkt – kaum zugänglich. Solange sowohl die Industrieländer und – gezwungenermaßen – auch die Entwicklungs- und Schwellenländer einen wirtschaftspolitischen Kurs verfolgen, der sich an neoliberalen wirtschaftspolitischen Vorstellungen orientiert, wird letztlich eine Politik betrieben, die Exportüberschüsse anstrebt; und wenn es Länder mit Überschüssen im Außenhandel gibt, muß es auch immer Länder geben, die ein entsprechendes Defizit aufweisen. Da letzteres für viele Staaten aus der Gruppe der Schwellen- und Entwicklungsländer gilt und diese in der geschilderten Konstellation erhebliche Schwierigkeiten haben, trotz des eigenen Sparkurses ihre Schulden zu bedienen oder diese abzubauen, besteht latent die Gefahr, daß das Vertrauen in die Währungen der ökonomisch schwächeren Länder weiter, oder, falls kurzfristig Vertrauen aufgebaut werden konnte, wieder untergraben wird. Verschlechtert sich permanent die Leistungsbilanz eines solchen Landes und können Auslandsschulden nicht wie erwartet bedient werden oder entwickeln sich andere ökonomische fundamentals nicht so, wie dies jene Finanzmarktakteure erwarten, die ihr Vermögen in der Währung eines Schwellen- oder Entwicklungslandes angelegt haben, dann kommt es aufgrund von Kapitalflucht und Währungsabwertungen zu Währungskrisen.

Um Währungskrisen zu verhindern und um den Entwicklungs- und Schwellenländern ökonomische Entwicklungschancen zu eröffnen, ist es zum einen erforderlich, daß die entwickelten Industrieländer eine Wirtschaftspolitik betreiben, die nicht blindlings darauf abzielt, ihre eigene Exportfähigkeit auf Kosten anderer zu sichern; vielmehr müssen gerade die ökonomisch starken Länder bereit sein, Exportüberschüsse von Entwicklungs- und Schwellenländern zu akzeptieren, damit letztere das notwendige Vertrauen in ihre Währungen aufbauen können. Zum anderen sind die von der Weltbank aufgenötigten Liberalisierungsmaßnahmen zu kritisieren. Es sollte statt dessen ökonomisch rückständigen Ländern ermöglicht werden, ihre Industrien durch Zölle zu schützen[8], und Kapitalimporte zu unterbinden, die zur Überbewertung

---

[8] Wie wichtig der vorübergehende Zollschutz für ökonomisch rückständige Länder ist, und wie desaströs auf der anderen Seite eine diesen von den ökonomisch starken Ländern aufgezwun-

der Währungen führen und die Grundlage für die spätere Kapitalflucht und Währungskrise legen.

In jüngster Zeit ist – nicht zuletzt vor dem Hintergrund der anfangs aufgezählten Währungskrisen – der Vorschlag des Nobelpreisträgers James Tobin, eine weltweite Devisenumsatzsteuer einzuführen, erneut in der wissenschaftlichen und politischen Diskussion aufgegriffen worden.[9] Tobin hatte 1978 angeregt, mit dieser Steuer, deren Höhe nach seiner Ansicht bei 1% des Währungsumsatzes liegen sollte, etwas Sand ins Getriebe der internationalen Finanzmärkte zu streuen[10], und hat diesen Vorschlag im Jahr 1995 erneuert (vgl. Eichengreen u.a. 1995). Das erklärte Ziel dieser Steuer ist es, die kurzfristigen Kapitalbewegungen zu vermindern und so den zinspolitischen Spielraum einzelner Länder zu erhöhen.

Entscheidend für die Sinnhaftigkeit der Einführung der Tobin-Steuer ist die oben geführte Diskussion um die Fristigkeit der Erwartungen, die den Kapital- und Wechselkursbewegungen zugrundeliegen. Wenn tatsächlich kurzfristige Erwartungen dominant sind, wie dies auch Tobin in seinem Vorschlag aus dem Jahre 1978 unterstellt[11], wäre die Tobin-Steuer in der Tat ein wirksames Mit-

---

gene Freihandelspolitik ist, zeigt ein Blick in die Wirtschaftsgeschichte des letzten Jahrhunderts. Während die heute entwickelten Länder ihre Außenhandelspolitik damals frei bestimmen konnten, mußten die Länder, die in unserer Zeit als Dritte-Welt-Staaten bezeichnet werden, die katastrophalen Folgen der ihnen aufgezwungenen Freihandelspolitik hinnehmen. Waren diese Kolonien, so wurde eine solche Politik von den Besatzern direkt verfügt. Aber auch formal unabhängigen Ländern wie dem größten Teil der lateinamerikanischen Länder, China, Thailand und dem Mittleren Osten wurde von den westlichen Staaten, vor allem von Großbritannien, eine liberale Außenhandelspolitik aufoktroyiert (vgl. Bairoch 1993: 41 f.). Zwar spielten diese zum Freihandel gezwungenen Länder weder als Rohstofflieferanten – die Industrieländer waren bis Ende der 30er Jahre des 20. Jahrhunderts Nettorohstoffexporteure (vgl. ebd.: 59 ff.) – noch als Absatzmarkt eine entscheidende Rolle (vgl. ebd.: 72), aber in diesen Ländern selbst zeigten sich bald die Folgen der aufgenötigten Politik: Aufgrund der höheren Produktivität der westlichen Länder und insbesondere Großbritanniens setzte ein rapider De-Industrialisierungsprozeß in den heutigen Entwicklungsländern ein. Während diese Länder im Jahre 1830 noch ein deutlich höheres Industrialisierungsniveau – gemessen am Gesamtindex – als die heute als entwickelt geltenden Länder aufwiesen, fiel ihr absoluter Industrialisierungsgrad in den folgenden Jahren, und im Jahre 1913 betrug er nicht einmal mehr 10% desjenigen der entwickelten Länder.

Das Gegenbeispiel hierzu ist der ökonomische Aufstieg der USA: Diese waren die eigentliche Bastion des Protektionismus im 19. Jahrhundert (vgl. ebd.: 34 ff.). Mit Ausnahme der Zeit von 1846-1861, in der ein etwas moderaterer Protektionsmus betrieben wurde, verfolgten die USA in der Zeit von 1816 bis zum Ende des zweiten Weltkriegs eine strikte Schutzzollpolitik.

[9] Vgl. z.B. Altvater 1995 und Huffschmid 1995; eine sehr gründliche Diskussion dieses Themas erfolgt bei Kulessa 1996.

[10] „... and my proposal is to throw some sand in the wheels of our excessively efficient international money markets." (Tobin 1978: 154)

[11] „Likewise speculation on exchange rates, whether its consequences are vast shifts of official

tel, um die durch Spekulation und Kasinomentalität hervorgerufenen und als schädlich zu beurteilenden Wechselkursausschläge zu glätten. Folgt man der Einschätzung, daß die Finanzmarktakteure ihre Portfolios primär an den sogenannten fundamentals orientieren – und hiervon ist, wie wir gezeigt haben, auszugehen – dann ist die Tobin-Steuer kein probates Mittel, eine Währungskrise wie etwa jüngst die Brasilien-Krise und deren Folgen zu verhindern.

Zusammenfassend bleibt somit festzuhalten, daß zur Beantwortung der Frage nach der Durchführbarkeit einer Wirtschaftspolitik, die durch aktives staatliches Handeln einen höheren Wachstumspfad zu erreichen und die Arbeitslosigkeit zu bekämpfen versucht, nach der ökonomischen Stärke des jeweiligen Landes und dem Vertrauen, das der jeweiligen Währung entgegengebracht wird, unterschieden werden muß. So ist es abwegig anzunehmen, daß Länder mit starken Währungen und einer hohen Wirtschaftskraft nicht in der Lage wären, eine expansivere oder zumindest eine gemäßigt antizyklische Wirtschaftspolitik zu betreiben. Zwar verfügt kein Land mehr über die herausragende ökonomische Stellung, wie sie die USA in den ersten Jahrzehnten nach dem zweiten Weltkrieg inne hatten, aber wirtschaftlich starke Länder wie die Bundesrepublik stehen nicht unter dem Zwang, zur Verbesserung ihrer Wettbewerbsposition die Einkommen von unten nach oben umzuverteilen, die Unternehmenssteuern zu senken und den Wohlfahrtsstaat in Frage zu stellen. Eine solche Politik, wie sie in der BRD insbesondere seit Anfang der 80er Jahre verfolgt worden ist, führt im Gegenteil zur Verschärfung der Beschäftigungssituation im eigenen Land und setzt die ökonomisch schwachen Länder gleichfalls unter Druck, wenn diesen beispielsweise aufgrund einer Austeritätspolitik in der Bundesrepublik Exportmöglichkeiten genommen werden und diese Länder sich wegen der weltwirtschaftlich schlechten Entwicklung der Nachfrage auch noch sinkenden Weltmarktpreisen gegenübergestellt sehen. Ganz besonders fatal ist, daß die Länder der Europäischen Währungsunion (EWU) zur Zeit einen prozyklischen fiskalpolitischen Kurs verfolgen. Die EU droht deshalb – unterstützt durch die nicht vorhandenen Abstimmung der Tarifverhandlungen[12] zwischen den EWU-Ländern – zu einem riesigen Beggar-my-

---

assets and debts or large movements of exchange rates themselves, have serious and frequently painful real internal economic consequences. Domestic policies are relatively powerless to escape them or offset them. The basic problems are these. Goods and labor move, in response to international price signals, much more sluggishly, in response to excess supply or demand, than the prices of financial exchange rates." (Tobin 1978: 154)

[12] Für alle Länder, die an der Europäischen Währungsunion beteiligt sind, entfällt bekanntlich die Möglichkeit von zwischenstaatlichen Wechselkursanpassungen. Dadurch wird dasjenige Land, welches den geringsten Anstieg der Lohnstückkosten zu verzeichnen hat, für alle anderen Länder

neighbour-Block und damit zu einer extremen Belastung für die Weltwirtschaft zu werden.

Umgekehrt könnten die wirtschaftlich starken Länder durch eine expansivere Politik den Spielraum der ökonomisch weniger starken Länder erweitern. Am günstigsten wäre es, wenn jene Länder, die über die größte Wirtschaftskraft verfügen, durch aufeinander abgestimmte Wirtschaftspolitiken gemeinsam die Lokomotivfunktion übernehmen würden. Von zentraler Bedeutung ist daher letztlich, daß die neoliberalen Erklärungsmuster und Strategien, wie sie seit Mitte der 70er Jahre zunehmend verfolgt worden sind und auch heute noch verfolgt werden, aufgegeben werden: Ihr Scheitern ist angesichts der nach wie vor bestehenden hohen Arbeitslosigkeit, des Elends der sogenannten Entwicklungsländer und der weltweit zu beobachtenden Polarisierung bei der Einkommensverteilung offensichtlich.

Literatur

E. Altvater, Wettlauf ohne Sieger, Politische Gestaltung im Zeitalter der Geoökonomie, in: Blätter für deutsche und internationale Politik, 2/1995

E. Altvater/B. Mahnkopf, Grenzen der Globalisierung, Münster 1996

P. Bairoch, Economics and World History, New York usw. 1993

H.J. Chang, Globalization, transnational corporations, and economic development: can the developing countries pursue strategic industrial policy in a globalizing world economy?, in: Dean Baker u.a. (Hrsg.), Globalization and Progressive Economic Policy, Cambridge 1998

J. Eatwell, International Financial Liberalization: The Impact on World Development, New York 1996

B. Eichengreen u.a., Two Cases for Sand in the Wheels of International Finance, The Economic Journal, 105/1995

---

den Maßstab setzen und jene zwingen, ihre Lohnstückkostenentwicklung an diesem Land auszurichten; tun sie dies nicht, so wird das Land mit der günstigsten Lohnstückkostenentwicklung *in der EWU* einen permanent steigenden Überschuß im Außenhandel erzielen. Diese extreme Disziplinierung der Lohnstückkostenentwicklung in Europa, die sogar in eine Deflation münden könnte, wird letztlich einen steigenden Außenhandelsüberschuß gegenüber dem Rest der Welt zum Ergebnis haben.

K. Eicker-Wolf/W. Mählmann, Mythos und Realität der Globalisierungs- und Standortdiskussion am Beispiel der internationalen Direktinvestitionen, in: R. Stötzel (Hrsg.), Ungleichheit als Projekt. Globalisierung – Standort – Neoliberalismus, Marburg 1998

G.A. Epstein/J.B. Schor, Structural Determinants and Economic Effects of Capital Controls in OECD Countries, in: T. Banuri/J.B. Schor, Financial Openess and National Autonomy, Oxford 1992

M. Goldstein u.a., International Capital Markets I: Exchange Rate Management and International Capital Flows, IMF World Economic and Financial Surveys, 1993

M. Heine/H. Herr, Money makes the world go round. Über die Verselbständigung der Geldsphäre und andere Mißverständnisse, in: Prokla, 06/1996

H. Herr, Geld, Währungswettbewerb und Währungssysteme, Theoretische und historische Analyse der internationalen Geldwirtschaft, Frankfurt/New York 1992

H. Herr, Globalisierung der Ökonomie: Entkopplung der Geldsphäre und Ende nationaler Autonomie?, in: K. Eicker-Wolf u.a. (Hrsg.), Wirtschaftspolitik im theoretischen Vakuum? Zur Pathologie der Politischen Ökonomie, Marburg 1996

H. Herr/H.-P. Spahn, Staatsverschuldung, Zahlungsbilanz und Wechselkurs – Außenwirtschaftliche Spielräume und Grenzen der Finanzpolitik, Regensburg 1989

H. Herr/K. Voy, Währungskonkurrenz und Deregulierung in der Weltwirtschaft, Marburg 1989

J. Huffschmid, Eine Steuer gegen die Währungsspekulation?, in: Blätter für deutsche und internationale Politik, 8/1995

J.M. Keynes, Allgemeine Theorie der Beschäftigung, des Zinses und des Geldes, Berlin 1936

M.E. Kulessa, Die Tobinsteuer zwischen Lenkungs- und Finanzierungsfunktion, in: Wirtschaftsdienst, 76. Jg./1996

L. Menkhoff, Spekulative Verhaltensweisen auf Devisenmärkten, Tübingen 1995

Monatsberichte der Deutschen Bundesbank 04/1999

W.D. Narr/A. Schubert, Weltökonomie: Die Misere der Politik, Frankfurt 1994

U. Pieper/L. Taylor, The revival of the liberal creed: the IMF, the World Bank, and inequality in a globalized economy, in: Dean Baker u.a. (Hrsg.), Globalization and Progressive Economic Policy, Cambridge 1998

S. Reiner, Was ist politisch an der Politischen Ökonomie? Joan Robinsons Beiträge zur Politisierung der ökonomischen Theorie, Baden-Baden 1998

A. Schrader, Devisenumsatzsteuer: Scheitern programmiert, in: Deutsche Bank Research, Bulletin vom 26. 06.1995

S. Strange, Casino Capitalism, Oxford/New York, 1986

L.C. Thurow, Die Zukunft des Kapitalismus, Düsseldorf/München 1996

J. Tobin, A Proposal for International Monetary Reform, in: Eastern Economic Journal, No. 3-4/1978

R. Zevin, Are World Financial Markets more open? If so, why and with what Effects?, in: T. Banuri/J.B. Schor, Financial Openess and National Autonomy, Oxford 1992

Wer A sagt, sagt nicht unbedingt auch B: zur Politischen Ökonomie des George Soros

Sabine Reiner und Jürgen Scheele

„The man who moves markets"[1] – mit diesem Bild, das Schrecken und gleichzeitig neiderfüllte Ehrfurcht impliziert, wird üblicherweise eine der schillerndsten Figuren des Finanzwesens belegt: George Soros ist ein überaus erfolgreicher Börsenguru, gleichzeitig aber auch Philanthrop und Wohltäter. Außerdem versucht er, sich mit einer Verbindung seiner Erfahrungen auf den Finanzmärkten und seinen gesellschaftlichen Anliegen in der Öffentlichkeit Gehör zu verschaffen. Als Autor und Theoretiker wird er allerdings nicht sehr ernst genommen. Exemplarisch sei hier Wilhelm Hankel (1999) genannt, dessen Rezension des jüngsten Soros-Buches *Die Krise des globalen Kapitalismus* mit einem eher beleidigten Unterton daherkommt und der die dort enthaltenen Reformvorschläge für „Kirchenlieder" hält. Hankel empfindet es offenbar als Anmaßung, daß ein Praktiker Bücher mit auch ökonomie-theoretischen Inhalten verfaßt.

Außergewöhnlich ist die Tatsache, daß ein erfolgreicher Akteur auf den Finanzmärkten von diesen profitiert und sie dennoch kritisiert. Dies ist allerdings nicht erst in seinem letzten Buch der Fall. Soros unterbreitet seine Thesen seit längerem in verschiedenen Zusammenhängen; er hält Reden, verfaßt Beiträge für Zeitungen und Zeitschriften und präsentiert sich und seine Aktivitäten auf einer umfassenden homepage. Wir wollen im folgenden – nach Informationen zur Person und zu den Aktivitäten des George Soros – aus diesen Quellen sein nicht immer stringent vorgetragenes Gedankengebäude rekonstruieren und im Anschluß daran seine Analyse der Funktion des Finanzsystems sowie die von ihm daraus abgeleiteten Reformnotwendigkeiten genauer untersuchen.

---

[1] Titel der Cover Story in Business Week, August 23, 1993.

Soros – was ist das für einer, hat er eine Botschaft für uns?[2]

George Soros wird 1930 als Sohn einer jüdischen Familie in Budapest geboren. Während des Krieges bringt ihn sein Vater, der Rechtsanwalt Tivadar Soros, zum Schutz vor Verfolgung mit gefälschten Papieren und gegen Bezahlung bei einem Beamten des ungarischen Landwirtschaftsministeriums als dessen angebliches Patenkind unter. Die Familie findet nach dem Krieg in Ungarn wieder zusammen, doch George Soros wendet dem nun sozialistischen Land 1947 in Richtung London den Rücken. Er studiert an der London School of Economics und graduiert im Jahr 1952. Zunächst schlägt er sich als Händler für Handtaschen und Schmuck in Blackpool durch, bewirbt sich jedoch gleichzeitig bei Investment-Banken in London; schließlich mit Erfolg: Er wird Trainee bei Singer & Friedlander und lernt dort das Börsengeschäft kennen, über das an der London School of Economics damals nicht gelehrt worden war. Durch die Vermittlung eines Freundes erhält er 1956 einen Job als Arbitrage-Händler in New York. Internationaler Wertpapierhandel war zwar in diesen Jahren der stark regulierten Finanzmärkte kein großes und risikoreiches Geschäft, doch Soros konnte grundlegende Erfahrungen sammeln und wurde durch seine europäisch geprägte Biographie offensichtlich schnell zu einem Spezialisten. „American brokers were very insular. They sold American stocks and couldn't pronounce the names of foreign company stocks, so they didn't bother with them."[3] – erinnert sich ein Kollege.

Auf eigene Füße stellte sich Soros 1969 mit der Gründung des *Quantum Fund*, der bis heute der größte Investment-Fonds unter dem Dach des *Soros Fund Management* ist. Quantum verwaltete im Jahr 1993 Aktiva im Wert von 4,2 Mrd. US-$ und konnte bis dahin bei nur einem einzigen Verlustjahr (1981) einen durchschnittlichen Jahresertrag von 35% erzielen. Kein anderer Investor ist je über einen solch langen Zeitraum so erfolgreich gewesen. Ebenfalls 1969 startete Soros seine philanthropischen Aktivitäten mit der Gründung des *George Soros Charitable Trust*, der im ersten Jahr gut 7000 $ für wohltätige Zwecke in den USA auszahlte.

Zehn Jahre später gründete Soros die Stiftung *Open Society Fund* in New York. Sein erstes Engagement galt Südafrika, blieb aber (nach eigenen Anga-

---

[2] Überschrift abgeguckt bei Albert Hefele: Nußknackers Aufstieg. Was ist eigentlich der Lothar Matthäus für einer? Hat er eine Botschaft für uns; in: Konkret 6/1993.

[3] Zitiert nach Business Week 1993: 35; die Informationen zu Soros in diesem Abschnitt entstammen – soweit nicht anders angegeben – diesem Bericht.

ben: aufgrund des alles durchdringenden Apartheidsystems) erfolglos. In der Folgezeit wandte sich Soros Osteuropa zu mit dem Ziel, „geschlossene Gesellschaften zu öffnen, offene Gesellschaften zu stärken und eine kritische Denkweise zu fördern." (Soros 1998a: 8) 1980 begann er die Bürgerrechtsbewegung *Charter 77* in der Tschechoslowakei zu unterstützen, 1981 die *Solidarnosc* in Polen. Die Gründung von separaten Foundations erfolgte 1984 in Ungarn, 1986 in China (mit der Besonderheit, daß sich die Stiftung dort 1989 zurückzog), 1987 in der Sowjetunion und 1988 in Polen. Mittel der Foundations wurden dabei sehr gezielt eingesetzt: So sollte die Förderung des Austauschs von Wissenschaftlern und Lehrern westliche Ideen in Ungarn per Multiplikatorwirkung stärken oder 1985 die Stiftung mehrerer hundert Kopierer für ungarische Bibliotheken unter der Bedingung, sie nicht, wie sonst üblich, vom Geheimdienst zu kontrollieren, die Verbreitung solcher Ideen ermöglichen. Auch außerhalb der Foundations setzte sich Soros entsprechend ein: Beispielsweise erreichte er 1982, daß der IWF die Auszahlung eines Kredits an Ungarn so lange zurückhielt, bis die dortige Regierung mehreren Intellektuellen und Dissidenten, die er in New York treffen wollte, Reisepässe ausstellte. Mit dem Zusammenbruch des Sozialismus wandelte sich der Auftrag der Foundations: „the foundations shifted from a subversive task to a constructive one". Galten Soros' Aktivitäten nach dem Fall der Berliner Mauer nahezu ausschließlich den Transformationsgesellschaften der vormals sozialistischen Welt, so wandte er sich in seinen Aktivitäten ab etwa 1995 stärker auch den Bedingungen der US-amerikanischen Gesellschaft zu (vgl. Soros 1997a und Business Week 1993).

Inzwischen unterhält die Stiftung Foundations in 31 Ländern – neben den Niederlassungen in den Ländern Ost- und Süd-Ost-Europas sowie den Ländern der ehemaligen Sowjetunion bestehen sogenannte Open Society Institute auch in Guatemala, Haiti, Südafrika und den USA. Informell zusammengefaßt sind die nationalen, autonom agierenden und als Nonprofit-Unternehmungen ausgewiesenen Foundations im *Soros Foundations Network*. Die Ausgaben insgesamt werden für 1994 mit 300 Mio. $, 1995 350 Mio. $, 1996 362 Mio. $ und 1997 428,4 Mio. $ beziffert.[4] Auftrag der nationalen Foundations ist es, gesellschaftliche Grundlagen für Entwicklung und Ausbau der offenen Gesellschaft zu unterstützen. Gefördert und initiiert werden dazu Projekte aus den Bereichen Kunst und Kultur, Entwicklung der Zivilgesellschaft, Ökonomiereform, Bildung und Wissenschaft, Reform des Rechts und der öffentlichen Verwaltung, Medien und Kommunikation, Kinder und

---

[4] Soros' Privatvermögen wird in der Forbes-Liste der 400 reichsten Leute Amerikas auf 4 Mrd. $ taxiert (nach: www.forbes.com [9.5.1999]).

Jugendliche, Verlagswesen und Gesundheitsvorsorge. Darüber hinaus bestehen zahlreiche Netzwerk-Programme und internationale Initiativen: darunter das *Burma Project* zur Förderung der Ächtung der Militärdiktatur in Burma und zur Bildungs- und Ausbildungsförderung burmesischer Flüchtlinge, das *Internet Program* zur Förderung der Entwicklung von E-mail- und Internet-Diensten in den Netzwerk-Ländern, das *Landmines Project* zur Förderung von Anstrengungen für eine weltweite Ächtung von Landminen, der *Soros Documentary Fund* zur Förderung von Dokumentarfilmproduktionen zu den Themen Menschenrechte und soziale Gerechtigkeit, das *Women's Program* zur Unterstützung der nationalen Foundations in der Behandlung von Frauenfragen. Auch in den USA selbst bestehen zahlreiche Programme: etwa das *Center on Crime, Communities & Culture*, das die Erforschung von „more humane and effective responses" auf die gesellschaftliche Herausforderung durch die Kriminalität zur Aufgabe hat, der *Emma Lazarus Fund* zur Bekämpfung der Diskriminierung von legalen Einwanderern oder das *Project on Death in America* zur Erforschung von alternativen Ansätzen zur Pflege von Sterbenden (alle Angaben nach: www.soros.org [9.5.1999]).

1990 gründete Soros zudem die *Central European University* in Prag und Budapest; letztere gilt momentan auch als ein Kommunikationszentrum für regierungskritische serbische Flüchtlinge, von denen einige vorübergehend im Wohnheim der Universität untergekommen sind (vgl. Frankfurter Rundschau, 29.4.99).

Schwierig sind die Aktivitäten der Soros Foundations im Zusammenhang mit den Jugoslawien-Konflikten einzuschätzen. Berichte der Organisationen weisen für 1997 Ausgaben von 12,8 Mio. $ für Albanien[5] und 16,1 Mio. $ für Jugoslawien[6] aus. Im Jugoslawien-Bericht wird zudem ein Projekt zur Förderung des Bildungssystems im Kosovo (Bereitstellung von Computern, Förderung von Bibliotheken, Fortbildung von Lehrern etc.) besonders erwähnt. Dort wird auf das Nebeneinander zweier Systeme verwiesen: das staatliche serbische und das nichtstaatliche albanische. Anscheinend bezieht sich die Förderung nur auf das albanische System, wobei noch andere Projekte erwähnt werden, die allen Nationalitäten zugute kämen. Angesichts des Gesamtspektrums der – auf den ersten Blick als progressiv zu bezeichnenden – Förderprogramme muß wohl von einer Redlichkeit der Aktivitäten der Soros-Foundations ausgegangen werden, so daß ihm zugute gehalten werden könnte, Bemühungen zur Konfliktprävention zumindest auf seine Weise nachhaltiger

---

[5] vgl. http://www.soros.org/annual/albania.html [9.5.1999]
[6] vgl. http://www.soros.org/annual/yugo.html [9.5.1999]

zu vertreten als vergleichbare westliche Institutionen und Regierungsorganisationen.

Wechselnde Feinde der offenen Gesellschaft – zum Gedankengebäude

Mit dem Untertitel zu seinem neuesten Buch – *Die Krise des globalen Kapitalismus. Offene Gesellschaft in Gefahr* – macht Soros allen, die es noch nicht wissen, deutlich, in wessen Tradition er sich sieht. Poppers Buch *Die offene Gesellschaft und ihre Feinde* habe ihm „das nationalsozialistische wie das kommunistische Regime" erklärt. Beide beanspruchten, „im Besitz der absoluten Wahrheit zu sein", eine Möglichkeit, die Popper bestritten habe. Statt dessen könne es immer nur ein Zweitbestes geben, eine unvollkommene, aber verbesserungsfähige Gesellschaft: „Popper nannte dies die offene Gesellschaft, und die totalitären Regime waren ihre Feinde." (Soros 1998a: 7) Der Auflösungsprozeß der Sowjetunion und seine Beobachtungen des kapitalistischen Systems nähren bei Soros nun die Überzeugung, daß die offene Gesellschaft auch von der anderen Seite her bedroht werden kann: „durch Mangel an gesellschaftlichem Zusammenhalt und das Fehlen von Kontrolle." (ebd.: 8) Es ist daher heute der „*Marktfundamentalismus*", der „das kapitalistische Weltsystem" und damit die offene Gesellschaft bedroht (ebd.: 19, kursiv bei Soros).

Mit Popper hatte Soros nun aber ein nach absoluter Begründung strebendes Erkenntnisideal aufgegeben, statt dessen wird der bescheidenere Anspruch eines Fallibilismus vertreten, der die Fehlbarkeit des Menschen bei der Lösung seiner Probleme herausstellt – wobei bei Soros offenbar ein geschichtsphilosophischer Überfluß zu konstatieren ist, wie gelegentliche Verweise auf Hegels Geschichtsphilosophie oder etwa die historische Analogie zwischen dem seit der Aufklärung 200 Jahre geltenden Paradigma der Vernunft und des nun anbrechenden Fehlbarkeitsparadigmas zeigen.[7]

Politisch steht dementsprechend nicht die Abschaffung des Kapitalismus auf dem Programm, sondern dessen Bewahrung durch Beseitigung seiner Exzesse (vgl. Soros 1998b, Bl. 1). In Abwandlung eines Ausspruchs Churchills,

---

[7] Vgl. Soros 1997a. In einem 1995 am Wiener Institut für die Wissenschaften vom Menschen gehaltenen Vortrag heißt es dementsprechend: „My philosophy can be summend up in one phrase: a belief in our own fallibility. This phrase has the same significance for me as the dictum, cogito ergo sum, does for Descartes. Indeed, its significance is even greater: Descartes' dictum referred only to the person who thinks, whereas mine relates also to the world in which we live." (Soros 1995, Bl. 1)

„daß die Demokratie die schlechteste Regierungsform sei – ausgenommen alle anderen", heißt es zum Marktmechanismus: „er ist das schlechteste System zur Verteilung der Mittel – ausgenommen alle anderen" (Soros 1987: 334). Auch hier hätte er sich getrost auf sein Vorbild Popper berufen können. Dieser hatte im Vorlauf einer Auseinandersetzung, die als Positivismusstreit in der deutschen Soziologie bekannt wurde, seine Position im Unterschied zu jener seines Kontrahenten – Theodor W. Adorno – dadurch gekennzeichnet, daß er glaube, „wir lebten in der besten Welt, die je existierte" (zit. nach Adorno 1961: 141), während Adorno diese Ansicht nicht teile. Adorno übrigens sah sich, was seine eigene Position betrifft, durchaus richtig charakterisiert: Er hatte entgegnet, daß er „Vergleiche zwischen der Schlechtigkeit von Gesellschaften verschiedener Epochen" nicht zum Maßstab erheben wolle, da ihm die Annahme schwerfalle, „daß keine soll besser gewesen sein als die, welche Auschwitz ausbrütete" (ebd.). Der hier durchscheinende Verweis auf den Konnex von Faschismus und Kapitalismus, oder besser: auf die von Popper nicht reflektierten (ökonomischen) Grundlagen politischer Herrschaft, kann auch auf Soros' Position in Anwendung gebracht werden.

In einem – nicht unwesentlichen – Punkt weicht Soros von Popper ab: Popper hatte in seiner Wissenschaftslehre ein objektives Methodenverständnis behauptet, das gleichermaßen auf die Natur- wie auch auf die Sozialwissenschaften in Anwendung zu bringen sei. Zwar hatte er ein in den bestehenden Sozialwissenschaften verbreitetes falsches Verständnis von naturwissenschaftlicher Objektivität kritisiert, das auf dem „Mythus vom induktiven Charakter der naturwissenschaftlichen Methode" beruhe (Popper 1961: 107); doch hatte er zugleich die Bedingungen für eine „*objektiv*-verstehende Sozialwissenschaft" (ebd.: 120) skizziert, die es erlaube, menschliche Handlungen als situationsbedingt objektiv zu verstehen, und die er am fortgeschrittensten in der Nationalökonomie entwickelt sah. Von Soros werden Poppers Einlassungen zu sozialwissenschaftlicher Objektivität nicht rezipiert. Im Gegensatz zu diesem postuliert er einen grundsätzlichen Unterschied zwischen den Objekten der Natur- und der Sozialwissenschaften.[8] Dieser manifestiere sich im Falle

---

[8] Es sei darauf hingewiesen, daß Soros seine in diesem Punkt kritische Abweichung von Popper in jüngerer Zeit mit den Worten eingeschränkt hat: „I now believe that I carried my arguments too far, just as the logical positivists did, only in the opposite direction." (Soros 1995, Bl. 4) Mit neueren Ansätzen aus den Naturwissenschaften, wie der Chaos-Theorie und der Theorie komplexer Systeme, sieht er – wenn auch eingeschränkt – Möglichkeiten gegeben, soziale Phänomene wissenschaftlich zu objektivieren. Allerdings bleibt seine Selbstzurücknahme in diesem Punkt nur halbherzig, da Poppers Objektivitätsbegriff nicht von der Übertragung naturwissenschaftlicher Methoden auf die Sozialwissenschaften abhängig ist.

menschlicher Handlungen in einem reflexiven Verhältnis von Denken und Realität. Dem folgt seine Kritik am Gleichgewichtsbegriff in der ökonomischen Theorie. Es könne nicht von unabhängig gegebenen Angebots- und Nachfragekurven gesprochen werden, heißt es in der *Alchemie der Finanzen*. Und an anderer Stelle: Die klassische Ökonomie sei nach dem Modell der Newtonschen Physik gebildet. Die Annahme von vollständigem Wissen (perfect knowledge), die dem Gleichgewichtsbegriff zugrundegelegt wurde, erweise sich aber als unhaltbar. („Unfortunately, reality never quite conformed to the theory." [Soros 1994, Bl. 2]) Auch der spätere methodologische Kunstgriff Lionel Robbins' – seines Lehrers an der London School of Economics –, Angebot und Nachfrage deshalb als gegeben vorauszusetzen, weil es Aufgabe der Wirtschaftstheorie sei, das Verhältnis zwischen beiden zu untersuchen und nicht je eine Seite für sich, habe lediglich als Vorrichtung zum Schutz des Gleichgewichtsparadigmas vor den Bedingungen der Realität gedient (vgl.ebd.).

Anstelle dieses, das Verhältnis von Wissen und Sachverhalten unzureichend wiedergebenden, begrifflichen Programms setzt Soros die Konzepte von „Reflexivität" und „unvollkommenem Verstehen" bzw. „Fehlbarkeit" und wendet sie in erster Linie auf die Finanzmärkte an. Reflexivität definiert er als Wechselwirkung zwischen heutigen Entscheidungen und künftigen Ereignissen oder als Verbindung zwischen Denken und Realität (vgl. Soros 1998a: 23 u. 43). Fehlbarkeit unterscheidet er in eine gemäßigte und eine radikale Variante: Erstere soll ausdrücken, daß das Denken der Menschen niemals völlig mit einer konkreten Situation korrespondieren könne und Handlungen daher unbeabsichtigte Folgen hätten.[9] Der Begriff der radikalen Fehlbarkeit geht darüber hinaus und meint die tatsächliche Unzulänglichkeit aller menschlichen Entwürfe (vgl. ebd.: 51).

Vor allem die ökonomische Theorie, so kritisiert Soros, vernachlässige das Prinzip Reflexivität und sei somit um eine entscheidende Dimension verkürzt:

> Die Gleichgewichtstheorie soll zeitlos gültige Verallgemeinerungen liefern, Reflexivität hingegen eröffnet eine historische Dimension. Mit dem

---

[9] Vgl. ebd.: 49. Soros räumt ein, daß er mit den moderneren Theorien effizienter Märkte und rationaler Erwartungen nicht vertraut ist. Er hält sie offensichtlich auch für unbrauchbar und verweist in diesem Zusammenhang genüßlich auf einige Vertreter dieser Theorierichtung, jene MIT-Professoren, die mit einem Hedgefonds namens Long-Term Capital Management bekanntlich spektakuläre Verluste produziert haben (vgl. ebd.: 77). Cross/Strachan (1997) weisen in ihrem Beitrag darauf hin, daß Soros' Gedanken durchaus mit aktuellen Arbeiten zur Theorie rationaler Erwartungen, wie sie etwa von Vertretern des Konzepts einer „bounded rationality" propagiert werden, vereinbar sind, und sehen ihn in einigen Punkten gleichzeitig in Übereinstimmung mit Keynes.

Zeitpfeil wird ein historischer Prozeß eingeführt, der zum Gleichgewicht tendieren kann oder auch nicht. In der realen Welt ist das der entscheidende Unterschied. (ebd.: 78)

Um diesem von ihm konstatierten Mangel abzuhelfen, entwirft Soros das „Modell einer Boom/Bust-Folge" bzw. „das Modell von Boom und Bust, oder, wie die Europäer sagen, von Hausse und Baisse" mit acht Ereignisphasen (ebd.: 88 u. 167): Aus einem zufällig herrschenden Vorurteil (Fehlbarkeit!) entwickelt sich ein Trend, der zunächst kaum wahrnehmbar ist. Dieser Trend wird 2. erkannt und verstärkt. Nach einer Überprüfung (3.) des Trends wird er 4. verstärkt, wenn sich das Vorurteil bestätigt. Auf den Augenblick der Wahrheit (5.) folgt 6. eine „Zwielichtperiode", bevor sich der Trend am Wendepunkt (7.) endgültig bricht und 8. sich die Entwicklung in die entgegengesetzte Richtung beschleunigt. Das dazugehörige Diagramm (vgl. ebd.: 89) kann man sich leicht vorstellen: es entspricht z. B. dem Chart des Dax oder (fast) jeder beliebigen Aktie ungefähr von Frühjahr bis Herbst 1998 – eben eine Kurve mit einem ausgeprägten Buckel.

Soros versteht sein Modell als Beitrag zu einer „Theorie des dynamischen Ungleichgewichts" (ebd.: 77), für das er den Gleichgewichtsbegriff als Referenzfolie benötigt. Die von ihm kritisierte ökonomische Theorie wird somit nicht zurückgewiesen, sondern lediglich „ergänzt". Ein Boom/Bust-Prozeß verbinde „Zustände des annähernden Gleichgewichts mit weit aus dem Gleichgewicht geratenen Zuständen" (ebd.: 98). Als annäherndes Gleichgewicht wird dabei eine Situation definiert, in der die Vorurteile der Menschen nicht allzusehr von der Realität abweichen (vgl. ebd.: 103). Sein Modell eignet sich daher im Grunde genommen lediglich für Ex-post-Betrachtungen – denn welche externe Beobachterin könnte die Situationseinschätzung konkreter Akteure als zutreffend oder unzutreffend beurteilen? Ebenso wie für alle Beteiligten gilt auch für sie die Möglichkeit der Fehleinschätzung.

Zur Illustration wendet Soros sein Modell auf zwei historische Beispiele an – das Kapitel ist entsprechend mit „Reflexivität in der Geschichte" überschrieben – und geht damit über den engeren Rahmen der ökonomischen Theorie hinaus. Die Entwicklung der Sowjetunion seit ihrem Entstehen sei einem modifizierten Boom/Bust-Prozeß gefolgt: Der ursprüngliche Trend habe zu einer geschlossenen Gesellschaft geführt, doch die Lücke zwischen den tatsächlichen gesellschaftlichen Bedingungen und deren offizieller Interpretation sei zu groß gewesen, weshalb sich zunächst ein statisches Ungleichgewicht eingestellt habe. Nach Stalins Tod erfolgte eine längere „Zwielichtperiode", und die Reformen der Perestroika führten schließlich zum Zerfall (vgl. ebd.:

98ff.). Ein ähnlich verzögerter Prozeß wird für die Entwicklung der internationalen Finanzmärkte ausgemacht: Sie waren – infolge des Börsencrashs von 1929 – streng reglementiert, es dauerte 35 Jahre, sie wieder in Gang zu bringen, und mit der Ölkrise und dem internationalen Kreditboom entstand ein dynamisches Ungleichgewicht. Die beiden Beispiele sollen zeigen, daß Ungleichgewichte sowohl durch Stillstand wie auch durch Beschleunigung gekennzeichnet sein können (vgl. ebd.: 101f.).

Mit letzterem Beispiel verwendet Soros sein Modell allerdings auch zur Vorhersage künftiger Entwicklungen. Durch die Instabilität der Finanzmärkte sei ein Boom/Bust-Prozeß ausgelöst worden, der zum Zusammenbruch des Weltfinanzsystems und des internationalen freien Handels führen könne (vgl. ebd.: 14) – und nochmals drastischer: „Das kapitalistische Weltsystem steht unmittelbar vor seiner Auflösung." (ebd.: 140) Diese zumindest für einen Börsenspekulanten einigermaßen bedrohliche Prophezeiung müsse sich jedoch nicht bewahrheiten, denn der Zusammenbruch könne durch die Intervention internationaler Finanzinstitutionen abgewendet werden. Insofern dürfe man Modelle nicht zu wörtlich nehmen (vgl. ebd.: 220).

Die Schilderung und Analyse der Finanzmarktprobleme sowie Überlegungen zu deren Lösung sind das eine Anliegen des aktuellen Buches, doch Soros hat noch ein weiteres: Er konstatiert das Versagen des Nichtmarktsektors und meint damit Politik und gesellschaftliches Wertesystem. Dieses Versagen beruhe darauf, daß das Eigeninteresse zum alles übersteigenden moralischen Prinzip erhoben wurde und der „Marktfundamentalismus in Form eines ideologischen Imperialismus unablässig" in Bereiche vorstößt, „die nicht allein durch Marktkräfte reguliert werden dürfen".[10] Statt dessen will Soros „eine gesunde Balance zwischen Politik und Markt" (ebd.: 28), die zwar nicht durch einen Weltstaat hergestellt werden könne, aber auf einem globalen System der politischen Entscheidungsfindung basieren müsse, das die Souveränität von Einzelstaaten dem internationalen Recht und internationalen Institutionen nachordnet. Ein solches System kann er sich nur unter Führung der USA – „die einzig noch verbliebene Großmacht" (ebd.: 283) – vorstellen, die sich bislang jedoch internationaler Zusammenarbeit verweigere und ihre Führungsrolle nicht wahrnehme – *Die Krise des globalen Kapitalismus* wurde im Herbst 1998 fertiggestellt; wir werden zum Schluß darauf zurückkommen.

---

[10] Ebd.: 26f. Der bekanntere, bereits 30 Jahre alte Ausdruck für diesen Zusammenhang lautet „economics imperialism" und wurde ursprünglich von Kenneth Boulding (1969: 8) geprägt.

Das Elend der Finanzmärkte und seine schnelle Beseitigung

> Vor jedem Neuanfang muß die Erkenntnis stehen, daß Finanzmärkte ihrem Wesen nach instabil sind. Das kapitalistische Weltsystem gründet sich aber auf die Überzeugung, daß Finanzmärkte von sich aus zum Gleichgewicht tendieren – man erwartet, daß sie wie ein Pendel funktionieren: Durch äußere Kräfte – sogenannte exogene Erschütterungen – können sie aus dem Gleichgewicht geraten; dennoch werden sie immer zurück in den Gleichgewichtszustand streben. Diese Überzeugung ist falsch [...] Statt wie ein Pendel haben die Finanzmärkte in letzter Zeit eher wie eine Abrißbirne funktioniert: eine Wirtschaft nach der anderen haben sie zusammenbrechen lassen.
> (Soros 1998a: 14f.)

Die Finanzmärkte tendieren also nicht zum Gleichgewicht, sondern sind instabil und richten viel Schaden an. Als Ursache hierfür macht Soros Reflexivität aus, die wiederum darin begründet ist, daß die Erwartungen der Akteure bei Finanzmarkttransaktionen eine große Rolle spielen. Die meisten Ökonomen ignorierten dies und hielten statt dessen am Gleichgewichtsbegriff fest. Als Ausnahme wird lediglich – immerhin! – an einer Stelle auf John Maynard Keynes verwiesen (vgl. ebd.: 156).

Nach konventioneller Interpretation repräsentieren Preise auf den Finanzmärkten die sogenannten Fundamentaldaten wie Unternehmensbilanzen, Gewinne und Dividenden, die jedoch – so Soros – von den Ansichten der Beteiligten beeinflußt sind: Investoren bilden Erwartungen über die *zukünftige* Entwicklung dieser Fundamentaldaten, die sich im Nachhinein bestätigen oder auch nicht, daher können sich selbst verstärkende Trends hervorgerufen werden. Dieses Problem werde heute durch institutionelle Investoren, die sich trendfolgend verhalten und eher reagierten als agierten, noch verschärft (vgl. ebd.: 95 u. 172f).

Kredit wird somit zur Ursache von Instabilität, die Krisen hervorruft, mit denen nicht angemessen umgegangen wird. Als Grund für die mangelnde Fähigkeit zur Krisenbekämpfung gibt Soros einmal nicht fehlendes Wissen oder falsche Theorien an, sondern er benennt mit drastischen Worten handfeste Interessen: So „weist das kapitalistische System ausgeprägte imperialistische Tendenzen auf" (ebd.: 142) und ist in Zentrum und Peripherie gegliedert. Die Beziehung zwischen beiden Polen ist dabei von Asymmetrien geprägt, die in der relativen Immunität der Kreditgeber aus den Zentren und den eingeschränkten Möglichkeiten der Peripherie, die Hoheit über ihre eigenen Währungen für geldpolitische Maßnahmen zu nutzen, bestehen. Sind Länder einmal von Kreditkrisen betroffen, tritt als internationale Finanzinstitution der IWF auf den Plan, der im Interesse des ihn kontrollierenden Zentrums agiert. Er ist außerdem auf kommerzielle Kreditgeber angewiesen, um das Marktvertrauen in die Krisenländer wiederherzustellen, weil er selbst zu wenig finanzielle Ressourcen besitzt. Kreditgeber tragen daher so gut wie kein Risiko, weil sie nicht davon ausgehen müssen, im Krisenfall durch den IWF herangezogen und durch hohe Verluste oder gar einseitige Leistungsverweigerung von Schuldnerländern bestraft zu werden (vgl. ebd.: 161ff. u. 228ff.). „Die IWF-Programme dienten dazu, die Kreditgeber zu retten, und sie ermutigten diese, unverantwortlich zu handeln. Das ist die Hauptquelle der Instabilität im internationalen Finanzsystem." (ebd.: 227)

Über konkretere Entstehungszusammenhänge und Interessenlagen im Verlauf der Finanzmarktkrisen seit den 70er Jahren äußerte sich Soros bereits ausführlicher in *Die Alchemie der Finanzen* von 1987. Das „internationale Schuldenproblem", so Soros damals, kann aus dreierlei Perspektiven betrachtet werden: der Entwicklung der Schuldnerländer, der Entwicklung des Bankensystems, der Entwicklung der Weltwirtschaft. Die Ursprünge des „internationalen Schuldenbooms" reichten bis zur ersten Ölkrise von 1973 zurück, während die tiefergreifenden Veränderungen im Wirtschaftszyklus mit dem Niedergang des Bretton-Woods-Abkommens seit 1971 anzusetzen seien. Aus der Perspektive der Entwicklung des Bankensystems, die bei ihm im Vordergrund steht, ist der Ausgangspunkt der Betrachtung auf Anfang des Jahres 1972 zu datieren. Zu diesem Zeitpunkt fand ein von der First National City Bank of New York veranstaltetes Essen von Wertpapieranalysten statt. Diese Bank wird von Soros als das „geistige Zentrum" einer „neuen Denkschule" von Bankern betrachtet, welche sich – von dort ausgehend – in Spitzenpositionen anderer Banken ausbreitete. Für diese jüngere Generation von Bankern – „die an den Wirtschaftsschulen gelernt hatte und in den grundlegenden Begriffen des Gewinns dachte" (Soros 1987: 106) – sei die Verwendung neuartiger Finanzinstumente und der insgesamt aggressivere Einsatz von Kapital charakteristisch. Durch das aggressivere Management hatten die Banken im Verlauf eines Wachstumsprozesses Spitzenrenditen erzielt, die sich aber nicht in einem entsprechenden Kursanstieg der Bankaktien widerspiegelten. Außerdem hatte sich dadurch ein (nach damaligen Maßstäben) ungünstiges Verhältnis von Fremd- zu Eigenkapital ergeben, und weiteres Wachstum machte zusätzliches Aktienkapital erforderlich. Der Hintergrund des Essens war somit der Handlungsdruck der Banken, die den Analysten die zugrundeliegenden Veränderungen im Bankengeschäft zu verdeutlichen versuchten.

Tatsächlich kam es in der Folgezeit zu einer Besserbewertung der Bankaktien, doch sei diese Entwicklung kurz darauf durch eine beschleunigte Inflation und steigende Zinssätze zunichte gemacht worden. Nach der ersten Ölkrise hätten die sich bei den Banken ansammelnden Petrodollars eine Größenordnung erreicht, die es erforderlich machte, sie (gewinnbringend) zu reinvestieren. Da die Regierungen der industrialisierten Staaten sich zu einer koordinierten Rückführung von Petrodollars nicht fähig zeigten, blieb dies den Geschäftsbanken überlassen:

> Es gab zwar lebhafte Diskussionen über Projekte zwischen den Regierungen, aber außer steigenden Zahlungen Saudi-Arabiens an den IWF und an die Weltbank kam nicht viel heraus. Die Regierungen der industrialisierten Staaten versagten kläglich dabei, die Gelegenheit am Schopfe zu ergreifen, und durch dieses Versäumnis blieb die Rückführung der Petrodollars an den Banken hängen. Die Banken sprangen in die Bresche und erfüllten ihre Aufgabe allzu gut. Vollgestopft mit Kapital, wurden sie zu aggressiven Kreditanbietern – und sie fanden viele Abnehmer. Weniger entwickelte Länder ohne Ölvorkommen versuchten, ihre Defizite durch Aufnahme hoher Schulden zu finanzieren; die Länder mit Ölvorkommen investierten in ehrgeizige Expansionsprogramme, die sie kraft ihrer Ölreserven durch Verschuldung finanzierten. Dies war der Zeitpunkt der Entspannung, was bedeutete, daß die osteuropäischen Länder von westlichen Banken riesige Summen ausliehen, die sie mit dem erhofften Gewinn aus mit dem geborgten Geld errichteten Fabriken zurückzuzahlen gedachten. So begann der Boom der internationalen Verschuldung. (ebd.: 107f.)

Die enorme Profitabilität des internationalen Kreditgeschäfts machte diesen Sektor nach Soros zum schnellstwachsenden der Bankbranche. Die geringe Spanne zwischen Kreditkosten und -zinsen, finanztechnische Innovationen durch den Einsatz von Computern sowie der sich internationalisierende Wettbewerb der Banken um Marktanteile führten nicht nur zu einer unzureichenden Bewertung der Kreditfähigkeit von Schuldnerländern und zu – im Nachhinein – unzureichenden Rückstellungen der Geschäftsbanken, sondern auch dazu, daß sich in Zahlungsbilanzschwierigkeiten geratende Schuldnerländer nicht an den IWF zu wenden brauchten, sie vielmehr Liquiditätsengpässe durch Zugang zu weiteren Geschäftsbankenkrediten umgehen konnten. Ohne alle Einzelheiten in der Analyse der Verschuldungskrise und -spirale hier wiedergeben zu können, schildert Soros die Praktiken und das sich globalisierende Konkurrenzgefüge der Geschäftsbanken eindringlich als einen selbstreferentiellen und selbstverschärfenden Prozeß. Es ist nichts anderes als der schon von Marx – den er allerdings nicht als Ökonomen, sondern nur als realsozialistisch entstellten Diamat-Theoretiker wahrnimmt und daher in diesem Zusammenhang auch nicht erwähnt – geschilderte Kampf um Profitabilität und Anlagesphären, übertragen auf das internationale Bankgeschäft.

Liefen die nationalstaatlichen Aufsichtsbehörden den handelnden Geschäftsbanken bis dato immer einen Schritt hinterher und hatten sie „unabsichtlich" durch den Transfer gewaltiger Finanzmittel in weniger und unterentwickelte Länder „eine der Aufgaben, für die die Bretton-Woods-Institutionen – der IWF und die Weltbank – geschaffen worden waren" (ebd.: 110), übernommen, so änderte sich dies im Verlauf der zweiten Ölkrise seit 1979 und des Zusammenbruchs des Systems unregulierter Kreditvergabe mit der Krise des Jahres 1982. Als Erklärung für den Umstand, daß sich die federführenden Notenbanken bis zu diesem Zeitpunkt zu keiner gemeinsamen internationalen Aktion durchringen konnten, bietet Soros zwei Hypothesen an: Zum einen seien „die Zentralbanken selbst von dem Konkurrenzdruck beeinflußt worden, der die unter ihrer Schirmherrschaft stehenden Geschäftsbanken erfaßt hatte" (ebd.: 115), hätten allein nationalstaatliche Regulationen also zu einer Verschlechterung der Position im internationalen Wettbewerb der Geschäftsbanken geführt; zum anderen handelten die Notenbanken selbst unter der „falschen Ideologie" (ebd.) des Monetarismus, der die Beziehung von Geld und Kredit nicht als reflexive erfasse. Das Bündnis, das die Notenbanken ab 1982 eingingen und das von Soros als das „kollektive System der Kreditgewährung" bezeichnet wird, war einem notgedrungen Umstand geschuldet:

> Die institutionelle Organisation verleiht den Zentralbanken die Autorität und die Pflicht, als letztmöglicher Kreditgeber aufzutreten. Das Schuldenproblem war aber zu groß, um es über die Liquiditätsversorgung der Banken in den Griff zu bekommen. Die erforderlichen Summen übertrafen bei weitem das Eigenkapital der Banken. Hätte man den betreffenden Ländern gestattet, mit ihren Zahlungen in Verzug zu kommen, so wäre das Bankensystems zahlungsunfähig geworden. Deswegen gingen die Zentralbanken über ihre traditionelle Rolle hinaus und verbündeten sich, um die Schuldnerländer zu retten. (ebd.: 117)

Das Bündnis ist eine Folge des „Versagen[s] des freien Marktes" und wird „nur durch den drohenden Zusammenbruch zusammengehalten" (ebd.: 116 u. 123). Da das von den führenden Industrienationen vertretene kollektive System der Kreditgewährung laut Soros auf dem „Prinzip der freiwilligen Zusammenarbeit" (ebd.: 133) basiert, ist es in der Innenperspektive nicht als ein homogener Block zu betrachten. So bestehen durchaus unterschiedliche regionale Strategien zur Entwicklung des Bankensystems. Soros unterscheidet zwischen den Zentralbanksystemen des europäischen Kontinents (hier insbesondere unter der Dominanz der Bundesbank), Großbritanniens und der Federal Reserve. Auch bedeutet das aus der Not geborene Kollektiv keine Abkehr von der Ideologie der Deregulierung. Darüber hinaus, wenngleich auf weniger Raum und ohne eine einschlägige Theorie der Politik, werden auch die Bedingungen und Motive der Wirtschafts- und Hochzinspolitik der USA mit ihren bekannten schuldenkrisenverschärfenden Folgen unter der Rubrik „Reagans imperialer Kreislauf" (ebd.: 125) thematisiert.

Bemerkenswert erscheint Soros' Analyse der Verschuldungskrise aus zwei Gründen: Erstens kann sie – kritisch gewendet – die aus den privatkapitalistischen Konkurrenzkämpfen (hier der Geschäftsbanken) erwachsenden Systemimperative nationaler Politik darlegen und damit über eine innerhalb der Linken vorherrschende voluntaristisch-schematische Beschreibung von ökonomischen Bedingtheiten internationaler Politik hinausführen. Zweitens zeigt sie eindringlich die systemischen Folgewirkungen der von Neoliberalen und Monetaristen vertretenen Politik eines bedingungslos freien Wettbewerbs. Die Propagierung von „Markt als Entdeckungsverfahren", wie sie von Hank in seiner FAZ-Rezension von Soros' Buch *Die Krise des Globalen Kapitalismus* vertreten wird: „Sein Weg geht nicht von Karl Popper zu Friedrich A. von Hayek, sondern zurück zu jenem anmaßenden Wissen, das den Märkten Regeln auferlegen will, die über die Grundbedingungen einer freiheitlichen Ordnung – Privateigentum und Vertragsfreiheit – hinausgehen" (Hank 1998), wird durch Soros' Schilderung geradezu ad absurdum geführt. Auch der Hinweis auf die Moral, „zwischen der Handlungslogik des Fondsmanager und des Philosophen herrscht nicht Reflexivität, sondern Spaltung und Ignoranz" (ebd.), verweigert sich den von Soros – hier könnte man überspitzt sagen: mit Marx – erkannten systemischen Notwendigkeiten von unter kapitalistischen Bedingungen handelnden Akteuren:

> Ein Geschäftsbanker, der es ablehnt, dem zu folgen, was wie ein profitables Geschäft aussieht, wird wahrscheinlich zur Seite geschoben werden; und selbst, wenn eine Bank sich entschließt, nicht mitzumachen, so gibt

> es viele andere, die wahrscheinlich begierig darauf sind, ihren Platz einzunehmen. Selbst diejenigen, die erkannten, daß der internationale Kreditboom ungesund war, sahen sich der Wahl gegenüber, mitzumachen oder ihre Stellung einzubüßen. (Soros 1987: 114)

Auch ein gutes Jahrzehnt nach diesen Bemühungen muß Soros erkennen, daß das internationale Finanzsystem keine Lernfähigkeit bewiesen hat, da sich nach dem Kreditboom der 70er Jahre und der darauf folgenden Schuldenkrise ähnliches mit der Krise in Mexiko 1994 und schließlich der Asienkrise 1997 wiederholte – mit dem Unterschied, daß letztere im privaten Sektor verursacht wurde. Der IWF verordnete jeweils die gleiche bekannte Medizin, nämlich eine Sparpolitik zur Reduzierung der Budgetdefizite und zur Wiederherstellung des Vertrauens in die betroffenen Währungen. Die Ausbreitung der Krisen führte dazu, daß sich einzelne Länder wie Malaysia abzukoppeln versuchten, was ihnen allerdings nur kurzfristige Linderung verschaffen kann (vgl. Soros 1998a: 178ff.). Mit der Formulierung, es sei mittlerweile „ein Glaubensbekenntnis, daß Kapitalkontrollen abgeschafft und die Finanzmärkte einzelner Länder, einschließlich der Banken, für den internationalen Wettbewerb geöffnet werden sollten", sympathisiert er immerhin mit dem Gedanken, daß Abschottung als Krisenschutz hilfreich sein kann und verweist auf die aktuellen Erfahrungen in Indien und China – sie „überstanden den Sturm besser" (ebd.: 241). Langfristig sei es allerdings lebenswichtig für die Peripherie, Kapital anzuziehen, und auch aus politischen Gründen seien „geschlossene Ökonomien" abzulehnen, weil sie „zu Korruption und Machtmißbrauch" einladen und „unweigerlich die Freiheit" bedrohen (ebd.).

Die Wucht der Krisen hätte statt dessen durch rechtzeitige Interventionen von Regierungen, Banken und dem IWF mittels koordiniertem Schuldenmanagement und Liquiditätsspritzen – also dem Gegenteil der üblichen IWF-Spar-Rezeptur – abgemildert werden können. Hierzu führt Soros an verschiedenen Stellen konkrete Beispiele für seiner Meinung nach sinnvolle Maßnahmen an: So seien mexikanische Schatzanleihen mit hohen Risikoprämien aus der Krise 1994/95 unversehrt hervorgegangen, womit der IWF sich den Vorwurf einhandelte, er rette Spekulanten; demgegenüber habe er im Fall der Ukraine gelernt und die Bedingung gestellt, daß die dortigen Schatzanleihen in langfristige, niedrigere Erträge bringende Wertpapiere zu verwandeln seien, was „unklugen Kreditgebern" hohe Verluste bescheren könne (ebd.: 228). Als weitere Maßnahme wird die Umwandlung von Schulden in Eigenkapital bzw. Grundkapital empfohlen (vgl. ebd.: 174 u. 191), womit offensichtlich gemeint ist, daß Gläubiger Eigner von Besitzanteilen der (zahlungsunfähigen) Schuldner werden sollen. Wichtig sind für Soros außerdem Regulierungsmaßnahmen für Banken; besonders hervorgehoben wird die 1988 unter der Aufsicht der Bank für internationalen Zahlungsausgleich eingeführte Eigenkapitalanforderung für Handelsbanken. Darüber hinaus seien aber auch Deckungsbedingungen für Derivate, Swaps und Termintransaktionen einzuführen, die in Bilanzen bisher teilweise nicht auftauchen. Da Finanzinnovationen die Instabilität noch steigern könnten, sei es auch überlegenswert, sie lizensieren zu lassen (vgl. ebd.: 159 u. 238).

Als allgemeines Ziel nennt Soros die Verhinderung von trendfolgendem Verhalten und dadurch die Stabilisierung der Finanzmärkte, was den Rückfluß von Kapital aus Krisenländern verhindern bzw. stoppen soll, um sie dem Weltfinanzsystem zu erhalten. Dazu müßte eine länderübergreifende Überwachungs- und Regulierungsbehörde geschaffen werden, die der Krisen*vorbeugung* statt -regulierung dient. Notwendig sei die Einführung einer Internationalen Kreditversicherungsgesellschaft bzw. eines Programms zur Versicherung von Kreditgarantien (vgl. ebd.: 222ff.), für die auch Sonderziehungsrechte genutzt werden könnten, deren Ablehnung „eindeutig ideologische Gründe" (ebd.: 226) habe.

> Die neue Institution, die vermutlich Teil des IWF bliebe, würde internationale Anleihen und Kredite bis zu festgelegten Limits ausdrücklich garantieren. Die kreditnehmenden Länder wären gezwungen, Daten über sämtliche Kredite, ob öffentlich oder privat, versichert oder nicht, zugänglich zu machen. Dies würde es der Behörde ermöglichen, für die Beträge, die sie zu versichern bereit ist, eine Höchstgrenze zu setzen. Bis zu den Beträgen wären die betroffenen Länder in der Lage, mit Vorzugszinsen und einer bescheidenen Gebühr Zugang zu internationalen Kapitalmärkten zu bekommen. Jenseits dieser Grenzen müßten die Kreditgeber das Risiko tragen [...] Die neue Institution würde tatsächlich als eine Art internationale Zentralbank funktionieren. Sie würde versuchen, Exzesse in jeder Richtung zu verhindern, und hätte ein machtvolles Werkzeug zur Verfügung. (ebd. 230f.)

Diese Passage des 300-seitigen aktuellen Soros-Buches ist die einzige, in der konkrete Vorschläge für eine Stabilisierung der Finanzmärkte benannt werden. Hier befindet sich auch in einer Anmerkung ein ausdrücklicher Verweis auf die ursprünglichen Vorstellungen der „Gründer der Institutionen von Bretton Woods"– allerdings ohne Verweis auf den Plan von John Maynard Keynes, den Soros unter den Ökonomen noch am meisten schätzt. Daß damals z. B. auch daran gedacht worden war, Länder mit Leistungsbilanzüberschüssen negativ zu sanktionieren, oder über aktuelle Regulierungs-Vorschläge, die auf die ursprünglichen Pläne zurückgreifen[11] – davon erfährt man bei Soros nichts.[12]

Was lernt uns das?

„[...] ein großer Aufwand ohne viel Ertrag" (Heuser 1999) – zumindest in diesem Punkt muß dem *Zeit*-Rezensenten von *Die Krise des Kapitalismus* rechtgegeben werden. Soros' Reformvorschläge sind teilweise – aber mit weitergehendem Ziel – bereits vor mehr als einem halben Jahrhundert vor allem von Keynes unterbreitet worden, und die Kritik an den Beschränkungen der Gleichgewichtstheorie wurde insbesondere von dessen Nachfolger(-inne)n im postkeynesianischen Lager ausgearbeitet. Allerdings ist diese Theorietradition im Moment alles andere als wirkungsmächtig. Insofern könnte Soros als ein willkommener Verbündeter, wenn auch nicht auf der kapitalismuskritischen, so mindestens auf jener reformorientierten Seite, die der Dominanz des neoliberalen Mainstream entgegenzuwirken versucht, begrüßt werden. Außerdem wäre er ein durchaus interessanter Verbündeter, da er zum einen ursprünglich nur die „geschlossene Gesellschaft", nun aber den losgelösten Kapitalismus als Gegner betrachtet; zum anderen ist er als Börsenspekulant tatsächlich einer derjenigen, die von der Instabilität der Finanzmärkte profitieren und sich daher mit einer erfolgreichen Reformierung um die Grundlagen seines (monetären) Erfolges bringen würde – denn bei stabiler Entwicklung wären die Gewinnmöglichkeiten auf diesem Markt erheblich eingeschränkt. Nicht zufällig begann der Aufstieg des Soros-Imperiums im Jahr 1969, als es im Fix-Kurs-System von Bretton Woods bereits heftig rumorte; und in diesem Zusammen-

---

[11] Zu den ursprünglichen Plänen für das Bretton-Woods-System vgl. Limbers 1999, zur Diskussion neuerer Vorschläge vgl. Eicker-Wolf u. a. 1999, Kapitel 4.2.

[12] Noch 1987 hatte Soros tatsächlich weitergehende Reformvorschläge formuliert. In der *Alchemie* finden sich nicht nur Forderungen zur Lösung des Verschuldungsproblems wie die nach Schaffung eines Konkursverfahrens für internationale Schulden und die nach Gründung einer internationalen Zentralbank zur Koordinierung eines weltweiten Kreditwachstums, sondern auch Vorschläge zur Bildung einer auf Öl als Rechnungseinheit basierenden internationalen Währung, die – verbunden mit einem Konzept eines Ausgleichsfonds für Öl – „die spekulativen Einflüsse aus den internationalen Kapitalbewegungen verdrängen" und „weltweit inflationäre und deflationäre Exzesse verhindern" sollte. Allerdings standen diese Vorschläge ersichtlich unter einem als *japanische Herausforderung* wahrgenommenen Zeiteindruck: Soros sah einen „Übergang der wirtschaftlichen und finanziellen Macht von den Vereinigten Staaten auf Japan" und betrachtete seine Reformvorschläge zugleich als ein Rezept, um einerseits die japanische Gesellschaft in ein Wertesystem der offenen Gesellschaft zu überführen und andererseits die Stellung der USA in der Welt zu festigen (vgl. Soros 1987: 333-377).

hang muß auch die Soros vor allem von der Medienindustrie zugeschriebene Macht zur Beeinflussung von Märkten relativiert werden: Als Insider beobachtet er sicherlich Trends und Krisensituationen genau, kann mit seinen umfangreichen finanziellen Mitteln frühzeitig intervenieren und bestimmte Entwicklungen gegebenenfalls damit *beschleunigen – verursacht* werden Marktbewegungen auf diese Weise jedoch nicht.[13]

Soros als Verbündeten zu vereinnahmen, erscheint uns allerdings doch zu vorschnell. Trotz Kritik und mitunter wortgewaltiger Kapitalismusschelte beschränkt er seine Betrachtungen im wesentlichen auf die Finanzmärkte, und selbst hier bleiben – wie gesehen – seine Vorschläge zurückhaltend. Mit einigen wenigen, wenn auch sinnvollen Maßnahmen sollen die Finanzmärkte, „die ihrem Wesen nach instabil sind" (Soros 1998a: 14), stabilisiert werden. Ihre Freiheit wird jedoch nicht grundsätzlich in Frage gestellt. Die Umsetzung seiner Vorschläge würde sicherlich weitergehend als bisher dazu beitragen, daß Länder (kleinere) Liquiditätskrisen überwinden, und könnte somit beruhigend auf die Finanzmärkte wirken. Außerdem betont Soros die Notwendigkeit vorbeugender Aktionen seitens internationaler Institutionen – im Gegensatz zur momentanen Feuerwehrpolitik, die immer erst dann zur Anwendung kommt, wenn es bereits lichterloh brennt. Fraglich ist allerdings, ob – entsprechend seinen Vorstellungen – tatsächlich Kredite, die über das versicherte Limit hinausgehen, im Krisenfall ganz dem Risiko der Gläubiger überlassen werden (können). Denn ebenso wie bei den Finanzmarktkrisen der letzten Jahre könnte sich damit – vielleicht erst auf höherem Niveau – eine allgemeine Kreditkrise mit den bekannten durchschlagenden Wirkungen auf die übrigen Märkte ausbreiten.

Hier klafft bei Soros eine theoretische Lücke, die bereits an anderer Stelle – seiner Kritik am Gleichgewichtsbegriff in der ökonomischen Theorie – zu konstatieren ist. Denn die Übertragung des Konzepts von Reflexivität und Fehlbarkeit auch auf die Warenmärkte bleibt unklar; sein äußerst schwaches Argument lautet: „Im Fall der Commodities, wo das Angebot stark von der Produktion und die Nachfrage stark vom Konsum abhängt, ist die Lage nicht so eindeutig." (Soros 1987: 39) Aufgrund seiner prinzipiellen (erkenntnistheo-

---

[13] Dieses Sachverhalts ist sich Soros, dessen Aufstieg zum medial gehandelten Börsenguru mit der erfolgreichen Spekulation gegen das britische Pfund und dem damit realisierten Gewinn in Höhe von 1,5 Mrd. $ (nach anderen Angaben: 1 Mrd. $) 1992 begann, durchaus bewußt. In einem der deutschen Ausgabe der *Alchemie* beigefügten, aus dem Jahr 1993 stammenden Anhang mit dem Titel „Die Aussichten für einen Zerfall Europas" heißt es daher: „Das Britische Pfund hätte den Europäischen Währungsverbund sowieso verlassen, ganz gleich, ob ich gegen es spekuliert hätte oder nicht." (Soros 1987: 389)

retischen) Argumentation ist eine generelle Übertragbarkeit möglich, wahrscheinlich von Soros auch nicht ausgeschlossen. Die Nicht-Thematisierung hat weitreichende Konsequenzen: Seine Feststellung, daß er die mit der Verteilung des Wohlstands verbundenen Probleme nicht für unwichtig hält, seine Analyse dazu allerdings wenig beizutragen vermag (vgl. ebd.: 337), ist eine davon. Würde nämlich das Konzept auf den allgemeinen Marktmechanismus übertragen, müßte eine *allgemeine* Theorie ökonomischer Instabilität konstatiert werden: Analog zu der von Soros dargelegten Instabilität auf den Finanzmärkten, die keine beständige ist, sondern eine durch die Zeit sich entwickelnde, wären auch die Warenmärkte durch latente Instabilitäten geprägt, die sich z. B. in Form zyklischer Krisenhaftigkeit und damit verbundener Verschiebungen der Einkommensverteilung äußern könnten. Dann aber wären zugleich weiterreichende politische Konsequenzen zu ziehen, als sie mit Soros' Stabilisierungsbestrebungen auf den internationalen Finanzmärkten aufgezeigt werden.

Hier werden die Restriktionen einer Betrachtung deutlich, die – wie Soros – die Zukunft des Kapitalismus als Wahlentscheidung vorstellt: Das Überleben des globalen Kapitalismus und der Prinzipien einer offenen Gesellschaft mögen in der Logik des Gedankens davon abhängig sein, ob die Wahl in Richtung internationaler Stabilisierung oder in Richtung nationalstaatlicher Regulierung à la Malaysia oder Jugoslawien geht. Die Ausblendung jeglicher binnenökonomischer Perspektive, mehr noch, die Nichtberücksichtigung einer auch die sozio-ökonomischen Verhältnisse betrachtenden handlungstheoretischen Dimension scheint diese analytische Verkürzung geradezu zu bedingen.

Auffällig ist, daß Soros sowohl mit seiner Vision der Übernahme der UN durch eine „open society coalition" und der Verwandlung der Generalversammlung von einem Debattierclub („talking shop") in eine genuine Legislative zur Etablierung internationalen Rechts[14] als auch mit seinem Vorschlag, das Konzept der offenen Gesellschaft einer (nach eigenen Worten: verzweifelt nach einer Aufgabe suchenden) NATO als neue Mission anzupreisen[15], zumin-

---

[14] Allerdings mit einer Einschränkung: „The laws would be valid only in the countries that ratify them, but members of the open society coalition would pledge themselves to ratify the laws automatically, provided they have been ratified voluntarily by a qualified majority. In that way, a body of international law could be developed without infringing on the principle of national sovereignty." (Soros 1998b, Bl. 3)

[15] „Now that the cold war has ended, the threats to our security do not come from a hostile superpower but from would-be dictators who seek to establish internal dominance by fostering external conflict. Milosevic and Tudjman are partners in crime. By projecting its military power into the surrounding areas, NATO could become a powerful instrument in preventing conflicts. But

dest anschlußfähig ist an die ideologischen Darreichungen der Befürworter des NATO-Angriffs auf Jugoslawien und den politischen Vorstellungen der ehemaligen Linken in den Kriegskabinetten. In dieser Perspektive wäre der Krieg gegen Jugoslawien tatsächlich ein Globalisierungskrieg, was vielleicht weiterhilft im Verständnis, als die zur Zeit angebotenen sonstigen Interpretationen.

Möglicherweise stellt Soros in einem zukünftigen Buch fest, daß die von ihm heute propagierte und von den USA mit ihren partners in leadership angeführte open society coalition bereits auf dem Weg ist, eine neue Form der „geschlossenen Gesellschaft" zu etablieren – denn ein nicht selten gesehenes Phänomen ist, daß ältere Menschen mit neuen Ansichten überraschen. Statt Altersstarrsinn oder im schlimmeren Fall Senilität kommt plötzlich eine unerwartete Altersradikalität zum Vorschein. Im Fall von George Soros besteht also durchaus die Möglichkeit, daß er, nachdem er laut und deutlich A gerufen hat, auch noch B sagt.

Haben sich reifere Herren (auch Damen) allerdings schon Zeit ihres Lebens widerspenstig gegenüber den herrschenden Verhältnissen und jeweiligen politischen Modetrends gezeigt, sind vergleichbare Alterskrankheiten nicht zu erwarten.

Literatur

Adorno, Theodor W. 1961; Zur Logik der Sozialwissenschaften; in: Theodor W. Adorno/Ralf Dahrendorf/Harald Pilot/Hans Albert/Jürgen Habermas/Karl R. Popper; Der Positivismusstreit in der deutschen Soziologie, 4. Aufl., Darmstadt und Neuwied 1975, S. 125-143 (urspr. 1961).

Boulding, Kenneth E. 1969; Economics as a Moral Science; in: American Economic Review, Vol. LIX, S. 1-12.

Business Week, August 23, 1993, Cover Story, The Man who moves Markets, S. 30-37.

---

crisis prevention must start much earlier, and the earlier it starts, the less force it needs. The creation and preservation of open society ought to be recognized as a prime objective of foreign policy. By building a new transatlantic alliance around this principle, we could justify NATO expansion and prevent a new division of Europe. At the same time, by excluding security issues from the scope of the European Central Government and making it a transatlantic concern we would prove that the European Union is not meant to be a superstate." (Soros 1997b, Bl. 4)

Cross, Rod/Douglas Strachan 1997; On George Soros and Economic Analysis; in: Kyklos, Vol. 50, S. 561-574.

Eicker-Wolf, Kai/Wilfried Mählmann/Sabine Reiner 1999; Mythos und Realität der Globalisierungs- und Standortdiskussion; Schrift Nr. 2 der Forschungsgruppe Politische Ökonomie, Marburg.

Hank, Rainer 1998; Eher eine Abrißbirne. Soros macht sich Gedanken über das Ende des Kapitalismus; in: Frankfurter Allgemeine Zeitung für Deutschland, 21.12.1998.

Hankel, Wilhelm 1999; Angriff auf die Ökonomie. George Soros will die Krise des globalen Kapitalismus bewältigen; in: Frankfurter Rundschau, Literatur-Beilage, 24.3.1999.

Heuser, Uwe Jean 1999; Minima Oeconomica. Die Gedanken des Spekulanten; in: Die Zeit, 4.2.1999.

Limbers, Jan 1999; Zur Entstehung des Bretton-Woods-Systems. Die Keynes- und White-Pläne im Vergleich; Diskussionspapier No. 2 der Forschungsgruppe Politische Ökonomie, Marburg.

Popper, Karl R. 1961; Die Logik der Sozialwissenschaften, in: Theodor W. Adorno/Ralf Dahrendorf/Harald Pilot/Hans Albert/Jürgen Habermas/Karl R. Popper; Der Positivismusstreit in der deutschen Soziologie, 4. Aufl., Darmstadt und Neuwied 1975, S. 103-123 (urspr. 1961).

Soros, George 1987; Die Alchemie der Finanzen. Wie man die Gedanken des Marktes liest, 2. Aufl., Kulmbach 1998, urspr.: New York 1987.

Soros, George 1994; The Theory of Reflexivity. Delivered April 26, 1994 to the MIT Department of Economics World Economy Laboratory Conference Washington; D.C.
[www.soros.org/textfiles/speeches/042694_Theory_of_Reflexivity.txt (6.11.1998)].

Soros, George 1995; [Jan Patocka Memorial Lecture 1995] A Failed Philosopher Tries Again. Delivered: 27 April 1995
[www.soros.org/textfiles/speeches/042795_A_Failed_Philosopher_Tries_ Again.txt (1.4.1999)].

Soros, George 1997a; The Capitalist Threat, in: The Atlantic Monthly; February 1997; Vol. 279; p. 45-58 [hier nach: www.theatlantic.com/atlantic/issues /79feb/capital.htm (5.11.1998)].

Soros, George 1997b; On European Union, delivered to the Jubileumcongress of the European Movement on 4th October 1997 in The Hague [www.soros.org/textfiles/speeches/100497_On_European_Union.txt (6.11.1998)].

Soros, George 1998a; Die Krise des globalen Kapitalismus. Offene Gesellschaft in Gefahr; Berlin.

Soros, George 1998b; [Council on Foreign Relations.] Remarks by George Soros. Discussion „The Crisis of Global Capitalism: Open Society Endangered". New York, December 10, 1998
[www.soros.org/textfiles/speeches/121098_Global_Capitalism.txt (15.3.1999)].

Rien ne va plus, oder:
Von der wundersamen Entstehung des Mehrwerts im Kasino des Kapitalismus

Peter Römer

„Abschied von der Realität", so lautet ein Beitrag von R. Kurz in *Konkret* 2/97, in dem er sich mit Thesen von Ebermann und Trampert auseinandersetzt. Gern würde man nach dessen Lektüre jeden weiteren Gedanken an dies Elaborat verabschieden. Und warum? Weil man so erschüttert worden ist von der Erkenntnis, zu den Abonnenten einer Zeitschrift zu gehören, die Artikel veröffentlicht, deren Leser mit „dem Intelligenzgrad von Crash-Test-Dummies" ausgestattet sein sollen? Weil man sich eingestehen mußte, zu den „Schwachsinnigen" zu gehören, die meinen, eine ernsthafte Auseinandersetzung mit den Thesen von Th. Ebermann und R. Trampert sei sinnvoll? Weil man befürchten muß, daran erinnert zu werden, bei der Kapitalschulung „ziemlich oft geschlafen" zu haben? Weil man generell „Wahrnehmungsschwierigkeiten hat" und die „Realität verleugnet"? Weil man auf ein „anderes Leben" hoffen muß, um mit Kurz endlich den Fetischismus des „ökonomischen Werts" zu verstehen?

Nein, es ist nicht die Überlegung, daß die Kurzschen Anwürfe auch einem selbst gelten könnten, weshalb man von diesem Beitrag lieber Abschied nähme. An diese Ergüsse denkt man vielmehr ungern, weil man bedrückt ist über die Abstrusitäten, die dort geäußert werden, und sich sorgt, daß Verwirrung gestiftet wird in einer Situation, in der nur die Kenntnis der Bewegungsgesetze des Kapitals das Handeln anleiten kann.

Nur diese möglichen Wirkungen also erfordern eine Auseinandersetzung mit den Thesen von Kurz; dabei ist es allerdings nicht sinnvoll, in das Argumentationsgestrüpp seiner Kontroverse mit Ebermann und Trampert hineinzukriechen. Unvermeidlich aber ist, allgemein bekannte Tatsachen, die Kurz offenbar unbekannt geblieben sind, in Erinnerung zu rufen und die Feststellung einfacher Wahrheiten nicht zu scheuen, werden sie doch von Kurz bestritten. Exemplarisch sollen im folgenden die Ausführungen von Kurz zum Verhältnis von fungierendem und fiktivem Kapital und die damit verbundenen Thesen zum Kasinokapitalismus behandelt werden.

Kurz behauptet, der gegenwärtige Kapitalismus sei gekennzeichnet durch die „kasinokapitalistische Entkoppelung" von „Geld- und Realakkumulation"; das fiktive Kapital sei durch die Spekulationen an den globalisierten Finanzmärkten historisch beispiellos aufgebläht, und deshalb sei das Plusmachen gewissermaßen ins Nirwana des Geldes verlagert. Mit dieser Analyse (nicht mit den praktischen Schlußfolgerungen, die aus ihr zu ziehen sind) stimmt Kurz – um nur zwei Beispiele aus dem Kreis seiner Mitstreiter zu nennen – mit dem Vorsitzenden der PDS in Mecklenburg überein, der erklärt: „Gewinne werden immer mehr auf internationalen Finanzmärkten auf der Basis purer Spekulation als durch innovativen Einsatz in der Produktion erzielt: unproduktives Kapital herrscht über das produktive Kapital und die produktive Arbeit." (FAZ vom 17.2.97, S. 4) Und ein katholischer Bischof appelliert an die Kapitalisten: „Setzt das verdiente Geld wieder für Arbeitsplätze ein. Immer mehr finanzielle Mittel werden nicht in Deutschland reinvestiert, sondern auf den internationalen Kapitalmärkten angelegt." (FAZ vom 24.3.97, S. 15)

Es gilt erst einmal zu klären: Was will der Autor Kurz uns sagen? „Akkumulation" des Kapitals ist ein Begriff der Marxschen Kritik der Politischen Ökonomie, auf die Kurz sich bezieht: „Anwendung von Mehrwert als Kapital oder Rückverwandlung von Mehrwert in Kapital heißt Akkumulation des Kapitals." (Marx, MEW 23: 605). In der Analyse mit Kurz einig, fordern Bischof und PDS-Vorsitzender nun den Kapitalisten auf, den Mehrwert, den er sich durch die Verwertung der angekauften Arbeitskraft im Prozeß der Warenproduktion angeeignet hat, gefälligst wieder zur weiteren Ausbeutung zu verwenden, und zwar möglichst in Deutschland, denn auszubeuten seien vor allem Arbeitskraftbesitzer deutscher Volkszugehörigkeit. Diese Aufforderung ist teils sinnlos, teils unsinnig.

Das Kapital muß als Kapital fungieren, muß sich weiter verwerten, muß akkumulieren; es dazu noch extra aufzufordern, ist so sinnvoll, wie der Sonne zu befehlen aufzugehen. Unsinnig ist die Forderung, das Kapital müsse sich in bestimmten Ländern verwerten, müsse auf Geschlecht oder Nationalität der Arbeitskraftbesitzer oder auf die Natur Rücksicht nehmen oder solle nur bestimmte Waren produzieren. Durch die Konkurrenz gezwungen, muß es ohnehin bei Gefahr des Untergangs mit allen Mitteln den größtmöglichen Profit erzielen. Nur ein staatliches Zwangsgesetz oder gewerkschaftliche Gegenmacht können – in engen, durch die kapitalistische Konkurrenz bestimmten Grenzen – der Akkumulation des Kapitals Schranken setzen.

Was aber meint Kurz mit dem Begriff „Realakkumulation"? Offenbar das gleiche, was in der Politischen Ökonomie unter „Akkumulation des Kapitals" verstanden wird: Verwandlung des Mehrwerts, der durch den Verkauf der Waren Geldform angenommen hat, in Kapital durch den Ankauf von Produktionsmitteln (konstantes Kapital) und Arbeitskraft (variables Kapital). Falls Kurz aber unter „Realakkumulation" doch etwas anderes versteht, sollte er dies seinen zunächst ja noch möglicherweise geneigten Leserinnen und Lesern doch bitte erläutern.

Zu solchen Erläuterungen besteht ohnedies Anlaß, denn der „Realakkumulation" wird nun die „Geldakkumulation" entgegengesetzt, diese „Geldakkumulation" soll sich von der „Realakkumulation" abgekoppelt haben. In diesem Verwendungszusammenhang gebraucht, ist der Begriff der „Geldakkumulation" erklärungsbedürftig. Wie unterscheidet sich die Funktion der Realakkumulation von jener der Geldakkumulation? Vor lauter Schimpfen kommt Kurz leider nicht dazu, seine Thesen auch noch zu erläutern und zu begründen. Geldakkumulation kann zunächst bedeuten, daß im Wortsinne das Geld angehäuft wird, „es versteinert damit zum Schatz, und der Warenverkäufer wird Schatzbildner" (Marx, MEW 23: 145). Solche Schatzbildung findet ständig und überall statt, in Form von Gold und Silber vor allem in arabischen und asiatischen Ländern. Aber in einer warenproduzierenden kapitalistischen Gesellschaft kann der Verwandlung des Mehrwerts in Schätze nur eine untergeordnete Bedeutung zukommen, nämlich als Absicherung gegen die Inflation und gegen die Gefahren, die aus der Verwendung des Geldes als Kapital resultiert. Bei der Schatzbildung, und nur bei ihr, läßt sich sagen, daß sich das Geld von der Realakkumulation abgekoppelt habe.

Geld kann aber auch von seinen Eigentümern unmittelbar angelegt werden, indem es *als Kapital* gegen Zinsen ausgeliehen wird. Damit wird das Geld aber nicht wie bei der Schatzbildung dem Akkumulationsprozeß des Kapitals entzogen, von diesem abgekoppelt. Vielmehr wird es in besonders effektiver, also den Akkumulationsprozeß teilweise erst ermöglichender oder ihn beschleunigender Form in den Prozeß neuer Akkumulation einbezogen. Bei einer Verwendung des Geldes als Kapital stellt eine Entgegensetzung von „Geldkapital" und „Realkapital" diesen Zusammenhang auf den Kopf.[1]

Zwei Formen des Ausleihens des Geldes als Kapital sind für den gegenwärtigen Zustand des kapitalistischen Systems vor allem von Bedeutung.

---

[1] Zur Veräußerung von Geld als Kapital vgl. Marx, MEW 25: 362 ff. „Was ist nun der Gebrauchswert, den der Geldkapitalist für die Zeit des Ausleihens veräußert und an den produktiven Kapitalisten, den Borger, abtritt? Es ist der Gebrauchswert, den das Geld dadurch erhält, daß es in Kapital verwandelt werden, als Kapital fungieren kann, und daß es daher einen bestimmten Mehrwert, den Durchschnittsprofit (was darüber oder darunter ist, erscheint hier zufällig) in seiner Bewegung erzeugt, außerdem, daß es seine ursprüngliche Wertgröße wahrt." (ebd.: 363)

Einmal das Ausleihen an Banken. Die Banken sammeln das Geld und verleihen es an Unternehmen, diese wiederum wandeln es in konstantes und variables Kapital um. Erst durch die Tätigkeit der Banken konnte und kann die Warenproduktion auf erweiterter Stufenleiter stattfinden, können langfristig geplante, kapitalintensive Projekte realisiert werden; nur hierdurch können also – in der Begrifflichkeit von Bischof und PDS-Vorsitzendem ausgedrückt –, Arbeitsplätze geschaffen und gesichert werden.

Die kapitalistischen Unternehmen können sich, und dies ist die zweite Möglichkeit, das Geld aber auch unmittelbar von dessen Eigentümern holen, sei es in Form von Darlehen, Schuldverschreibungen, Industrieobligationen o.ä. Es versteht sich von selbst, daß die Zinsen, die für das Geld, das als Kapital zur Verfügung gestellt wird, aus dem Mehrwert, den das real fungierende Kapital sich aneignet, bezahlt werden müssen.

Das Kapital ist in einem ständigen Formwandel begriffen: Die Produktionsmittel und -gegenstände werden verbraucht und müssen erneuert, die verwertete Arbeitskraft muß ersetzt, die Waren müssen verkauft, Zahlungsmittel müssen vorrätig gehalten werden. Es ist unsinnig, eine dieser Formen als „unproduktives" Kapital zu verselbständigen und dem angeblich „produktiven" Kapital gegenüberstellen zu wollen.

Wenn z.B. die BASF AG eine Anleihe über 100 Millionen DM begibt und sie an den Finanzmärkten der Welt anbietet, so kann es deshalb sowohl dem Bischof als dem PDS-Vorsitzenden ganz gleichgültig sein, ob der Hosenfabrikant seinen Gewinn „produktiv" in den eigenen Betrieb steckt, um zu rationalisieren und Arbeitsplätze wegzuproduzieren, oder ob er „unproduktiv" Obligationen der BASF kauft, damit diese das Geld zum gleichen Zweck bei der Produktion von Pillen verwendet.

Der Hosenfabrikant, der für 100 000,– DM BASF-Anleihen gekauft hat, hat nun statt des Geldes, das jetzt bei der BASF als „Realkapital" fungiert und „produktiv" tätig ist, eine Forderung gegen die BASF AG auf Zinsen und Geldrückgabe. Diese Forderung ist Bestandteil seines Vermögens und somit wirtschaftliche Realität. Sie ist andererseits fiktiv und illusorisch, denn sie ist nur ein rechtlicher Anspruch auf künftiges Handeln des Schuldners. Kann unser Hosenfabrikant nun wenigstens in Ruhe und Frieden seine Zinsen einnehmen, da er doch sein Geld, vermittelt über andere, „produktiv" angelegt hat? Keineswegs: Für Bischof und PDS-Vorsitzenden bleibt er immer noch Kapitalist, und wiederum erhebt sich mahnend die Aufforderung, nun endlich zu investieren und zu produzieren, anstatt seine Wertpapiere faul im Tresor dahindösen zu lassen. Was hilft es ihm, wenn er sich verteidigt, sein Geld arbeite doch höchst intensiv und erfolgreich bei der BASF? Nichts; soll er doch seine Wertpapiere verkaufen und den Erlös nun endlich der Hosenproduktion zuführen!

Und Herr Kurz macht ihn außerdem noch freundlicherweise mit der „Entkoppelung" von Geld- und Realkapital vertraut, damit die Hoffnung erweckend, es könne sich sein Kapital verdoppelt haben: Zum einen ist es verkörpert in den neuen Maschinen der BASF, zum andren liegt es als Wertpapier in seinem Tresor. Der Fabrikant weiß natürlich, daß er nur gefoppt werden soll, er soll seine im Wertpapier verkörperte Forderung an die BASF nur wieder in Geld zurückverwandeln, eine für ihn sinnlose Aktion.

Aber auch gesamtgesellschaftlich und vom kapitalistischen Produktionsprozeß aus betrachtet ist es eine sinnlose Aktion, denn mehr „produktives" Kapital würde selbstverständlich damit auch nicht geschaffen, denn dem Wurstfabrikanten, dem er die BASF-Anleihe verkauft hat, fehlt nunmehr das Geld zum Kauf der neuen Wurstmaschine.

Nur durch die starke weltweite Ausdehnung der Kapitalmärkte und die großen Umsätze, die dort getätigt werden, entsteht der *Schein*, als seien diese Märkte ganz verselbständigt, entkoppelt von dem fungierenden, „produzierenden", „schaffenden" Kapital. Was an den Kapitalmärkten gehandelt wird, ist Geld als Geld unterschiedlicher Währungen, sind festverzinsliche Wertpapiere und Aktien und die aus diesen Grundformen mit viel Bankerphantasie abgeleiteten neuen Formen, z.B. Wandelanleihen, Optionen auf Aktien und Anleihen. Bereits die Bezeichnung als „Kapitalmärkte" befestigt den Schein der Selbständigkeit: Konstantes und variables Kapital werden dort gerade nicht gehandelt, Unternehmen auch nicht unmittelbar (der Hosenfabrikant kann seine Fabrik nicht an der Börse verkaufen), sondern Gesellschafterrechte an Kapitalgesellschaften. Sie stellen Kapital vor, sind aber weder konstantes noch variables Kapital noch Geld, sondern Anteile an Kapitalgesellschaften, die ihrerseits Eigentümer des Kapitals sind.

Marx hat für diese Anteile an Aktiengesellschaften den Begriff des fiktiven Kapitals verwandt. Während bei den Schuldscheinen, Obligationen, Anleihen usw. „der Kapitalwert dieses Papiers rein illusorisch, fiktiv" ist, „stellen die Aktien von Kapitalgesellschaften wirkliches Kapital vor, nämlich das in diesen Unternehmungen angelegte und fungierende Kapital." (Marx, MEW 25: 484) Die Aktie ist ein gesellschaftsrechtlich vermittelter Teil dieses fungierenden Kapitals. Deshalb ist ihr Wert gekoppelt an den Wert des fungierenden Kapitals (vgl. Römer 1978: 170 ff.).

Aber die Aktien werden als Waren gehandelt, „deren Preis eine eigentümliche Bewertung und Festsetzung hat". Der Marktwert schwankt vor allem „mit der Höhe und Sicherheit der Erträge, worauf sie Rechtstitel geben." Und diese selbständige Bewegung „bestätigt den Schein, als bildeten sie wirkliches Kapital neben dem Kapital oder Anspruch, worauf sie möglicherweise Titel sind." (Marx, MEW 25: 3) Diesen Schein nimmt Kurz für die Realität.

Es ist unbestritten, daß die Ausdehnung der Finanzmärkte eine historisch einmalige Größe angenommen hat und daß, gefördert vor allem durch das Kreditsystem, beträchtliche Spekulationsblasen aufgebläht werden. Aber auch die kapitalistischen Unternehmen haben historisch unvergleichbare Größen angenommen, und die Größe des in ihnen konzentrierten Kapitals und des von ihnen angeeigneten Mehrwerts erfordert auch die entsprechende Ausdehnung der Märkte, an denen die Unternehmensanteile gehandelt werden. Das in letzter Instanz bestimmende Element sind die aktuellen und die prognostizierten Veränderungen des Werts des fungierenden Kapitals.

Die spekulativen Elemente des Kapitalmarktgeschehens sind andererseits aber keine Besonderheit dieser Kapitalmärkte. Jeder Warenproduzent „spekuliert" darauf, daß er seine Waren mit der im gesellschaftlichen Durchschnitt erforderlichen Menge an Arbeitskraft herstellt und daß er mit ihnen ein gesellschaftliches Bedürfnis befriedigt. In einer warenproduzierenden Gesellschaft muß sich der gesellschaftliche Charakter der privaten Produktion auf dem Markt bewähren. Ohne Spekulation geht es eben nur, wenn aufgrund gesamtgesellschaftlicher Planung und Leitung produziert und verteilt wird.

Dennoch ist ein quantitativer Unterschied zu den Spekulationen auf den Kapitalmärkten gegeben. Aber schlägt diese größere Quantität auch in eine andere Qualität um? Entsteht ein „Kasinokapitalismus", in dem die Gesetze der kapitalistischen Produktion ihre Geltung verloren haben? Dagegen spricht schon die Tatsache, daß mit der Erweiterung der Kapitalmärkte auch das Instrumentarium ständig verbessert und verfeinert wird, das dazu dienen soll, den Wert der auf den Kapitalmärkten gehandelten Waren so exakt wie möglich zu bestimmen und ihn wieder so eng wie möglich an die Akkumulation des fungierenden Kapitals anzukoppeln.

Letztlich entscheiden doch immer die gegenwärtigen und die prognostizierten Profite der kapitalistischen Unternehmen über die Sicherheit von Zinsen für Darlehen und über die Gewinne, die auf die Anteile an Kapitalgesellschaften ausgezahlt werden. Nur an diesen Gewinnen richten sich die Kurse der Wertpapiere aus, sie sind das Gravitationsfeld, um das herum sie schwanken. Wenn die Gewinne der großen auf dem Weltmarkt agierenden Aktiengesellschaften steigen, ihre Eigenkapitalbasis sich vergrößert, sind steigende Kurse für diese Unternehmen die notwendige Folge. Fehleinschätzungen über die Entwicklung der Weltwirtschaft und einzelner Unternehmen oder über die Entwicklung der nationalen Wirtschaften und des Wertes ihrer Währungen sind dabei unvermeidlich und werden unter dem beherrschenden Einfluß des real fungierenden und akkumulierenden „produktiven" Kapitals immer wieder korrigiert, wobei diese Korrekturen wiederum Wirkungen auf Kreditfähigkeit und Kapitalausstattung der Unternehmen haben und auch übertrieben sein können und ihrerseits wiederum korrigiert werden müssen usw. usf.

Zu diesem höchst komplizierten Geflecht von Wechselwirkungen läßt sich nur eines mit Sicherheit sagen: Die Akkumulation und die Zentralisation des fungierenden Kapitals bilden nach wie vor die bestimmenden Elemente für die Preisbewegungen auf den Kapitalmärkten. Die andererseits bestehende relative Selbständigkeit dieser Preisbildungen schließt aber Abweichungen vom Wert des fungierenden Kapitals immer mit ein und damit auch wiederum Rückwirkungen auf die Akkumulationsfähigkeit des fungierenden Kapitals; die Krisen der kapitalistischen Produktion können dadurch erheblich beschleunigt zum Ausbruch kommen, tiefer werden oder länger andauern.

Zu welch drolligen Folgerungen Kurz gelangt, weil er unbedingt die „Entkoppelung" von Realakkumulation und Geldakkumulation beweisen will, zeigt sein Beispiel vom Shareholder value der Siemensaktie. Erstaunlich, wie er mit sicherem Griff genau diejenige Gesellschaft als Beweis seiner These aussucht, die von den deutschen Aktiengesellschaften dazu besonders wenig geeignet ist.

Die These von Kurz ist, der Wert der Aktien solle für die Shareholder, die Aktienbesitzer, „spekulativ" gesteigert werden; denn auf die „reellen" Gewinnanteile pfeife das Konzept des Shareholder value. Für wie blöd hält Kurz eigentlich die Fondsmanager, die Banker und die Aktionäre? Kein Wunder, daß er an den unmittelbar bevorstehenden Zusammenbruch des Kapitalismus glaubt. Aber nicht nur spekulativ, sondern sogar durch Substanzverlust sollen der value und damit der Kurs gesteigert werden, behauptet er. So etwas kommt vor, wenn ein management nicht genügend Profit erwirtschaftet hat und, in die Enge getrieben, durch Rückgriff auf die Substanz die Aktionäre zufriedenzustellen versucht. Das geht selbstverständlich nur kurze Zeit gut, denn nur die wirklichen Gewinne interessieren die Shareholder; sofort und unmittelbar ändern sich die Kurse, wenn die als Dividende auszuschüttende Gewinnmasse sich ändert. Ein Heer von hochbezahlten Spezialisten wird ausschließlich damit beschäftigt, die Bilanzen der Gesellschaften zu analysieren, um ein möglichst exaktes Bild der wirklichen Gewinnsituation zu erhalten und um die zukünftigen Profite abschätzen zu können. Allerdings leiten sie nicht naiv aus der Steigerungsrate des Sozialprodukts die angeblich richtige Steigerungsrate des DAX ab, wie dies Kurz empfiehlt. Für den Kurs der Aktien kommt es allein auf die Steigerung der Gewinne an, und wenn die stärker steigen als das Sozialprodukt, steigen auch die Aktienkurse. Gewiß wird im Geschäft der Anlageberatung und der Kursprognose auch Schaum geschlagen und Chartmystik betrieben und werden, wie überall, auch risikante Geschäfte getätigt, aber grundsätzlich ist der Handel mit Wertpapieren ein ebenso seriöses – oder auch unseriöses – , ein ebenso sicheres – oder auch unsicheres – Geschäft wie der Handel mit jeder anderen Ware auch.

An den Börsen wird immer die Zukunft mitgehandelt. Sicherheit hinsichtlich der Kursentwicklung kann es nicht geben. Insbesondere der Veränderung der Zinssätze der Notenbanken kommt eine wesentliche Bedeutung zu. Im Gegensatz zu denjenigen, die den Nationalstaat bereits vollkommen von den Kapitalmärkten beherrscht glauben, ist auch hier kein einseitiges Abhängigkeitsverhältnis gegeben. Wird die wirtschaftliche Entwicklung in Deutschland und darüber hinaus in ganz Europa nicht sehr maßgeblich von der Geldpolitik der Europäischen Zentralbank mit bestimmt? Wird an den Weltbörsen nicht sehr genau hingehört, wenn der amerikanische Notenbankpräsident in einem Vortrag in einem Nebensatz eine Bemerkung macht, die darauf schließen läßt, der Zinssatz werde möglicherweise, und sei es auch nur um einen Viertelprozentpunkt, erhöht? Unsicherheit gibt es also zur Genüge, und die Phantasie der Banker, die immer neue Derivate erfinden, die nur noch über vielfache Vermittlungsstufen mit den realen Profitbewegungen verbunden sind, ist beachtlich und verstärkt den Schein, die Bewegungen der Kurse hätten sich verselbständigt.

Aber letztlich zählt doch nur, was an Profit in harter Währung im Produktionsprozeß und im Prozeß der Verwertung der Ware Arbeitskraft erzielt wird.

In der Fabrik, nicht im Kasino wird nach wie vor der Mehrwert geheckt.

Literatur

Hamm, Walter: Gewinne und Arbeitsplätze, in: FAZ vom 24.3.97, Nr. 70

Kurz, Robert: Abschied von der Realität, in: konkret, H. 2/1997.

Marx, Karl: Das Kapital, Bd. 1, Marx-Engels-Werke 23, Berlin 1962.

Marx, Karl: Das Kapital, Bd. 3, Marx-Engels-Werke 25, Berlin 1962.

Römer, Peter: Entstehung, Rechtsform und Funktion des kapitalistischen Privateigentums, Köln 1978.

Wenz, Dieter: „Wir sind keine Mittelstandsvereinigung". PDS-Wirtschaftskongreß in Parchim, in: FAZ vom 17.2.1997, Nr. 40

Gefährliche Gegenden –
Spezifische Ausprägung der kapitalistischen Weltordnung in bestimmten Regionen

Neoliberalismus in Lateinamerika. Ökonomische und gesellschaftliche Auswirkungen.

Dieter Boris

> Latin America, which has spent the last 10 years demolishing the state, will spend the next 10 rebuilding it (1993).
>
> While the initial stage of macroeconomic reforms was relatively easy to implement, the next stage – deeper institutional changes – was going to be harder and take much longer. Changing rules is always easier than changing organizations (1995).
>
> Moisés Naím, ehemaliger venezolanischer Industrieminister, Weltbankexekutivdirektor und Herausgeber der Zeitschrift „Foreign Policy"

Der „Ausbruch" der Schuldenkrise in der Dritten Welt begann bekanntlich im Spätsommer 1982 in Mexiko und setzte sich schnell in fast allen lateinamerikanischen Ländern fort; die subsaharisch-afrikanischen Staaten, die erdölarmen Länder des Nahen Ostens und einige asiatische Länder folgten bald nach. Eine der wichtigsten Konsequenzen dieser Entwicklung kann in der – je nach Land – schnelleren oder späteren Hinwendung zu einem neuen wirtschaftspolitischen Paradigma, der sogenannten neoliberalen „Strukturanpassung", gesehen werden. In den meisten Ländern Lateinamerikas vollzog sich der Übergang zu dieser neuen entwicklungs- und wirtschaftspolitischen Leitlinie zwischen Mitte und Ende der 80er Jahre. Trotz mancher Friktionen, Ambivalenzen und sogar Rückschläge ist eine Abkehr von diesem von fast allen Regierungen mehr oder minder energisch eingeschlagenen Kurs nicht abzusehen. Eine die letzten 10 bis 15 Jahre betrachtende „Zwischenbilanz" der wirtschafts- und gesellschaftspolitischen Neuorientierung auf dem Subkontinent scheint mittlerweile möglich und angesichts vieler drückender sozio-ökonomischer Probleme, die ungelöst blieben oder sich in neuen Dimensionen darstellen, dringlich zu sein.

Der neoliberale Mythos

Seit einigen Jahren wird an vielen Orten in Lateinamerika – in der Politik, der Wirtschaft, in den Medien, in den Universitäten und Schulen – ein Mythos verbreitet, der wegen seiner bestechenden Simplizität mittlerweile von vielen für wahr gehalten und geglaubt wird. Dessen Kernelemente lauten etwa so: Seit etwa dem letzten Drittel des vorigen Jahrhunderts entwickelte sich die lateinamerikanische Wirtschaft prächtig nach den Maximen des Freihandels und gemäß dem Theorem der sogenannten „komparativen Kostenvorteile" (Ricardo); dann wirkte die Weltwirtschaftskrise zu Beginn der 30er Jahre auch in Lateinamerika wie eine Zäsur und förderte ein neues Wachstums- und Entwicklungsmodell zutage, das auf dem Ersatz der bisher importierten Industriegüter durch Aufnahme entsprechender eigener Produktion („Importsubstitution") sowie auf Staatseingriffen und Zollschutz beruhte. Dies ging eine Zeitlang – mehr schlecht als recht – gut, scheiterte aber spätestens in den 70er oder Anfang der 80er Jahre (sinnfällig in der überall auftretenden Schuldenkrise) vollständig. Der quasi „sozialistische" Dirigismus, die weitgehende Abschottung der eigenen Industrien von der Konkurrenz des Weltmarkts sowie die übermäßige Binnenmarktzentriertheit dieser Entwicklungsstrategie seien für alle Strukturschwächen und Defizite der Ökonomien Lateinamerikas verantwortlich. Daher mußte nun – so der missionarisch-vorwärtsgewandte Teil des Mythos – eine ganz neue wirtschaftspolitische Strategie eingeschlagen werden, die die Fehlentwicklungen seit 1930 vollkommen revidieren sollte: radikale Öffnung nach außen, Entstaatlichung/Privatisierung, Deregulierung und Flexibilisierung, Rücknahme arbeitsrechtlicher Sicherungen, Priorität der Inflationsbekämpfung, nicht zuletzt infolge der strikten Beachtung des Haushaltsausgleichs. Vor allem diese Elemente des marktradikalen, neoklassischen Denkens, die man später zusammenfassend als „neoliberale Wende" oder als „Konsens von Washington" bezeichnet hat, wurden von ihren Verfechtern als Garanten eines kontinuierlichen Wachstumsprozesses, einer beständigen Beschäftigungsexpansion und einer allgemeinen Wohlstandssteigerung ausgegeben.

Die Erfolge dieser wirtschaftspolitischen Strategie seien auch schon seit Anfang der 90er Jahre sichtbar, nachdem die 80er Jahre wegen der großen ökonomischen und sozialen Rückschläge als „verlorene Dekade" bezeichnet worden waren. Zwar werden noch einige „Schönheitsfehler" wie die erheblich gestiegene Armut und Einkommensungleichheit in bisher ungekanntem Ausmaß zugegeben, dies wird aber als zu zahlender Preis für die „Gesundung" der ökonomischen Verhältnisse deklariert. Im übrigen, so wird häufig behauptet, wäre bei Nichtanwendung der „neoliberalen Medizin" eine noch negativere Entwicklung für die Mehrheit der lateinamerikanischen Bevölkerung zu erwarten gewesen. In einer „zweiten Generation" der neoliberalen Strukturanpassungen – so argumentierten seit Beginn der 90er Jahre vor allem führende Repräsentanten der „Interamerikanischen Entwicklungsbank", der Weltbank und andere – werde außerdem einer „sozialen Komponente" wieder größere Aufmerksamkeit geschenkt. Nach der Vornahme entsprechender wirtschafts- und sozialpolitischer Korrekturen werden die lateinamerikanischen Ökonomien – von dieser soliden Basis aus – einer glänzenden Zukunft entgegengehen.

Bescheidene ökonomische Ergebnisse

Das einzig Richtige an dieser schönen Geschichte ist, daß durch eine rigide Austeritätspolitik in den meisten Ländern Lateinamerikas der Haushaltsausgleich und eine spürbare Senkung der Inflationsrate erreicht werden konnten[1]; in einigen Ländern ist zudem – zumindestens zeitweise – ein außenwirtschaftliches Gleichgewicht realisiert worden, nicht zuletzt aufgrund der starken Exportsteigerungen infolge von Abwertungsprozessen, die häufig am Anfang der Stabilisierungsmaßnahmen standen. Die damit ausgelöste rezessive wirtschaftliche Entwicklung und die starke Verteuerung der Importe bewirkten zunächst einen spürbaren Rückgang der Einfuhrvolumina. In einigen Ländern konnte durch Verkäufe staatlicher Unternehmen (zumeist an ausländische Investoren) die Außenschuld verringert bzw. umstrukturiert werden. Die nun auch wieder gestiegenen Kapitalzuflüsse, in vielen Ländern allerdings auch stark in Form von Portfolio-Investitionen, konnten aber nicht die erwünschte große Dynamik der Ökonomien auslösen. Nicht zuletzt infolge der geringen Spar- und daher auch Investitionsquote, die Mitte der 80er Jahre im Durchschnitt der lateinamerikanischen Länder bei ca. 16-17% lag, sich Anfang der 90er Jahre auf einen Wert von ca. 20% leicht erhöhte und damit wesentlich unter der Quote der ostasia-

---

[1] Dieses beachtliche Resultat kann vor allem in politischer Hinsicht kaum überschätzt werden. Die z.T. grandiosen Erfolge bei den Präsidentschaftswahlen zwischen 1993 und 1995 (Frei, Chile; Cardoso, Brasilien; Menem, Argentinien; Fujimori, Peru etc.) sind zweifellos in einem beträchtlichen Umfang auf die mit diesen Kandidaten verbundene vergleichsweise hohe Preisstabilität zurückzuführen (vgl. auch Nolte 1997: 38). Ob freilich dieses Ziel nur auf diesem Weg erreichbar war und ob nicht die ökonomischen und sozialen Kosten dieser Strategie – vor allem in mittelfristiger Sicht – ihre Erfolge erheblich konterkarieren, muß weiteren Untersuchungen vorbehalten bleiben.

tischen Länder, aber auch der lateinamerikanischen Ökonomien der 60er und 70er Jahre liegt, kam es nur zu einem bescheidenen Anstieg der Wachstumsraten Anfang der 90er Jahre.² Diese lagen im jährlichen Durchschnitt bei ca. 3% (1990-1996), d.h. einer Größenordnung, die während der nun allseits verteufelten Importsubstitutionsphase zumeist weit übertroffen worden war. Das gilt sogar für das „Glanzjahr" 1997, in dem Lateinamerika insgesamt mit 5% Wachstum und nur 9% jährlicher Inflationsrate die besten Werte seit etwa 20 Jahren erreichte. Doch dauerhaft und stabil scheint diese aufsteigende Tendenz nicht zu sein; für das Jahr 1998 wird wieder ein deutlicher Rückgang des gesamtwirtschaftlichen Wachstums der Region prognostiziert. Die entscheidende Frage hierbei ist allerdings, warum die angeblich „robuster" und wesentlich „solider" (so z.B. die FAZ vom 14.5.1998) gewordenen Wirtschaften Lateinamerikas von der Asien- und Rußland-Krise, von spekulativen Kapitalbewegungen und sonstigen weltwirtschaftlichen Turbulenzen so heftig tangiert werden konnten. War dies zufällig? Weitgehend „grundlos"[3] oder folgt dies nicht vielmehr auch einer inneren Logik der neoliberalen Strukturanpassungen, deren Signatur in einer noch markanteren Außenabhängigkeit der lateinamerikanischen Wirtschaften und einer Zunahme der internen Heterogenität auf vielen Ebenen zu sehen ist?

Die inter-industrielle sowie inter-sektorale Verflechtung hat nicht zuletzt aufgrund der radikalen Öffnung der Wirtschaften nach außen tendenziell abgenommen (vgl. Dussel Peters 1995: 463ff.); damit erhöhte sich die Abhängigkeit der Ökonomien gegenüber dem Weltmarkt und zugleich auch ihre Verletzlichkeit gegenüber weltwirtschaftlichen Entwicklungen, die außerhalb der Reichweite von Maßnahmen auf der nationalen Ebene liegen. Es kann wohl nicht ganz zufällig sein, daß Lateinamerika 1997 mit fast 70 Mrd. US Dollar ein großes und für 1998 weiter steigendes Leistungsbilanzdefizit aufweist, das durch Kapitalzuflüsse verschiedener Art „gedeckt" werden muß. Die grundlegende „Modernisierung des Produktionsapparats", von der in den oben angeführten Diskursen sehr häufig die Rede ist, hat sich – nicht zuletzt schon aufgrund der geringen Akkumulationsquote – in verhältnismäßig bescheidenen Grenzen gehalten und galt höchstens in einigen wenigen Branchen bzw. für einige exportfähige Unternehmen oder Unternehmensgruppen. Von einer –

---

[2] Zu diesen und den folgenden Zahlenangaben vgl. z.B. UN/ECLAC 1997: 83ff. und Dresdner Bank 1998b: 13ff., 132ff. Zur Problematik der niedrigen Investitionsquoten in fast allen lateinamerikanischen Ökonomien: Moguillansky 1996.

[3] So äußerte beispielsweise der geschäftsführende Direktor des „Internationalen Währungsfonds" (IWF) M. Camdessus, daß die Länder und Wirtschaften Lateinamerikas „ungerechterweise von der Krise erfaßt worden" seien. (Die Zeit v. 24. September 1998: 35)

auf breiter technologischer Modernisierung des Produktionsapparats beruhenden – Anhebung der gesamtwirtschaftlichen Produktivität[4] und einer Stärkung der ökonomischen Grundstrukturen kann m.E. nicht die Rede sein (vgl. z.B.: Benavente u.a. 1996: 58ff.). Die hohe (offene und verdeckte) Arbeitslosigkeit, die auch beim Wiederanstieg der Wachstumsraten Anfang der 90er Jahre kaum zurückging und die sich in einem wachsenden informellen Sektor ausdrückte, ist nur eines der negativen Begleitmomente des jüngsten ökonomischen Wandlungsprozesses (vgl. Schrieberg 1997: 168f.). Typisch hierfür scheint etwa Argentinien zu sein, das nach mehreren Jahren relativ hoher Wachstumsraten von 1990 bis 1994 im darauffolgenden Jahr in eine Rezessionsphase geriet, die einen sprunghaften Anstieg der Arbeitslosigkeit auf fast 18% bewirkte; und zwar in einem Land, das traditionellerweise kaum Arbeitslosigkeit kannte und umgekehrt der Anziehungspunkt vieler Gastarbeiter aus den Nachbarländern (Bolivien, Paraguay etc.) gewesen ist. Die mit den ökonomischen Umstrukturierungen einhergehende Zuspitzung der ohnehin schon hohen sozialen Polarisierung in Lateinamerika drückte sich vor allem auf drei Ebenen aus: im Anstieg der Arbeitslosigkeit und der damit verbundenen weiteren Welle der Informalisierung des Arbeits- und Erwerbslebens, in den stärker regressiv werdenden Tendenzen der Einkommensverteilung und in der Entwicklung der Armut.

Arbeitslosigkeit, Informalisierung und Einkommensverteilung

Die erhöhte strukturelle Arbeitslosigkeit und die bedeutende Ausdehnung des informellen Sektors speist sich ihrerseits aus verschiedenen Quellen: die weitgehenden Zollsenkungen und die Einfuhr konkurrenzüberlegener Waren, die Rationalisierungsschübe in den Betrieben und vor allem die Stagnation oder Rückläufigkeit der Produktion bzw. der Investitionen während der 80er Jahre hatten in den meisten Ländern eine absolute oder relative Verringerung der urbanen Arbeiterklasse zur Folge: sowohl große private Betriebe entließen nach der Umstrukturierung Arbeiter wie auch insbesondere privatisierte, ehemals staatliche Unternehmen im Infrastruktur- und Grundstoffgüterbereich

---

[4] Von einer bloß auf Entlassung von Beschäftigungsteilen (etwa im Zuge von Privatisierungsprozessen) beruhenden „Steigerung der Arbeitsproduktivität", die höchstens einzelwirtschaftliche Vorteile mit sich bringt, ist bei einer so verstandenen makroökonomischen Betrachtung zunächst zu abstrahieren.

(vgl. Vilas 1995a: 137ff.). Das Gleiche gilt für die im Zuge der Haushaltsreduktionen erfolgte „Verschlankung" des öffentlichen Beschäftigtenapparats. Es versteht sich von selbst, daß hier die arbeitsrechtlichen Deregulierungen (Abbau von Kündigungsschutz und von Entschädigungszahlungen etc.) entsprechend nachgeholfen haben. Zugleich mußten kleine und mittlere Betriebe, die in Lateinamerika das Gros der Beschäftigten stellen, infolge äußerer Konkurrenz ihre Tätigkeit einstellen, soweit ihnen nicht der Einzug in neue Nischen der Produktion oder das Umsteigen auf den Export-Import-Sektor gelang. All dies trug zur Verschärfung der Beschäftigungsproblematik während der 80er und 90er Jahre wesentlich bei. So vergrößerte sich neben der offenen auch die verdeckte Arbeitslosigkeit, vor allem aber auch die Zahl der informellen „selbständigen" und prekären Arbeitsverhältnisse. Zu Recht ist darauf hingewiesen worden, daß angesichts der generellen Tendenz zur rechtlichen Deregulierung des Arbeitslebens sich die Grenzen zwischen formellem und informellem Sektor tendenziell immer weniger ausmachen lassen und zudem gerade durch die Erweiterung der bloßen „Überlebens"-Produktion, die Ausweitung des Umfangs der in Subkontrakten zu großen Unternehmen stehenden Heimarbeiter sowie die Proliferation von „selbständigen Mikro-Unternehmen" teilweise neue Varianten der Informalität entstanden sind (vgl. Pérez Sáinz 1996, 1998). Hinzu tritt, daß eine zunehmende Differenzierung und Hierarchisierung (bezüglich Einkommenshöhe, Dispositionsspielräumen, Lebenslage und Qualifikation) in städtisch-informellen Sektoren beobachtet wurde (vgl. Pries 1997), was aber keineswegs den Umstand außer Kraft setzt, daß die Mehrheit der informell Tätigen in den untersten Einkommens-, Qualifikations- und Produktivitätsbereichen angesiedelt ist (vgl. Schubert 1997).

Die Erhöhung der weiblichen Erwerbstätigkeit als Konsequenz weiterer Auflösungsprozesse der Familienstrukturen einerseits und auch infolge der Notwendigkeit des Zuverdienens aller arbeitsfähigen Familienmitglieder andererseits war ebenso wesentliches Kennzeichen der sozialstrukturellen Entwicklung jener Periode (vgl. Veltmeyer u.a. 1997: 26ff.). Eine damit häufig einhergehende Mehrfachbeschäftigung des Haushaltsvorstands und/oder der anderen Familienmitglieder in z.T. sehr unterschiedlichen, schnell wechselnden Positionen verweist auf die Zersplitterungs- und Pulverisierungstendenz der gegenwärtigen Sozialstrukturen Lateinamerikas, die der Bildung bzw. Aufrechterhaltung großer und dauerhafter Kollektive, soweit sie aus den Produktions- und Erwerbsprozessen hervorgehen können, entgegensteht.

Angesichts dieser Arbeitsmarktsituation und der begonnenen Rücknahme arbeitsrechtlicher Sicherungen kann es nicht überraschen, daß es sowohl im formellen wie im informellen Sektor in den 80er Jahren in den meisten Ländern Lateinamerikas zu einem Absinken der realen durchschnittlichen Löhne gekommen ist; bei den Minimallöhnen ist – abgesehen von einigen Ausnahmen – eine noch drastischere Reduktion zwischen 1980 und 1992 zu beobachten gewesen (vgl. Thomas 1996: 90ff.). Entsprechend geht die UN-Regionalbehörde CEPAL davon aus, daß es in diesem „verlorenen Jahrzehnt" (1980-1990) zu einem für Lateinamerika allgemein geltenden Rückgang der Pro-Kopf-Einkommen um ca. 10% gekommen ist. Die Tiefe der Krise und der dazu vergleichsweise schwache Aufschwung seit Beginn der 90er Jahre lassen sich beispielsweise daran ermessen, daß das durchschnittliche Pro-Kopf-Einkommensniveau von 1980 (vor der Krise) auch Mitte der 90er Jahre (1995) noch keineswegs wieder erreicht worden war (vgl. UN/ECLAC 1996: 14).

Überall haben sich die Anteile der Arbeitseinkommen gegenüber den Gewinneinkommen deutlich verringert. Nach praktisch allen denkbaren Berechnungsarten der personellen bzw. haushaltsmäßigen Einkommensverteilung haben sich in diesem Zeitraum (also kurz- und mittelfristig) deutliche Verschlechterungen für die Bevölkerungsmehrheit, d.h. eine Verringerung der Einkommensanteile der unteren 7 oder 8 Dezile (Zehntel) in der Pyramide der Einkommensbezieher ergeben (vgl. Bulmer-Thomas 1996: 295ff.; Morley 1995: 28ff. sowie Berry 1997: 3ff.), wobei den einzelnen Elementen der „Neuen ökonomischen Politik" in der Verursachung der größeren Einkommensungleichheit ein unterschiedliches Gewicht zugemessen werden muß. Der Anteil der in Lateinamerika an oder unter der Armutsgrenze lebenden Menschen war in den 70er Jahren von 40% auf ca. 35% im Jahre 1980 zurückgegangen. Die 80er Jahre bedeuteten in dieser Hinsicht einen starken Rückfall, insofern als dieser Anteil 1990 wieder auf 41% angestiegen war und damit die absolute Zahl der Armen annähernd 200 Mio. Menschen umfaßte. Die relativ geringen positiven Wirkungen des neoliberalen Modells (aus der Sicht der Masse der Bevölkerung) sogar in einer vergleichsweise ausgeprägten Wachstumsphase (1990-1994) zeigen sich auch daran, daß in diesem Zeitraum nur eine leichte Reduktion der Armutsquote auf ca. 39% der Bevölkerung gelang (vgl. Ocampo 1998: 1ff.). Auch wenn man berücksichtigt, daß durch die erhebliche Verringerung der Inflationsraten vor allem die Unterschichten, d.h. die Masse der städtischen und ländlichen ArbeiterInnen im Produktions-, Handels- und Dienstleistungsbereich sowie die Mehrheit der Angehörigen des „informellen Sektors" zeitweise etwas höhere und insbesondere stabile Realeinkommen beziehen konnten, so muß dies mit den anderen Seiten der neoliberalen Politik (z.B. Arbeitsplatzreduktion, Verringerung des Nominallohns, Senkung des

Minimallohnniveaus, Abbau sozialer Leistungen etc.) konfrontiert werden. Per Saldo dürfte ein bedeutender Teil der Unterschichten durch diese Tendenzen mittelfristig schlechter gestellt sein als zu Zeiten des mehr oder minder „funktionierenden" Importsubstitutionsmodells.

Gleichzeitig scheint die überwiegend negative Betroffenheit der städtischen Mittelschichten – sowohl der selbständigen (Ladenbesitzer, Rechtsanwaltskanzleien, Architektenbüros etc.) wie noch mehr die der lohnabhängigen Mittelschichten (Lehrer, öffentliche Angestellte in Verwaltung, im Gesundheits- und Sozialbereich) – proportional noch größer gewesen zu sein. Im Gefolge der langandauernden Krise und der neoliberalen Neuorientierung ist es zu einer Polarisierung innerhalb der Mittelschichten gekommen, wobei eine sichtbare Pauperisierung großer Teile der selbständigen und vor allem auch der abhängigen Teile der Mittelschichten eintrat. In vielen Fällen war der Rückgang des Lebensstandards in diesen Bevölkerungssegmenten relativ größer als bei den „strukturell Armen". Die sogenannten „neuen Armen" aus den Mittelschichten sind hinsichtlich des Bildungsgrads, der Kinderzahl etc. deutlich von den vorher schon strukturell Arbeitslosen zu unterscheiden (vgl. Minujin 1995: 156ff.).

Im Unterschied zu fast allen anderen Kategorien der Sozialstruktur, die sich differenziert und heterogenisiert haben, kann dies vom Kernbereich der lateinamerikanischen Bourgeoisie bzw. den großen Kapitalen in der Produktions- und Zirkulationssphäre, im Banken- und Versicherungsbereich sowie im Export-Import-Sektor nicht behauptet werden. Sowohl in der wirtschaftspolitischen Orientierung wie im sonstigen politischen Auftreten scheint dieses Bevölkerungssegment, dessen ökonomische und politische Macht sie als herrschende Klasse ausweist, nach einer Umorientierungsphase seit Ende der 70er Jahre in der neoliberalen Ära der 80er und 90er Jahre an Homogenität und politischem Profil offensichtlich gewonnen zu haben (vgl. Vilas 1996: 129ff. generell sowie für die Cono Sur-Staaten Birle u.a. 1997: 58ff. sowie für Mexiko Boris 1996: 146ff.). Ungeachtet der nach wie vor bestehenden erheblichen objektiven und größenmäßigen Unterschiede zwischen den einzelnen Bourgeoisiegruppierungen (z.B. im Hinblick auf Binnen- oder Exportmarktorientierung, auf den technologischen Stand des Produktionsapparats etc.) ist es während der letzten anderthalb Jahrzehnte zu einer wesentlich größeren wirtschaftspolitischen und allgemeinpolitischen Übereinstimmung zwischen ihnen gekommen, als es je in der Importsubstitutionsphase der Fall gewesen ist.

> Zumindest auf verbaler Ebene existiert innerhalb der Unternehmerschaft ein Konsens hinsichtlich der grundsätzlichen Angemessenheit einer zum

Weltmarkt geöffneten Marktwirtschaft. Dies hat dazu geführt, daß die teilweise extremen Polarisierungen früherer Jahre zwischen 'liberalen' und 'etatistischen' Fraktionen der Privatwirtschaft verschwunden sind. Die Unternehmer sind sich weitgehend einig darüber, daß Weltmarktkonkurrenz sinnvoll ist und daß die dringend notwendige Modernisierung der lateinamerikanischen Volkswirtschaften durch den Zufluß ausländischen Kapitals beschleunigt werden kann. (Birle u.a. 1997: 74).

Dies schließt freilich nicht aus, daß die durch die Weltmarktöffnung sich ergebenden Herausforderungen für die einzelnen Unternehmenskategorien recht unterschiedlich sind und entsprechend die tatsächlichen Erwartungen der Unternehmer an den Staat in diesem Übergangsprozeß durchaus differieren.

Kommt die zweite, soziale Phase neoliberaler Politik?

Neben den grob skizzierten ökonomischen Auswirkungen und den sozialstrukturellen Veränderungen, die im Zuge der neoliberalen Globalisierung in Lateinamerika eingetreten sind, muß kurz auf weitere soziale Bereiche hingewiesen werden.[5] Die krasse Vernachlässigung des Bildungs- und Erziehungssektors,[6] des Gesundheitswesens (vor allem während der 80er Jahre), der fulminante Anstieg der Alltagskriminalität[7] sowie die höchst ungesicherten rechtli-

---

[5] Auf die Diskussion darüber, in welchem Ausmaß die drastischen Kürzungen in den Sozialhaushalten der lateinamerikanischen Länder die sozialen Indikatoren (Analphabetenrate, Bildungsstand, Gesundheitsversorgung etc.) in den 80er und 90er Jahren verschlechtert bzw. nicht wesentlich beeinflußt haben sollen, kann hier nicht eingegangen werden. Vgl. zu entgegengesetzten Positionen Inter-American Development Bank 1996; Sangmeister 1995 einerseits und Vilas 1995b andererseits.

[6] Dies scheint nicht nur ein quantitatives Problem der entsprechenden Anteile staatlicher Erziehungsausgaben am Bruttoinlandsprodukt zu sein (der Vor-Krisenstand von 1981 wurde erst 1993 wieder erreicht), sondern auch ebensosehr ein qualitatives, da in südostasiatischen Ländern beispielsweise mit ähnlichen oder teilweise geringeren Quoten bessere Ausbildungsergebnisse erzielt wurden (vgl. Inter-American Development Bank 1996: 48f. und 275ff.).

[7] „In weiten Teilen Lateinamerikas sind Schutzgelderpressung, die Entführungsindustrie und das Drogengeschäft so dominant etabliert, daß sie von ihnen völlig kontrollierte Zonen beanspruchen und dort ein gewaltgestütztes Sicherheitsregime errichten, das ihnen die notwendige, wenn auch erzwungene Loyalität ihres operativen Umfeldes garantiert. In ihrer Kumulation überziehen diese verschiedenen Formen privatisierter Sicherheit die lateinamerikanischen Gesellschaften mehr oder weniger flächendeckend, so daß sich die gesellschaftliche Realität in Lateinamerika trotz des Demokratisierungsprozesses von dem Ziel einer wohlfahrtsstaatlich-konstitutionellen Sicherheitsordnung, in der Sicherheit ein öffentliches Gut ist, beängstigend schnell und scheinbar

chen Verhältnisse und der überwiegend lamentable Zustand des Justizwesens[8] stellen neben der erwähnten geringen „Investitionsneigung" ebenso gravierende Hemmnisse für die Erreichung einer dauerhaften „internationalen Wettbewerbsfähigkeit" der lateinamerikanischen Ökonomien dar. Dies hat auch die UN-Regionalbehörde CEPAL spätestens 1990 erkannt, als sie ihre Kernforderung nach grundsätzlicher Veränderung in der Formel „Wachstum mit Gleichheit" zusammenfaßte. Eine solche Ökonomie, die auf wirtschaftlich und bildungsmäßig erzeugten „komparativen Vorteilen" beruht, die sich auf einen starken und sozial ausgeglichenen Binnenmarkt stützt und die die staatlichen Regulierungsfunktionen in allen Bereichen der Infrastruktur und der ökologischen Problembereiche stark akzentuiert, ist allerdings in Lateinamerika – auch am Ende der 90er Jahre – noch nicht sichtbar geworden. Selbst der verbliebene „Musterfall" Chile basiert kaum auf einer zukunftsfähigen Produktions- und Exportstruktur und weist im übrigen auch in der demokratischen Phase noch ca. ein Viertel der Bevölkerung in Armut auf (zuletzt hierzu: Hiedl 1998). Auch die zur Abfederung extremer sozialer Härten der neoliberalen Anpassungspolitik ins Leben gerufene „Notstands-" bzw. „Sozialfonds", die mittlerweile in vielen Ländern Lateinamerikas eingerichtet wurden und die überwiegend von der Interamerikanischen Bank und der Weltbank finanziert werden, können nicht mehr als der sprichwörtliche „Tropfen auf dem heißen Stein" sein. Selbst wenn es zutrifft, daß die eingesetzten Mittel die Armen bzw. gerade die „extrem Armen" erreichen und diese die Projekte selbst auswählen können und auch eine aktive Partizipation der Betroffenen bei der Projektdurchführung gewährleistet ist, scheint die Auffassung, daß durch die „Notstands- und Sozialfonds" ein „Grundstein für eine Sozialpolitik im Neoliberalismus gelegt (worden ist), ohne daß diese allerdings bereits klar umrissen wäre" (Blum 1998: 101), doch etwas zu optimistisch und zuversichtlich zu sein, selbst wenn man die vom Autor selbst gemachte Einschränkung im Nachsatz berücksichtigt. Natürlich ist es besser, wenn mit diesen Ressourcen Gesundheitsstationen, Schulen, Trinkwasseranlagen etc. errichtet werden, als wenn gar nichts passieren würde. Die zentrale Frage ist aber, ob dadurch die generell polarisierenden und regressiven Wirkungen der neoliberalen Politik aufgehalten oder gar konterkariert werden können. Dies wird wohl auch der euphorischste Beobachter „vor Ort" nicht ernsthaft behaupten können. Allein die verschwindend kleine Dimension der hier eingesetzten Ressourcen – es handelt sich zumeist um einige zwei- oder höchstens dreistellige Millionenbeträge (in US-Dollar) pro Land

---

unumkehrbar entfernt." (Lock 1998: 23).
[8] Siehe hierzu neuerdings: Ahrens/Nolte 1999.

jährlich -, ihre Einbettung in entgegengesetzt wirkende makro-ökonomische und gesamtgesellschaftliche Rahmenbedingungen sowie ihre jeweilige politische Instrumentalisierung verweisen darauf, daß es sich bei den Sozialfonds – so positiv sie im Einzelfall wirken mögen – um ein sehr partielles Armutsbekämpfungsmittel handelt, welchem überwiegend eine soziale und politische Befriedungsfunktion zukommt (vgl. Vilas 1997: 931ff.).

Die abermaligen Krisenprozesse während des Jahres 1998 und die entsprechenden Reaktionen der lateinamerikanischen Regierungen haben die Zweifel daran deutlich bestärkt, daß sich die neoliberalen ökonomischen Maßnahmen („hart, aber notwendig") schlicht durch eine abfedernde vorausschauende Sozial- und Gesellschaftspolitik „ergänzen" lassen, ohne damit zugleich entscheidende Abstriche am neoliberalen Modell vorzunehmen. Es muß gefragt werden, ob es sich dabei nicht – bei fortgesetzter Praktizierung der neoliberalen Wirtschaftstheologie, die durch keinerlei Fehlentwicklungen und Defizite widerlegbar zu sein scheint – um ein bloßes, seit Beginn der 90er Jahre beschworenes Phantom handelt, dessen Propagierung von Seiten internationaler Organisationen, vieler Regierungen und leider auch seriöser Sozialwissenschaftler überwiegend Beruhigungscharakter und Trostfunktion zukommt.[9] Demgegenüber werden die dem neoliberalen Projekt innewohnenden, regelmäßig auftauchenden Widersprüche und Selbstblockaden von diesen Instanzen kaum thematisiert. Diese m.E. mit der neoliberalen Politik notwendigerweise verbundenen Defizite kondensieren sich in typischen Zusammenhängen, Problemverkettungen, die auch in wiederkehrenden Sequenzen zu beobachten sind. An einer Reihe von Länderbeispielen können diese mehr oder minder ähnlich nachvollzogen werden.

---

[9] Daß die neoliberale Strategie (auch in Lateinamerika) sich problemlos mit einer Politik der „sozialen Absicherung" und einer klaren Steigerung der allgemeinen Wohlfahrt verbinden läßt, scheint die nicht weiter hinterfragte Glaubensüberzeugung vieler Ökonomen zu sein. Siehe stellvertretend für viele: z.B. Sangmeister, 1998; Nunnenkamp, 1997; Schweickert, 1996. – Sozialdemokratisch orientierte Autoren kritisieren zwar einen „kruden Neoliberalismus" (oder einen „überzogenen Wirtschaftsliberalismus"), ohne indes wesentliche Maßnahmen und die damit verbundenen Zielsetzungen neoliberaler Politik (radikale Weltmarktöffnung, Privatisierung öffentlicher Unternehmen, Deregulierung, Flexibilisierung der Arbeitsverhältnisse etc.) im Prinzip infrage zu stellen. Sie plädieren für einen „sozial und ökologisch abgefederten" Neoliberalismus sowie für zusätzliche, neue „netzwerkartige" Steuerungselemente „jenseits von Markt und Staat". Die Frage, inwieweit angesichts gegebener Herrschaftsverhältnisse und innerhalb einer grundsätzlich neoliberalen Politikorientierung – vor allem unter lateinamerikanischen Bedingungen – ein solches Ziel (eines „sozialstaatlichen und effizienten Kapitalismus") überhaupt möglich oder wahrscheinlich ist, scheint sie weniger zu interessieren (vgl. als Beispiel Messner 1997).

Sequenzen neoliberaler Selbstblockierung

Am Anfang aller Stabilisierungs- und Strukturanpassungsversuche steht in der Regel das – politisch gewollte – primäre *Ziel* der Inflationseindämmung bzw. der Preis- und Währungsstabilität. Gewöhnlich werden dazu folgende Mittel eingesetzt, wobei die Reihenfolge, die Vollständigkeit und Intensität der Implementierung unterschiedlich sein können: die Abwertung der Landeswährung steht meistens zu Beginn des Stabilisierungsprozesses, um das außenwirtschaftliche Gleichgewicht wieder zu erreichen und höhere Deviseneinkommen zu erzielen. Damit sollen die Zins- und Tilgungsverpflichtungen, die sich aus der zumeist beträchtlichen Außenverschuldung ergeben, wahrgenommen werden. Die Öffnung nach außen (in Form von mehr oder minder drastischen Zollsenkungen und Rücknahmen anderer Importbeschränkungen) soll – außer der besseren Integration in den Freihandel und Weltmarkt – vor allem auch inflationseindämmend wirken, da die verstärkte Importkonkurrenz die Preissteigerungsspielräume im Inneren verringern soll. Diese Politik wird intern unterstützt durch Haushaltskürzungen (vor allem im sozialen Bereich), durch eine generelle restriktive Geldpolitik und vor allem eine Hochzinspolitik. Alle diese Maßnahmen zielen nicht nur auf die Wiedererlangung der Preisstabilität ab, sondern sollen vor allem auch das „Vertrauen" der internationalen Kreditinstitutionen, von institutionellen und privaten Anlegern, von Direktinvestoren und der westlichen Regierungen wiederherstellen helfen. In der *ersten Phase* nach Einführung dieser Maßnahmen kommt es zu einem Handelsbilanzüberschuß (nicht notwendigerweise auch einem Leistungsbilanzüberschuß, da in der Leistungsbilanz auch die Tilgungs- und Zinsüberweisungen mitenthalten sind), weil nun die (verbilligten) Exporte gesteigert werden können, die Importe aber (trotz Zollsenkung) zunächst zurückgehen, da sie via Abwertung erheblich verteuert sind und die rezessive Situation ohnehin die Importneigung einschränkt. Die Haushaltsdefizite sind rückläufig, die Inflationsrate kann sich – nach einer Übergangsphase weiterer Preissteigerungen – vermindern, wenn die aus der Auslandsverschuldung resultierenden Belastungen nicht zu hoch sind. Die gesamte Lage zeigt rezessive Elemente: Firmenzusammenbrüche, Arbeitslosigkeitserhöhung, Einkommens- und Nachfrageminderung.

In einer *zweiten Phase* ist in der Regel folgendes zu konstatieren: Verringerung des Handelsbilanzüberschusses, erste Anzeichen eines sich andeutenden Defizits, leichte Wiedererholung der Konjunktur vor allem durch die mit der Exportexpansion verbundenen Nebeneffekte (eine gewisse interne Nachfragesteigerung, Tendenz zur Erhöhung der Investitionen) und teilweise durch

Zufuhr von neuen Auslandskapitalen in verschiedenen Formen: Direktinvestitionen, Kredite, Portfolio-Investitionen, durch Aufkaufen privatisierter ehemaliger Staatsunternehmen seitens ausländischer Kapitale usw.

Die *dritte Phase* zeigt typischerweise folgende Erscheinungen: die Inflation ist meistens weiter rückläufig, die Währung weist leichte Überbewertungstendenzen auf, was dazu beiträgt, das Handelsbilanzdefizit zu vergrößern; der Kapitalzufluß wird durch weitere Anreize stimuliert, da nur durch ihn die Handelsbilanzdefizite und teilweise schon wieder Leistungsbilanzdefizite kompensiert und die Devisenreserven erhöht werden können. Die tendenzielle Überbewertung der Landeswährung ergibt sich in der Regel a) aus der Differenz der einheimischen Inflationsrate zu der der wichtigsten Handelspartner und b) aus dem Zustrom ausländischen Kapitals (in allen Formen), der eine „Währungsstärke" suggeriert, die realwirtschaftlich „eigentlich" nicht begründet ist.

In der *vierten Phase* schließlich spitzt sich die Situation zu: die per se labile Gesamtlage kann durch externe oder interne Gefährdungsmomente in eine erneute akute Krisenkonstellation umschlagen: internationale Turbulenzen auf den Aktienmärkten oder im Finanz- und Währungsbereich (z.B. die sogenannte Asien-Krise, die Rußland-Krise etc.) können das „Vertrauen" in die Länder der „aufstrebenden Märkte" (Schwellenländer) weiter vermindern. Es kommt daher zu Kapitalabzügen, die Devisenreserven reduzieren sich schlagartig, und die Regierungen versuchen der Abwertung durch eine Reihe von Maßnahmen zu begegnen. Diese laufen in der Regel darauf hinaus, die Anlagebedingungen für das Auslandskapital noch attraktiver zu machen. Typische Gegenmaßnahmen in diesem Sinn sind: eine Verschärfung der Hochzinspolitik (im Falle von Brasilien im September 1998 z.B. eine Steigerung des Leitzinssatzes von ca. 23% auf knapp 50%!), eine Verringerung der Steuern für Auslandskapital, eine Liberalisierung hinsichtlich der unterschiedlichen Arten des Kapitalzuflusses usw. Zum anderen werden weitere Ausgabenkürzungen in den Haushalten vorgenommen, um dadurch weiter den Eindruck von Stabilität und Solidität für die ausländischen Kapitalanleger zu vermitteln. Auch interne Entwicklungen, z.B. die tendenzielle Vergrößerung des Haushaltsdefizits, die Gefährdung einer Reihe von einheimischen Banken durch faule Kredite oder bestimmte politische, konfliktive Ereignisse können eine Aktualisierung der Krisensituation auslösen. Die Hochzinspolitik (wie sie z.B. in Brasilien in den letzten Monaten des Jahres 1998, wenn auch mit leicht nachgebender Tendenz betrieben wurde) lastet auf der Regierung und dem Haushalt, da infolge der internen Verschuldung nun die entsprechenden Zinszahlungen enorm gesteigert werden, womit aber auch die Gefahr des andauernden Haushaltsdefizits perpetuiert wird, selbst wenn weitere Kürzungen im Sozialhaushalt vorgenommen werden; im übrigen drückt eine derartige Hochzinspolitik natürlich auf die Situation der Kreditnachfrage bei den einheimischen Banken, insgesamt wird die „Investitionsneigung" drastisch reduziert werden und die Binnenmarktkonjunktur in eine Phase der Depression geraten. Auch die Devisenreserven nehmen weiter ab, wenn nicht ein bedeutender zusätzlicher Kapitalzufluß stattfinden sollte.[10] – Wenn alle konterkarierenden Maßnahmen der Regierung nicht greifen, muß sie die Abwertung schließlich doch vollziehen, und damit ist das primäre Ziel der Preisstabilität und auch der Stabilität der Landeswährung verfehlt; der negative Zirkel nach unten kann, ohne daß eine entscheidende Verbesserung der ökonomischen Gesamtstrukturen realisiert worden wäre, von vorne beginnen.

Vor einer derartigen Situation scheinen im Herbst 1998 einige lateinamerikanische Ökonomien – auch die bisher erfolgreichsten und konsequentesten Umsetzer des „neoliberalen Katechismus"– zu stehen. Die bis zu diesem Zeitpunkt immer wiederholte Rede, daß die „grundsoliden" Wirtschaften Lateinamerikas von der Asien-Krise weitgehend verschont bleiben würden und ihre neoliberale „Reformpolitik" den asiatischen Regierungen als Vorbild dienen sollte – in genauer Umkehrung der Konstellation der 80er Jahre -, wird nun immer mehr aufgegeben. Die negativen Auswirkungen der internationalen Finanzturbulenzen sind nicht mehr zu übersehen, wobei allerdings festzuhalten ist, daß diese nur den Blick für die nach wie vor vorhandenen Schwächen und Defizite der lateinamerikanischen Ökonomien geschärft haben. Die Aktienmärkte haben einen – seit 1995 nicht mehr dagewesenen – Tiefstand erreicht (drastische Kursverluste von 35 bis 60% an den lateinamerikanischen Börsen seit Beginn dieses Jahres), die Renten und Anleihzinsen sind entsprechend angestiegen, die Handelsbilanzen und noch mehr die Leistungsbilanzen sind stärker negativ geworden,[11] die Währungen sind fast allesamt unter

---

[10] Ob das am 13. November 1998 verkündete „Hilfspaket" des IWF für Brasilien in der Höhe von 41,5 Mrd. US Dollar eine entsprechende, präventive und die Abwertung vermeidende Wirkung haben wird, ist noch völlig offen. Einige Anzeichen lassen Skepsis angebracht erscheinen. Seit Mitte Dezember 1998 setzt sich der Devisenverlust des Landes wieder fort, die Börsenkurse sind erneut unter Druck geraten etc. – nicht zuletzt, weil bestimmte Anpassungsauflagen des IWF nicht den brasilianischen Kongress passierten. Einig sind sich die Beobachter nur darin, daß eine mehr oder minder andauernde rezessive Entwicklung in Brasilien unabwendbar ist und eine doch noch vollzogene Abwertung des brasilianischen Real eine Kettenreaktion mit noch nicht absehbaren Konsequenzen in Lateinamerika auslösen würde. Vgl. z.B. die Einschätzung der Dresdner Bank vom November 1998a: Brazil – out of the woods? sowie die skeptischen Positionen im „Financial Times Survey" über Brasilien vom 21.12.1998.

[11] „Einen massgeblichen Anteil am erhöhten Abwertungsdruck, dem sich praktisch alle latein-

Druck geraten. Aus den oben aufgezeigten Zusammenhängen heraus haben sich auch die Haushaltsdefizite in vielen Ländern wieder eingestellt (Brasilien weist gegenwärtig ein Haushaltsdefizit in der Höhe von 7% des BIP auf), und die Devisenreserven sind – durch Ausbleiben neuer Kapitalzuflüsse und durch Stützungsmaßnahmen für die eigene Währung – in kurzer Zeit empfindlich zusammengeschmolzen (die Devisenreserven Brasiliens z.B. verringerten sich allein im August und September 1998 von ca. 75 Mrd. US Dollar auf 40 Mrd. US Dollar). Kolumbien und Ekuador mußten im September ihre Währungen abwerten, der mexikanische Peso, der frei schwankt, fiel im selben Zeitraum um über 20% auf einen neuen Tiefstand. Brasilien versuchte diesem enormen Druck auf seine Währung und seine Devisenreserven durch ein Abkommen mit dem IWF (November 1998) zu begegnen, wobei dieses offenbar nur eine kurzfristige Entlastung verschafft hat; die anderen Währungen, z.B. die bislang als besonders stabil geltende argentinische und chilenische Währung, stehen durch die genannten Tendenzen ebenfalls unter erheblichem Abwertungsdruck. Dies hat dazu geführt, daß die chilenische Regierung die Anfang der 90er Jahre eingeführte – und von vielen Beobachtern als vorbildlich eingestufte – Maßnahme gegen die negativen Wirkungen kurzfristiger, volatiler Kapitalzuflüsse, die sogenannte Bardepotpflicht („encaje"), die in der Höhe von 30% des angelegten Kapitals angesetzt war, Ende 1998 zurückgenommen hat: Nur durch weitere Liberalisierungen gegenüber auch potentiell gefährlichen Varianten von Kapitalzuflüssen glaubt die chilenische Regierung das zuletzt stark gewachsene Defizit der „Bilanz der laufenden Posten" (ca. 7% des BIP entsprechend) ausreichend kompensieren zu können (vgl. Le Monde vom 24. 11. 1998)

> Der Handelsschock hat sich in sinkenden Rohstoffpreisen, im Verlust der asiatischen Absatzmärkte, in der steigenden Konkurrenz asiatischer Anbieter auf den Weltmärkten sowie in den sinkenden Steuereinnahmen und steigenden Leistungsbilanzdefiziten niedergeschlagen [...] Zahlreiche lateinamerikanische Länder haben sich inzwischen hilfesuchend an die Weltbank und die anderen Finanzorganisationen mit der Bitte um schnell abfließende Strukturdarlehen gewandt, um den Verlust der ausländischen Kapitalströme zumindest teilweise zu kompensieren und den Wachstumseinbruch zu verringern. (FAZ vom 2. 10. 1998).

---

amerikanischen Währungen gegenübersahen, hatte die kräftige Zunahme des regionalen Ertragsbilanzdefizits (d.h. der „Bilanz der laufenden Posten", D.B.) von 64 Mrd. auf 84 Mrd. US $. Diese Entwicklung fiel überdies mit einer Verminderung der globalen Kapitalzuflüsse in die Region von zuvor 80 Mrd. auf 62 Mrd. US $ zusammen, wobei dieser Rückgang fast ausschließlich den Abfluß von kurzfristig angelegten Mitteln spiegelte." (Neue Zürcher Zeitung vom 19./20. 12. 1998)

Gegen Ende des Jahres 1998 veröffentlichte die UN-Regionalbehörde CEPAL Schätzungen, denen zufolge das durchschnittliche Wachstum des BIP für 1998 in Lateinamerika gegenüber 1997 um mehr als die Hälfte auf 2,3% zurückgehen wird. Angesichts der zeitlich verzögerten Auswirkungen der Krisenphänomene des vergangenen Jahres auf die Realwirtschaft gehen die CEPAL-Experten auch für das Jahr 1999 von einer weiteren spürbaren Verlangsamung des regionalen Expansionsrhythmus auf nur etwa 1% aus (vgl. Neue Zürcher Zeitung vom 19./20. 12. 1998).

Ratlosigkeit breitet sich unter den national und international tätigen „Cheftheoretikern" bzw. Ideologen der neoliberalen Heilsgewißheit aus, sind doch die meisten „Empfehlungen" von IWF, Weltbank und der Interamerikanischen Bank mehr oder minder strikt befolgt worden. Erst allmählich dringt ins Bewußtsein, daß wesentliche Strukturprobleme der lateinamerikanischen Ökonomien sich kaum verändert haben, ja diese durch die neoliberale Politik teilweise offenbar verfestigt wurden. Die hohe Abhängigkeit von Rohstoffexporten und einer relativ wenig diversifizierten Exportstruktur, die von Rohstoffexporten und den daraus resultierenden Deviseneinnahmen erheblich bestimmten Staatshaushalte, das regressive und ineffiziente Steuersystem, die immer noch niedrige interne Spar- und Investitionsquote, die extreme Verletzlichkeit gegenüber äußeren Einflüssen – all dies verweist auf die wenig veränderten Grundstrukturen der lateinamerikanischen Ökonomien (Financial Times vom 2. 10. 1998).

Fazit

Eine qualitative Verbesserung der gesamten ökonomischen Strukturen eines Landes würde vor allem beinhalten: eine signifikante und dauerhafte Erhöhung der Investitionsrate, eine Verringerung der enormen Einkommensdisparitäten, eine damit verbundene Stärkung der Binnenkaufkraft, die Steigerung der Produktivität über Investitionen in Kapitalgüter und Humankapital, eine klare Verbesserung der materiellen und immateriellen Infrastrukturen etc.[12] – in all die-

---

[12] Eine solche alternative Entwicklung, die eine Homogenisierung der internen ökonomischen und sozialen Strukturen sowie eine binnenzentrierte Wirtschaftspolitik einschlösse, ist unter neoliberalen Bedingungen undenkbar. Die zeitweiligen und, wie sich immer wieder zeigt, prekären Erfolge der neoliberalen Orientierung hängen in immer stärkerem Maße von äußeren und teilweise spekulativen Bedingungen ab: von externen Absatzmärkten, Weltmarktpreisen, vom Einströmen äußerer Geldkapitale, von ausländischen Direktinvestitionen, vom ausländischen Interesse an internen Börsenentwicklungen etc. Der massenhafte Verkauf interessanter öffentlicher Unter-

sen Bereichen haben die meisten neoliberalen Regierungen bislang, d.h. seit über 10 Jahren, fast völlig versagt. Dies wird selbst von engagierten, aber ehrlichen Adepten der neoliberalen Strategie offen zugegeben. So äußerte sich der bis vor kurzem als Chefökonom der Weltbank für Lateinamerika fungierende Sebastian Edwards folgendermaßen:

> Nach fast einer Dekade von Reformen hat die Region (gemeint ist Lateinamerika, D.B.) wenig an verbesserter ökonomischer Leistungsfähigkeit und sozialen Bedingungen vorzuweisen. Die Armut wurde nicht verringert. Das Wachstum war im besten Fall bescheiden. In vielen Ländern stagnierten die Löhne und die Arbeitsplatzschaffung war schwach. Allein die Eindämmung der Inflation war eines der wenigen erwähnenswerten erreichten Resultate. (Edwards 1997: 93)

Dem ist nur hinzuzufügen, daß dies keineswegs als zufällig und daher leicht korrigierbar anzusehen ist, sondern als mehr oder minder zwangsläufiges Resultat der herrschenden Machtordnung, der gesellschaftlichen Kräfteverhältnisse und ihrer institutionellen Grundlagen in Lateinamerika. Ohne tiefgreifende gesellschaftliche Veränderungen ist also von einer neoliberalen Variante der Globalisierung und Vertiefung der internationalen Arbeitsteilung für die Ökonomien und Gesellschaften Lateinamerikas insgesamt wenig Positives zu erwarten.[13]

Diese Behauptung gilt meines Erachtens auch dann, wenn man bereit ist zuzugeben, daß es „den Neoliberalismus" als eindeutiges, völlig uniformes und „stromlinienförmiges" Wirtschafts- und Gesellschaftsmodell nicht gibt. Der durchaus berechtigte Ruf nach differenzierter Betrachtung der neoliberalen Po-

---

nehmen vorzugsweise an ausländische Kapitale, die Versuche, Geldkapital durch hohe Zinssätze anzulocken sowie die Aussicht für externe Interessenten, im Inneren eines Landes bzw. einer regionalen Wirtschaftsgemeinschaft Fuß fassen zu können etc. sind weitere Attraktionspunkte, die von der neoliberalen Politik offeriert werden. Die Binnenwirtschaft und -konjunktur wird in immer stärkerem Maß zur abhängigen Variablen äußerer Bedingungen und Faktoren, auf die keinerlei Einfluß ausgeübt werden kann.

[13] Die in diesem Zusammenhang sicherlich zentrale, sich anschließende Frage, inwieweit die bisherigen Ergebnisse der neoliberalen Politik entsprechende politische Reaktionen – vor allem von Seiten der Linken – hervorgerufen haben, liegt außerhalb der Reichweite dieses kurzen Überblicksartikels. Wie schon im Zusammenhang mit der erfolgreichen Inflationsbekämpfung knapp angedeutet wurde, ist die neoliberale Botschaft vielfach – auch auf Seiten der Unterschichten – mit großen Erwartungen aufgenommen worden. Der anfängliche „Charme des Neoliberalismus in Lateinamerika" (Messner 1998: 4) einerseits, die relativ starke Desorientierung der Linken andererseits (vgl. Sterr 1997) scheinen erst allmählich und teilweise auf regionaler, lokaler Basis sowie auf der Ebene sozialer Bewegungen (vgl. Boris 1998) zu einer partiellen Rekonstitution von Oppositionskräften gegen das neoliberale Projekt zu führen.

litik in Lateinamerika, welche differierende theoretische Akzentuierungen, wesentliche Umsetzungsunterschiede, variierende politische Rahmenbedingungen und vieles andere mehr einzubeziehen versucht (vgl. Dombois/Imbusch 1997: 16ff.), sollte allerdings nicht dazu führen, fast vollständig auf theoretische und verallgemeinernde Aussagen oder Tendenzanalysen zu verzichten; zumal dann nicht, wenn sich – wie gegenwärtig – immer deutlicher ähnliche ökonomische und gesellschaftliche Auswirkungen des neoliberalen Paradigmas in vielen Ländern Lateinamerikas abzeichnen.

Literatur

Ahrens, H./D. Nolte (Hg.) (1999): Rechtsreformen und Demokratieentwicklung in Lateinamerika, Frankfurt/M.

Benavente, J. M. u.a. (1996): Changes in the industrial development of Latin America, in: CEPAL Review, No. 60 (dec.), 49-72

Berry, A. (1997): The income distribution threat in Latin America, in: Latin American Research Review, Vol. 32, No. 2, 3-41

Birle, P. u.a. (1997): Unternehmer und Politik im Cono Sur. Eine vergleichende Analyse, in: Lateinamerika Jahrbuch 1997, Frankfurt/M., 58-85

Blum, V. (1998): Die lateinamerikanischen Sozialfonds. Ansätze für eine Sozialpolitik im Neoliberalismus?, in: Peripherie, 17. Jg., Nr. 69/70 (April), 88-103

Boris, D. (1996): Mexiko im Umbruch. Modellfall einer gescheiterten Entwicklungsstrategie, Darmstadt

Boris, D. (1998): Soziale Bewegungen in Lateinamerika, Hamburg

Bulmer-Thomas, V. (1996): Conclusions, in: Ders. (Hg.): The New Economic Model in Latin America and its impact on income distribution and poverty, London, 295-314

Dombois, R./P. Imbusch (1997): Neoliberalismus und Arbeitsbeziehungen in Lateinamerika. Einführende Bemerkungen, in: Dies. u.a. (Hg.): Neoliberalismus und Arbeitsbeziehungen in Lateinamerika, Frankfurt/M., 9-39

Dresdner Bank (1998a): Brazil – out of the woods?, November, Hamburg

Dresdner Bank (1998b): Kurzbericht über Lateinamerika, Juni, Hamburg

Dresdner Bank (1998c): Kurzbericht über Lateinamerika, November, Hamburg

Dussel Peters, E. (1995): El cambio estructural del sector manufacturero mexicano, 1988-1994, in: Comercio Exterior, Mexico, D.F. (junio), 460-469

Edwards, S. (1997): Latin America's Underperformance, in: Foreign Affairs, Vol. 76, No. 2 (march/april), 93-103

Hiedl, P. (1998): Chile: Exportdominiertes Wachstum und politische Vewaltung des Diktatur-Erbes, in: Z. Zeitschrift für marxistische Erneuerung, Nr. 35, Sept., 148-160

Inter-American Development Bank (1996): Economic and social progress in Latin America. 1996 Report, Washington, D.C.

Lock, P. (1998): Privatisierung von Sicherheit im Zeitalter der Globalisierung. Das Beispiel Lateinamerika, in: Lateinamerika. Analysen, Daten, Dokumentation, Nr. 38 (Oktober), 13-28

Messner, D. (1997): Wirtschaftsreformen und gesellschaftliche Neuorientierung in Lateinamerika: Die Grenzen des neoliberalen Projekts, in: Dombois, R./P. Imbusch (Hg.): Neoliberalismus und Arbeitsbeziehungen in Lateinamerika, Frankfurt/M., 43-67

Messner, D. (Hg.) (1998): Lateinamerika: der schwierige Weg in die Weltwirtschaft (INEF Report, Heft 26), Duisburg

Minujin, A. (1995): Squeezed: the middle class in Latin America, in: Environment and urbanization, Vol. 7, No. 2 (oct.), 153-165

Moguillansky, G. (1996): The macroeconomic context and investment: Latin America since 1980, in: CEPAL Review, No. 58 (April), 79-94

Morley, S.A. (1995): Poverty and inequality in Latin America. The impact of adjustment and recovery in the 1980s, Baltimore u.a.

Nolte, D. (1997): Der verunsicherte Jaguar. Lateinamerika zwischen wirtschaftlichem Optimismus und politischer Skepsis, in: Lateinamerika-Jahrbuch 1997, Frankfurt/M., 37-57

Nunnenkamp, P. (1997): Herausforderungen der Globalisierung für Brasilien, in: Die Weltwirtschaft, H. 1, 106-130

Ocampo, J. A. (1998): Income distribution, poverty and social expenditure in Latin America,
(http://www.eclac.cl/english/Coverpage/oeaingles.htm)

Pérez Sáinz, J. P. (1996): Los nuevos escenarios laborales en América Latina, in: Nueva Sociedad, No. 143 (mayo-junio), 20-29

Pérez Sáinz, J. P. (1998): The new faces of informality in Central America, in: Journal of Latin American Studies, Vol. 30, 157-179

Pries, L. (1997): Wege und Visionen von Erwerbsarbeit. Erwerbsverläufe und Arbeitsorientierungen abhängig und selbständig Beschäftigter in Mexiko, Frankfurt/M. u.a.

Ramos, J. (1997): Neo-liberal structural reforms in Latin America: the current situation, in: CEPAL Review, No. 62 (August), 15-39

Sangmeister, H. (1995): Grundbedürfnisse, Wirtschaftsreformen und soziale Sicherung in Lateinamerika, Ebenhausen

Sangmeister, H. (1998): Chile als Modell für Lateinamerika? Die Wirtschaftsreformen in Argentinien, Brasilien und Chile im Vergleich, in: Aus Politik und Zeitgeschichte. Beilage zur Wochenzeitung Das Parlament, v. 18. September 1998, 29-41

Schrieberg, D. (1997): Dateline Latin America: The growing fury, in: Foreign Policy, No. 106 (spring), 161-175

Schubert, A. (1997): Informeller Sektor oder informelle Gesellschaft? Zur Informalität in Lateinamerika, in: Komlosy, A. u.a. (Hg.): Ungeregelt und unterbezahlt. Der informelle Sektor in der Weltwirtschaft, Frankfurt/M., 169-181

Schweickert, R. (1996): Neo-liberale Wirtschaftsordnung und wirtschaftliche Entwicklung in Lateinamerika, in: Zeitschrift für Wirtschaftspolitik, Jg. 45, H. 2, 249-261

Sterr, A. (Hg.) (1997): Die Linke in Lateinamerika. Analysen und Berichte, Köln

Thomas, J. (1996): The New Economic Model and labour markets in Latin America, in: Bulmer-Thomas, V. (Hg.): The New Economic Model in Latin America and its impact on income distribution and poverty, London, 79-102

United Nations/Economic Commission for Latin America and the Caribbean = UN/ECLAC (1996): Economic survey of Latin America and the Caribbean 1995, Santiago de Chile

United Nations/Economic Commission for Latin America and the Caribbean = UN/ECLAC (1997): Economic survey of Latin America and the Caribbean 1996- 1997, Santiago de Chile

Veltmeyer, H. u.a. (1997): Neoliberalism and class conflict in Latin America. A comparative perspective on the political economy of structural adjustment, Houndmills u.a.

Vilas, C. M. (1995a): Economic restructuring, neoliberal reforms and the working class in Latin America, in: Halebsky, S. u.a. (Hg.): Capital, power, and inequality in Latin America, Boulder u.a., 137-163

Vilas, C. M. (Hg.) (1995b): Estado y políticas sociales después del ajuste. Debates y alternativas, Caracas

Vilas, C. M. (1996): Actores, sujetos, movimientos: donde quedaron las clases?, in: Revista de Ciencias Sociales, No. 4 (agosto), 113-142

Vilas, C. M. (1997): De ambulancias, bomberos y policías: La política social del neoliberalismo, in: Desarrollo Económico, Vol. 36, No. 144 (enero-marzo), 931-951

Some Reflections on the Persistence of United States Hegemony

Malcolm Sylvers

US policy in the contemporary world

The evolution of the capitalist mode of production and its extension to the entire world in these last decades has woven itself into a series of other processes: the collapse and subaltern absorption of what was called "real socialism", the disappearance of all attempts at creating an alternative socio-economic system in the less developed world, the passage of a series of states from the periphery to the status of "newly industrializing countries" and the clear emergence of important contrasts between the United States and the other advanced capitalist countries, something which was previously repressed by the presence of the Soviet Union. United States hegemony, in brief, now operates in a new situation where there are increased possibilities but also more uncertainty and challenges.

In order to preserve its hegemony, the United States in the post-war period set out three main objectives for its foreign policy: limit Soviet influence, keep the allies under control and prevent social and political transformations of a left-leaning character in the less developed world. From 1991 on, it has become instead ever more important for the USA to prevent any autonomous striving by its allies and, with this in mind, it has followed a policy which has placed at the center economic and military factors as well as geopolitics in general. As the main think tanks in Washington put it, Germany and Japan remain the fundamental allies, but it is necessary that they understand what exactly their place is and that the United States makes the significant decisions. The main direction of Clinton's foreign policy, not very different from that of previous presidents, is that the security of the United States depends on its own military and economic strength and that from this depends world peace. Recent successes in foreign policy, in fact, have not been lacking especially in contrast to the second half of the 1980s: for the conflicts in Haiti, ex Yugoslavia and the Middle East, the USA is the necessary element for any solution, even if temporary.

With this as a base, Washington has followed a very aggressive trade policy with regard to its interests and a military policy of the expansion of NATO despite the tensions this has provoked with Russia. With regard to NATO itself, the US has very clearly opposed whatever vague aspirations have been manifested by France and Germany to possess a striking force independent of the United States, even if within the organization. Pressure has continued against the few rebel voices still in existence in the Third World, rescue operations have been organized for subaltern countries in financial difficulty while the stronger countries in the semi-periphery (Brazil, Saudi Arabia, South Korea or Israel) have been prevented from developing special links with other leading powers.

Insofar as possible the United States has attempted to have the costs of this policy financed by the allies. The Gulf War in 1991 is quite instructive: if to acquire the important support of Egypt, part of the latter's debt to the States was cancelled, Japan on the other was convinced to contribute thirteen billion dollars. One might see this contribution as justifiable given the importance of Middle East oil for the Japanese economy but a question can be posed as to whether this country could not find other means of developing its relations with the Arab world.

Maintaining hegemony does not mean the ability to bring everything under control. Ideal situations never exist, even less so in a world in movement: the United States does not have the power to box in entirely its allies nor to maintain the entire world from the Balkans to Africa and to the Pacific open to its investments and military forces. The allies, in short, together with "non enemy" countries like China and Russia, can be of some annoyance, conditioning or slowing down US options as in recent relations with Iraq. Similarly, the United States was not able to prevent India from carrying out nuclear tests with their destabilizing effect.

The maintainance of hegemony does require possessing more control than other powers which are potentially competitors; moreover, it means the ability to respond to possible threats, utilizing them for one's own benefit. An example could be the general tendency towards the elimination of military dictatorships and their substitution with regimes of representative democracy which guarantee certain basic rights. The fact that the United States sustained for many decades most of these dictatorships did not prevent it from concluding that the new political set-up was more congenial to the functioning of capital – especially US capital – because in this way it could gather the necessary consensus to impose economic structures and conditions which are normally unpopular. In a certain sense, the United States has followed the advice of Mao Tse-tung on the need to transform defeats into victories.

That the United States is clearly the leading country is evident in that it has succeeded in behaving in a way that is denied to others; it has moreover managed to do this without raising much concern. Recent events seem to confirm that only the president of the United States posseses the right to trample on all norms of international law, launching missiles on a country as a way of adjusting problems of domestic policy or of trying out the latest inventions of the armaments industry, given that other explanations are not immediately evident.

In fact, it is especially in the military sector that US hegemony remains intact in an impressive way. For 1999, the budget of the Department of Defense is the equivalent of the combined military expenses of Germany, France, Japan, China and Russia. The actual reduction of troops in western Europe has led some to speak incautiously of a return of "isolationsim". A careful reading of the official publications of the Pentagon and military specialists gives an entirely different impression: potential rivals in armed conflicts are not only China and Russia but, in a world judged as ever more turbulent, dangers come from "beyond the traditional east-west antagonism". The accepted position is that the United States must be able to confront at the same time two regional conflicts, each of the dimension of the Gulf War; in addition, US military strength must at all times be ready to keep open the sea lanes towards South-east Asia and to stand up to a possible Russian threat to Europe. Given the impossibility of rapid deployment from bases within the continental United States, not only ground troops (despite the reduction in Europe) but five fleets and a multitude of air squadrons must remain present in almost every angle of the globe (Bello 1992: 24; Klare 1992; Wall Street Journal Europe 3/2/98, 19/3/97, 27/3/97; Le Monde diplomatique 7/97: 10-11.).

Next to potential significant rivals there are also the present day "pariahs", demonic forces in the form of heads of state who are judged as disobedient to the world leader: Kim il Sung in the Pacific, Saddam Hussein and Mouammar Kadhafi in the arab world, Slobodan Milosevic in the Balkans and Fidel Castro in Latin America; it is perhaps a sign of the scarce importance of sub-Saharan Africa that the State Department has yet to designate someone in this area. In order to ensure that US power can enforce the rules of international behaviour decided by Washington, new science fiction devices based on computer technology which allow for total surveillance and interception of information are being planned and developed. Space platforms with launching systems which reformulate the Star Wars project of Reagan lay the basis for an absolute control of space which would protect and isolate the United States as the oceans did for Great Britain and the States itself in the 19th and 20th centuries (Le

Monde diplomatique 2/98: 4-5). Nothing better illustrates the superiority of the United States than the ability to fuse together NATO and the United Nations. If in UN operations combat troops of other countries are more present because of domestic US politics, it is this country which organizes and directs, as in Bosnia, the decisive air strikes.

The economic strategy of the United States is based on several key ideas: support of the World Trade Organization (WTO) as a way of "opening up" Japan and Europe to its goods and investments, preservation of a wide margin of freedom for the unilateral defense of national interests, maintainance of a key presence in the Pacific Rim through APEC (Asian-Pacific Economic Cooperation) as well as the leadership of a NAFTA (North American Free Trade Agreement) in continual expansion (Bowles/MacLean 1996).

According to existing legislation, the US government, when requested to do so by an enterprise, can determine that there has been discriminatory measures against its commerce or violation of intellectual rights. At this point, it is authorized to act unilaterally against those countries considered responsable. In order to avoid the application of such measures, Japan has been forced from the 1980s on to participate in strenuous negotiations with the United States. Through these, the latter has sought to remedy structural elements in the Japanese political economy which limit the penetration of foreign corporations (difficulties in opening large retail chain stores or in obtaining government contracts, restrictive supply methods of the integrated cartel-like keiretsu, government monopolies in utilities, low salaries which limit domestic purchasing power). In this, the United States is essentially requesting that Japan move over to its own model; one might add that the US is trying to operate as a lobbying agent with regard to the Japanese government just as the latter does in Washington. Although the Japanese have ceded formally on a number of points, the results of this policy are rather inconclusive (Upham 1996; Kahler 1996; Wall Street Journal Europe 23/3/98).

The preferred venue of economic conflictuality was GATT, the General Agreement on Tariffs and Trade, and is now, since the latter's transformation in 1995, the World Trade Organization. The Uruguay Round – the last series of GATT negotiations – began in 1986 but ended only in 1993. In general, compromises were reached favorable to the US attempt to force other countries to open their doors to US-based transnational corporations (TNCs) in the fields of agriculture, financial services (banking, insurance, etc.) and culture (especially cinema) where they are particularly strong (Rainelli 1993; Delorme/Clerc 1994; McMichael 1993).

Serious conflicts have also taken place with regard to civil aviation, an industrial sector where the United States has not lost its dominance: in fact, the competition underway with regard to all major airlines between Boeing (which has 60% of the market) and the European consortium Airbus Industrie is a major area of unresolved conflictuality. The enormous costs of developing and manufacturing planes means that private firms will invest only if they have guaranteed sales or outside investment. The United States has specifically criticized the various EU government grants to Airbus but those by the US government in the form of contributions to military research are even more significant; moreover, the recent merger between Boeing and McDonnell Douglas means that they are now given in a direct way. Boeing, in addition, has often won contracts because the US government at a decisive moment has decided to reduce a foreign debt as was the case with Saudi Arabia in 1994. On other occasions the choice of Boeing over Airbus has derived – to quote the words of the Israeli minister of defense – from "the close relations between the two countries and especially of their military sectors". Recently the EU has attacked the exclusive contracts signed between the Seattle firm and certain US airlines. If, however, the planning of a European fighter aircraft goes forward – naturally financed by the various governments – this will be advantageous to Airbus. Competition is likely to increase if, as planned, in 1999 the latter will take on a unified structure instead of a consortium of various national firms (Wall Street Journal Europe 23/9/97, 14/7/97, 2-3/5/97, 23-4/5/97, 17/12/97).

Without a doubt the most significant conclusion of the Uruguay Round was the transformation of GATT into the WTO. The latter, unlike its predecessor, is an institution with the task of managing existing agreements and developing new rules; its decisions moreover are directly enforceable. Even if each country has one vote (as in the United Nations and thus different from the International Monetary Fund and the World Bank where voting is weighed with regard to the capital that countries have made available) and agreements are majority based, it can be expected that the more important countries will make their weight felt. The United States has naturally often appealed to the WTO, requested to do so by specific corporations – who thus at times do remember their country of origin – against "unfair" practices of their foreign competitors. If the United States most often wins in WTO arbitration, it can at times lose as when Mexico appealed against US barriers to its tuna because they were fished in a way that also killed dolphins, a species particularly loved by the ecologically minded.

The conclusion in 1997 of an agreement for the gradual liberalization of the market for telecommunications and computer technology should be of special help to US firms in that the latter represent 11 of the 20 largest in the field. Here it will be interesting to see how rapidly the United States will allow the application of this agreement within its own market; one should remember that Congress has already declared that it does not consider itself bound by WTO arbitration commissions. The government also vigorously pushed forward in the OECD the drawing up of a multilateral agreement on investments (MAI) which would have totally withdrawn any limitations by host countries on the movement and behaviour of foreign capital. Given the opposition raised by various governments, NGOs and several members of the US Congress with regard to the content of this agreement (as well as the semi-secret way in which negotiations were carried on), it has remained blocked. The attempted agreement does however give an idea of the general free trade spirit behind the United States international economic policy with its conviction that the latter will be of benefit to the country (or at least to its major corporations) (Le Monde diplomatique 5/97: 10; 11/98: 6; CEPII 1997: 86-93).

If however the United States follows a free trade policy when it seems to be beneficial, at other times it adopts a distinctly protectionist line as in the case of Japanese supercomputers. Falsely accusing firms like Nec and Fujitsu to have attempted to sell below cost, the government managed, through the use of astronomical customs duties, to block the purchase of their supercomputers by the Massachusetts Institute of Technology, the National Aeronautics and Space Administration and the Department of Energy. This did not prevent the US government from complaining that Japan was blocking the purchase of the same equipment made in the States (Wall Street Journal Europe 29/9/97).

Whether at this moment conflictuality or coordination is dominant between the individual national states is clearly a central point. If, however, the United States still manages to behave as if it owned the world, this capability derives not only from its own strength but from the great reticence of its most important allies to put themselves forward in a political or military sense. The future of international relations in the coming decade will depend primarily on how long such a situation will continue.

"American decline" or "American renaissance"

Talk of an "American renaissance" began in the early 1990s in direct contrast to those who in the previous decade spoke of an "American decline". This cannot be explained as simply a case of patriotic rhetoric, the fawning behaviour of certain intellectuals among the most faithful foreign allies or wishful thinking.

After all, the economy is booming and its growth rate is above that of the other centers of advanced capitalism; for this "objective" reason the country can well present itself as the winning model to be followed by others. In fact, the country has no rivals and its form of capitalism is the object of increasing enthusiasm despite that a primary element of this model is the reduction in the hourly wage level of the overwhelming part of the population which works for a salary.

Quite clearly, those who speak of an "American renaissance" are not thinking of a general form of "Americanization" – the mere spread world-wide of cultural, political and economic ideals as well as a style of life – but rather that the United States as a country is once again on top after two decades of uncertainty, even if its economy no longer dominates in the same way. For Nau, precisely because US ideals – pluralistic democracy and the market economy – are by now universally shared, the country needs less power in order to influence the rest of the world. Any decline in US hegemony can thus be attributed to erroneous political choices made from the 1960s on, something which can be easily corrected (Nau 1990).

The relative decline of the US in the economic sector is, on the other hand, real and can be measured in its present-day percentage of world production, exports and foreign exchange holdings in comparison with those of thirty years ago; with regard to the balance of payments – the most significant measure of how a country relates economically to the rest of the world –, this has been for many years consistently negative. The decline has been explained in various ways: the low level of savings and investment (given that the debt of families, firms and the government remains high although the annual deficit of the latter has been brought under control), worn out infrastructures (roads, railways and airports but also sewerage systems and aqueducts), an extremely deficient educational system (while knowledge is an ever more critical element in productivity), a managerial elite with a dramatically short temporal frame reference (caused by the relationship to mutual and pension funds), an absence of collaboration between labor and capital, etc. Guttmann's comment seems on the mark: "the problems are structural in nature – that is they emanate from the amalgam of institutional characteristics, policy compromises, and cultural attitudes" which define each individual society (OECD 1997: 12; Guttmann 1994: 5).

With regard to the question of decline, the contribution of Paul Kennedy – Rise and Fall of the Great Powers – initiated much discussion when it came out shortly after the crash on Wall Street in the autumn of 1987. Basing himself on an analysis of the historical period from the 1500s to the present, the author affirmed the importance of maintaining a correct equilibrium between economic power on the one hand and political and military power on the other: expanding the latter without being able to maintain the former has always led to a situation of "imperial overstretch" which is both a cause as well as a sign of decline. For Kennedy this is precisely the contemporary situation of the United States. In a similar vein, Michael Porter argued that this country, like all countries, has moved from an economy pushed forward by production factors to one based on investments and then innovation, arriving at a stage in which the economy is sustained by wealth which was previously accumulated. In this last phase the drive to invest and innovate becomes weak and the firms begin to lose their accumulated advantages; this cannot but lead to a decline of prosperity and of the national economy as a whole (Kennedy 1987; Porter 1990).

Those who argue that the world has entered into a new period of US hegemony – or even that the previous one has never terminated – do not deny the negative elements of this picture but they find them not entirely relevant. While there has been a relative decline, no other country seems interested in taking the position of the United States. The question of the capacity to dominate cannot in fact be reduced to the share of the world market in semiconductors – in any case, perhaps increased in recent times thanks to the production of US firms located abroad – nor is the main question that US productivity still remains the highest. From this point of view as indicated in Bromley, it is clear that US hegemony today – as in the period after the Second World War – is based on a very specific intersection of factors and not simply material domination or the ability to control a general context (Bromley 1991: 71-72).

In the present conjuncture, it is sustained by two pillars: first of all, the domination of decisive sectors of the world economy (agriculture, energy, telecommunications and aviation together with a particular help from US finance) which are also critical for the military situation; secondly there is the ideological force of the United States spread throughout the world by its cultural industry. All this is interlaced with an extraordinary dynamism, part and parcel of its particular form of capitalism. Moreover, it is always useful to remember the wealth of US national resources and that the country still possesses the largest unified domestic market. Given this, the various theories based on "imperial overstretch" or an economy which lives on "accumulated wealth" seem to many quite abstract given that at least so far military expenditures have reinforced political hegemony and that the economy in any case continues to demonstrate enormous strength. In brief, the country may well be "overstretched" in that its military expenditures are high with regard to its economic strength and perhaps it is living on "accumulated wealth" but there is no reason why this situation cannot continue until new factors intervene, for example a challenge by other countries who have the means to do so.

Extremely important is that the nature of power itself has been transformed. In the words of Nye who has denied that US hegemony has come to an end, it has become "less universal, less coercive and less tangible". More specifically, Strange, with regard to political economy, accepts that there has been a reduction of relational power of the United States towards other states in the sense of the power to exert pressure. But for her, the important power is that which is structural: the capacity "to mould and determine the structure of the global political economy within which the other states, their political institutions and their economic firms and professional people must operate." And this structural power is much more important than the amount of debt a country has or the relationship between the economy and military expenditures. If at times the United States seems limited in its actions by international or domestic public opinion, it is no less true that the substantial difference between US power and that of whatever other state is that international institutions like the United Nations or the International Monetary Fund never take initiatives that the US does not desire while the initiatives of this country always receive from the latter an official cover or are only very indirectly criticized. For this reason, according to Strange, the United States possesses all the structural power necessary in order to remain the hegemonic power (Nye 1990; Strange 1994).

The natural resources of the USA are an additional strong point: the country is responsable for 11.3% and 16.3% respectively of the world production of oil and cereals. These two commodities, as seen through its foreign and commercial policy, are part of the US strategic outlook; specifically with regard to oil, the country is much less dependent than its competitors on imports. Equally important is the extension of its internal market which is truly unified – much more than that of the European Union – not only with regard to the mobility of capital and goods but also that of labor. This means that all other economic powers are inevitably forced to deal with the United States. With regard to military aspects, Nye and Owens affirm that the United States remains – and will remain – the leading power due to its supremacy in the field of computer technology where "the capability of integrating complex information systems" neutralizes the fact that several countries have developed ballistic missiles or the beginnings of a nuclear program (L'Etat du monde 1998: 111, 114; Nye/Owens 1996: 20-36). In addition, one could consider the link between transnational corporations of US origin and the strategic power of the country. Certainly the US government in its bilateral relations and in all international institutions strongly supports these corporations in the promotion of their goods and their investments abroad, even when such promotion does not help employment or the general economic situation within national confines. Moreover, these corporations are always at an advantage with regard to supplying US governmental agencies. Despite the undeniable tendency towards a lessening of their rootedness, it is quite true that their managers "still move around with US passports, can be forced to appear before the judicial authorities of this country and in time of war or a national emergency they would obey, before all others, Washington" (Stopford/Strange 1991: 203-36).

Even more evident and significant is the US predominance in the field of finance: the foreign exchange reserves of Japan and the European Union are primarily in dollars (in an overwhelming way for the former) while oil purchases remain quoted in this currency; and although the percentage has gone down in the last decade, almost two fifths of all government bonds are still in dollars. Given US difficulties in international trade, this is possible only through the particular position that the dollar occupies. In fact, the United States benefits from a modern form of the medieval practice of "seignorage" in which a sovereign or a feudal lord forced a mint to pay for the right to coin a precious metal. Although the erosion of economic hegemony has led to a US deficit in international trade, the country has been able, through the maintenance of its general hegemony, to take on continually larger quantities of debt. The dollar itself has been assigned a value superior to that which it would naturally have while the other countries have accepted the role of covering this debt. In the words of Guttmann, "seignorage relaxes external constrictions" and in this way the US economy is protected from the effects of a loss of world markets. The crucial connection is that this indebtedness derives in large part from the enormous military expenditure which itself is useful in ensuring that the dollar is not put under pressure through abrupt measures. In this way, the circle closes despite the basic contradiction of a country which controls the principle currency but at the same time is the largest debtor (Guttmann 1994: 187-94, 455-71; Chesnais 1996: 9-31).

But if the United States has an enormous advantage because of the dollar, equally important is that its public debt – the largest in absolute figures of any government, approximately 60% of its GNP – does not have a credit rating, that is a classification of its reliability drawn up by the two main agencies (Moody's and Standard and Poor's) which are private but US based. The New

York Times, in fact, once wrote that in the post-World War II period the two superpowers were the United States and Moody's. Not having received such a credit rating, US treasury bonds always have implicitly a higher value than that of other countries or the latters' banks and firms. It should be noted that this situation was not affected when in 1995, due to a conflict over the budget between the executive and legislative authorities, all government offices were closed for a period. Not surprisingly, the utility of instituting a specifically European credit rating agency is under discussion (OECD 1997: A37; Sassen 1996: 18-19).

An estimation, on the other hand, of the importance of US domination of the cultural industry and that of computer software is rather difficult. What is certain is that it allows for the control of vast quantities of information which are at the base of the contemporary economy (including finance) as well as the country's image as the main depository of values (individualism and personal freedom) by now considered universally positive. Examples of this go from the economic reviews and business schools in the Anglo-saxon world to the Encarta Encyclopedia put forward by Microsoft (the most popular of its kind) and to Hollywood films and Disneyland amusement parks, all of which help in a very direct way the US economy. Consequently, the diffusion of English as the instrument of international communication is not easily separated from a particular vision of the world; in this sense it is hardly "neutral" and one can have sympathy for the insistence with which countries like France have sought to defend their own language and culture. It cannot, however, be denied that only American culture, vehicled through this language, has been able to find broadly-based popular approval in all continents and among almost all social strata.

These individual factors are without a doubt the decisive ones with regard to hegemony in the present-day international scene. And yet they acquire their real meaning through the way in which they are part of a specific national society. The instrument which integrates them is the often referred to dynamism: it is this quality which allows the country to shift with extreme rapidity and flexibility in the search for advantages over others. The ability in finding capital for new economic initiatives (deriving from a culture of risk and flexibility), in welcoming foreign workers at a great diversity of levels (from laborers to scientists) and then finding former immigrants in the political leadership in Eastern Europe after 1989, in learning from the successes of other national capitalist styles (for example, from Japanese management) are the principle aspects which, especially in this period, allow the United States to pose as a model for other capitalist countries which seem, in comparison, to be bogged down.

This dynamism, which often seems to border on chaos, derives from the absence of limits normally imposed by national laws or the customs of the population. If an ever more competitive capitalism requires deindustrialization and the drastic reduction of the welfare state, it is the United States which can carry this out most rapidly. The usefulness of the fact that residents in this country accept change and new ways of doing things as natural cannot be underestimated. In Kansas City, Missouri, for example, almost 400,000 square meters of caves – former mines which had been abandoned for decades – are now being utilized as offices, factories and warehouses. This reutilization has represented for firms an enormous savings with regard to heating, air conditioning, space and construction costs (Wall Street Journal Europe 4/8/97, 3-4/4/98). Aside from the fact that this rather particular environment may be no more damaging than others (except perhaps on a psychological level), it is unlikely that in any other advanced country the work force would consent to such conditions.

Quite clearly, such dynamism also requires, on the part of the majority of the population which at least in recent decades has been materially damaged by it, an absence of political consciousness and the ability to resist. It may well be linked, in addition, to a particular political system but, to judge from recent presidencies, the latter can function adequately despite the presence of a rather mediocre leadership. It is this specific confluence of factors which has allowed the US to lose power in one area but to recuperate rapidly in another. Huntington (1988: 76-96) has affirmed that the United States is not immortal and its predominance is not inevitable but it does seem to be one of those countries which can endure for "an extraordinary period of time". Even those not affected by his patriotism can share this evaluation as well as see the relevance of the often quoted comment in this context by Gibbon on the decline of the Roman Empire: "this intolerable situation lasted for more or less 300 years".

An evaluation of the advanced capitalist countries

With regard to the perspectives for contemporary international relations, it is apparent that the elements of coordination are rather scarce both for "political" situations like in ex Yugoslavia or "economic" ones as in Russia or eastern Asia. One can naturally hypothesize that the competitive nature of capitalism as well as the continuing existence of national states with their particular agendas tends in any case to prevent agreements between the leading powers. But the presence of conflictuality with a strong increase in international tension is not a direct alternative to that of coordination in that the contemporary situation demonstrates elements of both. In this regard, the tension which counts and which could presumably lead to war is that between states and not transnational corporations. Links between these two categories of conflict are present but, up to now at least, it is only individual states which possess armed forces.

The difficulty in understanding the direction in which international relations are moving is that the competition between the leading powers is not directly represented by the great number of armed conflicts presently underway. Moreover, the transnational corporations have their own alliances and the consequences of such economic struggle is quite nuanced. It should also be underlined that while these TNCs are in a continual search for new alliances, the traditional ones of the United States have continued. In fact, the latter has officially supported both Japan and Germany in their attempt to obtain a permanent seat in the UN Security Council.

An evaluation of the possibility that the existing competition and conflict between the advanced centers might lead to the rise of a new hegemonic power and whether, to reach this, an armed conflict would be necessary depends on the objective conditions of the competitors but also of how they interpret such conditions. At the beginning of this decade, Nye (1990: 144, 166, 174) drew up various tables on the relative sources of power – both tangible (natural resources, military, economic and technological power) and intangible (national cohesion, universalistic culture and presence in international institutions) – of the major players in the international arena. As would be expected, while the United States is rated "strong" in all these fields, Europe and Japan are found wanting in factors both tangible (military power and natural resources) and intangible (Europe for national cohesion, Japan for its lack of a universalistic culture and its reduced international presence).

Specifically with regard to the relative economic power of these single units, indications are rather mixed. In a recent list of the 100 most important corporations (excluding banks and insurance firms) according to their market value and assets, thirteen of the top twenty have United States origins, an increase with regard to previous years mostly due to the difficulties of the other economies; three are Japanese and four European. More important is the fact that the US corporations have the highest profit rates (Farnetti/Warde 1997: 67).

As to technological innovation (seen through patents), the United States follows Japan while Europe is behind both. The question here evidently depends on investments. Clinton's budgets have shown a constant decline in public investments while IBM, for example, is proud of having cut its own in basic research in favor of concentrating on the development of specific products. If this has not yet eaten into profit margins, one can nonetheless see it as another example of the current limited entrepreneurial vision: it is however the accepted point of view, including that of the International Monetary Fund which considers concentration on short term results as the most effective way to attract and distribute investment capital. Linked to its technological decline in non military areas are the various defects in the US educational system – one estimate has put the functionally illiterate at a quarter of the population – and the sharp reduction, beginning in the 1970s, in the annual increase in productivity; until its recent crisis, in fact, that of Japan was notably higher (Mishel/Bernstein/Schmitt 1997: 385; Cetron/Davies 1989: 48-71).

Despite this, the United States still is the source of one fifth of the entire world production and almost 15% of world exports of manufactured goods; if its GNP has been reached by that of the EU, it is still a third larger than that of Japan. Europe certainly can be seen as a world power and already in 1992 Thurow predicted that in the 21st century it would be dominant; the presupposition however was the ability of the EU to absorb the ex USSR with its enormous natural resources and its technically qualified population. In any case, the area covered by the eleven countries which participate in the unified currency represents almost a fifth of the world's collective GNP and its international trade (OECD 1997: A4, A12, A13; Thurow 1992).

Japan's present economic crisis does not prevent it from occupying the second position with regard to exported manufactured goods; it is moreover the most important aid donor to the less developed countries and the second contributor to the United Nations and the IMF while its banks remain among the most powerful. It should also be underlined that its military budget is third: after the United States and Russia but larger than Britain and France. Huntington, however, who similar to Thurow finds Europe a credible challenger to the United States, underlines the intrinsic weaknesses of Japan in that this country does not possess "the size, natural resources, military strength, diplomatic affiliates nor, most important, the ideological appeal to be considered a 20th century superpower" (Wall Street Journal Europe 22/9/97; Huntington 1988: 92-93).

One of the bases of Japanese success has been its internal cohesion and the willingness of the population to put off immediate consumption, thus permitting a high rate of savings available for investments; this may not be a factor which can continue indefinitely. In addition, if Japan is clearly a regional power in Asia, the presence of China ensures that it will not have the exclusive representation of the continent. In general, one can legitimately pose the question as to whether the center of gravity of the world economy – and therefore that of hegemony – is not moving towards the Pacific. Marx's prediction of 1850 in this respect has often been recalled and it could be added that Asia's present-day percentage of the world production of goods and services – 37% – is lower than what it possessed before the industrial revolution. If this shift is actually taking place, it is no less important than the shift in economic activity in the 1600s from southern and central Europe towards England and Holland (Marx/Engels 1960: 221; Wall Street Journal Europe 17/11/97, 8/4/97).

The advantages which accrue to the United States through the seignorage of the dollar, its political and military hegemony and its dynamism have direct effects on the current structuring of world power. The first advantage means that the country proceeds unbothered by questions like its balance of trade or its public debt while at the same time existing as the center of world finance. As an example of the second, one could utilize the visit in China in the spring of 1997 of the US assistant secretary of commerce. According to a newspaper account, he handed over to the Chinese authorities – eager to win international recognition from the United States – two lists: the first was that of the infrastructure needs of this country (evidently determined by US specialists) while the second indicated the large-scale US corporations capable of executing the necessary work (Wall Street Journal Europe 5/3/97).

As to the results of US economic dynamism which manages to link in a subtle but indirect way Silicon Valley and Route 128 (near Boston) to the sweatshops of New York and Los Angeles, these are everywhere observable in the frenetic economic activity which touches almost the entire population. Perhaps the envious comment of the director of a German venture capital firm best expresses the situation: "to start a business in Germany you need six months and $16,660, in the United States 15 minutes and $150" (Wall Street Journal Europe 20-21/6/97, 22/4/97, 2/12/97).

The decisiveness of political factors

Beyond these factors, there is the main question of the actual political will of Japan and Europe to utilize the strong points that they have. EU firms have shown capability in fields like cellular phones while Germany continues to attract capital despite its high labor costs precisely because its labor force is highly qualified. Moreover, the euro is already competing with the dollar in the bond market, despite its initial and continuing weakness; even if US authorities display confidence, bonds quoted in European currencies are already superior to those in dollars. Politically, however, an indication of a real presence of the EU would be the unification of the continent and the development of a military force independent of the United States. Decades of subordinate behaviour have so far determined that there are no European political forces available for such a program.

For Japan the military question is of primary importance since this is what prevents it from being qualified as a great power. Despite increases in its military budget, the scenario described by Friedman and LeBard (1991) of a war between the Unites States and Japan, provoked by the latter's attempt to expand its markets and raw material supply lines, seems unrealistic. On the other hand, Nye (1990) correctly underlines that Japanese progress in military technology "gives it bargaining power". An attempt to behave like a great power would also mean for Japan to make its enormous weight felt in international finance. As is well known, Japan possesses the main part of that third of the US public debt which is held by foreigners and on various occasions Japanese political leaders have mentioned this in their commercial conflicts with the United States. Naturally, the dollars held by the Japanese are sufficiently numerous for which a real decline in the value of this currency is not in their middle or short term interests. And yet, as Arrighi (1994: 16-18) has noted, it is an undeniable sign of the lack of political power on the part of Japan that the massive influx of its capital in the United States during the last phase of the Cold War did not bring with it any particular benefit.

It is not at all clear that among Japanese political leaders there is a real desire to confront the United States. The nationalist right wing has limited strength although the polemical book by Shintaro Ishihara (1991) – recently elected Governor of Tokyo – received a great deal of coverage and approval. Affirming not only that his country was destined to become number one but that it should not be ashamed of this, the author criticized what he considered US racist attitudes towards his country and wondered if political leaders had the wherewithal to utilize Japanese technology in the arena of international politics; he also saw fit to remind the United States that its armaments industry depended on Japanese semiconductors. Quite clearly, diplomacy would today be quite different if such ideas became wide-spread in Japan.

In US journalism, films and popular novels it is especially Japan which is indicated as the "enemy" or in any case that country which most poses a threat. In this there is more than a trace of racism but Japan is objectively, both for its culture and its economy, much more isolated from the United States than is Europe. There are joint ventures between the TNCs of both countries but if the economies possess many elements of interdependence, there is no general drive towards mergers as seen between corporations in Europe and the United States. With regard to the presence of foreign firms, it is notable that while they produce 17% of the GNP in the US and 24% in Germany, in Japan the figure is only 0,2% (Thurow 1996: 202). This separateness is a factor in the country's cohesion but at the same time limits its presence and its force of attraction. In addition, Japan – perhaps concerned about its own "imperial overstretch" – seems today much more concentrated on its economic difficulties than its stature with regard to the other leading powers.

Despite the rather strong commercial links between the existing regional groupings in Asia (centered on Japan), Europe (with the EU) and the Americas (through NAFTA), there is absolutely no indication that they will bring about some sort of world state. It is, however, possible that a situation of stability will continue: the links between these groupings and the absence of a generalized – and not simply military – predominance of one of them could mean continued uncertainty where no power is interested in initiating a struggle for hegemony. This might also mean an absence of any attempt at global economic reform, despite the fact that financial turbulence would seem to indicate its necessity. The recent crisis in Asia has represented an opportunity for US capital to enter (specifically in Japan) where previously it was blocked by various regulations. Nonetheless, the tendency towards financial chaos necessarily leads to a reduction in markets and is thus a danger for all advanced countries.

The bourgeoisie of the leading countries may well have come to the disenchanted conclusion that the resolution of basic problems or contradictions is not really necessary: what really counts is the capacity to endure mixed with some limited economic expansion capable of contrasting complete stagnation. If this "muddling through" – to use the English expression – is rather unheroic, pushing forward with what Schumpeter called the "residual vitality" of the system might be considered sufficient. At the most, some small amount of coordination and control, as has been recently suggested in meetings at the non official World Economic Forum at Davos in Switzerland, could be added. Given this, the most plausible scenario for the near future would appear to be, despite an increase in conflictuality, a furthering of US hegemony perhaps in the form of a "trigemony": Japan and Europe would continue to be coordinated by the United States although they would obtain, so to speak, an increased right to voice their preoccupations. In any case, it does not seem convincing to speak of the rise of an integrated "transnational bourgeoisie" rooted in the increasing links between transnational corporations (Goldstein/Rapkin 1991: 935-59; Gill 1990). A bourgeoisie of this type would be in direct contrast to the already mentioned inherent competitive nature of capital. But even if it did exist, this would not exclude the possibility of political choices being carried out by individual national states: such choices, after all, do not always depend on narrowly defined economic factors.

Literatur

G. Arrighi, The Long Twentieth Century. Money, Power, and the Origins of Our Times. London: Verso, 1994.

W. Bello, People and Power in the Pacific. The Struggle for the Post-Cold War Order, London: Pluto, 1992.

P. Bowles and B. MacLean, Regional Blocs: Can Japan Be the Leader? pp. 155-72, in: R. Boyer and D. Drache, States Against Markets. The Limits of Globalization, London: Routledge, 1996.

S. Bromley, American Hegemony and World Oil, Cambridge: Polity, 1991.

CEPII [Centre d'Etudes prospectives et d'informations internationales], L'économie mondiale 1998, Paris: La Découverte, 1997.

M. Cetron and O. Davies, American Renaissance. Our Life at the Turn of the 21st Century, New York: St. Martin's, 1989.

F. Chesnais, La mondialisation financière. Genèse, cot et enjeux, Paris: Syros, 1996.

H. Delorme and D. Clerc, Un nouveau GATT? Les échanges mondiaux après l'Uruguay Round, Paris: La Découverte, 1994.

L'Etat du monde 1998. Annuaire économique et géopolitique mondiale, Paris: La Découverte, 1997.

R. Farnetti and I. Warde, Le Modèle anglo-saxon en question, Paris: Economica, 1997.

G. Friedman and M. LeBard, The Coming War With Japan, New York: St. Martin's, 1991.

S. Gill, American Hegemony and the Trilateral Commission, Cambridge: Cambridge University, 1990.

J. S. Goldstein and D. P. Rapkin, After Insularity. Hegemony and the Future World Order, in: Futures 23 (November 1991), pp. 935-59.

R. Guttmann, How Credit-Money Shapes the Economy. The United States in a Global System, Armonk, N.Y.: Sharpe, 1994.

S. P. Huntington, The U.S. - Decline or Renewal? in: Foreign Affairs 67 (1988), pp. 76-96.

S. Ishihara, The Japan that Can Say No, New York: Simon & Schuster, 1991.

M. Kahler, Trade and Domestic Differences, pp. 298-331, in: S. Berger and R. Dore, National Diversity and Global Capitalism. Ithaca: Cornell University, 1996.

P. Kennedy, The Rise and Fall of the Great Powers, New York: Random House, 1987.

M. T. Klare, US Military Policy in the Post-Cold War Era, pp. 131-42, in: R. Miliband and L. Panitch, Socialist Register 1992. New World Order?, London: Merlin, 1992.

K. Marx and F. Engels, Werke, vol. 7, Berlin: Dietz, 1960.

P. McMichael, Agro-Food Restructuring in the Pacific Rim: A Comparative-International Perspective on Japan, South Korea, the United States, Australia, and Thailand, pp. 103-117, in: R. A. Palat, Pacific-Asia and the Future of the World-System, Westport, Conn.: Greenwood, 1993.

L. Mishel, J. Bernstein and J. Schmitt, The State of Working America 1996-97, Armonk, N.Y., Sharpe, 1997.

H. R. Nau, The Myth of America's Decline. Leading the World Economy into the 1990s, New York: Oxford University, 1990.

J. S. Nye, Jr., Bound to Lead. The Changing Nature of American Power, New York: Basic, 1990.

J. Nye and W. A. Owens, America's Information Edge, in: Foreign Affairs 75 (1996), pp. 20-36.

OECD, Organisation for Economic Co-operation and Development, Economic Outlook, Paris: OECD, 1997.

M. Porter, The Competitive Advantage of Nations, London: Macmillan, 1990.

M. Rainelli, Le GATT. Paris: La Découverte, 1993.

S. Sassen, Losing Control? Sovereignty in an Age of Globalization, New York: Columbia University, 1996.

J. Stopford and S. Strange, Rival States, Rival Firms. Competition for World Market Shares, Cambridge: Cambridge University, 1991.

S. Strange, States and Markets, London: Pinter, 1994.

L. C. Thurow, Head to Head. The Coming Economic Battle Among Japan, Europe, and America, New York: William Morrow, 1992.

L. C. Thurow, The Future of Capitalism. How Today's Economic Forces Shape Tomorrow's World, London: Nicholas Brealey, 1996.

F. K. Upham, Retail Convergence: The Structural Impediments Initiative and the Regulation of the Japanese Retail Industry, pp. 263-97, in: S. Berger and R. Dore, National Diversity and Global Capitalism, Ithaca: Cornell University, 1996.

Acht Thesen zur politischen Ökonomie des Krieges – eine kritische Betrachtung anläßlich des Balkan-Krieges

Winfried Wolf

I
Mannheim liegt links von Leipzig

Von Georg Fülberth war zu lesen:

> Sollten wir nicht zur Abwechslung mal vom Imperialismus sprechen? Das klingt nostalgisch. Die uralten Schriften von Otto Bauer, Hilferding, Lenin, Luxemburg und des Liberalen John A. Hobson geben tatsächlich nicht den letzten Stand wieder. Subjekte waren damals die herrschenden Klassen der Nationalstaaten. Heute agieren sie – wie sagt man doch? – vernetzt. Karl Kautsky hatte mit seiner – von Lenin bekämpften – These vom 'Ultra-Imperialismus' eine Vorahnung. Allemal ist von diesen frühen Theoretikern zu lernen, wie man sich um eine ernsthafte Analyse bemüht. (Fülberth 1999: 20f.)

Ähnliche Gedanken hatte ich kurz zuvor – mit eher weniger Gewissensbissen – zu Papier gebracht: „Dieser Krieg ist ein klassisch imperialistischer." Allerdings ahnte ich da, daß ein Rückgriff auf Luxemburg und Lenin an dieser Stelle – in der an breitere Schichten gerichteten „Zeitung GEGEN DEN KRIEG" – irritiert hätte, weswegen ich einen unverfänglicheren Bezug wählte und fortfuhr mit: „Selbiges wird im Duden übersetzt mit dem 'Bestreben einer Großmacht, ihren politischen, militärischen und wirtschaftlichen Machtbereich ständig auszudehnen'." (Wolf 1999) Derart leninistisch wird der Begriff „Imperialismus" im Duden (West) definiert. Im letzten Duden der DDR heißt es eher nichtssagend und wenig-ahnend: „Imperialismus: höchstes und letztes Stadium des

Kapitalismus".[1]

Mannheim liegt in diesem Fall nicht nur geographisch links von Leipzig. Und Duden-Leipzig bzw. Lenin-Luxemburg müssen konstatieren, daß das „letzte" Stadium dieses Kapitalismus das gesamte 20. Jahrhundert überdauert hat, und daß wir uns mit ihm wohl auch noch ein paar Jährchen im neuen Jahrhundert herumschlagen müssen.

II

Waffenproduktion und Rüstungsindustrie sind Grundlage für Kriege. Sie sind zugleich immanente Bestandteile der kapitalistischen Ökonomie und weisen im imperialistischen Stadium des Kapitalismus – mindestens – sieben Charakteristika auf:

(1) *Die Herstellung von Waffen und Kriegsgerät ist Teil der kapitalistischen Warenproduktion. Damit zählt in erster Linie der Profit, die optimale Verwertung des in diesem Sektor angelegten Kapitals.*

Grundsätzlich ist der Gebrauchswert – hier: der „Zerstörungswert"– der erstellten Waren für den einzelnen kapitalistischen Anleger irrelevant. Oder, in den Worten des NS-Verantwortlichen für die Luftwaffe, Hermann Göring, gesprochen zu Autoindustriellen, die 1938 zur Umstellung auf Rüstungsproduktion bewegt werden sollten: „Was bedeutet das alles, wenn sie eines Tages statt Flugzeuge Nachttöpfe machen. Das ist ja einerlei!" (zitiert nach O.M.G.U.S. 1985: 150)

Der Aspekt des obersten Gebots der Profitabilität ist jeder kapitalistischen Waffenproduktion eigen. Er ist nicht spezifisch für die imperialistische Rüstung, wohl aber eine ihrer Grundvoraussetzungen. Allerdings resultiert aus einer großen Akkumulation von Kapital im Rüstungssektor bereits logisch ein entsprechend großes „spezifisches Gewicht", das die Verwertung des hier angelegten Kapitals erheischt.

(2) *Die Nachfrage nach Rüstungsgütern und Waffen ist eine besondere und mit allen anderen Nachfragearten unvergleichbare. Sie speist sich in den OECD-Staaten zu 80 bis 90 Prozent über den Staat und hier über den Rüstungshaushalt.*

---
[1] Der Große Duden, Band 5, Mannheim 1966, S. 297 bzw. Der Große Duden, Leipzig 1987, S. 217.

Es gibt – außer der Atomindustrie, die wiederum eng mit der Rüstungsindustrie verflochten ist – keinen anderen Wirtschaftszweig und schon gar keine andere industrielle Branche, die einen derart hohen Anteil staatlicher Nachfrage aufweist, wie dies bei der Rüstungsbranche der Fall ist. Rosa Luxemburg (1913: 442) hat die Bedeutung dieser konzentrierten staatlichen Nachfrage, die auf einen „kompakten" kapitalistischen Sektor zielt, besonders hervorgehoben: Es tritt

> [...] an Stelle einer großen Anzahl kleiner zersplitterter und zeitlich auseinanderfallender Warennachfragen, die vielfach auch durch die einfache Warenproduktion befriedigt wären, also für die Kapitalakkumulation nicht in Betracht kämen, eine zur großen, einheitlichen kompakten Potenz zusammengefaßte Nachfrage des Staates. Diese setzt aber zu ihrer Befriedigung von vornherein die Großindustrie auf höchste Stufenleiter, also für die Mehrwertproduktion und Akkumulation günstige Bedingungen voraus. In Gestalt der militaristischen Aufträge des Staates wird die zu einer gewaltigen Größe konzentrierte Kaufkraft der Konsumentenmasse außerdem der Willkür, den subjektiven Schwankungen der persönlichen Konsumtion entrückt und mit einer fast automatischen Regelmäßigkeit, mit einem rhythmischen Wachstum begabt. Endlich befindet sich der Hebel dieser automatischen und rhythmischen Bewegung der militaristischen Kapitalakkumulation in der Hand des Kapitals selbst – durch den Apparat der parlamentarischen Gesetzgebung und des zur Herstellung der sogenannten öffentlichen Meinung bestimmten Zeitungswesen. (Luxemburg 1913: 444f.)

Aus gesamtgesellschaftlicher, kapitalistischer Sichtweise gibt es, so Luxemburgs Argumentation, keine optimalere Kapitalanlage bzw. keine Kapitalanlage, die mehr dem „Zeitgeist" des imperialistischen Stadiums des Kapitals entspricht, als diejenige im Rüstungssektor. Dabei ist immer zu betonen, daß dahinter keine subjektiven Entscheidungen und „Sichtweisen" stecken; es handelt sich in erster Linie um objektive Tendenzen, um Bewegungsformen, die dem Kapitalverhältnis immanent sind.

(3) *Im Verlauf des 20. Jahrhunderts entwickelte sich auf diesen Grundlagen in den Ökonomien der führenden kapitalistischen Länder ein großer Bereich der industriellen Produktion, der primär oder ausschließlich der Waffenproduktion oder Kriegsmittelfertigung dient: der militärisch-industrielle Komplex.*

Die Bezeichnung „military-industrial complex" soll erstmals von US-Präsident Eisenhower in seiner Rücktrittsrede am 17. Januar 1961 verwandt worden sein. Damals machten die direkten Rüstungsausgaben in den USA 10 Prozent des gesamten Bruttosozialprodukts aus. Sie dürften damit die Nachfrage nach gut einem Viertel der industriellen Produktion gebildet haben. Auch wenn die aktuellen Anteile der Rüstungsproduktion am Bruttosozial- oder Bruttoinlandsprodukt wesentlich niedriger sind, so hat sich doch seither das in Rüstung angelegte Kapital in absoluten Werten erheblich vergrößert; gleichzeitig ist das hohe spezifische Gewicht dieses Sektors in den Ökonomien der USA, Großbritanniens, Frankreichs, Italiens und der Bundesrepublik Deutschland auch aufgrund der engen Verflechtung mit Raumfahrt, Atomindustrie und Banken bzw. Versicherungen unübersehbar (vgl. These III und IV).

(4) *Die staatliche Rüstungsnachfrage finanziert sich über Steuern. Sie stellt in der Regel einen Abzug vom Nettoeinkommen der Lohnabhängigen und der kleinen Einkommensbezieher dar.*

Staatliche Rüstungsaufträge werden aus dem Steueraufkommen bezahlt. Auch Rüstungsexporte werden überwiegend aus Steuermitteln finanziert – sei es aus denen des importierenden Landes, sei es (z.B. im Fall der BRD-Rüstungsexporte in die Türkei) mittels staatlicher Hilfen der Bundesregierung, womit diese Exporte erst ermöglicht werden. Gemeinhin wird seitens der bürgerlichen Staatslehre argumentiert, damit würden die „Verteidigungsausgaben" von „der Allgemeinheit" finanziert. Das ist insbesondere in den Zeiten der Hochrüstung falsch.

Kommt es zur Herausbildung eines militärisch-industriellen Komplexes bzw. zu einer kontinuierlichen Steigerung der Rüstungsausgaben, ohne daß die Steuern der Unternehmen und der Vermögenden aliquot steigen, dann läßt sich sagen, daß zumindest der größte Teil dieser (gewachsenen) staatlichen Rüstungsnachfrage von den Lohnabhängigen und von den einfachen Konsumentinnen und Konsumenten finanziert wird. Kommt es gar in einer Periode hoher Rüstungsausgaben zu einem allgemeinen Rückgang der Besteuerung von Unternehmen und Vermögenden und zu einer Stagnation oder gar zu einem Rückgang der Nettoeinkommen von Lohnabhängigen und einfachen Konsumentinnen und Konsumenten, dann gilt erst recht: Das Mehr an Rüstung resultiert aus einem Weniger bei den Nettoeinkommen der einfachen Schichten der Bevölkerung.

(5) *Rüstungsausgaben wirken auf die kapitalistische Profitrate widersprüchlich.*

Mit Rüstungsaufträgen werden große Konzerne begünstigt, die in der Regel in einem fast monopolisierten „Markt" engagiert sind und damit weit höhere Profite als im Durchschnitt – Extraprofite – erzielen. Hohe Rüstungsausgaben bescheren damit dem militärisch-industriellen Komplex hohe Profite. Gleichzeitig tendieren sie über die damit verbundene höhere Steuerlast und über Sozialabbau dahin, die Nettoeinkommen der Normal- und Schlechtverdienenden zu reduzieren. Insofern ist ihre Wirkung positiv für das Kapital, und sie tragen zur Erhöhung der allgemeinen Profitrate bei. Gleichzeitig beschleunigen Rüstungsaufträge jedoch die Produktivkraftsteigerung und erhöhen den Kapitaleinsatz. Das jedoch stellt eine Gegentendenz dar und wirkt negativ auf die allgemeine Profitrate.

In der marxistischen Theorie gibt es eine lange Debatte über die Auswirkung hoher Rüstungsausgaben auf die Profitrate. Diese Debatte kann hier aus Platzgründen nicht referiert werden (zusammenfassend vgl. Mandel 1972: 255ff.). Verallgemeinert sei festgehalten: Die für das Wohl und Wehe des Kapitals entscheidende Profitrate $p' = m/(c + v)$ wird wesentlich durch zwei Elemente bestimmt: durch die organische Zusammensetzung des Kapitals $q = c/v$, wofür als Indikator die Kapitalintensität dienen mag, und durch die Mehrwert- oder Ausbeutungsrate $m' = m/v$, also durch das Verhältnis zwischen Gewinnsumme und Lohn- und Gehaltssumme. Eine hohe bzw. wachsende organische Zusammensetzung des Kapitals mindert die Profitrate, da das Unternehmen seinen Profit auf das gesamte eingesetzte Kapital, auf die Summe von Löhnen und Gehältern und des für Maschinerie eingesetzten konstanten Kapitals bezieht. Eine hohe Ausbeutungsrate hingegen wirkt positiv auf die Profitrate.

Unter den gegebenen Bedingungen ist die langfristige Wirkung eines großen militärisch-industriellen Komplexes und eines hohen Niveaus der Rüstungsausgaben auf die Profitrate eine widersprüchliche: Einerseits wird im Rüstungssektor in der Regel mit einer hohen, wenn nicht mit der höchsten organischen Zusammensetzung des Kapitals produziert (teilautomatisierte und automatisierte Fertigungsprozesse). Diese hohe Kapitalintensität in diesem „Avantgarde-Sektor" der Industrie tendiert dazu, sich in der gesamten Industrie zu verallgemeinern, was im übrigen die Rüstungslobby veranlaßt, ihr Kriegshandwerk als zivilisierend auszugeben: Moderne Fertigungsweisen in der Rüstung schlagen sich in einer allgemein verbesserten Produktivität und in zivilisierenden Erfindungen nieder, wobei zu fragen ist, welcher Art zivilisierend die Teflonpfanne wirkte. Indem sich diese hohe Kapitalintensität jedoch verallgemeinert, bezieht sich – alle anderen Umstände als gleichbleibend unterstellt – der erzielte Profit auf eine größere Summe eingebundenen Kapitals; die Profitrate sinkt.

Andererseits werden hohe Rüstungsausgaben, wie dargestellt und wie seit den achtziger Jahren der Fall, meist über hohe Steuerabzüge von den Bruttolöhnen und -gehältern bzw. aus hohen indirekten Steuern finanziert; sie sind somit mit Reallohnstagnation oder gar Reallohnrückgängen verbunden. Das heißt, es kommt parallel zu einer erhöhten Mehrwert- oder Ausbeutungsrate. Während die erstere Tendenz die Profitrate schmälert, wirkt die letztere in Richtung einer höheren Profitrate.

(6) *Hohe Rüstungsausgaben können die typischen Widersprüche des Kapitals und seine Krisenhaftigkeit zeitweilig nivellieren – auf Kosten einer späteren und umso brutaleren Explosion.*

Eine vergleichbare Debatte wie im Fall der Auswirkung von Rüstung auf die Profite gibt es zur Frage, inwieweit eine hohe Rüstungsnachfrage die Realisierungsschwierigkeiten des Kapitals aufheben oder zumindest lindern würde.

Diese Debatte wurde vor allem in Form von Modifizierungen des Marxschen Schemas der zwei Abteilungen kapitalistischer Produktion geführt (Abteilung I = Produktionsmittel herstellender Sektor und Abteilung II = Konsumgüter herstellender Sektor). Während wiederholt nachgewiesen wurde, daß die bloße Existenz solcher zweier Abteilungen im Falle der „erweiterten Reproduktion des Kapitals" bei Kapitalakkumulation bzw. wirtschaftlichem Wachstum immer wieder zu Disproportionalitäten führt, was maßgeblich zu den zyklischen Produktionskrisen beiträgt, gab es die These, gerade die Rüstungsindustrie als eine neu zu definierende „Abteilung III" könne diese ständige Quelle der Krisenhaftigkeit des Kapitalismus beseitigen. Genauer und in den Worten von Natalie Moszkowska (1943: 180): „Anstelle der Gefahr einer Explosion in Form einer Krise tritt die Gefahr einer Explosion in Form eines Krieges."

In der Bilanz dieser Debatte ist festzustellen: Rüstungsproduktion beseitigt nicht die inneren Widersprüche des Kapitals, und sie beseitigt damit nicht die grundlegende Tendenz zu zyklischen Krisen, zu Realisierungsschwierigkeiten und zu Disproportionen zwischen einzelnen „Abteilungen". Allerdings ist es über Rüstungsproduktion und Hochrüstung möglich, das Aufbrechen dieser Krisen hinauszuzögern bzw. deren Schärfe abzumildern – womit sie jedoch später eskalieren – und dies „auf höherer Stufenleiter". Kriege sind hierfür in politischer Hinsicht „ideal". Mit und in solchen Kriegen sind die dafür benötigten Summen von der Bevölkerung leichter abzupressen, da Nationalismus, Ideologie und Sondergesetzgebung (Kriegsrecht, Ausnahmezustand, Zwangsrekrutierung für Kriegsdienst) hierfür gute Dienste leisten. Hinzu kommt, daß Kriege als Naturereignisse oder als nicht von dem jeweiligen kriegführenden Land beeinflußbar dargestellt werden können – siehe die geniale Sprachregelung, ein Krieg sei „ausgebrochen"; siehe die Funktion der Medien im Balkan-Krieg 1999. Ein gutes Beispiel dafür ist der Zweite Weltkrieg und seine Wirkung in Deutschland. Während des Dritten Reiches kam es ab 1935 zur Hochrüstung und zu einem „Kriegskeynesianismus" (z.b. Bau von Reichsautobahnen). Das trug zum Abbau der Arbeitslosigkeit ebenso wie zur Verschuldung bei. Das Lebensniveau der „normalen" deutschen Bevölkerung wurde in größerem Maß erst im Krieg selbst und hier eher in dessen letztem Drittel gesenkt – was auch durch Zwangsarbeit in KZ und Raubzüge (Konfiszierung jüdischer Vermögen, Kriegsbeute usw.) ermöglicht wurde. Die „wahren" Kosten des Krieges wurden dann erst nach dem Zweiten Weltkrieg – mit der „Währungsreform" 1948 im Westen und mit Demontagen in beiden Teilen Deutschlands – beglichen. Das aber erschien wieder vielen als von außen kommend, als Resultat eines Diktatfriedens, als Zwang anderer (Besatzungs-) Mächte. Daß dies Resultat der kapitalistischen Rüstung und des aus imperialistisch-kapitalistischen Gründen geführten Krieges war, kann zwar detailliert erklärt und begründet werden. Doch damit eignet es sich in Zeiten, in denen die kurzlebige kapitalistische Medienwelt dominiert, kaum dazu, die breite Mehrheit der Bevölkerung hiervon zu überzeugen.

(7) Schließlich und endlich liegt ein Charakteristikum von Rüstung und Krieg in der aktuellen Periode des Kapitalismus darin, daß strategische Interessen der jeweiligen imperialistischen Staaten bedient werden.

Bei diesem Aspekt der Rüstungsproduktion im Spätkapitalismus spielt das politische Element naturgemäß die entscheidende Rolle; die ökonomische Wirkung ist hier eher eine langfristige und keine direkte. Es geht darum, durch Rüstung, militärische Überlegenheit oder Schaffung eines „Abschreckungspotentials", durch militärische Interventionsfähigkeit, durch reale Interventionen und schließlich durch Kriege, Eroberungen und Raubzüge die imperialistische Expansion der kapitalistischen Ökonomie zu „begleiten". Ernest Mandel schrieb hierzu hinsichtlich der USA:

> Das Wachstum der 'permanenten Rüstungswirtschaft' seit dem Zweiten Weltkrieg hat u.a. auch die sehr konkrete Funktion, die riesigen US-Auslandskapitalanlagen zu schützen, die 'freie Welt' für 'freie Kapitalinvestitionen' und 'freie Gewinnrepatriierung' offenzuhalten und dem US-Monopolkapital den 'freien' Zugang zu einer Reihe lebenswichtiger Rohstoffe zu sichern. (Mandel 1972: 287f.)

Viele Kriege der Vorkriegszeit – nach 1945 –, an denen führende kapitalistische Industrieländer beteiligt waren, entsprangen primär diesem strategischen Kalkül. Dies galt überwiegend für alle Kriege, deren Hintergrund der „Kalte Krieg" – und damit das kapitalistische Ziel der Rückeroberung von Märkten, die nicht mehr der Kontrolle des privaten Kapitals unterlagen – war. Das trifft zu auf den Korea-Krieg in den fünziger Jahren, auf den Vietnam-Krieg in den sechziger und frühen siebziger Jahren und auf die Kriege in Angola und Mosambique ab Mitte der siebziger Jahre. Es gab aber bereits zur Zeit der Existenz der UdSSR eine Reihe von Kriegen, auf die dieses Charakteristikum zutrifft, ohne daß die „Blockkonfrontation" eine Rolle gespielt hätte. Das war der Fall in den sechziger Jahren im „Algerien-Krieg" und im Krieg im Kongo, als Frankreich bzw. Belgien versuchten, ihre jeweiligen Kolonien zu erhalten. Das war in den achtziger Jahren der Fall im Malvinas-Krieg, als Großbritannien das Eigentum an einer an sich wirtschaftlich wertlosen Kolonie, den „Falkland-Islands", verteidigte. Und das traf überwiegend auch zu auf die US-Intervention in Grenada im Jahr 1983 und in Panama 1989, als es ebenfalls kaum um direkte ökonomische Interessen, sondern um das strategische Ziel des „Bestrebens der (jeweiligen) Großmacht (ging), ihren politischen, militärischen und wirtschaftlichen Machtbereich ständig auszudehnen" – wie definiert im Duden (Mannheim).

Der Balkan-Krieg 1999 ist in starkem Maß von diesem siebten Charakteristikum geprägt. Er ist jedoch auch Ausdruck aller übrigen sechs Charakteristika.

III

Rüstungsausgaben haben sich spätestens nach dem Zweiten Weltkrieg zum festen Bestandteil der Ökonomien der führenden kapitalistischen Länder entwickelt. Entscheidend war dabei die Entwicklung im führenden kapitalistischen Land, in den USA.

Kriegswirtschaft, Kriege und Raubzüge waren und sind integraler Bestandteil des „zivilisierenden" Kapitalismus. Sie standen zum Beispiel Pate bei der ursprünglichen Akkumulation des Kapitals: Ohne die „Conquista" mit der Vernichtung der Indígena-Völker Mittel- und Südamerikas gäbe es keine ursprüngliche Akkumulation des Kapitals, keine Industrialisierung in Westeuropa. Ohne die Kriege gegen die nordamerikanischen Indianer und deren weitgehende Vernichtung gäbe es keine kapitalistische Industrialisierung von USA und Kanada. Allerdings, so Ernest Mandel, hat

> [...] in keiner Epoche die Waffenproduktion eine ähnliche ununterbrochen aufsteigende Tendenz gezeigt wie im Spätkapitalismus und einen

so bedeutsamen Teil des jährlich produzierten Produkts (als Fraktion des Nationaleinkommens oder des Bruttosozialprodukts, d.h. des jährlich geschaffenen Neuwerts oder des Werts der jährlichen Warenproduktion) verschlungen. Fritz Vilmar hat berechnet, daß die Rüstungsausgaben pro Jahr, in Milliarden Golddollar ausgedrückt, international von 4 Milliarden in der Zeit 1901-1914 auf 13 Milliarden in der Epoche 1945-1955 angewachsen sind. Man kann daher mit Recht von einem Umschlag der Quantität in Qualität reden, d.h. die erweiterte Quantität der Rüstung hat ohne Zweifel ökonomisch eine neue Qualität geschaffen. (Mandel 1972: 255f.)

Zwar stimmt diese Feststellung, doch ist andererseits auch richtig, daß es nach Ende des „Kalten Krieges" bzw. nach dem Zusammenbruch der Sowjetunion zu einem relativen Rückgang dieser Rüstungsproduktion kam, der im Widerspruch zur Tendenz seit 1945 stand. Dieser relative Rückgang paart sich allerdings mit einem weiterhin sehr hohen Bestand des absolut in Rüstung angelegten Kapitals. Dennoch ist der Rückgang gemessen an der gesamten Ökonomie einschneidend:

US-Rüstungsausgaben in vH des BSP/BIP 1939-1998

Periode	Rüstungsausgaben in % des BSP/BIP
1939 – 40	2.1
1941 – 45	33
1946 – 49	6.5
1950 – 55	7.9
1956 – 60	9.8
1961 – 65	8.6
1966 – 70	(8.7)
1970 – 75	9.5
1975 – 79	5.8
1980 – 84	5.7
1985 – 89	6.2
1990 – 94	4.9
1995 – 98	3.7

Quelle: Mandel 1972: 256 (bis 1970 und in vH des BSP); Nato-Brief 1999 (seit 1970 und in vH des BIP)

Teilweise spiegeln sich in diesen Angaben mehr oder weniger direkt die Kriege wider, in denen die USA sich engagierten: der Zweite Weltkrieg, in dem 1941-

1945 der Höchstwert einer Rüstungsproduktion erreicht wurde, die ein Drittel des BSP ausmachte; der Korea-Krieg und seine Auswirkungen, mit dem die Rüstungsausgaben von einem Anteil von 7,9 Prozent 1950 bis 1955 auf knapp 10 Prozent im folgenden Jahrfünft anwuchsen. Der Vietnam-Krieg, mit dem erneut die Rüstungsausgaben auf bis zu einem Zehntel des gesamten BSP gesteigert wurden. Und schließlich der Höhepunkt des Kalten Krieges, als unter US-Präsident Ronald Reagan die SDI-Hochrüstung die Rüstungsausgaben nochmals auf mehr als 6 Prozent des BIP steigerte.

Diesen Zusammenhang von Rüstung, Krieg und Konjunktur hielt auch Georg Fülberth (1999: 19) fest: „Der bisher längste Wirtschaftsaufschwung in der Geschichte der Vereinigten Staaten dauerte von 1961 bis 1969. Das war während des Vietnam-Krieges."

Nach einer Untersuchung von Ruth Leger Sivard haben sich die Rüstungsausgaben pro Kopf der Weltbevölkerung seit 1960 und bis 1990 gemessen in konstanten Währungseinheiten kontinuierlich gesteigert, denn sie haben sich bis Ende der achtziger Jahre kontinuierlich überproportional zum Wachstum des Weltsozialprodukts je Kopf der Erdbevölkerung entwickelt. 1990 lagen diese Militärausgaben pro Kopf der Erdbevölkerung beim 2,2-fachen des Werts von 1960, wohingegen das Sozialprodukt erst beim 1,7-fachen des Werts von 1960 angelangt war.[2]

Trotz der absolut ständig gestiegenen und auch Ende der neunziger Jahre noch relativ hohen Rüstungsausgaben ist es richtig und wichtig festzustellen: Als Anteil am Bruttoinlandsprodukt sind die Rüstungsausgaben vor allem ab der zweiten Hälfte der achtziger Jahre erheblich zurückgegangen; nur vor dem Zweiten Weltkrieg hatten sie jedoch einen niedrigeren Anteil als drei Prozent.

Treffen die theoretischen Grundlagen des militärisch-industriellen Komplexes zu, dann erscheint es zumindest naheliegend, wenn nicht zwingend, daß bereits die immanente Logik des Kapitals im allgemeinen und die des Rüstungskapitals im besonderen nach den Einbrüchen, die es bei den Rüstungsausgaben vor allem seit den neunziger Jahren gab, in Richtung einer Umkehrung dieses Trends wirken wird.

---

[2] Ruth Leger Sivard, World Military and Social Expenditures, Washington 1991; hier zitiert nach: Hauchler/Kennedy 1994: 155.

IV

Die Entwicklung der Militärausgaben der westlichen Industriestaaten blieb bis Ende der neunziger Jahre absolut auf hohem Niveau. Die Einbrüche fanden vor allem bei den Anteilen der am Bruttoinlandsprodukt gemessenen Rüstungsausgaben statt. Diese Einbrüche wurden jedoch für das im Rüstungssektor angelegte Kapital weitgehend durch spezifische Umstrukturierungen bei der Art der Rüstungsausgaben aufgefangen. Die Angaben, die in These III zu den USA und zur weltweiten Rüstungsproduktion gemacht wurden, können durch solche zu den einzelnen Nato-Staaten ergänzt werden. Die folgende Tabelle liefert einen solchen Überblick.

Militärausgaben im internationalen Vergleich – 1975-1998

	1975	1980	1985	1990	1995	1998
Militärausgaben in absoluten Werten, zu konstanten Preisen von 1990						
NATO Westeuropa / Mrd. US-$	-	169	184	186	156	153
D / Mrd. DM	61	64	66	68	49	47
F / Mrd. FF	171	203	223	232	213	206
GB / Mrd. £	22	22	25	23	17	16
USA / Mrd. US-$	213	225	301	306	240	218
NATO Gesamt / Mrd. US-$	-	401	497	503	406	379
Militärausgaben in vH des BIP (in jeweiligen Preisen)						
NATO Westeuropa	-	3.6	3.2	2.7	2.3	2.2
D	3.4	3.4	3.0	2.2	1.7	1.5
F	3.8	4.1	3.8	3.5	3.1	2.8
GB	4.9	5.2	4.5	3.8	3.1	2.7
USA	5.0	5.7	6.2	4.9	4.0	3.3
NATO Gesamt	-	4.6	4.7	3.6	3.0	2.7

Quelle: Nato-Brief 1999

Interessant an diesen Zahlen ist: Trotz des erheblichen Rückgangs, den die Rüstungsausgaben in den neunziger Jahren erlebten, liegt das Niveau der Militärausgaben Ende der neunziger Jahre nur wenig unter dem Stand, der 1980, inmitten des Kalten Krieges, erreicht worden war. Die Einbrüche fanden in erster Linie bei dem Anteil dieser – weiterhin hohen – Rüstungsausgaben gemessen am gesellschaftlichen Produkt statt.

Eine genauere Untersuchung ergibt: Der Rückgang der Rüstungsausgaben seit 1990 konnte für die Rüstungsindustrie selbst fast komplett abgefedert werden. Dies erfolgte dadurch, daß im Rahmen des allgemeinen Rückgangs der Militärausgaben in erster Linie die „konsumtiven" Ausgaben reduziert und die Truppenstärken weltweit massiv abgebaut wurden. Die Ausgaben für militärische Beschaffungen wurden jedoch nur in geringem Maß reduziert; jene für militärische Forschung und Entwicklung blieben sogar weitgehend auf gleichem Niveau, das heißt auf dem Rekordniveau, das mit der Hochrüstung ab den achtziger Jahren erreicht wurde. Ingomar Hauchler und Paul M. Kennedy (1994: 151f.) bilanzierten wie folgt: Im Unterschied zum allgemeinen Rückgang der Rüstungsausgaben

> [...] blieb die Kategorie der Ausgaben für militärische Forschung und Entwicklung davon weitgehend unberührt. In den USA reduzierte sich z.B. der Militär-Haushalt zwischen 1985 und 1990 um 13 Prozent. In dem gleichen Zeitraum wurden die Ausgaben für militärische Forschung und Entwicklung lediglich um 1 Prozent reduziert.

Zwar kam es trotz des Wegfalls der Blockkonfrontation, die ein halbes Jahrhundert die Geschichte bestimmte, nur zu bescheidenen Einbußen der Rüstungsnachfrage, soweit diese den militärisch-industriellen Komplex selbst betrifft. Der Rückgang der Rüstungsausgaben selbst war jedoch, verglichen mit dem Höhepunkt Mitte der achtziger Jahre, beachtlich; in der Bundesrepublik Deutschland betrug er zwischen 1990 und 1998 30 Prozent.

Damit gab es also nach dem Zusammenbruch des Warschauer Paktes doch eine „Friedensdividende". Es stellt sich „nur" die Frage: Wer kam in ihren Genuß? Besieht man sich die Entwicklung der Steuern, der Realeinkommen und der Gewinne im selben Zeitraum, dann wird deutlich, wer alleiniger Profiteur bei dieser Entwicklung ist: Die Realeinkommen stagnierten in Westdeutschland zwischen 1985 und 1998. Die Gewinne steigerten sich im selben Zeitraum real um mehr als 50 Prozent. Gleichzeitig entwickelte sich die Besteuerung enorm disproportional. Während die Steuern, die von den Unternehmen, den Besserverdienenden und von den Vermögenden entrichtet werden, 1970 noch 29 Prozent des gesamten Steueraufkommens ausmachten, war dieser Anteil bis 1998 auf unter 15 Prozent gesunken. Umgekehrt erhöhte sich der Anteil derjenigen Steuerarten, der von den Lohnabhängigen und über die Verbrauchersteuern (Mehrwertsteuer, Lohnsteuer, Mineralölsteuer, Tabaksteuer u.a.) aufgebracht wird, kontinuierlich. Dieser stieg von 60 Prozent im Jahr 1970 auf 70 Prozent im Jahr 1998.

Während klassischerweise Zeiten der Hochrüstung von steigenden Steuerlasten für die Lohnabhängigen und die Bezieher geringer Einkommen begleitet sind, gab es in der Periode 1980 bis 1998 einen solchen kontinuierlichen Prozeß sowohl in der Periode der Hochrüstung (1980-1988) als auch in der Periode des Rückgangs der Rüstungsausgaben (1989-1997).[3]

Damit ist jedoch auch klar: Die real durchaus existierende „Friedensdividende" wurde allein von den Unternehmen bzw. den Besser- und Optimalverdienenden kassiert.

V

Um die längerfristige Wirkung eines Krieges auf die kapitalistische Ökonomie einschätzen zu können, sind der „Kostpreis" des Krieges und die allgemeine Konjunktur von Bedeutung.

Das Londoner Internationale Institut für Strategische Studien hat die Kosten der Kriege des 20. Jahrhunderts tabellarisch erfaßt. Die Spannweite reicht von dem „preiswerten" Sechs-Tage-Krieg mit 3 Milliarden US-Dollar Kosten bis zum Zweiten Weltkrieg, der auf 4000 Milliarden US-Dollar beziffert wird.

Die Kosten des Balkan-Krieges 1999 werden mit 30 bis 70 Milliarden Dollar angegeben – ohne die Zerstörungen, die in Serbien angerichtet wurden und die von der Belgrader Regierung nach Kriegsende mit 40 Milliarden US-Dollar beziffert wurden.

Kriege sind Phasen staatlicher Sonderausgaben und von Extraprofiten u.a. für die Unternehmen des militärisch-industriellen Komplexes. Sie wirken damit in jedem Fall kurzfristig positiv auf die kapitalistische Ökonomie, insoweit viele Unternehmen von der zusätzlichen Nachfrage profitieren. Fallen diese Sonderausgaben mit einer allgemein günstigen Konjunktur zusammen und fallen sie z.B. in eine Zeit nach einer zyklischen Krise, dann können sie durchaus allgemein stimulierend – wie ein „Kriegskeynesianismus" – wirken und eine mittelfristige oder längerfristige Aufwärtsbewegung der Konjunktur begünstigen.

Für den Balkan-Krieg 1999 scheint das nicht zuzutreffen, zumindest nicht für die EU-Länder. Insoweit hier Kriegs-Kosten für die kapitalistische, westliche Ökonomie relevant werden (und für einen „Wiederaufbau" von Serbien

---

[3] Detaillierte Berechnungen finden sich in: Wolf 1998: 124.

Die Kriegskosten im 20. Jahrhundert in Milliarden US-$ in konstanten Preisen

Erster Weltkrieg	2850
Zweiter Weltkrieg	4000
Korea-Krieg	340
Suez-Krieg	13
Vietnam-Krieg	720
6-Tage Krieg	3
Yom-Kippur-Krieg	21
Afghanistan-Krieg	116
Iran-Irak-Krieg	150
Falkland-Krieg	5
Golf-Krieg	102

Quelle: Süddeutsche Zeitung vom 14. 4. 1999

spricht wenig, auch wenn Milosevic zurückgetreten werden sollte), so handelte es sich bei dem neuen Balkan-Krieg eher um einen „mittelteueren" Krieg. Ein erheblicher Teil der Kosten wird durch die Besatzungstruppen entstehen – die US-Regierung spricht allein für das US-Kontingent von 15 Milliarden US-Dollar (offensichtlich für die Zeitdauer der beabsichtigen Stationierung). Die Aufträge, die der Krieg auslösen wird, werden sich auf einige – wenige – Rüstungskonzerne und auf einige Baufirmen (z.B. zur Wiederherstellung der Donauschiffahrt) konzentrieren. Anders als nach dem Golf-Krieg, der ein gewaltiges Wiederaufbauprogramm und riesige Rüstungsgeschäfte – finanziert von den superreichen Ländern Kuweit, Saudi-Arabien, Vereinigte Arabische Emirate – auslöste, sind auf dem Balkan alle diejenigen, die ein reales Interesse am Wiederaufbau haben müßten, bettelarm. Die Versprechen von einem „Marshall-Plan für den Balkan" sind das hohle, unverantwortliche Geschwätz einer Politikerkaste, die bereits bei dem versprochenen Wiederaufbau von Bosnien kläglich versagt hat.

Hinzu kommt: Der Balkan-Krieg 1999 findet in einem anderen konjunkturellen Umfeld als vorausgegangene Kriege statt. Der Korea-Krieg war ein Auftakt zu einem langen wirtschaftlichen Boom der OECD-Länder; der Vietnam-Krieg verlängerte diesen Boom durch „Kriegskeynesianismus", auch wenn an seinem Ende mit der „Ölkrise" 1973 und der internationalen Rezession 1974/75 die Wiederkehr des kapitalistischen Krisenzyklus stand. Der Iran-Irak-

Krieg brachte ideale Voraussetzungen mit sich: Zwei relativ reiche Länder mit vielen „Petro-Dollars" und ohne eigene Rüstungsindustrie bekriegten sich acht Jahre lang und schufen damit eine 150 Mrd.-Dollar-Nachfrage, die zu einem erheblichen Teil bei der internationalen Rüstungsindustrie zu Buche schlug.

Der Golf-Krieg 1991 fand zum Teil während, zum Teil direkt nach einer internationalen Rezession statt. Er brachte einen Push für den neuen langen Konjunkturzyklus, der in den USA 1999 noch anhält. Die USA ließen sich diesen Krieg zum größten Teil fremdfinanzieren – von den OPEC-Staaten der Region und von einzelnen „Alliierten" (die BRD zahlte z.b. 15 Milliarden Mark). Dieser Krieg hatte – zusammen mit dem vorausgegangenen Iran-Irak-Krieg – noch den unschätzbaren Vorteil, daß mit diesem der Ölpreis dauerhaft und qualitativ gesenkt wurde, was in allen nicht ölfördernden OECD-Staaten bis heute einem Sonder-Konjunkturprogramm – finanziert von den ölfördernden Ländern bzw. deren Bevölkerungen – gleichkommt.

Im aktuellen Balkan-Krieg ist vieles anders. Alle führenden kapitalistischen Länder haben seit 1991 oder 1992 einen langen Aufschwung erlebt. 1999 spricht viel dafür, daß wir vor einer neuen Rezession, wenn nicht vor einer Krise stehen: Die japanische Wirtschaft befindet sich seit längerer Zeit in einer schweren Rezession, einige EU-Ökonomien lahmen, die deutsche Wirtschaft wuchs im ersten Vierteljahr 1999 nur noch um 0,7 Prozent. Die Konjunktur in den USA dauert bereits ungewöhnlich lange; der Abbau der Erwerbslosigkeit und die Schaffung von Millionen neuer – überwiegend prekärer – Jobs hat erstmals seit langer Zeit einen Anstieg der Reallöhne und damit eine Einengung der Profitrate bewirkt. Der Welthandel wächst langsamer als in den Vorjahren und ist von den vorausgegangenen Regionalkrisen in Asien, Rußland und Lateinamerika geprägt.

Gelder für einen Wiederaufbau Jugoslawiens, der diesen Namen verdiente und mit dem ein neuer größerer Push auf die Weltökonomie ausgeübt werden könnte, sind – von Flickwerkinvestitionen abgesehen – nicht in Sicht. Dagegen sprechen die hohe Staatsverschuldung fast aller EU-Länder und die strikte „Spar- und Stabilitätspolitik", die in der Euro-EU verfolgt wird und gerade nach diesem Krieg, mit dem Euro-Kurs-Desaster, aus bürgerlicher Sicht verfolgt werden muß.

Direkte Unterstützung für den Krieg werden die USA von den EU-Alliierten nur beschränkt bekommen. Der ökonomische Mechanismus, über den die US-Regierung auch mit diesem Krieg auf ihre Kosten kommen will, wirkt anders als im Golf-Krieg 1991 (vgl. These VII).

Bei diesen Rahmenbedingungen dürfte der Balkan-Krieg – anders als die erwähnten vorausgegangenen Kriege – keine auf mittlere Frist positive Wirkung auf die kapitalistische Ökonomie haben – einzelne Konzerne, vor allem solche in den USA und in Großbritannien ausgenommen.[4]

VI

Der Balkan-Krieg 1999 war Ausdruck der US-„New World Order". Er ist zugleich Ausdruck einer Europäischen Union, die auch militärisch aus dem Schatten der USA heraustreten will.
Als US-Präsident George Bush 1991 am Beginn des alliierten Krieges gegen den Irak proklamierte: „We create a new world order", da schien dies vor allem nach Süden gerichtet. Kein Potentat in der Dritten Welt dürfe sich erlauben, aus der US-Weltordnung auszubrechen; der früher teilweise bestehende Schutz, den es infolge der Blockkonfrontation bei solcher Unbotmäßigkeit gelegentlich gab, existierte nach dem kurz zuvor erfolgten Zusammenbruch der UdSSR nicht mehr. Der neue Balkan-Krieg transportierte diese Botschaft mitten nach Europa. Das Grundprinzip wurde von Noam Chomsky (1999) dabei wie folgt beschrieben:

> Wir müssen auf das Bild des Mafia-Bosses zurückkommen: Wenn jemand kein Schutzgeld bezahlt, dann muß der Mafia-Boss seine 'Glaubwürdigkeit' wieder herstellen, damit nicht noch andere auf die dumme Idee kommen, den Gehorsam zu verweigern. Was Clinton & Co. sagen, ist: Es ist notwendig, daß alle genügend Angst vor dem Weltpolizisten haben.

1999 wurde explizit Europa und hier der Balkan zur Region erklärt, in der die USA „vitale" Interessen hätten, die gegebenenfalls militärisch durchgesetzt werden müßten. James Hooper, leitender Direktor des „Balkan Action Councils", eines US-amerikanischen „Think Tank", äußerte vier Wochen vor Kriegsbeginn vor einem „Committee of Conscience" im Holocaust Museum (!) in Washington:

---

[4] Angaben zur wirtschaftlichen Situation nach: Frankfurter Allgemeine Zeitung vom 9.6.1999 und Wirtschaftswoche Nr. 23/1999; Angaben zu den Kosten des Balkan-Krieges 1999 nach: Spiegel Nr. 23/1999 und Stern Nr. 25/1999.

> Der erste Punkt einer Liste von Sachen, die wir als nächstes erledigen müssen ist folgendes: Akzeptieren Sie, daß der Balkan als Region von strategischem Interesse für die USA ist, das neue Berlin (!), wenn Sie so wollen, der Prüfstand für die Entschlossenheit der Nato und die Führungsrolle der USA. Die Regierung sollte dem amerikanischen Volk offen und ehrlich erklären, daß wir voraussichtlich auf unbestimmte Zeit im Balkan militärisch präsent sind. (Rede von James Hooper am 23. Februar 1999, zitiert nach: Johnstone 1999)

Dabei erfüllte der Balkan-Krieg 1999 nebenbei ein Kriterium, das die USA seit Anfang der neunziger Jahre in ihren militärstrategischen Leitlinien postulieren: Das *gleichzeitige* Führen zweier Kriege an weit auseinander liegenden Regionen auf dem Globus. Ende 1998 intensivierten die USA ihre Militärschläge gegen den Irak, und auch während des Balkan-Krieges wurden – von der Weltöffentlichkeit kaum mehr wahrgenommen – immer wieder Militärschläge auf irakische Stellungen durchgeführt.

Selbst das „Timing" dieser zwei gleichzeitig geführten Kriege war medial optimal abgestimmt. Kurz nach Beginn des neuen Balkan-Krieges feierte die Nato in Washington ihr 50jähriges Jubiläum. Auf diesem Treffen wurde als neue Nato-Doktrin verkündet, daß sich dieser Militärpakt in Zukunft selbst als militärischen Weltrichter versteht. Damit wurden ohne größere Worte, doch mit Bomben-Taten die Vereinten Nationen und das Völkerrecht bzw. die UN-Charta beiseite geschoben. Es paßt in das Bild, wonach allein das Recht des Stärkeren Rechtsnorm setzt, daß die „eigentliche Nato-Charta", in deren Artikel 1 und 4 ausdrücklich die Bindung an die UN festgehalten und das UN-Gewaltmonopol betont werden, von den nationalen Parlamenten der Nato-Mitgliedstaaten ratifiziert wurde und eine solch gravierende Veränderung, wie sie im Mai 1999 in Washington verkündet wurde, ebenfalls einer parlamentarischen Befassung bedürfte. Doch in Washington wurde die neue Nato-Weltverfassung als beschlossen und verkündet präsentiert – u.a. vom sozialdemokratischen Kanzler Gerhard Schröder. Die „New York Times" schlagzeilte zum Jubiläum: „Nato finds Kosovo War a Fly in its Champagne" – der Krieg als Fliege im Champagner-Glas: Hoch die Gläser – legal, illegal, kollateral.[5]

---

[5] New York Times vom 11.4.1999. Die Nato-Charta wurde in Auszügen wiedergegeben in: Zeitung GEGEN DEN KRIEG Nr. 1/1999. Artikel 1 lautet: „Die Parteien (= Nato- Mitgliedsländer; W.W.) verpflichten sich, in Übereinstimmung mit der Satzung der Vereinten Nationen jeden internationalen Streitfall, an dem sie beteiligt sind, auf friedlichem Weg zu regeln [...] und sich in ihren internationalen Beziehungen jeder Gewaltandrohung oder Gewaltanwendung zu enthalten, die mit den Zielen der Vereinten Nationen nicht vereinbar ist." Artikel 4 lautet: „Von jedem bewaffneten Konflikt [...] ist unverzüglich dem Sicherheitsrat Mitteilung zu machen. Die Maßnahmen sind ein-

Die Vorteile, die die USA aus dem Balkan-Krieg 1999 ziehen, sind ökonomischer und strategischer Natur; sie decken einen erheblichen Teil der sieben Charakteristika ab, die in These II als das Wesen imperialistischer Kriege konstituierend definiert wurden. Dies läßt sich auf drei Gebieten konkretisieren:

Als *erstes* und direktes Resultat des Balkan-Krieges kommt es zu neuen großen Rüstungsaufträgen, die sich überwiegend in den Auftragsbüchern der US-amerikanischen Unternehmen des militärisch-industriellen Komplexes – und darüber hinaus auch in denen europäischer Rüstungsunternehmen – niederschlagen werden. Indirekte Folge des Krieges wird die Beschleunigung der Nato-Osterweiterung sein. Die neuen Nato-Mitgliedsländer werden nun ihre „veralteten" und den „falschen – sowjetischen – Standards" Rechung tragenden Waffenarsenale schneller „modernisieren", das heißt auf „Nato-Standards", was erneut überwiegend US-Standards sind, umstellen. Noch während des Krieges haben sich neue Anwärter-Staaten für eine Nato-Mitgliedschaft mit Beitrittswünschen gemeldet – auch hier findet sich ein weites Feld neuer Rüstungsprofite, die z.B. von den bitterarmen albanischen oder makedonischen – und bald auch montenegrinischen? – Menschen ausgepreßt werden. Insgesamt wird dieser Prozeß der „Nato-Militarisierung" Ost- und Südosteuropas den Vorsprung der US-Rüstungstechnik verstärken und beschleunigen.

Als *zweites* brachte der Balkan-Krieg der Europäischen Union, also dem mit den USA bzw. mit der Nafta konkurrierenden Wirtschaftsblock, erhebliche wirtschaftliche Nachteile. Im südöstlichen Hinterhof der EU werden 30.000 bis 40.000 „flexible" Einheiten der EU-Armeen gebunden; es entstehen erhebliche Kosten für Truppenstationierung und den teilweisen Wiederaufbau. Gleichzeitig wird die Kaufkraft der betroffenen und der angrenzenden Region geschwächt bzw. auf militärische Rüstung „umgelenkt" – u.a. aufgrund der beschriebenen Beschleunigung der Folgen der Nato-Osterweiterung. Auch dies schadet der EU-Wirtschaft, deren Stärke eher auf dem Gebiet der „zivilen-wirtschaftlichen Durchdringung" Ost- und Südosteuropas, einschließlich der Türkei lag. Schließlich ist es eine direkte Folge des Balkan-Krieges, daß mit der nur ein Vierteljahr vor Kriegsbeginn eingeführten EU-Einheitswährung das offen erklärte strategische Ziel zumindest vorerst nicht realisiert werden kann: Der Euro sollte dem US-Dollar die Rolle als Welt-Geld streitig machen und internationale Anleger zum Wechsel vom Dollar zum Euro veranlassen. Mit dem Krieg sank der Wert des Euro gemessen in Dollar um mehr als 10 Prozent.

---

zustellen, sobald der Sicherheitsrat diejenigen Schritte unternommen hat, die notwendig sind, um den internationalen Frieden [...] wiederherzustellen und zu erhalten."

Gemessen an der Euro-Notierung vom Oktober 1998 machte der Kursverfall bis Mitte Juni 1999 sogar 20 Prozent aus. Das wiederum stärkte die Währung des Junior-Partners der USA in Europa: Großbritannien, das nicht Teil von Euro-Land ist. Das britische Pfund ist so stark wie seit langem nicht mehr. Da die britische Wirtschaft ihre Profite heute in erster Linie aus Finanzgeschäften bezieht, wird der Nachteil höherer britischer Exportpreise bei weitem aufgewogen durch die Attraktivität, die der Finanzplatz London mit einem starken Sterling-Pfund gewonnen hat.

Schließlich und nicht zuletzt gelang es mit diesem Krieg, die Herausbildung eines einheitlichen militärisch-industriellen Komplexes in der Europäischen Union weit hinauszuzögern, wenn nicht zu verhindern (vgl. dazu These VII).

Mit all dem soll nicht gesagt werden, der Balkan-Krieg 1999 sei ausschließlich ein US-Krieg gewesen und die EU-Nato-Länder – Großbritannien ausgenommen – hätten einen reinen Vasallenstatus gehabt. Schon gar nicht trifft zu, all dies sei „une guerre contre l'Europe" (Zinoviev 1999) gewesen, wie u.a. in „Le Monde" und vielfach in der „jungen Welt" argumentiert wurde. Auch zeugt die Position Hermann Gremlizas, wonach Deutschland die USA in diesen Krieg hineinmanövriert hat, primär von einer religiös-antinationalen Haltung und wenig von dialektischem Denken.[6]

Die EU-Nato-Länder „investierten" mit diesem Krieg in ihre militärische Zukunft. Sie wollten als Juniorpartner der USA ihre Fähigkeit, imperialistische Kriege dieser Art zu führen, weiterentwickeln. Sie erhofften sich, mit dem Balkan-Krieg werde das Ziel einer „europäischen Verteidigungsidentität" vorangetrieben. Auf institutioneller Ebene könnte das gelingen; auf dem Kölner EU-Gipfel im Mai 1999 kamen die EU-Regierungen dem Ziel, die „Westeuropäische Union" (WEU) als militärischen Arm der EU auszubauen und voll zu integrieren, einen guten Schritt näher. Das Überwechseln von Solana vom Chefsessel in der Nato zum „Mr. Gasp", dem für eine „Gemeinsame Außen- und Sicherheits-Politik" der EU verantwortlichen Mann, ist kennzeichnend.

Der Krieg diente den EU-Staaten weiterhin dazu, die Rechtsentwicklung in der allgemeinen Politik dieser Länder und die „Sparpolitik"

---

[6] Vgl. Gremliza 1999. Das – vorläufige – Kriegsende wäre demnach eine US-Niederlage. Gremliza schrieb, als er von dem konkreten Ende des Balkan-Krieges – ein Friede weitgehend nach deutschem bzw. EU-Plan – noch nichts wissen konnte: „Denn der kleinste Preis, ein Friede nach deutschem Plan, wäre zugleich der für die Amerikaner höchste: die notarielle Beurkundung, daß nach der Sowjetunion die USA der zweite Verlierer der weltpolitischen Wende geworden sind. Weshalb die Schlacht zwischen der Pax americana und der Pax germanica noch viele Kollateralschäden [...] anrichten wird." (ebd.)

bzw. die Zerstörung sozialer Netze zu beschleunigen. Konsequenterweise veröffentlichte der britische Regierungschef Blair kurz vor Kriegsende sein neoliberales Programm, konsequenterweise schloß sich diesem Gerhard Schröder in der Schlußphase des Krieges an.

All dies wiederum wird in der Europäischen Union die Tendenz verstärken, erstmals seit 1990 die Rüstungsausgaben substantiell zu erhöhen – mehr oder weniger direkt finanziert durch die Einsparungen im sozialen Bereich. Und dies wird dem militärisch-industriellen Komplex zugute kommen und die in den Augen der führenden Vertreter dieser Industrie für Tötungsmittel fatale Entwicklung beschränkter Rüstungsausgaben seit 1990 endgültig beenden. Denkbar ist auch, daß der eine oder andere militärische Großauftrag Resultat des Krieges sein wird. Das könnte z.B. für die Bestrebungen der EU gelten, das eigene Satelliten-Navigationssystem „Galileo" nun zu verwirklichen und dieses dem US-kontrollierten und im Balkan-Krieg so übermächtigen GPS (Global Positioning System) bzw. dem russischen System GLONASS (Global Navigation Satellite System) entgegenzustellen. Ein solches EU-Projekt, das primär von militärischen Erwägungen getragen wird, interessanterweise aber den EU-Verkehrsministerien (!) zugeordnet ist, brächte allein ein Auftragsvolumen von 80 Milliarden Mark (vgl. „Neues Geschäftsfeld im Weltall", in: Süddeutsche Zeitung vom 17.5.1999).

VII

Der Balkan-Krieg hat die Karten in der internationalen Rüstungsbranche neu gemischt. Die Herausbildung eines militärisch-industriellen Komplexes der EU als Mittel, die Herausbildung eines EU-Einheitsstaats zu beschleunigen, wurde von den USA erfolgreich konterkariert.
Exakt zum Ende des Balkan-Krieges enthielt die führende britische Wirtschaftszeitung „Financial Times" eine 12-seitige Sonderbeilage „Financial Times Survey" mit der Bezeichnung „Aerospace", also: Luftfahrt. Doch der Inhalt der ersten drei Seiten ist rein militärischer Natur; die Beiträge beziehen sich direkt auf den Kosovo-Krieg. Auf der ersten Seite wird unter der Überschrift „Time is right to reflect on Kosovo lessons" argumentiert, die Nato-Technologie stelle sich in diesem Krieg als weniger effizient heraus, als bisher gedacht wurde. Der Beitrag enthält eine kritische Bilanz

der gewaltigen Konzentrationsprozesse, die es in den letzten Jahren im US-amerikanischen militärisch-industriellen Komplex gab. Dort vereinen inzwischen vier US-Rüstungskonzerne – Boeing (vereint mit McDonald-Douglas), Lockheed-Martin, Raytheon und Northorp Grumman – rund 80 Prozent des US-Rüstungsgeschäftes auf sich, wobei diese zusätzlich noch ausgesprochen spezialisiert produzieren, so daß faktisch Monopole existieren. Die Angst in den USA gilt nicht der schieren Größe. Sie gilt der Gefahr, daß ohne Wettbewerb die Effizienz der Tötungsindustrie leide. Laut „Financial Times" sei in den USA die Konsolidierung der Rüstungsindustrie mit Befürchtungen in Washington zusammengefallen, wonach allzu wenige Verteidigungsunternehmen auch zu wenig Wettbewerb und allzu wenig Effektivität der Produkte bedeuten könnten (vgl. „Financial Times Survey Aerospace", in: Financial Times vom 14.6.1999).

Inzwischen ist der Umsatz allein von Boeing größer als der vereinte Umsatz der fünf größten europäischen Rüstungsunternehmen (British Aerospace/Marconi, Aerospatiale/Matra, Dasa, Thomson CFS (Frankreich) und Finmeccanica (Italien)). Doch das wäre für die Konzerne des militärisch-industriellen Komplexes noch verkraftbar, wären nicht die Chancen zur Bildung eines führenden einheitlichen europäischen Rüstungskonzerns seit Jahreswechsel 1998/99 und im Verlauf des Kosovo-Krieges enorm gesunken. Bis Herbst 1998 schien die Realisierung eines solchen Projekts – und damit die Verwirklichung einer rüstungspolitischen Herausforderung für die USA – in greifbare Nähe gerückt. Der Name des gemeinsamen Unternehmens war bereits festgelegt: EADC – European Aerospace and Defence Company. Bereits im Dezember 1997 hatten sich die Regierungen Großbritanniens, Frankreichs und der BRD auf dieses Projekt geeinigt; später schlossen sich Italien, Spanien und Schweden dem Plan an. Auch stand bis Herbst 1998 fest, wie der Auftakt aussehen sollte: Die deutsche Daimler-Chrysler-Tochter Dasa sollte mit der britischen Aerospace fusionieren und bald darauf die französische Aerospatiale mit ins gemeinsame Kanonenboot nehmen. Parallel sollten die Aktivitäten im zivilen europäischen Flugzeugbau zusammengelegt und aus dem Airbus-Konsortium ein einheitliches, privates Unternehmen geschmiedet werden.

Doch es kam anders. Statt der Bildung eines einheitlichen und supranationalen Unternehmens kam es zu mehreren nationalen Fusionen, die eine überstaatliche europäische Lösung nunmehr unwahrscheinlich machen. Als erstes übernahm die britische Aerospace die Rüstungssparte von General Electric, Marconi, und rückte damit weit an die Spitze der EU-Rüstungskonzerne. Sodann übernahm die französische Aerospatiale die Rüstungsabteilung von

Legardere, Matra, und schob sich damit ebenfalls nach vorn, auf Platz zwei, ebenfalls weit vor Dasa auf dem dritten Rang. Käme es jetzt zu einer britisch-französisch-deutschen Rüstungsvereinigung, so wäre Dasa mit weniger als einem Drittel am gesamten Unternehmen beteiligt; Briten und Franzosen – immerhin die einzigen zwei europäischen Atommächte – verfügten über eine Zweidrittel-Mehrheit. Eine solche Perspektive ist, man ahnt es, für die Dasa-Mutter Daimler-Chrysler und für die hinter diesen stehende Deutsche Bank (die soeben mit der Übernahme der New Yorker Bankers Trust zum weltgrößten Finanzinstitut aufstieg) nicht akzeptabel. Also ging auch Dasa auf Einkaufstour – und übernahm inzwischen die spanische Casa und könnte auch noch die italienische Finmeccanica übernehmen. Doch auch ein solch konsolidiertes Unternehmen Dasa würde erst die Größe der neuen britischen Aerospace/Marconi erreichen, die im übrigen inzwischen 35 Prozent Anteile des schwedischen Flugzeugherstellers Saab übernahm.

Die Liste der größten US-amerikanischen und EU-Rüstungskonzerne und ihr jeweiliger Umsatz 1998 sieht 1999 wie folgt aus:

Internationale Rüstungsindustrie 1998/99 (in Milliarden Euro)

Boeing (USA)	53.7
Lockeed Martin (USA)	25.0
British Aerospace / Marconi (USA)	19.3
Aerospatiale / Matra (F)	13.7
Dasa (D)	9.8
Northorp Grumman (USA)	8.5
Thomson CFS (F)	6.8
Finnmeccanica (I)	6.7

Quelle: Schnitzler 1999

Nicht genug des Malheurs für die hochfliegenden Pläne einer vereinheitlichten europäischen Tötungsindustrie: Durch das Platzen des Projektes EADC, durch die Stärkung europäisch-nationalstaatlicher Rüstungsunternehmen und durch den Balkan-Krieg selbst gewannen plötzlich wieder transatlantische Rüstungsprojekte Kontur. Der stellvertretende US-Verteidigungsminister John Hamre forderte 1999 die US-Rüstungsindustrie mehrmals zu US-amerikanisch-europäischen Bündnissen auf, während das Pentagon und die US-Regierung ihr Veto gegen eine weitere geplante US-Fusion – den Zusammenschluß von Lockheed Martin und Northorp Grumman – einlegten. In den USA sollen gleich mehrere Arbeitsgruppen prüfen, welche Nato-übergreifenden Zusammenschlüsse denkbar sind. Die Absicht der US-Regierung ist klar: Anstelle eines großen EU-übergreifenden Zusammenschlusses zur EADC soll es transatlantische Bündnisse geben. Man knüpft an den nationalen Egoismen der Europäer an und bietet ihnen HighTech made by US. Die Vorteile für die USA lägen nicht nur in der Verhinderung eines ebenbürtigen großen EU-Rüstungskonzerns, sondern auch darin, einen drohenden Stillstand in der US-Industrie infolge der Monopolisierung zu verhindern.

Diese Zielsetzungen scheinen von Erfolg gekrönt. Am Ende des Kosovo-Krieges und im Rahmen der Luftfahrt- und Militär-Show in Le Bourget – offiziell als „43. Salon International de Aéronautique et de l' Espace" bezeichnet – kam es bereits zu ersten transatlantischen Kontakten. Der US-amerikanische Konzern Raytheon und das französische Unternehmen Thomson führten ebenso Gespräche über Kooperationen oder ein Zusammengehen wie Lockheed (USA) und Aerospatiale (Frankreich). Der Dasa-Chef Bischoff war im Mai 1999 im Pentagon zu Besuch, wobei hervorgehoben wurde, daß er dort erstmals mit allen protokollarischen Ehren empfangen worden sei. Ein größeres transatlantisches Projekt und ein großer transatlantischer Auftrag konnten unmittelbar nach dem Balkan-Krieg realisiert werden. Der deutsche Rüstungshersteller Diehl will zusammen mit einer Tochter des US-amerikanischen Lockheed-Martin-Konzerns, der Lockheed Martin Vought, ein neues Mehrfach-Raketenwerfer-System bauen. Der US-Konzern Raytheon gewann ebenfalls Mitte Juni 1999 den britischen Auftrag zur Entwicklung und Installation eines Flugzeug-gebundenen neuen Radar-Systems im Wert von 2 Milliarden Mark. Der britische Verteidigungsminister George Robertson stellte dabei den direkten Bezug zum eben beendeten Krieg her. „Jedermann, der die Tag-zu-Tag-Operationen im Kosovo miterlebt hat, wird die Bedeutung dieses Projekts verstehen". Das schlechte Wetter habe so manche Angriffe erschwert; das neue Radarsystem ermögliche gezielte Angriffe bei jedem Wetter.[7]

---

[7] Aktuelle transatlantische Rüstungsdeals nach: Financial Times vom 14.6.1999 und vom 16.6.1999 (zu Raytheon); Süddeutsche Zeitung vom 19.6.1999 (zu Diehl-Lockheed).

VIII

Die „Lösung", zu der am – vorläufigen – Ende des Balkan-Krieges gegriffen wurde – ein Nato-Protektorat im Kosovo – beinhaltet die fast beliebige Wiederholbarkeit des Krieges bzw. seiner kontinuierlichen Ausweitung – bis hin zu einem großen europäischen Krieg. Die Argumentation, mit der dieser Krieg gerechtfertigt wurde, rechtfertigt die nächste Eskalation: einen Nato- oder einen US-Krieg gegen eine der Atommächte Rußland oder China. Der Krieg nährt den Krieg – und alle nähren die Rüstungsbranche.

Hier ist nicht der Platz, die Geschichte der neuen Balkan-Kriege seit 1990 zu referieren. In dieser wird die Grundaussage dieser achten These wiederholt bestätigt und aktualisiert. Beschränken wir uns auf einen Vergleich zwischen Dayton 1995 und dem Balkan-Krieg 1999. Der Vertrag von Dayton wurde, wie der neue Vertrag zwischen Nato und Belgrad, durch Bomben erzwungen. Der Vertrag von Dayton beinhaltet eine Aufteilung Bosnien-Herzegowinas entlang ethnischer Grenzziehungen – ethnische Vertreibungen eingeschlossen. Der Balkan-Krieg 1999 wurde angeblich wegen der – real existierenden – ethnischen Vertreibungen von Kosovo-Albanern aus dem Kosovo geführt und mündet in der Vertreibung der serbischen Bevölkerung aus dem Kosovo. Der Vertrag von Dayton machte aus Bosnien ein nur verbal beschönigtes Protektorat der Europäischen Union und der Nato. Für das Kosovo ist das Nato-Protektorat unverhüllt. Es war der internationale Bosnien-Beauftragte Carlos Westendorp, der noch im Krieg, Bosnien und Kosovo vergleichend, klarstellte: „Im Kosovo wird es mit einem Protektorat sicher schneller und besser gehen." Mit dem Dayton-Abkommen wurde der „Wiederaufbau" der Region verkündet; vier Jahre später gesteht Westendorp dessen komplettes Scheitern ein: „Die Weltbank hat die Wiederaufbaukosten nur für Bosnien einmal auf 23 Milliarden US-Dollar geschätzt. Für den Zeitraum von 1996 bis 2000 haben wir gerade mal Zusagen für insgesamt 5,3 Milliarden US-Dollar." (Wirtschaftswoche vom 20.5.1999) Nach dem Balkan-Krieg 1999 wird erneut „Wiederaufbau" versprochen, selbst einen Wiederaufbau im Kosovo dürfte es nur sehr beschränkt geben. Statt dessen werden eingesetzte Mittel für die weitere Aufsplitterung der Region – und für die Vorbereitung kommender Kriege – verwandt werden.

Wie im einzelnen aus dem Krieg der nächste Krieg erwachsen wird, erscheint nicht entscheidend. Es ist bezeichnend, daß bereits *vor* dem Krieg öffentlich konkretisierte Mutmaßungen in dieser Richtung vorlagen. In der US-

Zeitschrift „Newsweek" war eine Woche *vor* Beginn des Balkan-Krieges 1999 zu lesen:

> Während die Friedensgespräche zwischen Serbien und der UCK-geführten Delegation nächste Woche (in Rambouillet bzw. in Paris; W.W.) wieder aufgenommen werden, gibt es neue Anzeichen dafür, daß der blutige Konflikt im Kosovo auf Makedonien übergreifen könnte. Newsweek liegen Informationen vor, daß mehrere UCK-Führer aus Makedonien stammen und es darauf angelegt haben, den Streit in ihre Heimat zu tragen. ‚Sie wollen zurück und dort kämpfen', sagt der UCK-Kommandeur Remi, der angibt, allein in seiner Zone mehrere hundert UCK-Kämpfer aus Makedonien zu haben [...] Remi spielt auf alarmierende Befürchtungen an, wonach die Wellen ethnischer Flüchtlinge Makedonien überfluten, dieses Land ins Chaos stürzen und schließlich damit Griechenland und die Türkei in einen großen regionalen Krieg ziehen könnten.[8]

Nach dem Krieg fand sich in der „Frankfurter Allgemeinen Zeitung" ein Beitrag von Andrew Wachtel, in dem es u.a. heißt:

> Es ist wahrscheinlich, daß auf einen üblen Krieg ein eben solcher übler Friede folgen wird. Eine Situation zu schaffen, mit der keine der beteiligten Parteien zufrieden ist, das war in Bosnien schon schlimm genug, wo es uns aber immerhin gelungen ist, ein Minimum an Stabilität zu schaffen – solange wir bereit sind, ad indefinitum 28.000 Soldaten dort zu stationieren [...] Der Tag, an dem die Friedensschutztruppe abzieht, ist der Tag, an dem der Krieg wieder beginnt [...] Im Kosovo ist die Lage noch prekärer – die Verwüstungen sind größer, unsere Möglichkeiten, die beiden Seiten zu kontrollieren, werden geringer sein und die Unzufriedenheit mit dem Abkommen, das wir ihnen auferlegt haben, wird lange Zeit an ihnen nagen [...] Die UCK mit Gewalt zur Aufgabe ihrer Waffen zu zwingen, das dürfte für uns ebenso schwierig sein wie zuvor für die Serben. Statt dessen werden diese Kämpfer im Kosovo und in Albanien untertauchen, sich ein Weilchen ruhig verhalten, und unter den Albanern in Makedonien werden sie ihre Agitation fortsetzen und so dieses prekäre Staatsgebilde weiter destabilisieren. Innerhalb eines halben Jahres [...] können wir damit rechnen, daß unsere Truppen Ziele eben jener Albaner werden, um derentwillen wir erklärtermaßen diesen Krieg geführt haben. (Wachtel 1999)

Und dies sind nur Skizzen für Fortsetzung und Erweiterung der neuen Balkan-Kriege. Der Krieg des Jahres 1999, seine Rechtfertigungen und die Selbstpro-

---

[8] „Making Trouble in Macedonia?", in: Newsweek vom 15.3.1999, (Übersetzung W.W.).

klamation des veränderten Nato-Vertrags lassen befürchten, daß in Kürze weltweit Kriege dieser Art unter blauer Nato-Fahne oder in neuen Kriegs-Allianzen des Westens geführt werden. Die Atommacht Rußland wurde in diesem Krieg blamiert und mit dem Friedensschluß buchstäblich vorgeführt (und die Besetzung des Flughafens von Pristina durch russische SFOR-Einheiten erschien nur Kleingeistern als „gelungen"; es handelte sich um eine hilflose und militärisch abenteuerliche Geste des Abschieds von der Weltbühne). Am Ende stehen die russischen Truppen im Kosovo unter Nato-Kommando wie zuvor in Bosnien, und es darf darüber spekuliert werden, ob die Nato der russischen Regierung dies mit der Übernahme der Stationierungskosten für ein oder für drei Jahre schmackhaft machte.

Auf einem anderen Blatt steht, daß die Krise in Rußland und die fortwährenden Demütigungen dieser ehemaligen Weltmacht, die von Nato, EU und US-Regierung gezielt vorgenommen werden, in Moskau den russischen Nationalismus und Militarismus stärken und zu anderen, den Weltfrieden erst recht bedrohenden politischen Konstellationen führen können.

Das Bedrohliche dabei ist, daß die Schirinowskis und Lebeds in Rußland in den Hardlinern des Pentagons und der Nato ihre Verbündeten zu haben scheinen. Pünktlich zu Kriegsbeginn veröffentlichte der britische „Economist" einen Artikel über „Russia's violent southern rim". Eine Grafik dazu hob diejenige Region hervor, in der eine zukünftige Nato-Intervention stattfinden könnte; zumindest fände sich dafür eine ebenso gute Argumentation wie im Fall Kosovo: Tschetschenien und Ossetien – nördlich von Georgien, eine Region, für die es im übrigen weit mehr strategische und wirtschaftliche (Öl-) Interessen geben dürfte als im Fall Kosovo (vgl. Economist vom 27.3.1999).

In China existieren vergleichbare Konflikte, die sich in einen Krieg kanalisieren lassen. Bereits vier Wochen nach Beginn des Nato-Krieges – und noch vor der Bombardierung der chinesischen Botschaft in Belgrad – veröffentlichte „Newsweek" am 19.4.1999 in großer Aufmachung einen Artikel über „China's Balkan Crisis". Im Vorspann hieß es, daß die Gewalt im Kosovo Peking an seine eigenen ethnischen Krisenherde erinnert und in Tibet weit mehr als die Menschenrechte zur Diskussion stünden. Diesen Bezug „Kosovo = Tibet" stellten nach dem Bombardement der chinesischen Botschaft in Belgrad durch US-Flugzeuge alle maßgeblichen US-Medien her (vgl. z.B. Business Week vom 24.5.1999).

In starkem Maß beeinflußt von diesem Krieg verabschiedete das japanische Parlament im Juni 1999 einen neuen japanisch-US-amerikanischen Sicherheitspakt. Mit diesem wurden die weitreichenden Beschränkungen, die die japanische Verfassung gegen eine militärische Wiederaufrüstung Japans und gegen japanische Militär-Einsätze außerhalb des eigenen Territoriums festlegt, faktisch aufgehoben. Japan verpflichtet sich mit diesem neuen Sicherheitspakt, sich im Fall militärischer Konflikte in der asiatischen Region an der Seite der USA auch militärisch zu engagieren.

Die Reaktion in Peking war prompt und heftig. Diese Sicherheitsrichtlinien, so ein Leitartikel im offiziellen Organ der chinesischen Volksarmee, würden ein strategisches Komplott zur Durchsetzung hegemonialer Ziele beinhalten; ihre Annahme durch die Regierung in Tokio stelle eine ernste Bedrohung für China und für den asiatisch-pazifischen Raum dar (vgl. Kynge 1999).

Eines scheint jetzt bereits klar zu sein. Der neue Balkan-Krieg hat die Möglichkeit einer Friedensdividende, die den Menschen in allen Staaten und insbesondere in der Dritten Welt zugute kommen könnte, definitiv zerstört. Angesagt sind neue Aufrüstung, höhere Rüstungsausgaben, Investitionen in Tötungs- statt in Überlebensmittel. In der bereits zitierten umfangreichen Beilage der „Financial Times" zur „Luftfahrt-Industrie" wird konstatiert:

> Nicht alles ist düster in der Verteidigungsindustrie. Der Konflikt im Kosovo hat nicht nur die Aktienkurse der Hersteller von Marschflugkörpern und Präzisions-Bomben, die nun ersetzt werden müssen, angehoben. Er hat zu einer allgemeinen Erhärtung der Kritik an weiteren Kürzungen in der Verteidigungsindustrie beigetragen [...] Noch vor Beginn des Konflikts erhielt die Clinton-Administration grünes Licht für 12 Milliarden Dollar, die zusätzlich zum diesjährigen US-Militärbudget ausgegeben werden. Diese sind Teil von zusätzlichen 100 Milliarden Dollar, die in den kommenden sechs Jahren die US-Rüstungsausgaben steigern werden. Weitere Steigerungen der Militärausgaben, um die Kosten des Kosovo-Einsatzes abzudecken, werden erwartet.[9]

---

[9] „Financial Times Survey Aerospace", in: Financial Times vom 14.6.1999; (Übersetzung W.W.).

Literatur

Noam Chomsky, USA handeln wie ein Mafia-Boss, in: Zeitung GEGEN DEN KRIEG Nr. 3/1999.

Georg Fülberth, Stammtisch-Zerlegung, in: Konkret Juni/1999, S. 18-21.

Hermann Gremliza, Wessen Krieg ist der Krieg? in: Konkret Juni/1999, S. 9.

Ingomar Hauchler/Paul M. Kennedy (eds.), Global Trends – The World Almanac of Development and Peace, New York und Bonn 1994.

Diana Johnstone, Der Westen braucht Leichen, in: junge Welt vom 30. März 1999.

James Kynge, Beijing condemns US-Japan pact, in: Financial Times vom 7.6.1999.

Rosa Luxemburg, Die Akkumulation des Kapitals, Berlin 1913 (Reprint 1969).

Ernest Mandel, Der Spätkapitalismus, Frankfurt/M. 1972.

Natalie Moszkowska, Zur Dynamik des Spätkapitalismus, Zürich 1943.

Nato-Brief, Frühjahr 1999.

O.M.G.U.S. – Ermittlungen gegen die Deutsche Bank, Nördlingen 1985.

Lothar Schnitzler, Für Amerika nicht mehr sakrosankt, in: Wirtschaftswoche vom 10.6.1999.

Andrew Wachtel, Europäische Balkanabenteuer, in: Frankfurter Allgemeine Zeitung vom 9.6.1999.

Winfried Wolf, Legal, illegal, kollateral – Der Charakter des Krieges, in: Zeitung GEGEN DEN KRIEG Nr. 4/1999.

Winfried Wolf, CasinoCapital, Der Crash beginnt auf dem Golfplatz, Köln 1998.

Alexandre Zinoviev, Une guerre contre l' Europe, in: Le Monde vom 25.5.1999.

Entwicklung des Kapitalismus in Rußland

Gert Meyer

In Rußland und den meisten anderen UdSSR-Nachfolgestaaten haben sich nach dem Zusammenbruch des Sozialismus und der historischen Zäsur von 1991/92 die kapitalistischen Strukturen mit hoher Dynamik entfaltet. Die bisherigen ökonomischen Regulierungssysteme wurden abgelöst durch die Wirkungen von Markt, Privateigentum, Konkurrenz, Geld. Die Logik der Kapitalverwertung drang in die verschiedenen gesellschaftlichen Bereiche ein. Die Warenförmigkeit der Arbeitskraft trat in den Vordergrund. Rußland wurde sehr viel stärker als zuvor in den Weltmarkt einbezogen. Einige der hiermit verbundenen aktuellen Veränderungen werden in den folgenden Notizen gestreift.

Der Kapitalismus entwickelt sich ein zweites Mal in der russischen Geschichte und nimmt, nach einer Unterbrechung von mehr als sieben Jahrzehnten, einige Entwicklungstendenzen wieder auf, die bereits in der zweiten Hälfte des 19. Jahrhunderts wirksam geworden waren.

Damals wurde der Kapitalismus von der russischen Intelligencija kontrovers beurteilt. Die Ökonomen der Narodniki sahen vor allem seine negativen Wirkungen auf die überlieferten Strukturen der Dorfgemeinde (mir) und der „Volksproduktion", auf die Sozialstruktur (wachsende Differenzierung und Pauperisierung) und Lebensweise (größere Unsicherheit in zahlreichen Lebensbereichen im Zuge der Moderne). Sie hielten den Kapitalismus nicht für zukunftsfähig, nicht zuletzt wegen des Fehlens eines inneren Marktes in Rußland.

Sozialdemokraten und Marxisten hingegen unterstrichen die historisch progressiven Funktionen des neuen Systems. Einer der Marxisten der jüngeren Generation, Wladimir Iljin, veröffentliche Ende März 1899 in St. Petersburg ein sehr umfangreiches Werk über die „Entwicklung des Kapitalismus in Rußland. Der Prozeß der Bildung des inneren Marktes für die Großindustrie". Der Autor hatte mehr als drei Jahre an dieser sorgfältigen Studie gearbeitet und sowohl im Petersburger Gefängnis (in das er wegen seiner Mitarbeit am „Kampfbund zur Befreiung der Arbeiterklasse" gelangt war) als auch in der anschließenden sibirischen Verbannung zahlreiche statistische Materialien und Lokalstudien ausgewertet, um zu zeigen, daß sich der Kapitalismus bereits in den wesentlichen Wirtschaftsbereichen fest etabliert hatte. Er verwies auf die zunehmende Kapitalisierung der Landwirtschaft, den Siegeszug der maschinellen Großindustrie, die wachsende Zahl ihrer Lohnarbeiter, die neuen Bergbauregionen, den Ausbau des ausgedehnten, zwei Kontinente umfassenden Eisenbahnnetzes, die Dynamik der Handelstätigkeit in den rasch wachsenden Großstädten, den sich ausweitenden Außenhandelsumsatz. Iljin unterstrich, gegen die Narodniki-Ökonomen polemisierend, die „Fortschrittlichkeit des Kapitalismus in Rußland" (Lenin 1956: 507), denn er entwickle mit der Teilung und Vergesellschaftung der Arbeit die gesellschaftlichen Produktivkräfte: Rußland werde somit von den Fesseln der traditionellen Wirtschaftsformen befreit. Der Autor verschwieg aber auch nicht die Schattenseiten der neuen siegreichen Wirtschaftsweise:

> Die Anerkennung der Fortschrittlichkeit dieser Rolle (des Kapitalismus in der wirtschaftlichen Entwicklung Rußlands) ist durchaus vereinbar mit der vollen Anerkennung der negativen und düsteren Seiten des Kapitalismus, mit der vollen Anerkennung der dem Kapitalismus unvermeidlich eigenen tiefen und allseitigen gesellschaftlichen Widersprüche, die den historisch vergänglichen Charakter dieses ökonomischen Regimes offenbaren. (ebd.: 616f.)

Iljin sah den Kapitalismus als ein System von Widersprüchen und Krisen. Diese würden Rußland einer – zunächst bürgerlichen, später weiterreichenden – Revolution näherbringen können. Als einige Jahre später Rußland in den Revolutionszyklus 1905-1917 eintrat, wurde der Autor dieser Studie unter einem seiner zahlreichen anderen Pseudonyme bekannt: Wladimir Iljitsch Lenin.

Lenins letztlich recht optimistische Sicht hinsichtlich der „fortschrittlichen Mission des Kapitalismus in Rußland" ist heute, knapp zehn Jahre nach dem zweiten historischen Start der Marktökonomie, nicht ohne weiteres zu übernehmen. Ihre „negativen und düsteren Seiten" haben bisher deutlich überwogen. Ob die aktuellen Krisen künftig in Perioden eines dauerhaften Aufschwungs, in eine längerfristige Entwicklung der produktiven Kräfte des Landes transformiert werden können, erscheint ungewiß.

Gesamtwirtschaftliche Entwicklung

Die Entwicklung des Kapitalismus in Rußland seit dem Systemwechsel 1991/92 kann auf keine Erfolgsbilanz verweisen. Die Erwartungen liberaler Ökonomen, die Befreiung Rußlands von den „Fesseln der Planökonomie" und seine rasche Öffnung zur Marktwirtschaft würden bald zu Wirtschaftsaufschwung und Wohlstand führen, haben sich bislang nicht erfüllt. In all diesen Jahren sind Industrie-[1] und Agrarproduktion[2], Investitionen, Transportleistungen, Einzelhandelsumsatz, Reallöhne gesunken. Das Jahr 1997 schien eine Wende zum Besseren zu markieren – Bruttoinlandsprodukt, Industrie- und Landwirtschaftsproduktion zeigten erstmals seit sieben Jahren wieder ein bescheidenes Wachstum –, aber 1998 wiesen die meisten Indikatoren, verstärkt seit der Währungs- und Finanzkrise vom August, wieder nach unten. Eine steigende Tendenz zeigte nur die Arbeitslosenquote, welche die Marke von elf Prozent überschreitet (berechnet nach der ILO-Methodik).[3]

Bereits das erste Jahr des neuen Kurses in Rußland markierte einen entscheidenden Rückschlag. Die „Schocktherapie" der neuen Regierung mit ihrer plötzlichen Preisfreigabe und Deregulierung nach den Vorgaben neoliberaler Doktrin bewirkte zwar einen – noch lange nachwirkenden – Schock, aber keine Therapie. Binnen eines Jahres (1992) sanken die Reallöhne um ein Drittel und ging das Investitionsvolumen um 40 % zurück – nur selten hat es in der Wirtschaftsgeschichte in Friedenszeiten innerhalb eines Jahres einen solchen Einbruch gegeben. (Derzeit liegt das Niveau der Investitionstätigkeit nurmehr bei einem Viertel oder einem Fünftel des Standes von 1990, und der Umfang der Investitionen entspricht nicht mehr als der Hälfte der Abschreibungen.) Eine Interpretation der russischen Wirtschaftsdaten 1990-1998 muß freilich im Blick behalten, daß der große Umfang der Schatten- und Naturalwirtschaft nur unzureichend statistisch erfaßt wird, so daß die realen Verluste geringer ausfallen dürften. Aber die Zahlenreihen machen deutlich, daß es eines vieljährlichen erheblichen Wirtschaftswachstums bedarf, um auch nur wieder das Ausgangsniveau von 1990/91 zu erreichen.

---

[1] „Seit 1995 ging die Industrieproduktion Rußlands insgesamt um 15 Prozent zurück – doch zeigen sich große regionale Unterschiede. Nur 6 der 89 russischen Gebietseinheiten verzeichneten Wachstum, 32 weitere fielen immerhin langsamer als der Durchschnitt zurück." (Handelsblatt vom 25.03.1999)

[2] „Die Bruttoernte von Getreide verringerte sich 1990-1996 um mehr als 40 Prozent, die Produktion von Fleisch um fast die Hälfte, von Milch um 36 Prozent, von Eiern um ein Drittel." (Medvedev/Čebanova 1998: 33)

[3] Hiernach wird die Zahl der Arbeitslosen bestimmt durch die Differenz von Erwerbspersonen und Beschäftigten. Offiziell bei den Arbeitsämtern gemeldet und als arbeitslos anerkannt waren im Juli 1998 nur 2,5 %. Die geringen Unterstützungen halten offenbar viele Arbeitslose davon ab, sich bei den Arbeitsämtern zu melden. Zwischen den Kategorien der „Arbeitenden" und „Arbeitslosen" existieren zahlreiche weitere Gruppen: Personen mit einer Zweit- oder Drittbeschäftigung, mit unfreiwilliger Teilzeitarbeit, mit einer nichtregistrierten Beschäftigung, Arbeitende in Zwangsurlaub.

Tab. 1: Ausgewählte Wirtschaftsindikatoren (Veränderungen gegenüber dem Vorjahr bzw. Anteil in Prozent)

	1990	1991	1992	1993	1994	1995	1996	1997	1998[h]
Bruttoinlandsprodukt[a]	-3.0	-5.0	-14.5	-8.7	-12.7	-4.2	-4.9	0.4	-3.0
Industrieproduktion[a]	-0.1	-8.0	-18.0	-14.1	-20.9	-3.3	-4.0	1.9	-3.9
Agrarproduktion[a]	-3.6	-5.0	-9.0	-4.0	-12.0	-8.0	-5.1	0.1	-9.4
Bruttoanlageinvestitionen[a]	0.1	-15.0	-40.0	-12.0	-24.0	-10.0	-18.1	-5.0	-6.8
Gütertransportvolumen[b]	...	-7.4	-23.6	-5.0	-24.3	-10.2	-17.7	-9.8	...
Gütertransportvolumen[c]	...	-7.4	-13.9	-11.5	-14.2	-1.0	-4.6	-3.6	-3.6
Einzelhandelsumsatz[a]	12.0	-3.2	-3.0	1.9	0.1	-7.0	-4.1	2.5	2.7
Entgeltliche Dienstleistungen für Endverbraucher[a]	10.2	-17.0	-18.0	-30.0	-38.0	-18.0	-5.8	3.7	-0.2[g]
Nominale Geldeinkommen der privaten Haushalte	18.0	120	750	1030	360	158	46.1	18.2	-1.3
Reale Geldeinkommen der privaten Haushalte[d]	...	7.5	-50.5	11.2	13.0	-15.0	-0.8	3.4	-12.4
Nominallöhne und -gehälter	15.0	81.0	994	878	276	114	57.3	19.7	9.7
Reallöhne	...	-3.0	-33.0	0.4	-8.0	-28.0	6.4	4.3	3.0
Verbraucherpreise[e]	6.0	160	2510	840	215	131	21.8	11.0	49.6
Industrielle Erzeugerpreise	4.0	240	3280	895	233	175	25.6	7.4	5.8
Arbeitslosenquote[f]	...	...	4.7	5.5	7.4	8.8	9.3	9.0	11.5

[a] real – [b] auf Tonnen-Basis – [c] auf Basis Tonnen-Kilometer – [d] 1990-1993: Dezember gegenüber Dezember des Vorjahres; 1994-1997: Jahresdurchschnitt – [e] 1990: Jahresdurchschnitt; 1991-1997: Dezember gegenüber Dezember des Vorjahres – [f] am Periodenende; ILO-Methodik – [g] Januar bis August 1998 – [h] Januar bis September

Quelle: Die wirtschaftliche Lage Rußlands 1988:4; Neue Züricher Zeitung vom 29.12.1998

Tab. 2: Entwicklung der Wirtschaftsleistung in den Staaten der GUS und Osteuropas 1989-1998 (Entwicklung des Bruttoinlandprodukts; 1989 = Index 100)

	Index 1998	BIP 1997 (in Mrd. US-$)
GUS insgesamt	55	580.7
Rußland	55	442.0
Armenien	40	1.59
Aserbajdshan	42	4.11
Georgien	35	4.90
Kasachstan	61	22.5
Kirgistan	60	9.7
Moldova	35	1.87
Tadshikistan	41	4.1
Turkmenistan	44	12.5
Ukraine	37	49.6
Usbekistan	88	14.7
Weißrußland	75	13.1
Staaten Mittel- und Osteuropas insgesamt	99	358.7
Albanien	86	2.24
Bulgarien	65	10.05
Estland	79	4.69
Kroatien	78	19.06
Lettland	58	3.35
Makedonien	58	3.80
Polen	117	135.7
Rumänien	76	34.74
Slowakei	100	19.61
Slowenien	103	17.97
Tschechische Republik	95	52.04
Ungarn	95	45.87

Quelle: Frankfurter Allgemeine Zeitung vom 21.04.1999

Die Ursachen für den wirtschaftlichen und sozialen Abstieg Rußlands sind komplex. Zunächst sollen nur zwei hervorgehoben werden.

Einmal hat es eine mehrfache, sich überlagernde, ihre negativen Effekte verstärkende Transformation gegeben. Seit Anfang der 90er Jahre ist der Rat für gegenseitige Wirtschaftshilfe (RGW) zerfallen; die UdSSR ist in 15 Nachfolgerepubliken mit eigener Wirtschafts- und Währungspolitik aufgeteilt worden (12 davon sind Mitglied der Gemeinschaft Unabhängiger Staaten GUS, von der indessen nicht viele Lebenszeichen zu bemerken sind); die alte sozialistische Planwirtschaft mit ihrem zentralisierten Staatseigentum ist einer Marktwirtschaft, dem Privateigentum und den Weltmarktwirkungen gewichen; einen grundlegenden Wandel erfuhren Politik, Ideologie, Kultur- und Wertesystem und nicht zuletzt das Arbeits- und Alltagsleben, das sich dem neuen Rhythmus des Kapitalismus anzupassen hat. Diese Umbrüche erfolgten innerhalb kurzer historischer Frist.

Zweitens hat sich der zentrale politische Machtapparat lange Zeit wenig um wirtschaftliche und soziale Probleme gekümmert. Er hat sich – in Kontinuität und Diskontinuität zu den alten zentralen Staatsstrukturen – seit 1991/93 herausgebildet. Nach der Verfassung vom Dezember 1993 verfügen der Präsident und sein weitverzweigter Apparat über eine ungeheure Machtfülle, die von der Legislative (Duma), von Parteien (die in Rußland und anderen GUS-Staaten bislang nur eine marginale Rolle spielen), von Gerichten, Medien, von der Öffentlichkeit kaum kontrolliert werden. Der zentrale Machtblock steht der Bürgergesellschaft entfremdet und zu schlechten Teilen parasitär und korruptionszerfressen gegenüber.[4] Er absorbiert erhebliche Mittel, gibt der Gesellschaft aber nur wenig zurück. Um Bildung, Wissenschaft, Kultur, Gesundheitswesen, Rechtssicherheit, Verkehrsinfrastruktur und Stärkung der produktiven Wirtschaftsgrundlagen hat er sich bislang ebensowenig gekümmert wie um die soziale Polarisierung. Viele Chancen – etwa der Rüstungskonversion[5] oder der

---

[4]Vgl. die Hinweise des stellvertretenden Vorsitzenden des russischen Rechnungshofes Jurij Boldyrev in der FAZ vom 09.04.1999. – Vor dem Hintergrund der wirtschaftlichen und sozialen Krise ist das Vertrauen der russischen Bevölkerung zu politischen Machtinstitutionen gesunken. Umfragen zufolge genoß Anfang 1999 der Präsident das relativ geringste und die Armee das relativ größte Vertrauen. Das Verhältnis von „Vertrauen" und „Mißtrauen" gegenüber dem Präsidenten betrug 6,7 : 83,1 %, der Regierung 24 : 46,5, der Duma 15,4 : 53,5, dem Föderationsrat 19,3 : 40,5, der Armee 38,9 : 33,9, der Gebiets- bzw. Stadtverwaltung 23,7 : 47,5, der Kirche 26 : 41,1, den politischen Parteien 8,3 : 56,7, den Gewerkschaften 20,8 : 50,7, den Massemendien 25,7 : 42,2 %. Die restlichen Prozentanteile entfielen auf Personen, die keine definitive Antwort gaben (vgl. Petuchow 1999a).

[5]Im Jahr 1989 machten Rüstungsausgaben schätzungsweise 11,5 % des Nationaleinkommens und mehr als 15,6 % des sowjetischen Staatshaushalts aus; mehr als die Hälfte der Produktion des

Dezentralisierung politischer Entscheidungen – sind nur unzureichend genutzt worden. Eine Form der „Selbstfinanzierung" des Apparats war in den vergangenen Jahren die chronische Nichtauszahlung der Löhne für die im öffentlichen Sektor Beschäftigten sowie der Renten und des Kindergeldes. Das Leitmotiv der Wirtschaftspolitik war einfach: Radikale Abkehr vom alten sozialistischen System. Aber dies war noch kein ökonomisches Aufbauprogramm.

Finanz- und Währungskrise August 1998

Die Probleme des russischen Staatshaushalts haben sich 1997/98 zugespitzt. Stark sinkende Preise für Rohöl und andere Exportprodukte reduzierten die Einnahmen. Die Steuereinnahmen blieben hinter den Erwartungen zurück. Die großen privaten Industrie- und Finanzgruppen hatten zwar immense Steuerschulden, zeigten jedoch wenig Neigung, sie zu begleichen, und die Steuerbehörden entwickelten nur geringe Aktivitäten, um sie einzutreiben. (Dies soll es auch in westlichen Ländern geben.) Der Anteil der Gewinnsteuern an den gesamten Haushaltseinnahmen war von 33,8 % (1993) auf 27,0 % (1995), 15,8 % (1997) und 15,3 % (Januar bis Juli 1998) gesunken (vgl. Die wirtschaftliche Lage Rußlands 1998: 22).

Bei angemessener Steuereintreibung hätte der russische Staatshaushalt sogar über erhebliche Überschüsse verfügt. Am 1.8.1998, unmittelbar vor Ausbruch der Finanzkrise, bezifferten sich die ausgewiesenen Steuerschulden auf nicht weniger als 235 Mrd. Rubel; das Haushaltsdefizit betrug demgegenüber nur 67 Mrd. Hingegen machten die Verbrauchssteuern (Mehrwertsteuern und Akzisen), die auf der Massenkomsumtion lagen, in der ersten Jahreshälfte 1998 35,5 % der Haushaltseinnahmen aus. Zur Deckung der Haushaltsdefizite wurden Staatsanleihen und hochverzinsliche kurzfristige Obligationen (GKO) ausgegeben. Der Schuldendienst wuchs vor diesem Hintergrund von 5,1 % (1994) und 6,2 % (1997) auf 19,2 % (Januar-Juli 1998) der Haushaltsausgaben. Dies waren jeweils 1,5 bzw. 1,8 und 5,4 % des Bruttoinlandsprodukts (vgl. ebd.). Gewinner waren Banken, private Geldanleger, internationale Finanziers und Hedge-Fonds, die auf diesem Weg viel mehr schnelles Geld einfahren konnten als mit Investitionen in die produktiven Wirtschaftsbereiche, die unter den hohen Zinsen litten.

Im ersten Halbjahr zeichneten sich Solvenzprobleme des russischen Staates deutlich ab. Seine Devisenreserven schmolzen dahin. Die Bruttoreserven

---

Maschinenbaus entfiel auf Rüstungen (vgl. Medvedev/Čebanova 1998: 31).

hatten Mitte 1997 knapp 25 Mrd. Dollar betragen; nun fielen sie bis Mai 1998 unter 15 Mrd. Die Nettoreserven, die sich nach Abzug der kurzfristigen Verbindlichkeiten gegenüber dem Ausland ergaben, waren zu diesem Zeitpunkt fast vollständig aufgezehrt. Gerüchte über eine drohende Zahlungsunfähigkeit machten die Runde. Die Kreditwürdigkeit Rußlands wurde von den internationalen Rating-Agenturen deutlich zurückgestuft. Ausländische Banken und Geldgeber, noch durch die Asienkrise nervös, zogen rasch Gelder ab und machten einen großen Bogen um Rußland. Die ohnehin niedrigen Zuflüsse an ausländischen Direktinvestitionen halbierten sich. Russische Banken und Neureiche tauschten in erheblichen Mengen Rubel in Dollar um und transferierten sie ins Ausland. Milliarden von Dollar verließen das Land – insgesamt sind in den vergangenen fünf Jahren wohl mehr als 200 Mrd. abgeflossen. Russische Privathaushalte tauschten verstärkt Rubel gegen Dollar oder DM, um ihre Notreserven zu sichern. Sie wurden nicht auf die Bank getragen, weil dies zu unsicher schien, sondern zu Hause gehortet – damit aber auch dem volkswirtschaftlichen Kreislauf entzogen. Die Regierung mußte, um den Rubelkurs zu halten, die Zinsen hochsetzen, was ihre Zins- und Schuldenlast abermals vergrößerte.

Der bisherige hochbewertete Rubelkurs war für die russische Banken und die „neuen Russen" von großem Vorteil, die mit seiner Hilfe umfangreiche Transaktionen im Ausland tätigen konnten (Kauf von Luxusgütern und Immobilien in Spanien, Zypern, Finnland, der Schweiz, der Tschechischen Republik)[6]; ferner für ausländische Exporteure, gegenüber deren Waren die einheimische Industrie an Konkurrenzfähigkeit einbüßte.

Im August 1998 konnte der Wechselkurs des Rubel auch mit extrem hohen Realzinsen von teilweise mehr als 50 und 60 % im Jahr nicht mehr gehalten werden. Regierung und Zentralbank gaben am 17. August das Wechselkursziel auf. Der Rubel mußte abgewertet werden (sein Kurs fiel von etwa 6 auf zeitweilig 20 Rubel pro Dollar). Der Dollarhandel wurde verschiedentlich ausgesetzt. Der Staat konnte seinen kurzfristigen Verbindlichkeiten nicht mehr nachkommen. Gegenüber einem Teil der Auslandsschulden wurde ein Zahlungsmoratorium verhängt. Es mußten Umschuldungsverhandlungen aufgenommen werden. Verschiedene Banken und Industriegruppen, bisher durch die GKO reich geworden, gerieten ins Trudeln und wurden faktisch insolvent.

---

[6]Die Finanzkrise vom August 1998 hat die Reiselust erheblich gebremst. „Nach Angaben des Osteuropäischen Instituts für Tourismusforschung in Moskau ist die Zahl der russischen Auslandsreisenden aufgrund des Verfalls des Rubels zwischen Mitte August und Ende Dezember 1998 um 75 Prozent gesunken." (Wostok, Jg. 1999, Nr. 2, S. 6)

Die Rubelabwertung beschleunigte inflationäre Tendenzen, eröffnete der russischen Exportindustrie jedoch neue Chancen.[7] Die neue Regierung Primakow suchte Kontrolle und Einfluß des Staates auf verschiedene Wirtschaftsbereiche zu verstärken, auch gegen säumige Steuerzahler vorzugehen. Vom Ziel der Etablierung einer Marktwirtschaft in Rußland sollte jedoch nicht abgerückt werden.[8] In der Marktwirtschaft muß alles bezahlt werden – auch die Krise.

> Im Gefolge der Krise kam es zu einem beträchtlichen Preissprung um mehr als 38 Prozent bei den Verbraucherpreisen allein im September gegenüber August. [...] Die rückläufigen Investitionen, die im Gefolge der Bankenkrise abnehmende Kreditgewährung, der Zusammenbruch des Zahlungsverkehrs und die Unterbrechung der Lieferbeziehungen zwischen den Regionen trugen zu einem Rückgang der Industrieproduktion (um knapp 4 Prozent nach drei Quartalen) bei. Zwar nahm der private Konsum im Vorfeld und Verlauf der Krise trotz rückläufiger Realeinkommen der privaten Haushalte (minus 9 Prozent in den ersten sieben Monaten) zunächst zu, weil die Bevölkerung zu Panikkäufen überging. Da dieser Nachfrageschub aber im wesentlichen aus Lagerbeständen und Importen gedeckt wurde, kam es zu keiner Stützung der inländischen Produktion [...] Die seit Beginn der neunziger Jahre, insbesondere seit Freigabe der Preise im Jahre 1992 weit verbreitete Armut hat das Risiko sozialer und politischer Instabilität stark erhöht. (Die wirtschaftliche Lage Rußlands 1998: 58ff.)

---

[7] Aber auch hier können neue Probleme auftauchen: „Rußlands Stahlexporte in die USA sollen auf ein Volumen gesenkt werden, das nur noch etwa 15 Prozent des Gesamtexports von 1998 ausmacht. Damit wird Rußland aus dem amerikanischen Stahlmarkt, auf dem pro Jahr rund 1 bis 1,5 Milliarden Dollar Devisenerlöse erzielt wurden, praktisch hinausgedrängt. [...] Washington hat für russische Stahlimporte eine Quote und einen Mindestpreis bestimmt. Der russische Stahlexport in die USA, der 1998 auf 1,7 Millionen Tonnen angestiegen war, schrumpft dadurch auf 375.000 Tonnen zusammen. Rund 10.000 Arbeitsplätze sind als Folge der Washingtoner Entscheidung in Rußland gefährdet." (Wostok, Jg. 1999, Nr. 2, S. 7f.)

[8] Auch die Privatisierung wird fortgesetzt. „Noch in diesem Jahr will die russische Regierung bis zu 1.200 Unternehmen privatisieren. Sowohl der Verkauf von Unternehmen als auch die Veräußerung von Beteiligungen seien geplant, erklärte der Chef des Staatseigentumfonds, Schuwalow. So sollen bis zu 25,5 Prozent der Anteile des Erdgaskonzerns Gazprom veräußert werden. Auch der Verkauf von Anteilen der Ölgesellschaft Lukoil ist geplant. Die Zentralbank in Moskau kündigte für den 27. April 1999 eine erste Auktion an, auf der Ausländer einen Teil ihrer eingefrorenen Staatsanleihen in Devisen umtauschen können." (Handelsblatt vom 14.04.1999)

Ernährung und Lebensstandard

Vor dem Hintergrund der wirtschaftlichen Krise hat sich auch die Ernährungsstruktur der Bevölkerung geändert. Seit 1990 nahm der Verzehr von Kartoffeln und Getreideprodukten zu, der zuvor rückläufig gewesen war. Der Konsum höherwertiger und teurerer Nahrungsmittel (Fleisch, Eier, Milchprodukte, Fisch, Zucker, Obst) ging im statistischen Durchschnitt zurück.

In den Familien der Kolchosbauern wurden 1995 pro Kopf mehr Getreide, Kartoffeln, Gemüse, Fleisch, Eier, Milch und Zucker verzehrt als in den Familien der Arbeiter und Angestellten: Die Eigenwirtschaft des Dorfes zeigt gerade in Krisenzeiten ihre Vorteile. (Im Jahr 1990 hatten die städtischen Familien mehr Obst, Fleisch, Milchprodukte und Zucker konsumiert als die Kolchosbauernfamilien.)

Zwischen den verschiedenen Einkommensgruppen existierten 1995 deutliche Ernährungsunterschiede. Das Dezil der Bevölkerung mit den höchsten Einkommen verzehrte pro Kopf mehr als doppelt so viel Gemüse, Obst, Fleisch, Milch, Eier, Fisch, Zucker und Süßigkeiten wie das unterste Dezil; auch der Konsum von Getreide, Kartoffeln und Fett war höher.

Zahlreiche Indikatoren des Lebensstandards wiesen seit Beginn der Systemtransformation nach unten.

Die mittlere Lebenserwartung verringerte sich zwischen 1990 und 1994 bei Frauen um 3,2 Jahre und bei Männern um nicht weniger als 6,5 Jahre, so daß sich die Differenz zwischen der durchschnittlichen Lebenserwartung bei Frauen und Männern von 10,5 auf 13,8 Jahre vergrößerte. Säuglingssterblichkeit und allgemeine Mortalitätsziffer stiegen. Da in Rußland seit Anfang der 90er Jahre mehr Menschen sterben, als geboren werden, ist das natürliche Wachstum der Bevölkerung negativ. (Beispielsweise verringerte sich die Einwohnerzahl von St. Petersburg zwischen 1990 und 1998 von 5,3 auf 4,7 Mio.) Der Anteil der Nahrungsmittel an den Verbraucherausgaben stieg beträchtlich, während die Ziffer der täglichen Pro-Kopf-Kalorienaufnahme (auch als Folge des verstärkten Eigenanbaus von Nahrungsmitteln) in den Jahren 1990-1994 keine ausgeprägte Abwärtstendenz aufwies. Die Zahl der Kraftfahrzeuge und Telefonanschlüsse – Indikatoren des „modernen Lebens" – nahm zu. (Hier mögen auch die zahlreichen importierten Gebrauchtwagen aus Westeuropa und Japan eine Rolle spielen, die jetzt als Statussymbole der Mittelschichten durch die Städte gelenkt werden.)

Tab.3: Verbrauch ausgewählter Nahrungsmittel (in kg pro Kopf und Jahr)

Jahr	Getreideprodukte	Kartoffeln	Gemüse	Obst	Fleisch, Fleischprodukte	Eier (Stück)	Milch, Milchprodukte	Fisch, Fischprodukte	Zucker, Süßwaren
1980	112	117	92	35	70	286	390	17	35
1990	97	94	85	37	70	231	378	15	32
1991	101	98	87	35	65	229	348	14	29
1992	104	107	78	29	58	243	294	12	26
1993	107	112	77	31	57	236	305	11	29
1994	101	113	71	30	58	210	305	9	28
1995	102	112	83	30	53	191	249	9	27

Quelle: Rossijskij statističeskij ežegodnik 1996: 145

Tab.4: Indikatoren des Lebensstandards

Jahr	1990	1991	1992	1993	1994
Lebenserwartung bei der Geburt					
Männer (Jahre)	63.8	63.5	62.0	58.9	57.3
Frauen (Jahre)	74.3	74.3	73.8	71.9	71.1
Mortalität (je 1000 Einwohner)	11.2	11.4	12.2	14.5	15.7
Säuglingssterblichkeit (je 1000 Lebendgeburten)	17.4	17.8	18.0	19.9	18.6
Ernährung (tägliche Pro-Kopf-Kalorienaufnahme)	2589	2527	2438	2552	2472
Anteil der Nahrungsmittel an den Verbraucherausgaben in %	36.1	38.4	47.1	46.3	46.8
Zahl der Kraftfahrzeuge (je 1000 Einwohner)	56.8	63.5	68.5	75.7	84.4
Zahl der Fernsprechanschlüsse (je 1000 Einwohner)	158	164	167	172	176

Quelle: OECD 1995: 153

Einkommensverteilung

Die durch die Systemtransformation induzierte Spaltung der Einkommen in Gewinn- und Lohneinkommen[9], die gesellschaftlichen Polarisierungstendenzen sowie die Reduzierung des Volumens der früheren „gesellschaftlichen Konsumtionsfonds", die eine eher egalisierende Einkommensverteilung zur Folge hatten, führten nach 1991 zu erheblichen Einkommensdifferenzierungen.[10] Der Gini-Koeffizient, der die Konzentration der personellen Einkommen mißt, erhöhte sich in Rußland von 0,26 im Jahr 1991 auf 0,41 im Jahr 1994 und markierte somit eine deutlich wachsende Einkommensungleichheit.[11] Für 1997 wurde der Gini-Koeffizient mit 0,37 und für das erste Halbjahr 1998 mit 0,38 errechnet. Dies war ein erheblich höherer Wert als in anderen osteuropäischen Transformationsländern. Der Vergleichswert für Ungarn betrug 1996 0,30 (1992 waren es 0,28), für die Tschechische Republik 1993 0,19 (1989 waren es 0,18), für die Slowakische Republik 1993 0,185 (1989 waren es 0,176).

Damit unterscheidet sich Rußland im Ausmaß der Differenzierung und auch in der Dynamik ihrer Veränderung von der Mehrzahl der anderen Transformationsländer Mittel- und Osteuropas, die in der Transformation und in ihrer wirtschaftlichen Entwicklung größere Fortschritte erreichten. Die Einkommensungleichheit in Rußland entspricht gegenwärtig einer Situation, die für stark einkommensungleiche Entwicklungsländer als typisch gilt.[12]

Die Gruppierung der Einkommensempfänger nach Gruppen von jeweils 20 Prozent bestätigt den Differenzierungsprozeß. Der Anteil des untersten Quintils an den Gesamteinkommen ist von 9,8 % im Jahr 1990 auf 6,3 % im ersten Halbjahr 1998 zurückgegangen, wohingegen sich der Anteil des obersten

---

[9] Von den Geldeinkommen der privaten Haushalte entfielen 1997 42,9 % auf Löhne, 14,8 % auf soziale Transferleistungen, 42,3 % auf Einkommen aus Unternehmertätigkeit und Vermögen. Im ersten Halbjahr 1998 waren es entsprechend 47,9 bzw. 13,1 und 39,0 % (Goskomstat-Daten, zit. in: Die wirtschaftliche Lage Rußlands 1998: 12).

[10] Ihre Diskussion in den Arbeiten russischer Soziologen bespricht Beyme (1998).

[11] Vgl. Bericht über die menschliche Entwicklung 1996: 100. – Dieser Koeffizient reicht von 0 bis 1: Der Wert 0 steht für vollständige Gleichheit, der Wert 1 für völlige Ungleichheit.

[12] Die wirtschaftliche Lage Rußlands 1998: 15. Auch in China erhöhte sich der Gini-Koeffizient. 1979 lag er bei 0,33 und war damit niedriger als in jedem anderen ostasiatischen Land. 1988 erreichte er 0,38 (vgl. Bericht über die menschliche Entwicklung 1996: 70). Die Materialien dieses Bandes belegen, daß in sehr vielen Ländern die Einkommensungleichheit in den letzten 15-20 Jahren zugenommen hat.

Quintils von 32,7 % im Jahr 1990 auf 46,8 % im ersten Halbjahr 1998 vergrößert hat. Somit verfügt ein Fünftel der Bevölkerung über fast die Hälfte der Einkommen (vgl. Die wirtschaftliche Lage Rußlands 1998: 15).

Der Quotient zwischen dem Zehntel mit dem höchsten und dem Zehntel mit dem niedrigsten Pro-Kopf-Einkommen hat sich mit Einführung der Marktwirtschaft drastisch vergrößert.[13] 1990 bezifferte er sich auf 4,4 und 1991 auf 4,5 (gegen Ende der Sowjetzeit war der Anteil des obersten Dezils am Gesamteinkommen also 4,5 mal so hoch wie jener des untersten Dezils). 1992 hingegen betrug er 8,0, 1993 11,2, 1994 15,1, 1995 13,5, 1997 12,5 und im ersten Halbjahr 1998 13,2. Zum Vergleich: In Portugal, dem westeuropäischen Land mit der größten Ungleichheit der Einkommensverteilung, betrug dieser Quotient 1998 12,6, im Durchschnitt der 13 EU-Länder 9,2, in Großbritannien 8,7, in der BRD 8,4 (das unterste Dezil erzielte in Deutschland 2,7 % der Einkommen, das oberste 22,7 %). In den Niederlanden, einem Land mit moderater Einkommensdifferenzierung, lag er bei nur 4,9.

Auch zwischen den Regionen Rußlands hat sich die Einkommensschere ausgeweitet – eine Folge des tradierten unterschiedlichen Entwicklungsniveaus, der ungleichen Verteilung der Produktivkräfte, der reduzierten staatlichen Ausgleichspolitik. Im Juni 1998 betrugen die durchschnittlichen Geldeinkommen pro Kopf in der Stadt Moskau, dem gesamtrussischen Dienstleistungs-, Banken- und Finanzzentrum[14], 3437 Rubel, während es in der Stadt St. Petersburg nur 961 Rubel, im Gebiet Nishni-Novgorod 573 Rubel, im Gebiet Pensa 358 Rubel und in Burjatien 219 Rubel waren, bei einem gesamtrussischen Durchschnitt von 866 Rubel.

> Noch 1990 betrug die Relation zwischen dem höchsten und dem niedrigsten Pro-Kopf-Einkommen unter den Föderationssubjekten (Republiken, Kraj, autonome Republiken und Oblaste) nur etwa das Dreieinhalbfache, im Juni 1998 aber etwa das 16fache. Innerhalb einzelner Regionen war die Differenzierung zum Teil noch weitaus stärker.[15]

---

[13] Rossijskij statističeskij ežegodnik 1996: 116; Die wirtschaftliche Lage Rußlands 1998: 16; Angaben über die westlichen Länder nach *Die Zeit* vom 09.04.1999.

[14] In der Hauptstadt konzentriert sich der Geldbesitz. „Laut Angaben des Staatlichen Komitees für Statistik verfügen die Einwohner Moskaus über 80 bis 100 Milliarden Rubel Bargeld. Die Ersparnisse der Bevölkerung der Hauptstadt übersteigen 250 Milliarden Rubel. Damit beträgt das Geldvermögen der Bevölkerung Moskaus mehr als 20 Prozent des Geldvermögens der Bevölkerung Rußlands insgesamt." Wostok, Jg. 1999, Nr. 2, S. 12.

[15] Die wirtschaftliche Lage Rußlands 1998: 17. – Das unterschiedliche regionale Entwicklungsniveau des Zaristischen Reiches 1887 ist dargestellt in der Dissertation von Rosa Luxemburg (1898, Zweiter Teil, Kapitel 4).

Über die Ungleichheit der Vermögensverteilung, die noch ausgeprägter sein dürfte als die der Einkommensverteilung (große Teile der Bevölkerung sind ohne jedes Vermögen), haben die russischen statistischen Behörden offenbar noch keine genaueren Angaben veröffentlicht. Eine solche Zurückhaltung auf diesem sensiblen gesellschaftlichen Feld ist freilich auch in den meisten westlichen Ländern zu beobachten.

Die neuen Reichen

Die neue Bourgeoisie war zum Teil noch in den Poren der Sowjetökonomie entstanden. Schwarz- und Zwischenhändler; Pseudogenossenschafter nach dem Dekret von 1988; Marktnischensucher; Betriebsleiter und Angestellte der politischen und ökonomischen Apparate, die Macht, Einfluß, Beziehungen und Herrschaftswissen in Eigentum und Gewinn zu transformieren trachteten; junge qualifizierte, nach Reichtum strebende Komsomolzen und Angehörige der in Sowjetrußland breit ausgebildeten technischen Intelligenz – diese sozialen Gruppen saßen in den Startlöchern, als nach 1991 Schocktherapie, Marktöffnung, Deregulierung, Privatisierung, Inflation (bei der es neben der Masse der Verlierer immer auch Gewinner gibt) völlig neue und zunehmend legale Möglichkeiten eröffneten, zu Geld und Einfluß zu gelangen. Die Umwandlung des großen öffentlichen Eigentums in privates erfolgte auf vielen – offiziellen wie illegalen – Wegen: durch Voucher-Anteilsscheine, Exportlizenzen, Privatbanken, Management-Buyout, Übertragung von Eigentumstiteln, Gründung von Misch- oder Aktiengesellschaften, Tausch von Krediten für die Regierung gegen Aktien von staatlichen Betrieben, Verkauf von Energieessourcen im In- und Ausland. Das „Hinüberpumpen" volkswirtschaftlicher Mittel in den rasch wachsenden privaten Sektor war eine der wichtigsten wirtschaftspolitischen Aktivitäten der Zentralregierung und ihrer Filialen vor Ort. In entscheidenden Momenten – etwa im Präsidentenwahlkampf 1996 – unterstützten die „neuen Russen" und ihre Banken, ebenso der IWF und führende westliche Staatsmänner, Boris Jelzin durch massive Geldzuwendungen und Medienpräsenz. Manus manum lavat. Und so ging nach der gewonnenen Wahl das „Hinüberpumpen" weiter: durch preiswerte Veräußerung staatlicher Aktienpakete, Steuervergünstigungen und -nichtzahlungen, illegale Kapitalflucht ins Ausland in Höhe von vielen Milliarden Dollar, von 1996 bis zum 17.August 1998 durch die hochverzinslichen GKO. Mit ihrer Hilfe sollten die Haushaltsdefizite reduziert werden; ihre Einlösung kostete einen Großteil der staatlichen

Devisen- und Goldreserven. Die öffentlichen Einnahmequellen versiegten, der private Reichtum Weniger schwoll an. An der Spitze der – insgesamt noch recht schmalen – neuen Bourgeoisie stehen die bekannten milliardenschweren Oligarchen mit weitreichendem Einfluß und Zugriff auf Öl- und Gasgeschäft, Naturreichtümer, Banken, Industrie-Finanz-Gruppen, Fernsehen, Zeitungen, politische Entscheidungen (Beresowski, Potanin, Alekperow, Gusinski, Smolenski, Wjachirew, Chodorowski u.a.).[16] Aber im Kapitalismus ist nichts von Dauer. Nach der Augustkrise 1998 begann der Abstieg einiger Oligarchen. Boris Beresowski, der sein Privatvermögen auf rund 3 Mrd. Dollar beziffert hat, wurde vom Präsidenten als Exekutivsekretär der GUS abgesetzt. Gegen ihn wurde im April 1999 ein Haftbefehl wegen „illegaler Geschäftstätigkeit", „Geldwäsche" und „Legalisierung von ungesetzlich erworbenem Eigentum" ausgestellt. Aber kurz darauf wurde dieser Haftbefehl wieder aufgehoben.

Ökonomische Basis dieses Reichtums war das private Eigentum an den großen Filetstücken der Wirtschaft. Die Privatisierung hatte in kurzer historischer Frist große Teile der produktiven Wirtschaftssektoren erfaßt. Westliche Beobachter stellten Ende 1997 fest:

> Auf dem Gebiet der Privatisierung sind Fortschritte sichtbar. Anteile von Unternehmen der sogenannten strategischen Bereiche, die bislang von der Privatisierung ausgeschlossen waren, wurden vermehrt zum Verkauf angeboten. Gleichzeitig wurden Staatsunternehmen mit beherrschender Marktstellung stärker dem Wettbewerb ausgesetzt, und die Regulierung der natürlichen Monopole wurde verbessert. Die Förderung kleiner und mittlerer Unternehmen blieb hingegen unzureichend. Im privaten und teilprivatisierten Sektor waren Mitte 1997 rund 62 Prozent der Beschäftigten tätig. Vom Beginn der Privatisierung bis Mitte 1997 wurden etwa 60 Pro-

---

[16] Vgl. Schmid 1998. – Auch im Zaristischen Reich war ein außerordentlich rascher wirtschaftlicher und sozialer Aufstieg für manche Unternehmer charakteristisch. „Sawwa Morosow war leibeigener Bauer (er kaufte sich 1820 los), Hirt, Fuhrmann, Webereiarbeiter, kustargewerblicher Weber, der zu Fuß nach Moskau wanderte, um dort seine Ware an Aufkäufer abzuziehen, später Besitzer eines Kleinbetriebs, eines Verlagskontors, einer Fabrik. 1862, im Jahre seines Todes, besaßen er und seine zahlreichen Söhne 2 große Fabriken. Im Jahre 1890 gehörten seinen Nachkommen 4 Fabriken mit 39.000 Arbeitern, die Erzeugnisse im Wert von 35 Millionen Rubel herstellten." (Lenin 1956: 558) Am Vorabend des Ersten Weltkriegs hatte sich die Zahl der Arbeiter in den Morosow-Textilfabriken auf 54.000 vergrößert, ihr Jahresumsatz überstieg 100 Mio. Rubel und brachte im Durchschnitt 30 % Gewinn. Verschiedene Mitglieder der weitverzweigten Morosow-Familie waren bedeutende Kunstsammler, Mäzene und Wohltäter (vgl. Morosow und Schtschukin 1993). Im Gegensatz hierzu ist heute für viele der schnell reich gewordenen „neuen Russen" eher ein demonstrativer Luxuskonsum charakteristisch, wobei die Krise vom August 1999 jedoch zu teilweise erheblichen Verlusten privaten Vermögens geführt hat.

zent der ehemaligen Staatsunternehmen teilweise entstaatlicht bzw. privatisiert. (Die wirtschaftliche Lage Rußlands 1997: 38)

Demgegenüber spielte die „kleine Privatisierung" eine untergeordnete Rolle und war oft einem starken administrativen und fiskalischen Zugriff der staatlichen Organe ausgesetzt.

Die Entwicklung kleinerer (privater wie staatlicher) Unternehmen wird bislang statistisch nur unzureichend erfaßt. Neuklassifizierungen erschweren eine Darstellung im Zeitverlauf. Offenbar hat aber die Entstehung von Kleinunternehmen an Dynamik verloren. Die Zahl der Kleinunternehmen ist vor allem von 1991 bis 1994 stark gestiegen. Danach soll sie gesunken sein. Zum 1. Januar 1997 wird die Zahl der Kleinunternehmen mit 841.700 angegeben. Der Beitrag der Kleinunternehmen zum BIP wird auf 12-14 Prozent geschätzt. Allerdings arbeiten gerade Kleinunternehmen häufig in der Schattenwirtschaft. Ihre Anzahl wie Wirtschaftskraft dürften daher tatsächlich höher sein. Kleinunternehmen sehen sich in besonderer Weise mit Problemen wie unsicherem Rechtsrahmen und Korruption sowie hoher Steuerlast und schlechtem Zugang zu Krediten konfrontiert. (ebd.: 39)

Ohne intensive Förderung und Entwicklung dieser – in der sowjetischen Wirtschaftsplanung völlig vernachlässigten – Kleinbetriebe, die auch eine wichtige Rolle für die Absorption der in der Großindustrie entlassenen Arbeitskräfte spielen, wird es keinen nachhaltigen wirtschaftlichen Aufschwung in Rußland geben.

Armut

Der mehrjährige Rückgang des Sozialprodukts, die einschneidenden Reduzierungen der Reallöhne und der staatlichen Transfers, die Inflation, nicht zuletzt die vergrößerten Einkommensdifferenzen haben den Kreis der in Armut lebenden Menschen erheblich ausgeweitet. Er umfaßt die zahlreichen Verlierer der Transformation, über die in den – nun auch in Rußland verbreiteten – Managermagazinen und Börsenblättern freilich nicht viel berichtet wird: Arbeitslose (viele von ihnen Frauen), Obdachlose, Behinderte und Kranke, Rentner (die Mindestrenten betragen häufig nur einen Bruchteil des Existenzminimums), alleinerziehende Mütter und kinderreiche Familien, Arbeiter der untersten Lohnkategorien, Bewohner zurückgebliebener Regionen, alte Menschen in den Dörfern, Straßenkinder in den Großstädten.

Die statistischen Definitionen von Armut sind unterschiedlich (vgl. Die wirtschaftliche Lage Rußlands 1998: 12f.). Eurostat und zahlreiche andere statistische Behörden westeuropäischer Länder bestimmen die Armutsgrenze mit 50 % des Durchschnittseinkommens. Nach diesem Kriterium haben in Rußland seit 1992 mehr als 60 % der Bevölkerung als arm zu gelten. Die Statistiken des Entwicklungsprogramms der Vereinten Nationen (UNDP) stellen einen höheren Anteil der Selbstversorgung der Bevölkerung in Rechnung und legen ein mittleres Pro-Kopf-Einkommen von täglich vier Dollar (Kaufkraftparität) als Armutslinie fest; demnach waren 1997 etwa 40 % der russischen Bevölkerung arm. Nach der amtlichen russischen Statistik gelten Personen als arm, wenn ihr Geldeinkommen ein Existenzminimum nicht sichert, das durch einen bestimmten Warenkorb festgelegt wird. Hiernach lebte 1992 ein Drittel der Bevölkerung in Armut, seit 1996 etwa ein Fünftel. Die Preissteigerungen von August/September 1998 erhöhten diesen Anteil auf etwa 30 %. In 24 von 89 Föderationssubjekten lag er zu diesem Zeitpunkt bei 40 % und darüber.

Die regionale Verbreitung der Armut wies große Unterschiede auf. Der Anteil der Bevölkerung mit einem Pro-Kopf-Geldeinkommen unterhalb des Existenzminimums betrug 1996 in ganz Rußland 22,0 %. Unterdurchschnittliche Werte wiesen die Stadt Moskau (17,1 %) und das Gebiet Nishni-Novgorod (19,3 %) auf; überdurchschnittliche Werte etwa die Stadt St. Petersburg (22,3 %), das Gebiet Vladimir (28,5 %), das Gebiet Pskov (33,0 %), das Gebiet Pensa (40,9 %), die Region Altai (46,6 %), die Republik Mari-El (58,1 %). Die Mehrzahl der Regionen mit einer Armutsquote von über 40 % waren 1996 kleine Republiken nationaler Minderheiten (vgl. ebd.: 17).

Subsistenzwirtschaft

Eine breitgefächerte naturale Überlebensökonomie hat sich, in Fortführung langer Traditionen und entwickelter Fertigkeiten russischer Unterschichten, unterhalb der Staats- und Geldwirtschaft ausgebreitet und wird mit dieser in verschiedenen Regionen wertmäßig inzwischen wohl gleichgezogen haben. Lenin war vor hundert Jahren davon ausgegangen, daß die vielfältigen Formen der überlieferten Naturalwirtschaft mit der Entwicklung des Geldverkehrs und des Kapitalismus rasch aufgelöst würden. Der zweite russische Kapitalismus hat jedoch bisher zu einer unerwarteten Renaissance der Subsistenzökonomie geführt. Wichtige (und mit ethnologischem Blick im einzelnen weiter zu erforschende) Elemente dieser wahrhaften „Volks-Wirtschaften" sind: Kartoffel-,

Gemüse-, Obst- und Blumenanbau in Kleingärten nahe der Stadt oder auf dem Dorf; Kleintierhaltung, Fischfang; Beeren-, Pilze- und Holzsammeln im Wald; Familien-, Nachbarschafts- und Kollegenhilfe; Tauschringe und lokale Kooperation; Reparatur- und Nebenarbeiten; Abfallsammeln und -verwerten; Einkochen und Einwecken, Vorrats- und Lagerwirtschaft; Schmuggel an den Landesgrenzen[17]; Klein- und Basarhandel oder Tauschgeschäfte mit den Produkten des Betriebs, die als Lohn ausbezahlt werden. All dies sichert das Überleben von Millionen von Menschen. Aber es erschöpft auch ihre Kräfte und blockiert die gesellschaftlich-politische Partizipation; es verbessert und modernisiert nicht die gesellschaftliche Produktion; es reduziert die staatlichen Steuereinnahmen; es hat nicht selten schädliche ökologische[18] und gesundheitliche Folgen. Die über Jahrhunderte in den Dörfern tradierte und gepflegte Kunst des Vodka-Brennens (samogon = Selbst-Destille) zeugt zwar von Schöpfergeist und Einfallsreichtum und stellt bedeutende Mengen des beliebten Lebenselexiers her, das als „nasser Dollar" auch ein begehrtes Tauschmittel ist – aber sie kann auch die Gesundheit ruinieren:

> Die Gewinnsucht hat Herstellungsverfahren hervorgebracht, die für die Verbraucher äußerst gesundheitsschädlich sind. Alkoholvergiftungen nach dem Genuß von irgendwo gekauftem Selbstgebrannten sind keine seltene Erscheinung. Russen machen übrigens immer einen Qualitätstest, allerdings recht eigenartiger Natur:

---

[17] Geschmuggelt, als Ware gehandelt und verkauft werden auch Frauen: „Sie kommen in den Westen, weil sie von einem besseren Leben träumen, vom schnellen Geld oder einfach, weil sie die Familie zu Hause durchbringen wollen. Doch für viele junge Frauen aus Mittel- und Osteuropa endet die Reise in den paradiesischen Westen in der Zwangsprostitution, im rechtlosen Ausgeliefertsein an Menschenhändler und Zuhälter. Das Geschäft mit der Ware Frau ist lukrativ, so einträglich wie der illegale Rauschgift- oder Waffenhandel. Fast neunzig Prozent der Frauen, die von der Polizei in Deutschland in den vergangenen Jahren als Opfer des Menschenhandels registriert wurden, kamen aus den ehemals sozialistischen Ländern Europas." (M. Wehner, Osteuropas verkaufte Frauen, in: FAZ vom 06.04.1999)

[18] Hierfür ein Beispiel aus dem Nordkaukasus: „In Dagestan entwickelte sich, auch hier aufgrund der Geographie, ein anderes gesetzwidriges Gewerbe – nämlich der Fischfang. Im Kaspischen Meer, an dessen Küste Dagestan liegt, sind Störe beheimatet. Der Raubfang hat solche Ausmaße angenommen, daß er bereits das ökologische Gleichgewicht bedroht. Kaviar und Edelfisch bringen jedoch hohe Einkommen, und die üblichen Maßnahmen der Miliz nützen nichts gegen die Raubfischer." (Iskanderjan 1999: 69) – Bereits in Lenins Studie finden sich vereinzelte Hinweise auf schwere ökologische Schäden. So zitiert er einen Bericht aus dem Gouvernement Novgorod: „Alles, womit der Bauer seine wesentlichsten Bedürfnisse befriedigt, erwirbt er durch Fällen und Verflößen von Holz bei den Holzhändlern. Aber bald wird die Krise eintreten: in etwa 5-10 Jahren wird es keine Wälder mehr geben." (Lenin 1956: 543)

> In den Flaschenhals wird ein Finger gesteckt. Anschließend wird der Alkohol entflammt, und wenn der Finger blau brennt, ist die Qualität vertretbar.[19]

Außenhandel

Zwar ist die russische Handelsbilanz nach wie vor positiv, aber aufgrund des längerfristigen Preisverfalls für Energieträger und Rohstoffe (diese machen etwa 70 % der russischen Ausfuhren aus) sind die Exporteinnahmen zurückgegangen. Durch den Verfall der internationalen Erdölpreise hat Rußland 1998 etwa 6 Mrd. Dollar an Einkünften verloren.[20] Hier teilt Rußland das Schicksal zahlreicher rohstoffexportierender Schwellenländer. Da größere Teile der Exportgeschäfte bereits in privater Hand liegen, hat der russische Staat auch keinen direkten Zugriff mehr auf die entsprechenden Erlöse. Der massive Zustrom ausländischer Importe bis zum August 1998 – begünstigt durch den stark gehaltenen Rubel – sowie die niedergerissenen Zollbarrieren haben zu einer Überschwemmung der russischen Märkte mit ausländischen Nahrungsmitteln und Konsumgütern geführt und die Absatzprobleme der einheimischen Produktion vergrößert. Weil die nach der Rubelabwertung vom August 1998 importierten Maschinen, Ausrüstungen, Ersatzteile usw. sich erheblich verteuert haben, verzögert sich die Modernisierung verschiedener Branchen.

Importwarenverteuerung und Zahlungskrise haben nach dem 17. August 1998 zu einem deutlichen Rückgang des Außenhandelsumsatzes geführt.

> Der deutsche Außenhandel mit Rußland ist weitgehend zusammengebrochen. Im letzten Quartal 1998 sank der Wert der nach Rußland ausgeführten Waren gegenüber dem gleichen Zeitraum 1997 um mehr als die Hälfte (53 Prozent) auf 2,3 Milliarden DM. Die Einfuhr stürzte um 20,9 Prozent auf 3,5 Milliarden DM. Wie das Statistische Bundesamt mitteilte, sank der Export nach Rußland im gesamten Jahr um 11,7 Prozent, während die Einfuhr um 14,1 Prozent zurückging. Starke Einbußen meldet die Behörde in ihrer neuen, nach Ländern gegliederten Außenhandelsstatistik auch für den Export nach Südostasien [...] Die Einbußen wirken

---

[19] Koslatschkow 1999a: 76 (mit Hinweisen auf Verfahren und Rezepte für die Herstellung von Selbstgebranntem).
[20] Anfang 1999 ist der Rohölpreis wieder gestiegen. 1998 war Rußland der drittgrößte Erdölförderer (nach Saudi-Arabien und den USA, vor Iran und Mexiko). Allerdings ist die Förderung seit Jahren rückläufig. Rußland behauptet mit großem Abstand Rang eins unter den Energielieferanten der Bundesrepublik, vor Norwegen und Großbritannien.

dramatisch, sind aber vor dem Hintergrund des recht geringen Handelsvolumens mit den betroffenen Ländern zu sehen. Der Export nach Rußland machte 1998 nur 1,5 Prozent des gesamten deutschen Ausfuhrvolumens aus (Import: 1,8 Prozent).[21]

Ausländische Direktinvestitionen

Diese spielen bisher nur eine untergeordnete Rolle, da die internationalen Konzerne in Rußland nicht nur die billig zu habenden, teilweise hoch qualifizierten Arbeitskräfte sehen, sondern auch mangelnde Rechtssicherheit und persönliche Sicherheit[22], Banditentum, Steuerwillkür und Bestechlichkeit, mangelhafte Infrastruktureinrichtungen und geringe Kaufkraft der Bevölkerung. Manche dieser Mängel, die durchaus auch in entwickelten kapitalistischen Ländern existieren, scheinen in Rußland besonders ausgeprägt. So sind nach Rußland, pro Kopf gerechnet, erheblich weniger Investitionsmittel geflossen als etwa nach Estland, Ungarn, Polen, Tschechien oder China. Das anlagesuchende Kapital hat eine breite Palette von Ländern und Kontinenten zur Auswahl und sucht nicht unbedingt die russischen Risiken. In Rußland haben in den letzten Jahren vor allem Konzerne der Nahrungs- und Genußmittelindustrie investiert (Zigarettenbranche, Coca-Cola, Pepsi-Cola, Mars, Dandy, Cadbury, Ferrero, Stollwerck, Wrigley, Nestlé, Danone usw.). Die von ihnen produzierten Symbole westlichen Lebensstils haben russische Produkte weitgehend vom Markt verdrängt. Ob die Investitionen der genannten Firmen geeignet sind, die produktiven Bereiche der russischen Wirtschaft zu stärken, ist füglich zu bezweifeln.[23]

Nach dem 17.8.1998, als russische Aktien billig zu erwerben waren, haben sich einige ausländische Konzerne mit Aktien besonders der Energiebe-

---

[21] FAZ vom 09.03.1999. – Hingegen war in der zweiten Hälfte des 19. Jahrhunderts der russische Außenhandelsumsatz kontinuierlich gestiegen, von 314 Mio. Rubel (1856-1860) auf 1.322 Mio. (1897-1901) (vgl. Lenin 1956: 572).

[22] Die Zahl der registrierten Gesetzesverletzungen vergrößerte sich in Rußland von 1,84 Mio. (1990) auf 2,76 Mio. (1995) (vgl. Rossijskij statističeskij ežegodnik 1996: 244).

[23] Ähnlich die Situation in der Ukraine: vgl. Wostok, Jg. 1999, Nr. 2, S. 10. – Ganz anders das Bild in der zweiten Hälfte des 19. Jahrhunderts. Gerade auch die umfangreichen ausländischen Direktinvestitionen in die produktiven Bereiche (Bergbau, Hüttenindustrie, Eisenbahnen, Maschinenbau u.a.) haben die beschleunigte industrielle Entwicklung Rußlands und der Ukraine gefördert. Lenin stellte in seiner Studie von 1899 fest, „daß sich Bergbau und Hüttenwesen in Rußland rascher entwickeln als in Westeuropa, teilweise sogar rascher als in Nordamerika [...] Die Entwicklung des Kapitalismus in jungen Ländern wird durch das Beispiel und die Unterstützung der alten Länder erheblich *beschleunigt*" (Lenin 1956: 503; Hervorh. im Original).

reiche eingedeckt. BASF hat Ende März 1999 die Verbindungen zum russischen Erdgasriesen Gazprom entwickelt, dem mit Abstand größten Erdgasproduzenten der Welt. Im Rahmen dieses bislang größten privatwirtschaftlichen deutsch-russischen Wirtschaftsabkommens (vgl. Handelsblatt vom 01.04.1999) beteiligt sich die BASF-Tochter Wintershall an drei Explorations- und Förderprojekten der Gazprom-Gruppe in Nordrußland. Dem Vorteil für Rußland – Modernisierung der Fördertechnik, Erneuerung des Pipeline-Netzes, Exporterlösen – steht der Nachteil gegenüber, daß die Kontrolle über wichtige nationale Ressourcen, die nun zur Ware werden, die auf dem Weltmarkt gehandelt wird, zu Teilen abgegeben wird.

Auslandsschulden

Der erheblich angewachsene Schuldenberg umfaßt die verschiedensten Titel – von Altschulden der UdSSR bis zu den laufenden Krediten des IWF.

> Rußlands Auslandsschulden betragen 180 Milliarden Dollar. Dramatisch ist nach Ansicht von Experten, daß das Land die Schulden kaum mehr tilgt bzw. dafür Zinsen zahlt. So [hält] Jürgen Conrad von der Deutsche Bank Research das Land für zahlungsunfähig. Conrad zeigt anhand des Bruttoinlandsproduktes (BIP), der Zahlungsbilanz und des Budgets auf, daß eine echte Bedienung der Auslandsschulden unrealistisch ist. Das aktuell unter Druck stehende BIP müßte zehn Jahre lang 4 Prozent jährlich wachsen, um an das Niveau von 1990 anzuschließen. Die Schuldenquote ist 1998 (1997) auf 70 (33) Prozent des BIP gestiegen und nähert sich 100 Prozent. Ein Blick ins Schuldenbuch: Von den 180 Milliarden Dollar Auslandsschulden sind 145 Milliarden Dollar Staatsschulden – davon 25,5 Milliarden Dollar bei multinationalen Institutionen/IWF und 66,8 Milliarden Dollar bilaterale Gläubigerstaaten. Hiervon sind wiederum 58 Milliarden Altschulden der UdSSR, worunter 39,7 Milliarden Dollar beim ‚Pariser Club' aufgenommen wurden. Weitere 15,9 Milliarden Dollar Auslandsschulden sind Bonds und 30,2 Milliarden Dollar Schulden bei westlichen Banken. Zu den Staatsschulden kommen 6,3 Milliarden Dollar aufgelaufene Zins-/Tilgungsfälligkeiten hinzu. Außerdem stehen noch 3 Milliarden Auslandsschulden der Regionen/Städte in den Büchern sowie 32 Milliarden Dollar private Schulden. In der Rechnung nicht enthalten sind GKO, kurzfristige Rubel-Schatztitel, die als Rubel-Inlandsschulden in Auslandsbesitz gelten.[24]

---

[24] Handelsblatt vom 23.03.1999. – Einen Monat später wurde gemeldet: „Moskau läßt erstmals

Angesichts der Wirtschafts- und Finanzprobleme Rußlands ist unklar, ob, wann und wie dieser Schuldenberg abgetragen werden kann. Die für 1999 fälligen Zahlungen würden etwa der Hälfte der für dieses Jahr geschätzten Exporterlöse entsprechen. Teilweise können Altschulden beim IWF nur mehr mit neuen IWF-Krediten beglichen werden. Mit zahlreichen anderen Gläubigern laufen Umschuldungsverhandlungen. Nach der Währungs- und Finanzkrise vom August 1998 wurde die Kreditwürdigkeit Rußlands zurückgestuft, und die potentiellen Geldgeber verlangen hohe Risikozuschläge („Zitterprämien"). So sind die von Rußland zu zahlenden Zinsen in die Höhe geschnellt (vgl. Südd. Zeitung vom 10./11.04.1999). Anfang April 1999 zahlte die Russische Föderation für ihre 9 %ige DM-Anleihe 97/04 33,27 % Zinsen; die Stadt Moskau für ihre 9,125 %ige DM-Anleihe 98/01 61,52 %; die Ukraine für ihre 16 %ige DM-Anleihe 98/01 35,02 %. Dies war ein Mehrfaches von dem, was ein Jahr zuvor zu zahlen war (und was vor 100 Jahren das Zaristische Reich für Auslandsanleihen hatte zahlen müssen). Andere Transformationsländer genossen größeres „Vertrauen" der internationalen Geldgeber und zahlten zu diesem Zeitpunkt erheblich weniger für ihre DM-Anleihen: Rumänien 18,2 %, Slowakei 7,23 %, China 4,26 %, Slowenien 4,21 %, Ungarn 4,09 %, Polen 3,69 %. Welchen Einfluß die Auslandsschulden und finanziellen Abhängigkeiten auf die Spielräume der russischen Außen- und Innenpolitik haben, bleibt zu untersuchen.

Der Internationale Währungsfonds

Der IWF hat seit Beginn der russischen Eigenstaatlichkeit 1991/92 durch intensive – und kaum jemals transparente – Beratertätigkeit im Moskauer Machtzentrum wie durch Auflagen bei der umfangreichen Kreditvergabe Einfluß auf den Wirtschaftskurs genommen. Wie groß der IWF-Einfluß ist, wie er auf die zentralen wirtschafts-, währungs- und finanzpolitischen Entscheidungen eingewirkt hat, ist im einzelnen kaum auszumachen, da hierüber nur sehr wenig an die Öffentlichkeit gedrungen ist. Die maßgeblichen Verhandlungen fanden hinter den Kulissen der Macht und des Geldes statt. Der IWF drängte auch Rußland auf möglichst rasche Entstaatlichung und Deregulierung der Wirt-

---

Dollar-Anleihen platzen. Rußland hat auf der einen Seite jetzt versprochen, weiterhin die Zinsen auf diejenigen Währungs-Anleihen zu bezahlen, die am Markt unter der Bezeichnung Euro-Bonds zusammengefaßt werden. Auf der anderen Seite läßt Moskau erstmals Währungsanleihen notleidend werden. Es handelt sich um sogenannte MinFins aus der Sowjet-Zeit." (Südd. Zeitung vom 22.4.1999)

schaft, Zollsenkung[25], Preisfreigabe, Rubel-Konvertierbarkeit, Öffnung des Landes für ausländisches Kapital und Einbindung Rußlands in die Weltwirtschaft. Der Wahlkampf Jelzins 1996 wurde mit Milliardensummen unterstützt (auch sie müssen mit Zinsen zurückgezahlt werden). Viele Mittel versickerten in der staatlichen Verwaltung. Eine Verwendungskontrolle fand ebenso wenig statt wie eine gezielte Förderung der realen Wirtschaftstätigkeit. Mit all diesen Milliarden hätten in Landwirtschaft, Nahrungsmittelindustrie, Kleingewerbe, Genossenschaftswesen, Kommunalwirtschaft, Umweltschutz oder bei der Energie- und Ressourceneinsparung erhebliche Effekte erzielt werden können. Sicher ist der IWF nicht allein und in erster Linie für die wirtschaftlichen Probleme Rußlands verantwortlich. Aber er hat sie – wie auch in anderen Ländern – mit seiner neoliberalen Doktrin und Praxis verschärft.

Kultur

Die rückläufigen staatlichen, kommunalen und betrieblichen Förderungen der kulturellen Bereiche und deren teilweise Übergabe an die Mechanismen des Marktes haben verschiedentlich zu einer Verringerung des Angebots und der Nachfrage von Kultur geführt. Für die traditionellen Bildungsschichten sind viele Kulturprodukte – Bücher, Zeitschriften, Theater, Konzerte usw. – zu teuer geworden.[26]

Die Zahl der Theaterbesuche je 1.000 Einwohner hat sich in Rußland von 1990 bis 1995 von 375 auf 213 verringert, die Zahl der Museumsbesuche von 971 auf 509. Die Anzahl der Kulturklubs ging von 73.200 (1990) auf 59.900 (1995) zurück, die der Massenbibliotheken von 62.600 auf 54.400. Die Gesamtauflagenziffer von Büchern und Broschüren betrug 1994 594 Mio. gegenüber 1.553 Mio. 1990 und 647 Mio. im Jahre 1950. Die Jahresauflagenziffer der Zeitschriften und Periodika betrug 1994 306 Mio. (gegenüber 5.010 Mio. 1990 und 307 Mio. im Jahr 1955). Die jährliche Gesamtauflagenziffer der Zeitungen belief sich 1994 auf 8 Mrd. (gegenüber 38 Mrd. 1990 und 8 Mrd. 1955). Die Anzahl der Tageszeitungen hatte sich in Rußland kaum geändert: 4.552 im Jahr 1955, 4.808 1990 und 4.526 1994. Viele Zahlenreihen der Kulturstatistik deuten darauf hin, daß Kulturentwicklung (in ihren quantitativen Dimensionen) und Marktwirtschaft nicht immer miteinander befreundet sind. Festzu-

---

[25]Umgekehrt wurde Ende des 19. Jahrhunderts gerade auch mit Hilfe der Schutzzollpolitik die „Aufzucht des Kapitalismus" und die Industrialisierung des Zaristischen Reiches staatlich befördert (vgl. Luxemburg 1898, Zweiter Teil, Kapitel 3).

[26]Die folgenden Daten nach: Rossijskij statističeskij ežegodnik 1996: 147-201.

halten bleibt, daß die bereits in die Zeit der Perestrojka (die zu einem quantitativen und qualitativen Aufschwung der Publizistik geführt hatte) fallende Aufhebung der staatlichen Zensur einen geschichtlichen Fortschritt markiert hat; aber zahlreiche der damaligen kulturellen Impulse sind in den Stürmen der Marktwirtschaft und Transformationskrise untergegangen.[27]

Die Zahl der Studierenden je 10.000 Einwohner in den staatlichen Hochschulen hat sich von 190 (1990) auf 179 (1995) verringert, wohingegen die Zahl der Absolventen dieser Hochschulen mit 27 je 10.000 Einwohner stabil blieb. Die Zahl ausländischer Studenten an staatlichen Hochschulen Rußlands verringerte sich von 136.400 (1992/93) auf 67.000 (1995/96), darunter die Zahl der Studenten aus GUS-Ländern von 103.900 auf 27.100.

Die staatlichen Zuwendungen für Wissenschaft haben sich von 0,96 % des Bruttoinlandsprodukts (1991) auf 0,32 % (1995) und von 3,78 % der Ausgaben des föderalen Budgets auf 1,82 % (1995) reduziert. Die Abwanderung qualifizierter Wissenschaftler ins Ausland („brain drain") ist in verschiedenen Zweigen zu beobachten.[28]

Teile des Hochschulwesens sind privatisiert worden. Das Studium an den nichtstaatlichen Einrichtungen ist nicht selten mit „hohen Gebühren für schlechte Lehrtätigkeit und in Teilen mangelhafte Ausbildung" verbunden:

> Etwa 300 der insgesamt knapp 900 Hochschulen sind nichtstaatliche Einrichtungen, wobei sie sich geographisch ungleichmäßig auf dem Territorium des Landes verteilen. Das Gros der Hochschulen ist in und um Moskau und St. Petersburg angesiedelt. In der Hauptstadt gibt es 108 staatliche und 130 nichtstaatliche Hochschulen (also beinahe die Hälfte aller nichtstaatlichen Hochschulen in Rußland). Mit den Wandlungen in der Wirtschaft veränderte sich auch die Ausbildungsstruktur. 1992 bis 1997 ging die Zahl der Erstsemester in ingenieurtechnischen Berufsrichtungen um 3,2 Prozent zurück, während sie in den Geisteswissenschaften um 46 Prozent und in den Wirtschaftswissenschaften um 34,5 Prozent stieg. Doch das Mißverhältnis bleibt weiterhin bestehen. Die ingenieurtechnische Ausbildung hat immer noch einen Anteil von 40 Prozent, während der Anteil an Wirtschaftsfachleuten und Juristen unter 10 Prozent liegt. In

---

[27] Rede- und Pressefreiheit haben für die russische Bevölkerung einen sehr hohen Stellenwert. Anfang 1999 ergaben Umfragen, daß für 85,8 % die Freiheit der Rede und der Presse „wichtig" war, für nur 5,1 % „unwichtig" (die übrigen gaben keine definitive Antwort). Die entsprechenden Relationen bei der Wählbarkeit der politischen Machtorgane waren 75,6 : 9,2, bei der Reisefreiheit 67,7 : 17,2, bei der Unternehmensfreiheit 62,6 : 15,7, bei der Existenz von Parlamenten 49,8 : 20,2 % (vgl. Petuchow 1999a).

[28] Insgesamt waren in den Wissenschaftsbereichen 1990 3,1 Mio. Personen beschäftigt und 1997 1,4 Mio. – weniger als die Hälfte (vgl. Die wirtschaftliche Lage Rußlands 1998: 9).

den Industriestaaten beträgt dieses Verhältnis 15 bis 21 Prozent zu 30 bis 40 Prozent. (Koslatschkow 1999b: 88)

Politisch-gesellschaftliches Bewußtsein

Russische Soziologen haben Analysen des politischen Bewußtseins der Bevölkerung erarbeitet, die darauf hindeuten, daß insbesondere die jüngere Generation (der 18- bis 26jährigen) sich in den neuen, marktförmigen gesellschaftlichen Verhältnissen Rußlands weitgehend eingerichtet hat und der Sowjetzeit sehr viel weniger nachsinnt und nachtrauert als Teile der älteren Generation (vgl. Petuchow 1999b). Das neue System produziert die ihm adäquaten Bewußtseinsformen und wird seinerseits von ihnen abgestützt. Für die jüngeren Russen sind pragmatische, individualistische, illusionslose, eher apolitische Weltsichten charakteristisch. Ihr Interesse an Politik war Anfang 1999 erheblich geringer als bei den Älteren. Von den Jüngeren verfolgten nur 13,2 % „aufmerksam das politische Geschehen", von den Älteren jedoch 37,5 %. 33,4 % der Jüngeren interessierten sich nicht für Politik, gegenüber 20,6 % der Älteren. Nur 1,4 % der Jüngeren (1,8 % der Älteren) beteiligten sich an politischer Arbeit. Bei Jugendlichen mit höherem Bildungsstand war das Interesse an politischen Fragen größer als bei Personen mit geringerer formaler Bildung.

Auf ihr Verhältnis zu den wichtigsten politischen-gesellschaftlichen Strömungen in Rußland befragt, erklärten sich 13,1 % der Jüngeren (und 7,2 % der Älteren) als Anhänger tiefergreifender Marktreformen in liberalem Sinne; 15,2 % der Jüngeren (und 20,9 % der Älteren) sahen sich als „Anhänger des russischen Entwicklungswegs", also einer eher nationalistischen Orientierung; nur 4,5 % der Jüngeren (gegenüber 15,2 % der Älteren) waren „Anhänger des Sozialismus"; 26,2 % der Jüngeren (und 32,2 % der Älteren) waren „Anhänger einer Verbindung all dieser Strömungen"; schließlich erklärten 41 % der Jüngeren (aber nur 24,4 % der Älteren), sie würden „keine Ideologie vertreten".

Die Antworten auf die Frage nach möglichen persönlichen Reaktionen auf eine Verschlechterung der Lebensbedingungen zeigten bei Jüngeren wie Älteren eine ausgeprägte Neigung zu individuellen Anpassungsstrategien und nur eine geringe Bereitschaft zu aktiven politisch-sozialen Protestformen. 62,1 % der Jüngeren und 60,7 % der über 26jährigen sagten, sie würden sich bei schlechter werdenden Lebensbedingungen „um zusätzliche

Verdienstmöglichkeiten bemühen", und 5,1 % (bzw. 11,9 %) erklärten, sie würden „nicht reagieren, sondern tolerieren". Einer politischen Partei beitreten wollten 0,9 bzw. 1 %; an „Protestaktionen beteiligen" wollten sich 8,0 bzw. 18,6 %. 11,8 % der Jüngeren und 4,7 % der Älteren wünschten, aus Rußland auszuwandern. 6,1 bzw. 5,2 % zeigten sich äußerst militant und wollten sogar „zur Waffe greifen, um ihre Interessen zu verteidigen." Die Verfasser der Studie hielten freilich

> eine gravierende Radikalisierung der Jugend selbst bei der Verschlechterung des sozialen Hintergrunds wenig wahrscheinlich, was vor allem durch den schlechten Grad der Selbstorganisation bedingt ist. Denn es gibt weder 'Horizontbeziehungen', noch Subjekte, die den aktiven Teil der Jugend organisieren könnten. (ebd.: 25)

In dem unterschiedlichen Grad des Organisationswillens und der Organisierbarkeit des sozialen Protests liegt womöglich eine wichtige Differenz zu der Situation in Rußland Anfang des 20. Jahrhunderts.

Human Development Index

Das Entwicklungsprogramm der Vereinten Nationen (UNDP) hat versucht, den „Reichtum der Nationen" nicht länger mit der Kennziffer „Bruttosozialprodukt" zu messen, sondern mit einem „Index für menschliche Entwicklung" (HDI), der sich aus drei Einzelindikatoren zusammensetzt (Lebensdauer, Bildungsgrad, Lebensstandard) und somit qualitative Elemente der menschlichen und gesellschaftlichen Entwicklung besser zum Ausdruck bringen kann.[29]

Die Sowjetunion erreichte 1990 einen HDI von 0.862, bei einem maximal möglichen Wert von 1. Dies reihte sie unter die Länder mit einem „high human development" ein, wobei sie jedoch hinter Staaten wie Chile, Südkorea oder Uruguay rangierte. Im Jahr 1993 betrug der HDI der Russischen Föderation nur noch 0.804, womit sie in der „Nationenwertung" (174 Länder) auf Platz 57 fiel, den letzten Rang der Länder mit einem „high human development". Im Jahr 1995 betrug der HDI Rußlands 0.769, was nun dem 72. Rang entsprach und Rußland nur mehr unter die Länder mit einem „medium human development" einreihte; es rangierte zwischen Oman und Ecuador.[30] Im Jahr

---

[29] Vgl. zu folgendem: Bericht über die menschliche Entwicklung 1996: 100 u. 165ff. sowie ders. 1998: 152ff.
[30] Russische Statistiker berechneten den HDI der Russischen Föderation für 1995 mit 0.780.

1995 waren die osteuropäischen Reformländer mit dem höchsten HDI Slowenien (Rang 37, HDI 0.887) und die Tschechische Republik (Rang 39, HDI 0.884). Die ärmeren UdSSR-Nachfolgestaaten lagen im HDI-Rang noch weit hinter der Russischen Föderation – etwa Armenien (Rang 99, HDI 0.674), die Ukraine (Rang 102, HDI 0.665), Turkmenistan (Rang 103, HDI 0.660), Usbekistan (Rang 104, HDI 0.659), Kirgistan (Rang 109, HDI 0.633), Moldova (Rang 113, HDI 0.610), schließlich Tadshikistan (Rang 118, HDI 0.575). Auch für sie war der Sprung in die Marktwirtschaft mit einer Verschlechterung des Index für menschliche Entwicklung verknüpft (teilweise haben auch andere Faktoren, etwa militärische Konflikte, für den Abstieg eine Rolle gespielt). Die Einführung der neuen Wirtschaftsordnung hat erhebliche gesellschaftliche Kosten mit sich gebracht.

Die Autoren des „Berichts über die menschliche Entwicklung 1996" stellten die Frage, ob diese so hoch sein mußten:

> Die russische Bevölkerung nimmt angesichts sinkender Geburtenraten und steigender Sterberaten rasch ab. Es ist zu einem besorgniserregenden Anstieg der Kindersterblichkeit gekommen, die mittlerweile viermal so hoch ist wie in den Vereinigten Staaten. Die Sterblichkeit von jungen Männern und Männern im mittleren Alter ist drastisch in die Höhe geschnellt – im wesentlichen als Folge der Belastungen im Kampf um strukturelle Anpassung, eines Anstiegs der Kreislauferkrankungen und der Umweltverschmutzung durch die Industrie. Morde, Selbstmorde und tödliche Unfälle nehmen zu. Auch das russische Bildungssystem blieb von der Entwicklung nicht verschont. Die Lehrergehälter sind drastisch gesenkt worden. Die Schulbesuchsraten im Sekundar- und Tertiärbereich sind zurückgegangen. Etwa 17 Prozent der jungen Menschen im Alter von 15 bis 19 Jahren besuchten 1994 entweder keine Schule oder waren nicht erwerbstätig.
>
> Von einigen Seiten wird die Ansicht vertreten, all diese Schwierigkeiten wären notwendig gewesen, um den Grundstock für eine neue Gesellschaft und reales wirtschaftliches Wachstum legen zu können. Aber mußte der Übergang so abrupt oder mit so vielen negativen Auswirkungen behaftet sein? Und wenn es gelingt, das Wachstum wiederzubeleben, werden die Strukturen der neuen Ordnung menschlicher Entwicklung förderlich sein? (Bericht über die menschliche Entwicklung 1996: 100)

Überdurchschnittliche Werte wiesen Moskau (0.840), das Gebiet Tjumen (0.823), die Republik Komi (0.800), das Gebiet Nishni Novgorod (0.786) auf; unterdurchschnittliche die Republik Dagestan (0.540), die Republik Inguschetien (0.523), die Republik Tyva (0.470) (vgl. Valentej/Nesterov 1999).

Literatur

Bericht über die menschliche Entwicklung 1996, Bonn 1996.

Bericht über die menschliche Entwicklung 1998, Bonn 1998.

K. von Beyme (1998), Sozialer Wandel und politische Krise in Rußland, in: Osteuropa, Nr. 6, S. 543-561.

Die wirtschaftliche Lage Rußlands (1998), 13. Bericht, Kiel, Dezember 1998.

Die wirtschaftliche Lage Rußlands (1997), 11. Bericht, Kiel, Dezember 1997.

A. Iskanderjan (1999), Verbrechen oder traditionelle Lebensweise – Kriminalität im Nordkaukasus, in: Wostok, Nr. 2, S. 68-71.

A. Koslatschkow (1999a), Samogon – ein gewichtiges Element russischer Lebensart, in: Wostok, Nr. 2, S. 73-77.

A. Koslatschkow (1999b), Hochschulbildung im Prozeß endloser Reformen, in: Wostok, Nr. 2, S. 86-89.

W. I. Lenin (1956), Werke, Band 3, Berlin.

R. Luxemburg (1898), Die industrielle Entwicklung Polens, Leipzig.

V. Medvedev/A. Čebanova (1998), Problemy social'noj pereorientacii rossijskoj ekononiki, in: Svobodnaja mysl, Nr. 8, S. 30-38.

Morosow und Schtschukin – Die russischen Sammler, Köln 1993 [DuMont Buchverlag].

OECD-Wirtschaftsberichte (1995). Die Russische Föderation 1995, Paris.

W. Petuchow (1999a), Die Massenmedien und die Gesellschaft, in: Wostok, Nr. 2, S. 78-79.

W. Petuchow (1999b), Die „ungeprügelte Jugend" betritt die Szene in Rußland, in: Wostok, Nr. 2, S. 22-25.

Rossijskij statističeskij ežegodnik, Moskau 1996.

F. Schmid (1998), Die Krise in Rußland, München (isw-Spezial, Nr. 11).

S. Valentej/L. Nesterov (1999), Čelovečeskij potencial: Novye izmeriteli i novye orientiry, in: Voprosy ekonomiki, Nr. 2, S. 90-102.

Autorinnen und Autoren

Diana Auth
geb. 1970, Dipl.-Politologin, Doktorandin am Graduiertenkolleg „Die Zukunft des europäischen Sozialmodells" der Universität Göttingen. Arbeitsgebiete: Arbeitszeit-, Sozial- und Geschlechterpolitik.

Dieter Boris
geb. 1943, Professor für Soziologie an der Philipps-Universität Marburg. Arbeitsgebiete: Theorie der gesellschaftlichen Entwicklung und Unterentwicklung, Politische Ökonomie und Sozialstruktur Lateinamerikas, Weltwirtschaft, Sozialstrukturanalyse der Bundesrepublik Deutschland.

Frank Deppe
geb. 1941, Professor für Politikwissenschaft an der Philipps-Universität Marburg. Arbeitsgebiete: Politische Theorie, Arbeiterbewegung, Europäische Integration.

Kai Eicker-Wolf
geb. 1965, Dipl.-Politologe, Dipl.-Volkswirt, Doktorand, Mitglied der Forschungsgruppe Politische Ökonomie sowie Mitarbeiter am Institut für Politikwissenschaft der Philipps-Universität Marburg. Arbeitsgebiete: Wirtschaftspolitik, marxistische und postkeynesianische Ökonomik, internationale Wirtschaftsbeziehungen.

Wolfgang Hecker
geb. 1946, Dr. phil., wissenschaftlicher Mitarbeiter am Institut für Politikwissenschaft der Philipps-Universität Marburg. Arbeitsgebiete: Politische Ökonomie, Frankreich, Medienpolitik.

Fritz Helmedag
geb. 1953, Dr. rer. pol., Professor für Volkswirtschaftslehre (Mikroökonomie) an der Fakultät für Wirtschaftswissenschaften an der Technischen Universität Chemnitz. Arbeitsgebiete: Wert, Preis, Beschäftigung, Dogmengeschichte.

Kyung-Mi Kim
geb. 1960, Dr. phil., promovierte 1998 in Marburg, Lehrbeauftragte an der Sogang Universität und an der Gang-Uon Universität in Seoul und Tschuntschon (Korea). Arbeitsgebiete: Geldtheorie, Entwicklungspolitik.

Reinhard Kühnl
geb. 1936, Professor für Politikwissenschaft an der Philipps-Universität Marburg, im Bundesvorstand des Bundes demokratischer Wissenschaftlerinnen und Wissenschaftler (BdWi). Arbeitsgebiete: Faschismus (alter und neuer), Geschichte der bürgerlichen Gesellschaft, deutscher Sonderweg.

Thomas Kuczynski
geb. 1944, Professor, Berlin, bis zur Auflösung 1991 Direktor des Instituts für Wirtschaftsgeschichte der Akademie der Wissenschaften. Arbeitsgebiete: Politische Ökonomie, gesellschaftliche Transitionsprozesse, Marx-Engels-Edition.

Ingrid Kurz-Scherf
geb. 1949, Professorin für politische Wissenschaft an der Fachhochschule Bielefeld (Fachbereich Sozialwesen), Leitung des Sozialwissenschaftlichen Forschungszentrums Berlin/Brandenburg (SFZ). Arbeitsgebiete: Arbeits- und Sozialpolitik, Frauenbewegung, Geschlechterdemokratie.

Gert Meyer
lebt in Marburg und freut sich auf das nächste Gespräch mit Georg Fülberth.

Torsten Niechoj
geb. 1971, Dipl.-Politologe, Doktorand, Mitglied der Forschungsgruppe Politische Ökonomie sowie Lehrbeauftragter am Institut für Politikwissenschaft der Philipps-Universität Marburg, Stipendiat der Hans-Böckler-Stiftung. Arbeitsgebiete: Politische Steuerung, Rational-Choice-Theorie, Dogmengeschichte.

Sabine Reiner
geb. 1962, Dr. phil., Lehrbeauftragte und Mitglied der Forschungsgruppe Politische Ökonomie am Institut für Politikwissenschaft der Philipps-Universität Marburg. Arbeitsgebiete: Ökonomische Theoriegeschichte, Wirtschaftspolitik, Theorie und Politik des Sozialstaats.

Peter Römer
geb. 1936, Professor im Ruhestand. Arbeitsgebiete: Verfassungsrecht, Rechtstheorie, marxistische Theorie.

Jürgen Scheele
geb. 1963, Dr. phil., arbeitet als Editor in Frankfurt am Main.

Georg Sotirchos
geb. 1964, Dipl.-Volkswirt, Dr. für ökonomische Theorie, wissenschaftlicher Mitarbeiter an der Panteio Universität Athen.

Georg Stamatis
geb. 1941, Volkswirt, Dr. rer. pol., Professor für Ökonomische Theorie, insbesondere Theorie linearer Produktionssysteme, am Fachbereich Öffentliche Verwaltung der Panteio Universität Athen. Arbeitsgebiete: Marxsche und neoricardianische Theorie, Wirtschaftspolitik.

Malcolm Sylvers
geb. 1941, Associate Professor für die Geschichte der Vereinigten Staaten von Amerika an der Università Ca' Foscari in Venedig. Arbeitsgebiete: US-Außenpolitik, Jefferson und die Philosophie des 18. Jahrhunderts, Marxismus in den USA.

Jens Weiß
geb. 1968, Dipl.-Politologe, Doktorand und Mitglied der Forschungsgruppe Politische Ökonomie am Institut für Politikwissenschaft der Philipps-Universität Marburg, Mitarbeit am Institut für Wirtschaft und Politik der Universität Witten/Herdecke. Arbeitsgebiete: Politische Steuerung, Rational-Choice-Theorie, Theorie der Umweltpolitik.

Dorothee Wolf
geb. 1974, Studentin der Politikwissenschaft und Germanistik sowie Mitglied der Forschungsgruppe Politische Ökonomie am Institut für Politikwissenschaft der Philipps-Universität Marburg. Arbeitsgebiete: Marxistische Theorie, Rational-Choice-Theorie, gewerkschaftliche Jugendbildung.

Winfried Wolf
geb. 1949, Bundestagsabgeordneter der PDS. Autor unter anderem von: Eisenbahn und Autowahn (Hamburg 1986, 1987 und 1992), CasinoCapital, Der Crash beginnt auf dem Golfplatz (Köln 1998).

Kontaktadresse der Forschungsgruppe Politische Ökonomie:
Forschungsgruppe Politische Ökonomie
Institut für Politikwissenschaft
Philipps-Universität Marburg
Wilhelm-Röpke-Straße 6
35039 Marburg

E-Mail: fgpoloek@mailer.uni-marburg.de
WorldWideWeb: http://staff-www.uni-marburg.de/~fgpoloek/

KALASCHNIKOW
Das Politmagazin ★

Die neue

Hans-Peter Krebs, Manfred Sohn, Stefan Pribnow, Freerk Huisken, Hans Radandt, Stefan Bollinger, David Tiger, Günther Sandleben, Ton Veerkamp, Willi Gettél, Wladimir Ostrogorski, Wolfgang Kraushaar, Kerstin-Bettina Kaiser, Wolf Raul, Wolfgang Wippermann, Jochen Staadt, Eugen Faude, Charly Kneffel, Klaus Bittermann, Fritz Eckenga, Roger Willemsen, Martin Jander, Rainer Maischein, Eberhard Czichon, Heinz Marohn, Norbert Hofmann, Wolf-Dieter Narr, Dorothea Ridder, Horst-Eberhard Schulz, Thomas Kuczynski, Gerhard Branstner, Ralph Giordano, Jürgen Elsässer, Klaus-Peter Kisker, Wiglaf Droste, Heidi Dettinger, Morus Markard, Torsten Bultmann, Armin Stolper, Kurt Pätzold, Georg Fülberth, Dietrich Kuhlbrodt, Fritz Teppich, Roswitha Scholz, Hajo Riese, Manfred Dahlmann, Norbert Trenkle, Peter Decker, Manfred Weißbecker, Ulrich Chaussy, Nicolai Röschert, Ellen Brombacher, Ulrich Enderwitz, Bernhard Igel, Hermann Klenner u.v.a.m.

schrieben und schreiben <u>auf über 120 Seiten</u> das Richtige

KALASCHNIKOW

Haus der Demokratie
Friedrichstraße 165
D-10117 <u>Berlin</u>

FAX: + 49 / 30 / 88 55 11 63
TEL: + 49 / 30 / 20 45 59 08

... ist gut für Dich !

www.kalaschnikow.de